"法学所60年学术精品选萃"编辑委员会

主　任：陈　甦

副主任：莫纪宏

委　员（以姓氏拼音为序）：

陈　洁　陈泽宪　邓子滨　管育鹰　胡水君　蒋小红
李洪雷　李　林　李明德　李　忠　廖　凡　刘洪岩
刘敬东　刘仁文　刘小妹　柳华文　吕艳滨　沈　涓
孙世彦　田　禾　席月民　谢海定　谢鸿飞　谢增毅
熊秋红　徐　卉　薛宁兰　姚　佳　翟国强　张　生
周汉华　邹海林

中国社会科学院
法学研究所建所60周年

法学所60年学术精品选萃

丛书主编／李　林　陈　甦

社会法学的时代探索

薛宁兰／主编

Explorations of Social Law in the Era

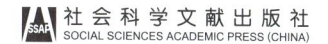

社会科学文献出版社
SOCIAL SCIENCES ACADEMIC PRESS (CHINA)

总　序

"辉煌一甲子，迈进双百年。"这是我在法学所成立60周年所庆纪念徽标上写的一句话，意在表达我对法学所60年历程的敬意与感激，以及对法学所未来的期待与信心。"辉煌一甲子"，是指法学所建所60年来，法学所人孜孜以求法学繁荣，倾力奉献法治事业，作出了学界称道、社会认可的突出贡献，履行了求真务实、守正出新的学术责任，其专业成就以"辉煌"形容恰如其分。"迈进双百年"，是指在新时代实现"两个一百年"奋斗目标的历史征程中，法学所人再整行装，重新出发，尊重法治规律，恪守学术正道，为人民追求法治的美好生活向往而尽学者职责，为社会实现公平正义的法治机制需求而致专业能力，以期再创佳绩、再铸辉煌，其奋发态势以"迈进"摹状差强人意。

60年，是一个回思过往、细数家珍的好时刻。法学所60年来，几代学人在法治理念更新、法学理论创新、法治实践对策、法学教育树人等方面，创举纷呈，佳作迭出，建树卓著，学界共瞩。但每当回顾成就之时，只能有所例举而难以齐全。说到理论创新，常以为例的是，法学所及其专家学者在改革开放初期法治建设重启之时，率先组织人治与法治大讨论，确立法治的正当性与目标性；在社会主义市场经济体制甫一确立，即提出构建社会主义市场经济法律体系的规划性建议；随着我国法治事业的蓬勃发展，又适时率先提出依法治国、建设社会主义法治国家的方略性倡议。说到社会影响，常以为例的是，改革开放以来，法学所学者有5人次担任中南海法制讲座主讲人，4人次担任中央政治局集体学习主讲人；法学所连年获得中国社会科学院优秀对策信息组织奖；法治蓝皮书连年获得皮书系列排名第一。说到人才培养，常以为例的是，改革开放以来，法学所有

7人当选中国社会科学院学部委员、7人当选荣誉学部委员，有74人享受国务院政府特殊津贴，有3人入选国家百千万人才工程，有6人被评为十大青年法学家。当然，这远不是编制只有120人的法学所的全部，而只是法学所60年来各项成就中代表的代表。编辑"法学所60年学术精品选萃"系列，目的在于更全面更系统更有时空感地反映法学所学者的学术贡献。

"法学所60年学术精品选萃"系列持以下编辑原则：以法学所各研究室为编辑主体，个别的以学科为编辑主体，各编一本文集，以集约反映法学所各研究室各学科的重要学术贡献，并呈现法学所科研团队的布局结构及其系统效能。将各室或各学科学者在不同时期不同领域最有创新性或代表性的论文予以精选汇集，以反映每一学者在其专业领域的主要学术贡献；原则上一个学者选一篇论文，如果该学者在不同学科不同时期学术建树较多，亦可多选；各室或各学科学者有人事关系变动的，亦将其在法学所工作期间发表的论文选萃收录。各室或各学科文集中均有"导论"一篇，阐释相关学科沿革及团队变动，特别是不同时期不同领域不同事件中学术创作的社会背景、科研因应、选题意义、论文价值及学术影响，由此，"法学所60年学术精品选萃"系列不仅具有纪念文集属性，而且具有当代法学研究学术史叙述的意涵，从而增进读者的阅读体验并更多地引发其掩卷沉思。

以今天的法学知识体系和科研学术训练形塑的法律人看来，"法学所60年学术精品选萃"系列所选的论文中有一些已经"过时"。诸如，论文选题因时过境迁而发生意义变化，随着社会变迁、体制转型与法治发展，甚至个别选题已无专业价值；有些论文中的观点已经化为常识，甚至还有些许错误或者已被弃用；知识来源不那么丰富，甚至没有引用外文资料；研究方法也过于简陋，甚至看来不那么科学或者讲究；学术上也不那么规范，甚至一篇论文连个脚注都没有。如果脱离选文形成的时空背景，形成这些评议实属自然。但是，如果读者迁移一下阅读参照系，将阅读语境由主体思考所在时空迁移到客体形成所在时空，就会发现平静书桌之上雷鸣电闪。如今看似平常的一段论述、一个建议、一句话语甚或一个概念，在当时或使阅读者眼前一亮，或使聆听者振聋发聩，或使思考者茅塞顿开。那种创新的理论阐释与首倡的对策建议不仅功在当时，其因何得以创新与首倡的缘由、机制、经验与精神亦利在当今。更何况在制度形成范畴，创新与首倡不易，正当其时而又恰如其分的创新与首倡尤为不易。60年来尤尤其是改革开放以来，法学所的学术前辈如何做到正当其时而又恰如其分的创新与首倡，是我们更为珍贵的历史经验和学术财富。尽管时光不会倒流（其实未必），主体不能穿越（其实也未必），"法学所60年学术精品选萃"系列传达的一些经验提炼与价值判断于今依然有益。那就是：见识比知识更重要，智慧比聪明更重要，胆略比勇气更重要，坚持比技能更重要，还有，信念比权衡更重要，境界比本事更重要，等等。如果读者在阅读时能够体会到这些，编辑"法学所60年学术精品选萃"系列也就很值了。

经过60年的变迁，中国的法治环境发生了巨大变化，与此相应，中国的法学境遇也发生了巨大变化，居于其中的法学所亦因之变化。法学所因时在变，那是要顺应历史、伴行时代、因应挑战；法学所有所不变，这是要坚持信念、恪守本分、维护特质。法学所当然是一个机构的存在，作为中国社会科学院下设的一个法学科研机构，要实现"三个定位"目标，即建成马克思主义法学和中国特色社会主义法治理论的坚强阵地、法学基础理论与法治重大现实问题研究的最高学术殿堂、党和国家在民主法治人权领域的高端思想库和智囊团。"法学所60年学术精品选萃"系列在相当程度上，可以佐证法学所人为此所作的努力及成效。法学所还是一个学术类群的存在，"法学所60年学术精品选萃"系列入选论文的作者们，有的一进法学所就沉浸其中直至退休，有的则入所后工作一段时间又华丽转身投向更为精彩的人生舞台。无论作者们人生规划的演绎场合选在哪里，法学所都深深珍惜那些正在或曾在的人生交集，"法学所60年学术精品选萃"系列的编辑正欲为此引发回忆与敬意。法学所还是一个气质润染而致精神聚合的存在，尽管法学所人为法治进步法学繁荣选择的专业领域、努力方式、科研理念以及学术风格各有不同，但其深层气质均内化有"正直精邃"即"心正、行直、学精、思邃"的因子，"法学所60年学术精品选萃"系列一定是彰显法学所人精神气质的优模良范。

致：所有与法学所有关的人，所有关心支持法学所的人，所有与法学所一起为法治进步法学繁荣努力的人。

陈甦
2018年10月18日
于北京市东城区沙滩北街15号

目录

导　论 ……………………………………… 薛宁兰　王天玉 / 1

专题一　社会法基础理论

构建和谐社会与法理念的更新
　　——兼论和谐社会与社会法的完善 ……………… 刘俊海 / 19
社会法的概念、本质和定位：域外经验与本土资源 ……… 谢增毅 / 28
社会法"法域"定位的偏失与理性回归 …………………… 余少祥 / 42
我国社会建设时代的社会法及其体系论纲 ………………… 董文勇 / 66

专题二　社会保障法

我国社会保障法的几个理论问题 …………………………… 史探径 / 95
社会保障制度是经济社会协调发展的法治基础
　　——写在《中华人民共和国社会保险法》实施之际 …… 刘翠霄 / 122
社会保障权的起源和历史发展 ……………………………… 刘翠霄 / 157
《社会保险法（草案）》修订应关注的几个问题 …………… 常纪文 / 171
论我国医保服务管理参与权的二元社会化配置
　　——以制度效能为视角的分析 ……………………… 董文勇 / 180

我国个人储蓄性保险的现状、问题与展望 …………… 余少祥 / 198

日本《社会保险劳务士法》及其对中国的启示 …………… 肖 京 / 217

专题三 劳动法

论劳动立法与人权保障 …………………………………… 史探径 / 231

论社会主义市场经济与劳动立法 ………………………… 史探径 / 240

我国劳动关系法律调整模式的转变 ……………………… 谢增毅 / 251

劳动法规制灵活化的法律技术 …………………………… 王天玉 / 282

集体合同立法模式的悖论及出路 ………………………… 王天玉 / 305

生育产假制度发展的国外经验及其启示意义 …………… 李西霞 / 320

专题四 社会保护法

重新解读男女平等的法律含义
　　——访挪威男女平等事务督察官 ………………… 薛宁兰 / 337

儿童权利保护的"最大利益原则"研究 ………………… 王雪梅 / 346

家庭暴力专项立法与妇女权益保障研究述评
　　（2000—2012年） ………………………………… 薛宁兰 / 378

身体与身份：家暴受害者在离婚诉讼中的法律困境 …… 邓 丽 / 395

专题五 慈善法

现代慈善捐赠法律关系的初步分析 ……………………… 冉 昊 / 413

论慈善事业的民间性与法治化 …………………………… 邓 丽 / 446

我国慈善信托法律规制的变迁与完善 …………………… 栗燕杰 / 459

导 论

一 肇始：社会法学科及其专门
研究机构溯源

（一）社会法的形成及社会法学科的发展

社会法是我国现有法律体系中新兴的法律部门。2001年3月，九届全国人大四次会议根据立法工作需要，初步将中国特色社会主义法律体系划分为七个法律部门。社会法作为其中一个独立的法律部门主要调整劳动关系、社会保障关系和社会福利关系。2003年4月，全国人大常委会委员长吴邦国在十届全国人大二次会议上指出，中国特色社会主义法律体系主要由宪法及宪法相关法、民法商法、行政法、经济法、社会法、刑法、诉讼与非诉讼程序法七个法律部门组成。第十届全国人大法律委员会主任委员张景宇将社会法解释为"规范劳动关系、社会保障、社会福利和特殊群体权益保障方面的法律关系的综合。社会法是在国家干预社会生活过程中逐渐发展起来的一个法律门类，所调整的是政府与社会之间、社会不同部分之间的法律关系"。[①] 随着改革发展的不断深化，社会建设已成为我国经济社会发展中的重要目

---

① 参见陈甦主编《社会法学的新发展》，中国社会科学出版社，2009，第14—15页。

标，社会法的作用日益凸显。2018年3月11日，十三届全国人大一次会议通过的《中华人民共和国宪法修正案》序言第七段增加"社会文明"的内容。根据《深化党和国家机构改革方案》，全国人大增设社会建设委员会，主要职责是研究、拟定、审议劳动就业、社会保障等方面的议案和法律草案等。

社会法作为一个独立法律部门在我国已经形成，其要旨是应对经济发展中不断出现的社会问题，以法治化方式构建基层产业秩序、维护社会弱势群体权益、完善社会保障和福利体系。相对于民法商法、行政法和经济法等其他相关法律部门，社会法的特质在于立足社会本位和社会连带，在传统二元法律关系中加入社会因素，构建出个人—社会—国家的三元法律关系结构，借由个人参与和国家行政给付，强化社会及其团体的权利和义务，从而实现不同社会群体之间的利益平衡和风险分担。例如，在社会法的主要组成部分中，劳动法的独有特质在于，一方面借助国家公权力干预劳动关系，制定劳动基准法，对劳动者予以倾斜保护；另一方面通过劳动者结社、组织工会，以集体协商方式与用人单位就劳动条件进行周期性缔约，以集体合同确定劳动关系双方利益平衡的合意。社会保障法更加强调国家的行政给付，具有代表性的是社会保险通过第三方保险经办机构实现社会统筹，建立养老、医疗、工伤等社会基本风险的预防和分散体系，构筑社会安全网络，国家对此体系的持续稳定运行负有担保义务。

社会法的形成及其所面对的诸多现实问题客观上推动了社会法学科的发展。在各种亟待解决的社会矛盾和民生问题持续升温的压力下，社会法治建设的地位不断提升。基于此种时代背景，社会问题、民生问题、国家社会建设战略、各种社会法律现象、法治中国目标等都为我国社会法学科建设与发展奠定了基调，提出了要求，准备了条件。社会法学作为专门的法学知识和研究体系早在社会法成为独立法律部门之前已经存在，老一辈社会法学者进行了开拓性的探索，由于社会法学科发展时间较短，诸多基本概念、理论和方法均需系统研究与建构。世界主要法治国家在社会法的界定、体系等方面并不统一，即便如大陆法系的代表——德、法、日三国亦存在诸多差异，各国内部学界也存在长期争论。① 我国学界关于社会法的概念、定位及体系一直存在争论，形成了"独立部门说"、"第三法域说"等较有影响力的学说。② 可见，社会法学科在整体上尚未成熟，仍有较大的发展空间，诸多基础理论问题有待于形成共识，需要社会法学术共同体的协作努力，推动学科概念体系和研究方法的不断完善。

（二）法学研究所社会法室的组建及发展

社会法室成立于2005年，是中国社会科学院法学研究所的一支新生力量，也是国内科研实力较强、社会法学科覆盖面广、专门致力于社会法研究与教学的机构。社会法室成立之初，刘俊海任主任、刘翠霄任副主任。2007年至2010年，常纪文任主任、谢增毅任副主任。2010年10月起薛宁兰任主任，余少祥、冉昊先后任副主任。目前，研究室在社会法学科研教学方面，覆盖社会法学基础理论、劳动法学、社会保护法学、社会保险法学、社会公共服务法学、卫生法学等大部分社会法学分支学科。确立了以社会法基础理论、劳动法、社会保障法、社会保护法、卫生法为支撑的学术研究方向，同时兼顾其他社会法重大理论和实践问题研究。法学研究所作为国家思想库和智囊团，在社会法学基础理论研究、社会法重大实践问题研究、社会法治建设咨询和社会法高端教育等方面发挥着日益重要的作用。

---

① 参见〔德〕伍尔芬《德国社会法概况》，载杨燕绥等编著《劳动法新论》，中国劳动社会保障出版社，2004，第281页；〔德〕贝尔恩德·巴龙·冯·麦戴尔《德国社会（保障）法：定义、内容和界定》，载郑功成、沈洁主编《社会保障研究》，中国劳动社会保障出版社，2005，第86—89页；郭明政《社会法之概念、范畴与体系——以德国法制为例之比较观察》，《政大法学评论》第58期（1997年）；肖磊《法国社会法的概念及由来》，载史际春、邓峰主编《经济法评论》，中国法制出版社，2004，第411页；郝凤鸣《法国社会安全法之概念、体系与范畴》，《政大法学评论》第58期（1997年）；王为农《日本的社会法学理论：形成和发展》，《浙江学刊》2004年第1期；蔡茂寅《社会法之概念、体系与范畴——以日本法为例之比较观察》，《政大法学评论》第58期（1997年）。

② 参见史探径《论社会法》，中国劳动社会保障出版社，2007，第7页；郑尚元《社会法的存在与社会法理论探索》，《法律科学》2003年第3期；董保华《社会法原论》，中国政法大学出版社，2001，第21页；林嘉《社会法在构建和谐社会中的使命》，《法学家》2007年第2期；谢增毅《社会法的概念、本质与定位：域外经验与本土资源》，《学习与探索》2006年第6期；唐政秋、李健《社会法范畴和体系研究——以社会法立法为视角》，《当代法学》2008年第3期。

法学研究所拥有一批从事社会法学研究和教学的著名专家学者，包括社会法学家史探径研究员（已故）、刘翠霄研究员。史探径研究员是我国社会法学科的奠基人之一，他的《社会法学》一书是我国社会法学教育领域第一部综合性教材，填补了国内空白，为我国社会法研究作出了卓越的开创性贡献；他的另一力作《社会法论》及相关学术论文为推动我国社会法学科发展作出了重要的学术贡献。刘翠霄研究员是我国弱势群体保护法学研究领域的先驱，她在残疾人权益保护、农民和进城务工人员权益保护、老年人权益保护等众多领域的研究一直处于国内领先地位，先后出版专著三部《残疾人权益保障比较研究》、《天大的事——中国农民社会保障制度研究》、《中华人民共和国社会保障法治史》。她曾担任中国社会法学研究会副会长，为推动我国社会法学研究贡献卓著。历经十多年开拓进取，社会法研究室逐渐形成老、中、青结合，富有学术活力、创造力、影响力和竞争力的科研与教学队伍。目前研究室有科研人员6名，其中，研究员（教授）3人、副研究员（副教授）3人。

在长期的研究教学过程中，本研究室人员以突出的学术贡献和良好的学术声誉，在全国及地方各类学术团体中担任重要学术职务，其中，薛宁兰研究员长期致力于性别平等的法律保障研究，她在性别法领域的研究在国内外具有影响力，出版的专著《社会性别与妇女权利》2016年获首届"王金玲性别研究奖励基金"优秀成果三等奖。目前，她担任中国法学会婚姻法学研究会副会长、中国社会法学研究会常务理事，中国婚姻家庭研究会常务理事、中国妇女研究会常务理事、北京市法学会妇女法学研究会副会长。谢增毅研究员担任中国社会法学研究会副会长；冉昊研究员担任中国比较法研究会常务理事，北京市农村法学会常务理事；董文勇副研究员担任中国社会法学研究会理事、中国卫生法学会理事、北京市卫生法学会理事、北京市法学会立法学研究会理事；邓丽副研究员担任中国法学会婚姻法学研究会理事；王天玉副研究员担任中国社会法学研究会理事。本研究室人员均有在国外长期进修、访学的经历，研究成果在社会法学各领域具有持续的学术影响力。

社会法室成立以来，在社会法学科研方面成绩斐然。截至目前，共出版社会法学专著17部、论文集3部、教材2部，在《中国社会科学》、《法学研究》、《中国法学》、《法商研究》、《环球法律评论》等法学核心期刊和《中国社会保障》、《妇女研究论丛》等专业核心期刊，以及社会法专业论丛等媒体上发表论文200余篇。在课题研究方面，承担国家级课题6项，部级课题30余项，司局级课题40余项。除此以外，社会法室积极参与《社会保险法》、《妇女权益保障法》、《劳动合同法》、《老年人权益保障法》、《反家庭暴力法》、《精神卫生法》、《国民健康法》、《慈善法》、《境外非政府组织境内活动管理法》、《红十字会法》、《工伤保险条例》等法律、行政法规和行政规章的起草、论证和意见征求工作计50余项（次）。

在学科建设和研究生培养方面，社会法室为我国社会法学专业人才的培养作出了贡献。2017年前，本研究室在经济法硕士点设劳动法、社会保障法招生方向，在民法学科点设亲属法招生方向。截至2017年7月，本研究室共培养法学硕士和法律硕士70余名。毕业生分布在审判、检察、行政等机关，以及科研机构、人民团体、企业等组织机构，绝大部分从事与劳动和社会保障有关的理论和实践工作，其中不少毕业生取得了突出的成就。随着我国社会法治建设的不断发展，社会法学专业人才需求日益扩大，有关社会保障、劳动、教育、医药卫生、住房保障、其他社会公共服务的立法和执法机关需要熟悉社会立法或执法的公务人员，企事业单位和社会组织也需要处理劳动、人事、福利等事项的专业人员。因此，社会法学有必要根据其自身的理论体系创制独立的培养方案，以社会法的价值取向和制度功能为基础，形成具有自身特色的人才培养模式。2017年6月，在法学所领导及相关部门鼎力支持下，由薛宁兰研究员担纲，聚集体之力，申报社会法硕士点，终获中国社会科学院研究生院批准。将社会法学专业提升为中国社会科学院研究生院自主设置的法学二级学科，实现自主招生，将有利于我国社会法学高级专业人才培养。

二 开拓：社会法学科的建设历程

得益于法学研究所平台和学术资源，社会法学科在相对较短的时间内取得长足进步，为法学研究所60年发展历程增添了亮丽色彩。早在2009年，陈甦研究员作为领头人的社会法学科成功申报中国社会科学院重点学科，社会法学科在成果创新、队伍建设、人才培养、学术活动等方面获得全方位支持。社会法室集体攻关，先后出版《社会法学的新发展》（陈甦主编，2009)、《民生保障与社会法建设》(陈甦主编，2009)、《社会保险法热点、难点、疑点问题全解》(常纪文主编，2010)、《弱者的救助——中国农民医疗保障调查报告》(余少祥、董文勇、刘翠霄等，2014)、《中国慈善法研究与立法建议稿》(薛宁兰、邓丽主编，2014)。作为社会法的专门研究机构，社会法室通过学术活动推动社会法学科发展建设，其中最具代表性的是定期举办"中国社会法论坛"。2006年以来，共举办8次"中国社会法论坛"，它成为在中国社会法学会年会之外的唯一全国性和国际性例行大规模学术会议，在社会法学界形成学术品牌，并不断扩大学术影响力。历次论坛针对社会法学热点和难点问题，选取优秀学术论文结集出版，充实了社会法学相对匮乏的文献资源，以"论坛促学科"的模式获得学界广泛好评。在此，梳理历次论坛主题可厘清法学研究所社会法学科建设历程，亦可勾勒出我国社会法治发展的脉络。

(一) 完善社会法治，构建和谐社会

2006年，第一届中国社会法论坛以"社会法治"为主题，研讨社会法在构建和谐社会中的法治保障作用。[①] 与传统法律部门相比，社会法有着广阔的发展前景，许多理论问题有待深入研究。本次论坛的主要关注点包括"劳动法的完善与劳动合同法制定中的热点问题"、"社会保障体制改革和社会保障的立法完善"、"环境友好型社会与环境法"。在广为社会关切的劳动合同立法方面，学界的共识性意见是，劳动合同法（草案）总体上符合我国国情，贯彻了保护劳动者权益、向劳动者适度倾斜的立法理念。在社会保障体制和社会保障立法方面，我国应进一步明确公民享有的社会保障权，加强对农民的社会保障建设，完善医疗保险和生育保险等制度。

(二) 改革开放与社会法的新发展

2008年的第二届中国社会法论坛聚焦改革开放30年来社会法的形成与发展。学界普遍认为社会立法有助于社会法体系的完善，对于保障社会弱势群体权益具有重要作用。改革开放30年来，包括《劳动合同法》、《就业促进法》、《劳动争议调解仲裁法》等一系列社会立法出台，推动社

---

① 参见陈甦主编《民生保障与社会法建设》，社会科学文献出版社，2009，第2页。

会法学研究取得长足发展,但在分析阐释现实社会问题以及指导立法和法律实践方面,仍存在诸多不足,有待形成更为系统的理论学说和科学的研究方法。在全面总结过去30年社会法治建设经验基础上,应进一步拓展研究视野,既关注社会法基础理论,劳动关系契约理论,劳动合同、劳动争议处理制度,社会保险制度等传统研究领域,又要加强对灾害救助制度、教育优惠政策、医疗卫生制度、住房保障制度等社会发展进程中涌现的新问题研究。

(三) 社会保险法的理论发展与制度创新

作为社会法的重要组成部分,社会保险法的发展在中国正当其时。在国家制定《社会保险法》背景下,2009年第三届中国社会法论坛系统研讨了社会保险法立法的时机与挑战、社会保险法总则、养老保险、医疗保险的理论与实践等问题。由于社会法在中国发展时间较短,相关理论较为贫乏,基本的社会保险法学语境尚未形成,诸如社会保险法律关系的法律性质、社会保险法的法律地位、社会保险经办机构在社会保险法律关系中的主体地位等基本问题尚有待探讨。中国社会保险立法应从改革发展的实际需求出发,对外国比较成熟的制度模式,可以借鉴但不能盲目照搬照抄。

(四) 社会法的发展与民生保障

2011年4月,第四届中国社会法论坛在西南财经大学公共管理学院举办。本次论坛以"社会法的发展与民生保障"为主题,围绕社会法基础理论、社会保险法的进步与不足、劳动合同法实施中的主要问题展开研讨。论坛形成如下若干共识:我国经济和社会发展中出现的民生及社会问题,促使以问题为面向、与社会公共利益和长远利益相关的社会法学新兴学科形成。社会法体系应具有开放性,根据社会的需要将这些学科纳入社会法体系中,根据国家发展目标整合公民社会权利实现的次序,提升民生法治保障水平。随着社会保险制度的建构与完善,每一社会成员都应分享到经济社会发展成果。当处于优势地位人的生活状况提升时,在社会保险制度的调控下,使那些处境较差人的生存状态有相应改善。这种差别平等原则的实施所体现的社会公平,能减少社会矛盾、促进社会稳定、保障民生。

（五）劳动与社会保障法比较研究

世界主要法治国家面对的社会问题具有相似性，以劳动法和社会保障法为主干的社会法在法理及制度实践上能够相互借鉴。我国社会法学科研究有必要充分掌握和考察域外法治国家积累的智力成果和实践经验，这对于本土学术发展和制度构建具有重要的参考意义。法学研究所与日本早稻田大学比较法研究所有着长期的合作关系，2013年3月，"中日劳动与社会保障比较法"研讨会暨第五届中国社会法论坛在法学研究所隆重召开。中日两国学者围绕"非典型用工的劳动法和社会保障法问题"、"性别视角下的劳动和社会保障法"、"养老保险和医疗保险法律问题"、"政府在社会保障中的义务和责任"等主题，展开深入的比较法研讨。比较研究方法对于中国当前社会法的理论与实践具有重要意义。中国和日本的国情有不同之处，也有许多共同点。在探究中国特色劳动和社会保障法律制度体系时，既要紧紧围绕中国特有的问题展开，也要适时借鉴他国经验。

（六）慈善基本法立法研讨

为配合国家制定慈善事业法的立法规划，2014年第六届中国社会法论坛以"慈善基本法立法研讨"为主题，围绕"中国慈善事业发展"、"中国慈善立法"、"慈善基本法学者建议稿"三项议题展开。慈善立法对于回应社会需求，规范与保障慈善事业的健康发展具有重要意义；现阶段慈善立法研究具有现实重要性和任务迫切性，立法过程中存在许多重点、难点问题。慈善基本法是社会法的组成部分，需要其他部门法支持；慈善事业法与公益事业法的关系也应当理清，还应当处理好政社关系、慈善组织的经营活动、慈善与宗教的关系等重要问题。政府在慈善事业中的角色是秩序提供者、能力促进者、培育扶持者和监督管理者；公益的标准可以采用正面效能超过负面效能来认定。

（七）部门法中蕴含的社会法基础理论探索

2016年第七届中国社会法论坛尝试在社会法和私法的一些理念和基础理论之间形成碰撞和交流。讨论主题包括"非营利组织财产权利的法律属性"、"慈善信托的理论和实践问题"、"老年年金法的制度结构"等。随着社会经济生活的复杂化，以民法为代表的传统私法面临一系列利益平衡难题，此为社会法兴起的基础和作用空间，由于社会法的理论和实践仍不够成熟，两者存在诸多冲突。对此，应以民法已形成的概念为基础，将民法作为整体法学的共同资源，社会法在民法之外要审慎创设新的概念。对于两者的边界，应回归法律作为一种社会规范本身，即基于同样案件事实大规模地解决纠纷。因此，社会法应强调裁判功能，以解决纠纷为导向，在民法等传统私法资源无法有效解决问题时发挥独有作用。

（八）《劳动合同法》颁行10周年之际的回顾与展望

2017年第八届中国社会法论坛聚焦劳动合同法修改。《劳动合同法》在劳动法体系中居于核心地位，该法的颁行"牵一发而动全身"，意味着劳动法的整体更新，旨在对劳动关系这一重大的基础性社会利益进行全方位、深层次的系统性调整。在社会经济发展的新背景下，劳动保护的政策目标没有变，有关《劳动合同法》学术讨论的科学化、理性化水平有所提高，研究范围拓展至劳动法框架内外，兼具理论与实务、国内与国际、立法论与解释论的视野。未来应当对《劳动合同法》进行更加全面、客观分析，重视劳动法与现代民法的分工合作。《劳动合同法》的研讨应兼顾"形而上"与"形而下"的研究，既要"务实"也要"务虚"，强调"中国问题、世界视野、多元方法"，学理研究应以问题为导向，强化各法律部门之间的合作协调。

三 创新：社会法学科的学术贡献

重要学术成果是一个学科发展轨迹上的坐标，标志着对基础性问题理论认识的突破与提升，为展开持续性研究和学术创新奠定基础。在社会法学科的发展建设中，史探径研究员作为新中国第一代社会法学者进行了开创性工作，此后，以刘翠霄、薛宁兰、谢增毅研究员为代表的几代社会法学者笔耕不辍，奉献出一大批具有重大学术影响的理论成果，为前沿热点领域的研究指引了方向。他们在科研成果中提出诸多问题，例如劳动立法在社会主义市场经济中的作用、社会保障法在社会经济协调发展中的作用、反家庭暴力立法的定位及其对于妇女权益的制度性保障、劳动关系法律调整模式转变等,对于今后社会法学研究具有重要价值。"温故而知新",本论文集回顾并再次呈现这些议题,有利于梳理法学研究所社会法学科的演进轨迹,加深对相关议题的理解并引发新的思考。

(一) 论社会主义市场经济与劳动立法

随着社会主义市场经济体制的确立,民法、经济法等作为市场交易与监管的基本法律制度为立法者重视,我国相继颁行一系列重要法律,调整市场经济关系的法律体系渐趋完备。但是,对于劳动法在市场经济中的定位、功能、特点等问题则缺乏共识,导致劳动基本立法进程迟缓,一些急需的劳动法律法规也无法顺利出台。在此背景下,史探径研究员发表《论社会主义市场经济与劳动立法》一文,[①] 对劳动法的作用、特点以及我国劳动法治中的一些具体问题进行了全面的思考。此文发表距今有24载,其所分析和阐述的多个问题在劳动立法的不同阶段仍为学界热议。

第一,关于劳动立法的定位与特点。他认为,劳动法同民法商法一样,都是市场经济发展过程中的产物。劳动法具有保护性特点,以保护劳动者权利为其主要宗旨,而非如民法那样平等地保护双方主体,因为劳动法的制定是基于劳动关系的现实状况,从有利于劳动关系稳定和发展的客观需要出发的。劳动法律表面看来是偏向劳动者一方,而实际是兼顾了劳动关系双方当事人的利益,对双方都有利。

第二,关于劳动立法中的管制与自治问题。劳动关系的双方当事人享有用工自由和择业自由,可以自愿地订立劳动合同,这是合同自由,但是相对于民事合同,劳动合同受到更多的限制。政府增加对劳动合同监督干预的目的在于加强对受雇人权益的保护。正是在这一点上,劳动合同法脱离民法规范,使劳动法发展为一个独立部门法。劳动法之所以被称为私法趋于公法化的典型法律部门,其原因就在于政府监督干预内容的增多。

第三,关于用工灵活性的问题。应当区分劳动权和劳动力市场,通过劳动力市场的机制,在保障用工自主权利和择业自由的前提下,满足市场经济发展中的用工需求和保证公民劳动权的实现。在制度层面,除在劳动法典中规定劳动就业的方针和制度外,还应就劳动就业、劳动力登记和职

[①] 史探径:《论社会主义市场经济与劳动立法》,《法学研究》1994年第1期。

业介绍、劳动力市场管理等制定法律、法规。

(二) 社会保障制度是经济社会协调发展的法治基础

在我国改革发展的过程中,社会保障制度并未能与经济同步发展。在过于强调经济增长发展模式下,社会事业尤其是社会保障制度已严重滞后于经济发展,忽视了人们对经济发展成果的共享和分享,加剧了贫富分化等诸多社会问题。在构建新的社会经济发展观之际,刘翠霄研究员在《社会保障制度是经济社会协调发展的法治基础》一文[①]中,提出社会保障法律制度在促进经济社会协调发展中具有重要作用,是其他法律和政策无法替代的。

第一,社会保障制度是促进经济社会协调发展的重要法治措施。社会保障制度给社会成员带来一定的现实利益,不仅使社会成员中为数众多的低收入者和贫困者的生活得到基本保障,特别是使人们在失业、伤残、疾病、老年等人生的被动阶段,获得必要的经济保障和一定的安全感,也使社会成员的生活条件得到一定改善,生活水平得到一定程度提高。更为重要的是,通过提供教育补贴,使广大人民的教育水平、科学技术知识、劳动技能得到普遍提高,为社会不断输送符合现代化生产要求的劳动力。社会保障制度的实施,让社会公平得到极大体现,缩小了贫富之间的差距,减少了社会的不平等现象,扩大了民主,缓和了社会矛盾。

第二,社会保障制度对经济发展具有安全网和稳定器的作用。计划经济时期呈现出的经济突飞猛进、社会井然有序的状态,与社会保障制度的制定和切实实施是密不可分的。改革开放30年来,国家不断完善社会保障立法,加大投入,但在社会保险、社会福利、农村社会保障等制度建设方面仍很欠缺。该文就此详细分析了养老保险制度、医疗保险制度、住房制度、教育制度、农民养老保险制度、农民合作医疗制度、农民工和失地农民的社会保障制度,阐释了各项制度的背景、现实问题及成因,呈现出了我国社会保障的总体图景。

第三,完善社会保障制度应当秉持社会公平与连带的立法理念。经济发展水平不是社会保障制度完善与否的唯一决定性因素,立法理念在

---

① 刘翠霄:《社会保障制度是经济社会协调发展的法治基础》,《法学研究》2011年第3期。

社会保障制度建设中同样发挥重要的作用。国际经验证明，在建立和完善社会保障制度过程中，应力求贯穿社会公平和社会连带的立法理念。社会公平意指一国公民有权平等地获得社会保障，社会连带则是人们在社会中结成一种既分工又合作的关系。连带关系的基本原理是，人人都有价值，人人都必须得到平等的关注。我国在完善社会保障制度过程中，已经开始注重社会公平和社会连带理念在立法中的体现，包括社会保险扩大覆盖范围、个人账户与社会统筹相结合、保障性住房和义务教育制度的完善等。

（三）家庭暴力专项立法与妇女权益保障研究述评（2000—2012年）

家庭暴力专项立法是近年来中国加强对儿童、老人及妇女权益保障法制建设的里程碑。中国反家庭暴力法的出台与学界长期的理论和实证研究密切相关。[①] 2000年以来的12年间，围绕专项立法的必要性、立法宗旨与基本原则、家庭暴力界定、民事保护令的制度构建等诸多问题，学界研究在方法上涵盖了比较研究、文献研究、实证研究等多个层面，澄清了诸多观念误区，为立法机关提供了可资借鉴的制度设计。为深入挖掘和阐释这一时期妇女权益保障研究取得的成果，薛宁兰研究员检索了2000—2012年发表的期刊论文135篇、博士论文5篇、硕士论文71篇、报纸文章25篇以及若干专著和会议论文集，就家庭暴力立法与妇女权益保障的关联性进行了全面的述评，写成《家庭暴力专项立法与妇女权益保障研究述评（2000—2012年）》一文，具有重要的学术价值。[②]

第一，对于制定反家庭暴力法必要性的认识，既要有国际人权法的高度，又要立足中国实际。一方面，目前越来越多的国家和地区已颁布实施反家庭暴力专门法，中国政府在这方面应当有所作为；另一方面，我国已有29个省份颁行预防和制止家庭暴力的地方法规和规范性文件，各地反家庭暴力的立法与实践迫切需要在国家层面制定一部综合性的，包含预防、制止、救助、惩戒与矫治的，具有针对性和可操作性的家庭

---

① 《反家庭暴力法》于2015年12月27日由第十二届全国人民代表大会常务委员会第十八次会议通过，2016年3月1日起施行。
② 薛宁兰：《家庭暴力专项立法与妇女权益保障研究述评（2000—2012年）》，《中华女子学院学报》2014年第3期，《新华文摘》2014年第19期全文转载。

暴力防治法。

第二，关于反家庭暴力法的宗旨及适用范围，她认为反家庭暴力法不是家庭法，它是对家庭暴力受害人的社会救助法。在已有婚姻法、妇女权益保护法、未成年人保护法、老年人权益保障法等预防和惩治家庭暴力的一般法前提下，反家庭暴力法作为特殊法更强调对受害人的特殊保障，如获得专门机构庇护、医疗救助、就业扶持、住房优惠、受教育权实现等，在传统行政法和民法之外加入社会法的调整理念和机制。在适用范围上，家庭暴力具有地域性和文化性，应当从主体范围、暴力形式、侵害对象三个方面予以界定，提炼出一般规律和中国元素。

第三，在反家庭暴力法的制度构建上，我国设立民事保护令制度可借鉴英美法系的立法经验，在实体和程序两方面确立公权力介入家庭暴力的限度，以平衡保护令的申请人与被申请人的各方利益。此外，由于妇女、儿童、老人和残疾人是家庭暴力的主要受害人，应当建立对受害人的特别救助制度。对于家庭暴力加害人亦应制定惩戒和矫治措施，建立告诫制度和行为矫治制度等。

（四）我国劳动关系法律调整模式的转变

在《劳动合同法》颁行10周年之际，有关该法修改的动议渐成讨论热点，重要争点之一是其所秉持的平等保护模式。一种意见认为劳动立法应当放弃平等保护的立场，进行差异化调整。著名法学家梁慧星研究员就此指出，我国存在着复杂多样、千差万别的企业形式和经营形式，因此规范劳动关系的立法不能采用一个标准和模式，不考虑企业差别，搞一刀切。[①] 在劳动法学界，这种判断也得到越来越多的回应，董保华教授认为《劳动合同法》存在"法律保护一刀切与分层分类适用的失衡……劳动法律统一适用于所有用人单位和劳动者，对用人单位不分类，对劳动者不分层，法律适用缺乏针对性"。[②] 而对于如何评价现有的劳动法调整模式、怎样适应劳动关系差异化的趋势等问题均缺乏坚实的学术回应。在此背景下，谢增毅研究员的论文《我国劳动关系法律调整模式的转变》，系统阐

---

① 梁慧星：《劳动合同法：有什么错？为什么错？》，http://www.aisixiang.com/data/29948.html，2018年4月5日。
② 董保华：《〈劳动合同法〉的十大失衡问题》，《探索与争鸣》2016年第4期。

释了劳动法调整模式从一体调整向分类调整和区别对待转型的理论学说。①

第一，反思现有劳动法对劳动关系的一体调整模式。随着用工形式多样化和劳动关系复杂化，现行劳动法"一体适用、同等对待"的调整模式不仅在理论上存在重大缺陷，也给劳动立法和实践带来诸多问题，导致劳动法覆盖范围受限，劳动者权利义务配置僵化、不合理，不同用人单位的个性诉求受到抑制，影响了劳动法的实施。

第二，劳动法调整模式转变的必要性。随着经济的发展，新的用工形式不断出现，尤其是非正规就业十分流行。网络技术的发展也对传统法律调整方式提出了新的挑战，新型灵活就业方式和就业人员需要有别于传统一般规则的适当制度安排。劳动者从属性的弹性化以及权利的多样化为劳动法分类调整和区别对待提供了可能。并且多个法治发达国家通过民法典或债法典以及其他制度安排，贯彻"分类调整、区别对待"的原则。我国在立法理念和立法技术上也已具备相应的条件。

第三，劳动法调整模式转变的制度构建。采取对不同类型雇员或特殊雇员"部分适用"或"变通适用"是劳动法一般规则的调整方法；对于类似雇员的人、公司高管雇员、小微企业劳动者则制定特殊规则。

四　展望：面向新时代的社会法学科

我国改革发展已进入新时代，社会建设成为国家治理的重要内容。这在客观上将为社会法学研究提供丰富的实践资源，有关劳动关系、社会保障、社会福利等相关制度领域的研究将进入全面发展时期。另外，经济社会大发展，急迫需要在学理上回应和指引社会法治建设进程中出现的诸多问题。面向新时代的中国社会法学科需要在秉承既往学术积淀和研究传统基础上，拓展学术视野，提升研究方法，针对重大基础性社会法学理论及实践难题，吸纳域外法治经验，立足本国国情，以实现学术上的持续创新发展和制度建设上的坚实智力支持。

第一，社会法学研究应坚持正确的政治导向，坚持马克思主义法学的基本立场，以习近平新时代中国特色社会主义思想为指引，将对社会法治

---

① 谢增毅：《我国劳动关系法律调整模式的转变》，《中国社会科学》2017 年第 2 期。

建设的总结、评价与全面建成小康社会、全面深化改革、全面依法治国相结合,在整体和全局的高度上展开研究和讨论。社会法学者应清楚地认识到社会法对于经济发展和社会转型的基础性作用,以更开阔的学术视野、更敏锐的洞察力、更扎实的研究成果为构建全面系统的社会法奠定理论基础。

第二,社会法学研究应扎根本土,回应现实问题,紧跟丰富、生动的法律实践。我国社会法治发展有着深刻的历史背景、独特的现实国情以及特殊的治理结构。研究社会立法及其实施应以问题为导向,发现本土劳动关系及社会保障制度的逻辑脉络。要积极吸收借鉴域外成熟法治经验,力戒简单的拿来主义,更不能以域外经验作为单一的评价标准,要全面客观地看待我国社会法治所处的发展阶段,体会"法律是现实的,也是历史的",为发展和完善中国特色社会主义社会法制体系作出贡献。

第三,社会法研究应关注科技发展对劳动用工及社会保障模式的影响,展开对相关制度发展的探索。当前,互联网、大数据和人工智能不断深入地改变着人们的生活方式和工作方式,新科技革命已经展现在世界面前。社会法从工业时代发展至今,因应了每一次重大技术革命带来的社会治理变革。在互联网用工、大数据应用等新科技极速发展的网络时代,社会法的理论创新和制度发展有着广阔空间和丰富素材。为此,应着眼于未来科技发展,不固守传统调整模式,解放思想,创新开拓出互联网时代社会法治的新格局。

薛宁兰　王天玉

专题一 社会法基础理论

构建和谐社会与法理念的更新
——兼论和谐社会与社会法的完善

刘俊海[*]

十六届四中全会《关于加强党的执政能力建设的决定》指出,"要适应我国社会的深刻变化,把和谐社会建设摆在重要位置,注重激发社会活力,促进社会公平和正义,增强全社会的法律意识和诚信意识,维护社会安定团结",加强党的执政能力建设的主要任务之一,是"要坚持最广泛最充分地调动一切积极因素,不断提高构建社会主义和谐社会的能力"。构建社会主义和谐社会已经成为新时期我国改革、发展和稳定的目标。而和谐法治是和谐社会的根基,社会主义和谐社会必须建立在法治的基础之上。当前,构建和谐社会必须进一步完善立法体系,树立发展与规范并重以及公平与效率并重的新理念,并积极地确认和维护公民的社会权利。

一 社会主义和谐社会是法治社会

(一) 和谐社会的构建必须以法治为基础

社会主义和谐社会是法治社会。和谐法治是和谐社会的根基。为确保社会主义和谐社会的永久生命力,尤其是动态性、开放性、常态性、创新性、竞争力和可持续性,必须夯实社会主义和谐社会的法治基础。脱离了

---

[*] 刘俊海,博士生导师,原为中国社会科学院法学研究所社会法研究室主任、研究员,现为中国人民大学法学院教授,主要研究方向为社会法、公司法、证券法。

法治基础，和谐社会只能成为海市蜃楼。为实现我国经济和社会各项事业的全面、协调、可持续的发展，实现经济利益与社会利益、区域利益与全国利益、近期利益与远期利益、公共利益与私人利益、企业利益与利害相关者利益、人类利益与自然环境利益的兼顾与协调，必须充分发挥法律的利益调整器功能。

完善而和谐的立法是构建和谐社会法治的前提。应该进一步完善构建和谐社会的立法体系，抓紧清理、废止阻碍和谐社会构建的立法文件。要充分发挥立法对和谐社会的推动、保护和规范作用，实现各方利益主体的法律角色定位，必须以"三个代表"思想和科学发展观作为理论指导，从我国的社会主义市场经济和法治建设的国情出发，大胆借鉴西方市场经济国家在构建和谐社会方面的先进立法经验，以确认和保护社会主义和谐社会的构建为价值取向，进行立法改革，构建门类齐全、结构协调、功能合理、层次分明、动态开放、与改革发展规律相契合、与国际惯例相接轨的和谐法律体系。

加强社会立法是推动构建和谐社会的重要举措。要构建和谐社会的法律体系，必须像重视经济立法一样，重视社会立法。从法理上看，现代法律可以分为公法、私法与社会法。从我国立法实践看，全国人大常委会更是把社会法列为七大法律部门之一。从发达国家的法治实践看，社会法的完备程度直接体现了一个国家市场经济法治建设的成熟程度。随着我国社会主义市场经济体制的建立与完善，我国的社会立法步伐也不断加快。这些社会立法内容丰富，渊源各异，不仅表现为全国人大及其常委会制定的法律，而且表现为国务院制定的行政法规与国务院所属部门制定的部门规章。例如，全国人大常委会先后颁布了《残疾人保障法》、《妇女权益保障法》、《消费者权益保护法》、《劳动法》、《老年人权益保障法》。国务院先后颁布了《女职工劳动保护规定》、《农村五保供养工作条例》、《失业保险条例》、《社会保险费征缴暂行条例》、《工伤保险条例》。劳动和社会保障部（含其前身劳动部）、民政部等部门也颁布了不少维护和增进社会公益的部门规章。1997年我国签署了《经济、社会和文化权利国际公约》，并于2004年在《宪法修正案》中明确提出尊重和保障人权，这对于我国社会法体系的健全无疑将发挥重要的作用。总体来看，我国的社会法体系尚处于起步阶段，远远不能满足社会公众的制度需求。建议制定"社会保障法"、"农民权益保护法"、"劳动合同法"以及规制行业协会等非营利性组织的基本法律,并与时俱进,早日修改《消费者权益保护法》和《劳动法》等社会法律。社会法的解释与适用在执法和司法实践中也存在不协调、不统一等问题,需要进一步予以完善。

当然,构建和谐社会的法律体系应该是一个配套的法律体系,而不局限于社会法一个法律部门。换言之,构建和谐社会不仅是社会法所追求的立法宗旨,也是我国整个立法体系的宗旨之一。除了社会法之外,凡是与和谐社会构建有关的法律、行政法规和行政规章,不管是行政法,还是民法、商法、经济法、刑法,都应接受构建和谐社会宗旨的约束和指引,不得与之相冲突。同时,建议立法机关对现有法律中有悖于和谐社会构建的恶法条款进行一次彻底的清理,该废止的坚决废止。

法律制度的不和谐是最大的不和谐。通过法律形式确认的行业腐败是最大的腐败。建议立法机关亲自起草法律或者授权立场中立、利益超脱的学者起草法律,避免委托具有利害关系的强势利益集团(包括垄断行业和政企不分的政府部门)起草法律。要切实避免部门立法的不和谐,必须告别"立法宜粗不宜细"的思维模式,切实提高法律的可操作性尤其是可诉性。这一思维方式长期成为我国经济社会立法的指导思想,并成为我国改革开放初期唯一正确的立法技术选择,并非偶然。因为,我国的改革路径具有"摸着石头过河"的特点,立法者、政府和社会各界对于社会主义市场经济体制改革的目标模式并非先知先觉;而且立法理论储备不足,立法者对国外最新立法动态亦不十分熟悉。随着党和国家建立和完善社会主义市场经济体制、构建社会主义和谐社会、落实科学发展观的决策更加明朗而具体,立法者需要扭转长期以来的"立法宜粗不宜细"的思维模式,尽量将改革与发展实践中已经看准、能够看准的法律关系作出清晰、严谨、全面的界定,切实增强立法的可操作性与可诉性。徒法不足以自行。有了和谐的立法,还应当强调和谐司法、和谐执法机制的构建。司法机关和执法机关应当以是否有利于构建社会主义和谐社会作为检验司法与执法工作好坏的试金石。

(二)构建和谐社会必须树立发展与规范并重的新理念

我国在资源配置上已经基本完成计划经济向市场经济的平稳过渡,目前正在经历由经济市场化到市场法治化的历史阶段。近年来，各类市场（包括产品市场、服务市场、劳动力市场、资本市场、公司控制权市场、金融市场等）逐步发展，日渐壮大，但仍然存在着诸多不和谐因素。突出表现在，市场交易关系中的各方当事人之间的法律关系经常存在紊乱、错位之处，违约、侵权、违法、犯罪等失信现象在不少市场中频频发生，甚至成为常态。市场中之所以出现不和谐现象，主要源于市场起步之初就忽视了市场的规范、统筹与和谐。有关政府部门往往对市场的发展问题谈得多做得也多，而对市场的规范问题则谈得少做得更少，此为"重发展、轻规范"的理念。一个地区乃至全国经济的持续稳定健康发展，必须以规范和秩序为前提。在失信、无序的状态下，经济不可能长期繁荣。经济只能在规范中发展，在发展中规范，发展与规范如影随形，必须强调边发展、边规范，将发展与规范对立起来，显然是错误的。

"先发展、后规范"的观点当然也是错误的。其一，缺乏规范的市场是短命的市场，不可能长命百岁。"先发展、后规范"的默示前提是有市场可以规范，倘若没了市场，又规范什么呢？因此，按照前述错误观点指引的方向走下去，只能是死路一条。对房地产开发商、上市公司，都是如此。其二，市场的存在价值在于能够为供需双方创造利益共存的交换平台。只要市场存在一天，这一天就要讲规矩，重规范。如果一个市场是交易一方强取豪夺、尔虞我诈的乐园，那么谁敢参与这样的市场？因此，政府片面放松对市场的监管，不是保护了市场，而是害了市场。立法机关、行政机关与司法机关在运用国家公权力介入市场时，都应当科学地把握规范与发展之间的辩证关系。发展是目标，规范是前提，和谐是关键，法治是基础，发展与规范应当同时进行。所以，应该扭转重发展、轻规范，重政策、轻法律，先发展、后规范的错误理念、政策和做法，树立发展与规范并重的新理念。

（三）构建和谐社会必须树立公平与效率并重的新理念

长期以来，重效率、轻公平的理念潜移默化地影响着我国的立法、执法和司法工作，虽然立法上并无"重效率、轻公平"六个字，但一些立法文件的字里行间流露着对效率原则的偏爱以及对公平原则的漠视。为了构建和谐社会，必须树立效率与公平并重的理念。当效率价值与公平价值发生冲突时，应当以公平价值优先。之所以如此，是由于社会主义和谐社会不能容忍不公平的效率。根据法理之通说，违反公平原则的民商事行为或者行政行为本身就是有法律瑕疵的行为，要么属于无效行为，要么属于可撤销的行为。

公平原则特别强调程序意义上的公平，尤其是机会的平等与权利能力的平等。例如，根据企业平等原则，各类企业在市场准入方面的机会都是平等的。除非法律基于正当理由，明确规定只有某类企业可以进入某类市场外，所有企业的市场准入机会都是平等的。这种对企业平等原则的限制只能是例外，而非原则。例如，1993年《公司法》第2章第3节允许国家授权投资机构和部门设立一人公司，却不允许民间投资者设立一人公司；第75条在要求股份有限公司的发起人为五人以上的同时，破例允许在国企改制为股份有限公司的情形下发起人可以少于五人；第59条不允许民营企业中的有限责任公司发行公司债券，但允许国有独资公司和两个以上国家授权投资机构和部门设立的有限责任公司发行债券。这些规定构成了对非公有制经济的不平等，但随着我国法制的不断完善，这些不平等将逐步消失。

公平原则还强调结果意义上的公平。为了关爱弱势群体、维护社会公益，国家有必要运用财税手段调节财富分配，加大对教科文卫和社会保障、社会福利等公共利益的资金投入力度，从而在二次分配环节上强调社会公平。同时笔者认为，在初次分配上也要强调结果意义上的公平。实际上，主流市场经济国家的合同法和公司法作为调整初次分配关系的基本法律都强调公平与效率兼顾的原则，而非"效率优先、兼顾公平"。例如，作为调整交易过程与结果的各国合同法都要求合同当事人遵循公平原则确定各方的权利和义务。再如，作为调整投资过程与结果的公司法也往往要求同股同权、同股同利，除非公司章程另有规定，股东按其持股比例行使表决权和分取股息红利。

二 构建和谐社会，必须确认和维护社会权

（一）"社会权"是社会法的核心概念

"社会权"一词具有广狭两种含义：狭义的"社会权"仅指社会保障权；而广义的"社会权"泛指弱势群体享有的体现社会正义的经济、社会

和文化权利。与芬兰学者雅粟多茨的观点近似,[①] 笔者亦持广义说。社会正义是社会权的核心价值,这里所说的"经济、社会和文化权利"的外延十分广泛,既包括《经济、社会和文化权利国际公约》列举的10项权利(如劳动权、罢工权等),也包括具有经济与社会权利特征的其他权利,如吃饭权、消费者权利、投资者权利、环境权和发展权。按照权利的性质,而不是按照不同法律文件的渊源对人权进行分类,似乎更加科学。

(二) 确认和维护社会权的理论基础

现代社会在传统民事权利的基础上确认和保护每位公民(尤其是老弱病残、鳏寡孤独、妇女、儿童、劳动者、失业者、农民、少数民族与土著居民等弱势人群)的社会权,这并非偶然,因为现代社会中资源和权利的稀缺性决定了传统私法中的民事权利并不都能得到兑现。公民没有饭吃,自然无真正的粮食所有权;没有房住,自然无真正的房屋所有权;没有工作,自然失去了有效取得所有权的重要方法;上不起学,自然与真实的知识产权无缘。资源是稀缺的,权利也是稀缺的。现代社会无法根绝自然风险与社会风险。不仅人类难以抗拒的自然风险频频发生,如海啸事件,而且市场机制和竞争机制自身每时每刻都在制造一大批不断被边缘化的弱势群体。此类风险导致了社会弱势群体的生存条件和发展条件日趋脆弱。因此,在物质文明和制度文明步入现代化社会的时刻,理应对社会权的实现予以特别的关怀和考虑。社会权的保护不仅有利于增强弱势群体生存与发展的竞争力、充分体现以人为本的价值观,而且有助于确保政治安定和市场机制的顺利运转,还有利于弘扬和谐、平等、公正的价值理念。因此,无论是从社会权主体自身,还是从社会整体利益的立场出发,社会权的重要性都不能削弱,只能增强。

(三) 社会权与《公民权利与政治权利国际公约》中所包含的民事与政治权利的相互关系

社会权属于人权与基本自由的范畴。与《公民权利与政治权利国际公

[①] Tadeusz Jasudavica, *The Legal Character of Social Rights from the Perspective of International Law as a Whole Social Rights As Human Rights: A European Challenge*, edited by Krzyszt of Drzewicki, Catariana Krause & Allan Rosas Institute for Human Rights Abo Akademi University, Finland, 1994, p. 23.

约》中规定的民事权利、政治权利相比，有人形象地将其称为"第三代人权"。此种观点最早源于1979年卡莱尔·瓦萨克首倡的"三代人权"理论。但是，严格说来，这种说法并不准确。首先，这一概念本身容易把社会权置于低层或次要的地位。其次，作为第二代的儿童的诞生与成长往往意味着作为第一代的父母的衰老，而社会权的成长则不意味着第一代人权和第二代人权的消亡。最后，更为重要的是，人权演变的现实历程并没有印证"三代人权"的理论概括。[1]

社会权不同于公民权利与政治权利。例如，社会权的落实具有弹性、综合性和循序渐进性。与公民权利、政治权利相比，社会权的实现成本较高。社会权不像某些民事权利那样具有法律上的强制执行力，很少有法律责任作后盾。与社会权对应的义务主体具有广泛性，既包括国家、政府的责任，也包括市民社会（如公司和非营利性组织等）的责任。但是，社会权与公民权利、政治权利互相补充，具有不可分割的内在逻辑联系。一方面，在权利的内涵上相互交叉。例如，社会权中的很多权利就是对民事权利的补充和细化，如吃饭权、社会保障请求权等。另一方面，在权利实现途径上也存在着交叉。没有公民权利与政治权利，社会权极易受到个人与政府的侵害；而没有社会权，公民权利与政治权利的梦想也不会实现。例如，工作权与社会保障权是实现财产所有权的手段；自由组建与加入工会完全是结社自由在劳资关系领域的逻辑延伸。从历史上看，社会权的崛起主要源于传统的公民权利与政治权利的内在弱点。因此，许多国际人权文件包括《经济、社会和文化权利国际公约》与《公民权利与政治权利国际公约》的序言都宣称：社会权、民事权利与政治权利相互作用、彼此补充。因此，社会权、民事权利与政治权利都是国际人权保护体系中不可分割的有机组成部分。

（四）建立社会权的有效实现机制

私法视野中的私权（包括民事权利与商事权利）往往由权利人在契约自由、市场竞争的作用下去追求。但与私权相比，社会权的实现很难通过权利人的自由谈判、公平竞争与自我奋斗去实现。在体力、智力、经济实力、信

---

[1] A. Eide & Allan Rosas, *Economic, Social and Cultural Rights: A Universal Challenge Economic Social and Cultural Rights: A Textbook*, edited by A. Eide Catarian Krause & Allan Rosas, Martinus Nljhoff Publishers, The Netherlands, 1995, p.16.

息占有等方面与交易对方、竞争对手相比处于弱势地位的弱势群体,很难甚至无法根据私法自治和自由竞争的法则谋取个人的生存与发展。在市场经济法则发生作用时,无论是求助私法,还是竞争法,都是徒劳的。因为以物竞天择、适者生存为理念的竞争法只能使竞争者之间保持公平竞争秩序而已,追求的仍是程序公正。强者可能越变越强,而弱者越变越弱,最终被市场淘汰。因此,竞争法可喻之为"强者之法"。对于缺乏竞争能力的社会群体,不仅私法无能为力,就是竞争法也束手无策。

而社会法所要解决的是,如何通过设定国家和市民社会的法定义务与道德义务,以确保社会弱势群体真正享受到社会权。国家肩负着尊重与推动社会权实现的义务。国家不仅应当是暴力工具,更应当是慈祥的母亲。国家提供给社会成员的社会利益与其说是国家的恩赐,不如说是国家对社会成员履行的社会义务。国家没有理由因为社会权实现成本昂贵而拒绝推动社会权的实现。现代国家的核心职能之一就是建立健全社会保障体系,推动广大公民社会保障权的实现。

(五) 向弱者倾斜原则是现代法治文明与和谐社会的重要标志

保护弱势群体的社会权,还要解决理论上的一个认识问题,即国家作为法律秩序的维护者,向弱势群体一方倾斜是否具有正当性,回答是肯定的。弱势群体的弱势地位的形成要么源于先天竞争力之不足,要么源于后天竞争力之不足。就后者而言,与竞争或者交易伙伴相比在经济实力方面的不对等、在信息占有方面的不对称以及成本外部化程度的差异,往往决定了弱势群体存在的长期性以及扶助弱势群体任务的艰巨性。消费者弱势地位的形成就可以说明这一点。消费者总体强大但个体弱小。说消费者总体强大,一是由于消费活动决定和引导生产经营活动,二是由于就某一特定产品或者服务市场的特定商家和广大消费者而言,广大消费者的总体经济实力之和要大于任何一个商家,否则商家也不会进入该市场,即使进入该市场也赚不到利润。说消费者个体弱小,是由于某一特定消费者的经济实力往往逊于其对应的交易伙伴商家的经济实力,尤其是公司化的商人。更有甚者,由于消费者集体维权行动的高额成本(如组织费用的高昂、维权意识和维权智慧的差异性、热心维权人士的稀缺、"搭便车"的心理等),决定了某一特定消费者的经济实力永远弱于某一特定商家。就信息占有的落差而言，即使某一消费者的经济实力强于某一商家，但由于商家对其提供的产品或者服务的信息占有数量和质量远远优于消费者，消费者的谈判能力仍逊于商家。因此，百万富翁的消费者虽然在经济实力上与商家处于势均力敌的平等地位，但由于信息占有的不对称仍摆脱不了弱者地位。传统民事诉讼法与仲裁法预设的"谁主张谁举证"的一般原则以及"举证责任倒置"、"举证责任分担"的例外规则的有限性，更是加重了消费者的举证责任，但其占有信息的有限性往往使其在维权诉讼中败下阵来。导致消费者沦为弱者的第三个因素是公司经营成本的外部化问题。"羊毛出在羊身上"，公司可以从容不迫地委托律师与消费者展开马拉松式的诉讼，不管商家胜诉还是败诉，商家总有办法将律师费和其他诉讼费用计入经营成本，最终转嫁给广大消费者。上述三个原因基本上可以解释劳动者与雇主、小股东与控制股东、侵权人与受害人等多组强势弱势群体之间的力量博弈。因此，国家作为法律秩序的维护者，向弱势群体一方倾斜具有充足的正当性。向弱者适度倾斜的原则不是社会的情感宣泄，而是国家的理性选择；不是法治历史长河中的昙花一现，而是现代法治文明的永久胎记；不是民粹主义的简单道白，而是和谐社会的必然选择。

国家作为公权力执掌者在介入市场活动时应当一碗水端平，对包括强势群体与弱势群体在内的全体社会成员都应予以一致的平等保护。然而，立法文件或者理论体系中的法律平等、形式平等、抽象平等并不能掩盖残酷的现实生活中的经济不平等、实质不平等、具体不平等，要恢复强者与弱者之间（尤其是消费者与商家之间、劳动者与雇主之间、小股东与大股东之间）的平等地位，必须秉持不同之事不同对待的平等理念，把实践中已经向强者倾斜的天平回归平等的原位，帮助弱者恢复失去的平等待遇。因此，向弱者适度倾斜的原则不仅不违反平等原则，恰恰是坚持、捍卫和发展了平等原则，并最终贯彻了公平原则。

（本文原载于《学习与探索》2006 年第 5 期）

社会法的概念、本质和定位：
域外经验与本土资源

谢增毅[*]

党的十六届四中全会提出了构建社会主义和谐社会的任务，并明确了构建社会主义和谐社会的主要内容。党的文件也明确提出，随着我国经济社会的不断发展，中国特色社会主义事业的总体布局，更加明确地由社会主义经济建设、政治建设、文化建设三位一体发展为社会主义经济建设、政治建设、文化建设、社会建设四位一体。因此，社会建设被摆在更加突出的位置。"四位一体"中的"社会建设"以及和谐社会的构建，不仅要依靠传统的公法、私法部门加以保障和推进，更要加强社会领域的立法加以保障和推进。就法制保障而言，"经济建设"主要依靠民商法、经济法等法律部门的推进和保障；"政治建设"主要依靠宪法、行政法等公法部门的推进和保障；"文化建设"主要依靠文化立法（包括传媒法、信息法和文化法，具体如出版法、电信法、文物保护法、文化遗产保护法、知识产权法等）加以推进和保障；"社会建设"，则要求加强社会领域的立法，尤其是推动"社会法"的制度完善和理论创新。如何根据和谐社会的要求，树立正确的社会法理念，对国外社会法的概念和理论加以改造和完善，构造和完善中国特色和中国气派的社会法理论和体系，是我国学者面临的一项重要课题。

---

[*] 谢增毅，博士生导师，中国社会科学院法学研究所科研处处长，社会法研究室研究员，主要研究方向为劳动法、社会法基础理论。

一 境外社会法概念的比较分析

整体而言，境外学者并没有对社会法的概念和理论体系作出非常深入而细致的研究。英美国家并没有社会法（social law）的概念，通常只有社会立法（social legislation）或者社会保障法（social security law）的概念。"社会立法"和社会法紧密相关，但二者并非同一概念。美国学者克拉克先生（Helen I. Clark）在其所著《社会立法》（*Social Legislation*）一书中曾评述道："我国今天称之为'社会法'这一名词，第一次使用系与俾斯麦的功业有关，在那 1880 年代曾立法规定社会保障，以防止疾病、灾害、失业、年老。有些人限制其立法意义，是为着不利情况下的人群的利益，另一方面扩大其立法意义是为着一般的福利，我们今天使用这一名词必须包括这两个方面的意义。"[①]《元照英美法词典》将社会立法（Social Legislation）定义为"是对具有显著社会意义事项立法的统称，例如涉及教育、住房、租金、保健、福利、抚恤养老金及其他社会保障等方面"。[②] 因此，"社会立法"在英美法的语境中主要指社会保障法或社会福利法，和大陆法系国家现在流行的社会法（social law）概念比较接近。而在我国，社会立法的使用则相对不固定。有学者将社会立法作为"有关社会法的立法"，即将社会立法等同于社会法，指规范劳动关系、社会保障、社会福利和特殊群体权益保障方面的法律。[③]

关于社会法（social law）的概念，在德国，尽管存在《社会法典》，但立法者并不使用"社会法"这个概念，德国法律体系中也缺少对社会法的立法定义。"人们可以从不同的层面构造该概念，那么也可以从不同的方面解释该概念。"以前在德国，社会法除了包括社会保障法还包括劳动法，那时候劳动法和社会保险法联系紧密，最初甚至将社会保险法视为劳动法的一部分。在今天的德国，狭义的社会法概念更多地被人们所使用，即不包括劳动法，而包括社会保险、社会福利、社会救助和社会补助（例

---

① 转引自王全兴《经济法基础理论与专题研究》，中国检察出版社，2002，第 715 页。
② 薛波主编《元照英美法词典》，法律出版社，2003，第 1267 页。
③ 参见李林《统筹经济社会发展的几个立法问题》，《法学》2005 年第 9 期。

如教育补助、生育补助以及住房补助）。① 另一学者也指出，《德国宪法》和《社会法典》是了解和研究德国社会法的主要资源。德国从社会福利的意义上理解社会法，社会法包括社会保险、社会补偿、社会促进和社会救济。德国社会法主要指社会保障法，两个概念甚至可以通用。② 因此，诚如我国台湾学者所言，在德国，以社会安全作为社会法之内涵与外延的见解，已受到普遍的支持。社会法几可与社会安全法画等号。③ 有趣的是，"社会保障法"的概念在德国并没有被普遍接受。一般提到社会保障法的概念，有时是作为社会法的同义词，有时则有其他的内涵，例如认为社会保障法只包含社会保险法。在德国，人们常常不使用社会保障法的概念而使用社会保险法。④

在法国，对社会法的理解主要有两种：其一，广义的社会法，有关公共秩序或利益、劳动关系以及经济安全保障的法律，且不属于传统公法学所界定的研究范围都称为社会法；其二，主张社会法包括有关调整劳动关系的劳动法和有关社会保障（安全）制度的社会保障（安全）法。⑤ 第二种观点为流行观点。因此，有学者指出，法国的社会法是指：规范以受薪者或者独立劳动者身份出现的社会成员从事某种职业活动的行为以及由此而产生的法律后果的法律部门。⑥ 法国社会法体系主要包括两大部分：劳动法和社会保障法。⑦ 可见在欧陆，现在流行的社会法理论仅仅将社会法等同于社会保障法或劳动法和社会保障法。

---

① 〔德〕贝尔恩德·巴龙·冯·麦戴尔：《德国社会（保障）法：定义、内容和界定》，载郑功成、沈洁主编《社会保障研究》（2005年第2期），中国劳动社会保障出版社，2005，第86—89页。
② 〔德〕伍尔芬：《德国社会法概况》，载杨燕绥等编著《劳动法新论》，中国劳动社会保障出版社，2004，第281页。
③ 郭明政：《社会法之概念、范畴与体系——以德国法制为例之比较观察》，《政大法学评论》第58期（1997年）。
④ 〔德〕贝尔恩德·巴龙·冯·麦戴尔：《德国社会（保障）法：定义、内容和界定》，载郑功成、沈洁主编《社会保障研究》（2005年第2期），中国劳动社会保障出版社，2005，第87页。
⑤ 郝凤鸣：《法国社会安全法之概念、体系与范畴》，《政大法学评论》第58期（1997年）。
⑥ C. Wantiez：《社会法概论》第5版，转引自肖磊《法国社会法的概念及由来》，载史际春、邓峰主编《经济法评论》，中国法制出版社，2004，第411页。
⑦ 肖磊：《法国社会法的概念及由来》，载史际春、邓峰主编《经济法评论》，中国法制出版社，2004，第411页。

相比而言，大陆法系的日本对社会法的理论曾经有较深入的探讨。日本一战后由于失业成为最为严重的社会问题，且不断壮大的劳动者为了争取和保护自身的利益，进行了维权运动，于是政府制定了有关调整劳资关系的法律，劳动法也成为日本社会法的萌芽。日本的社会法理论分为战前阶段和战后阶段。二战前阶段学说的代表人物为菊池勇夫，其观点也随着社会环境的变化不断修正。菊池勇夫的观点分为不同的时期。第一时期，将社会法等同于劳动法。因为，劳动和资本的阶级对立是当时社会的主要矛盾。菊池先生将社会法定义为"调整社会的阶级均衡关系的国家法规及社会诸规范的统称"。第二时期，认为社会法包括劳动法和"社会事业法"。劳动法以劳动契约关系为前提，而社会事业法，主要指对自然灾害和社会病理的救济；劳动法主要涉及如何积极改善劳动者的劳动状况，社会救济问题则是如何完善包括劳动者在内的一般无产阶级的生活状况。这种观点缘于当时日本社会立法增多对菊池先生产生的影响，菊池先生将社会法界定为"以社会改良主义为理念的社会政策立法"。第三时期，认为社会法包含经济法。把日本作为应对金融危机和发动战争而制定的经济管制法——经济法作为社会法的分支。社会法包括劳动法、经济法和社会事业法。菊池勇夫之所以将经济法纳入社会法的体系，是因为在他看来，日本为应对上述金融危机和发动战争的需要所进行的经济管制立法——经济法，具备了社会法所应有的基本特征。因此，菊池先生认为经济法可以作为社会法的分支学科。这一时期，菊池先生主要从范围上来界定社会法，可以称为"实证法学派的社会法学理论"。[①] 另一位学者加古祐二郎先生认为，社会法实际上是保护由处于社会的从属地位的劳动者、经济上的弱势者所组成的社会集团的利益，而并非是所有的社会集团的利益之法律规范。[②] 这一学说指明了社会法的主体问题和价值取向，应当说部分触及了社会法的本质，具有重要的学术价值。二战后至20世纪70年代以前是日本社会法理论逐渐走向成熟的时期。学者不再仅从社会法的范围，而是从社会法的产生根源和价值目标来界定社会法，对社会法理论的研究深度增加了。代表性的学说主要有两种。菊池勇夫认为：社会法就是以个人利害

---

① 王为农：《日本的社会法学理论：形成和发展》，《浙江学刊》2004年第1期。
② 王为农：《日本的社会法学理论：形成和发展》，《浙江学刊》2004年第1期。

从属于社会的整体利益为基本法理的法；其对应的是以个人的权利义务为核心的"个人法"，社会法是对建立在个人法基础之上的个人主义法秩序所存在的弊端的反省，并以对其实施社会管制为显著特征的法。著名的社会法学者沼田稻次郎认为，社会法是作为对民法的修正而存在的；由于民法学原理的贯彻和实施，激发了资本主义社会的结构性矛盾，进而对市民社会现实存在的特殊群体及社会集团的生存权构成了严重威胁，社会法便是基于社会的正义，为维护生存权而建立的法律制度。渡边祥三在沼田稻次郎的理论之上认为，作为对古典民法进行修正的社会法，是以调和具体利益的对立为基本目的的，其实质是通过确立具体的自由来限制和约束私的所有权自由。[1] 沼田稻次郎还提出了社会法的体系，社会法包括劳动法、社会保障法、环境法、消费者保护法和教育文化法。[2] 笔者认为，沼田稻次郎和渡边祥三的观点是相当深刻的，已经触及了社会法的产生根源和法益目标，也指明了社会法的本质。沼田稻次郎和渡边祥三尤其是沼田稻次郎的理论揭示了社会法的权利诉求——生存权，这不仅揭示了社会法的存在价值和现实功能，而且为社会法体系的构造确立了标准，其价值不容忽视。从上述观点可以看出，日本的社会法理论由于社会的变革和社会立法的丰富，在理论研究的深度上胜于其他大陆法系国家。但是在近年，随着社会法各个领域日渐发展成熟，学者的研究方向乃转至诸如劳动法、社会保障等社会法各论领域的理论精细化和体系的严整化，对于社会法的基础理论与总论的研究，似乎少有措意。[3]

我国台湾学者也论及社会法的概念和体系。史尚宽先生在其所著的《民法总论》中论及民法和社会法的关系。史先生指出，在自由经济竞争之阶段，经济与政治完全分离，规定经济的关系之私法与规定政治关系之公法，呈完全明确的对立。于统制经济之阶段，渐有公私法混合之法域，而出现中间之法域，即为社会法，包括经济法和劳动法。[4] 显然，史先生囿于当时的经济社会条件和社会法立法相对简单的客观事实，难以对社会

---

[1] 王为农：《日本的社会法学理论：形成和发展》，《浙江学刊》2004年第1期。
[2] 蔡茂寅：《社会法之概念、体系与范畴——以日本法为例之比较观察》，《政大法学评论》第58期（1997年）。
[3] 蔡茂寅：《社会法之概念、体系与范畴——以日本法为例之比较观察》，《政大法学评论》第58期（1997年）。
[4] 史尚宽：《民法总论》，中国政法大学出版社，2000，第57页。

法作更深一步的阐述。另一位著名的民法教授王泽鉴先生受德国学者影响，认同社会法乃社会安全法。"'民国七十八年'之'学门规划资料——法律学'由王泽鉴所执笔之'劳工法与社会法'一章，虽将此二法域并列，惟王氏已将两者予以明确区分，并将社会法定位为社会安全之法律。依王氏之说明：社会法（sozialrecht）即系以社会安全立法为主轴所展开的、大凡社会保险法、社会救助法、社会福利法（儿童、老年、残障福利）、职业训练法、就业服务法、农民健康保险法等均属社会法研究之范畴。"① 现在学者已基本接受社会法乃泛指关于社会福利、社会保障或社会安全之法律的观点。②

二　社会法的本质：起源、理念和价值

在总结归纳境外社会法的概念和学说，尤其考察社会法的产生背景之后，笔者认为可以对社会法的本质作如下几点概括。

（一）社会法的起源

社会法的产生源于社会的结构性矛盾，社会法产生的直接目的在于解决一国的社会问题和社会矛盾。相应的，社会法的内容必然体现一国所面临的主要或严重的社会问题和国家采取的社会政策。日本劳动法的诞生就充分证明了这一点。日本的社会立法是在劳工运动的推动下起步的。其完全是日本政府在严重的社会问题的压力下调和各种社会矛盾的产物。由于这样一个社会背景的影响和制约，日本最初的社会立法大多是以慈善、抚恤、安抚的面目出现的社会救济性立法。③ 日本学者曾经把作为应对金融危机和发动战争需要的经济法纳入社会法之中，也说明了社会法具有明显的政策性。即使在社会法相对发达的德国，社会法的产生也是国家解决社会矛盾的产物。直到今天，社会法这种实用性的色彩也依然存在。例如，联邦德国的汉斯·F. 察哈尔教授认为："社会法可以理解成反映社会政策

---

① 郭明政：《社会法之概念、范畴与体系——以德国法制为例之比较观察》，《政大法学评论》第58期（1997年）。
② 郝凤鸣：《社会法之性质及其于法体系中之定位》，《中正法学集刊》2003年第10期。
③ 王为农：《日本的社会法学理论：形成和发展》，《浙江学刊》2004年第1期。

的法律。'社会政策'主要意味着：保证所有人的生存合乎人的尊严，缩小贫穷之间的差距，以及消除或限制经济上的依赖关系。"① 因此，社会法天然具有明显的政策性和时代特征，社会法将随着社会问题的不断显现和国家采取的不同社会政策而在范围和内容上不断调整和发展。

（二）社会法的理念

社会法是对完全贯彻自由平等的民法理念的修正。近代民法以保障商品的所有关系和交换关系为己任，从完全自由、平等的抽象人格出发，不顾人与人之间在社会上和经济上的差异，以尊重私有财产权、契约自由和过失责任为基本法理。然而，"出现在近代市民法的'人'的概念，乃是一种脱离实存的、具体的、经验的人类，而以拟制构想的抽象人格为对象的虚幻产物"②。民法原理的运用必然导致弱肉强食、优胜劣汰、两极分化，契约自由的贯彻也因实力、地位和能力的差异而走向契约的不自由；而且先天的差异和后天的差别，将使一部分弱势群体在自由竞争中面临生存危机。为了矫正此种与社会脱节的市民法原理，一种正视社会现实，以活生生的具体人类为规范对象的全新法思维于焉形成。基于此种思维之具体立法以及法理论则被称为社会法。这种转变可以说是从近代法到现代法、从市民法到社会法的一大原理转换。③ 与民法原理不同，社会法充分考虑人在生理条件、经济实力、生存能力、社会地位、谈判能力、缔约能力上的差异，追求人与人之间具体的、实质的自由、平等和独立，通过对具体权利的保障实现社会公共利益的增进。同时，社会法体现了国家的干预、参与，体现了国家的一种积极角色和作用，与民法的当事人意思自治、国家充当"守夜人"角色的理念不同。基于上述理念，社会法也就具有制约私权、防止私权滥用的功能。例如，菊池先生认为，社会法具备三个特征：（1）公共性——与私人的意思相比，社会法处于公共管制的优势地位；（2）混合性——社会法并非是私法与公法的并存产物，而是其两者

---

① 〔德〕汉斯·F. 察哈尔：《德意志联邦共和国的社会法》，《外国法译丛》1984 年第 3 期。
② 蔡茂寅：《社会法之概念、体系与范畴——以日本法为例之比较观察》，《政大法学评论》第 58 期（1997 年）。
③ 〔日〕现代法研究会编《现代的法学》，转引自蔡茂寅《社会法之概念、体系与范畴——以日本法为例之比较观察》，《政大法学评论》第 58 期（1997 年）。

相互渗透形成的混合形态；（3）限制性——社会法对私权的行使附加了社会义务，体现了对私权的必要限制。① 因此，社会法的产生是对民法理念的修正和超越，也是对民法的保障。正如，德国联邦劳动和社会部长罗伯特·布鲁姆所言："自由和社会保障是同胞姊妹，没有社会保障，个人就没有安全感，谈何自由。"② 德国的学者也认为，可以把社会法理解为消除社会不公平现象和促进平等待遇的法律，其内容覆盖了《劳动法》、《社会保障法》、《租房补助法》。社会法的主要特征是在原来私有权利上增加了公法管理内容。③ 可见，社会法既来自私法又超越私法，追求实质平等和社会正义。

（三）社会法的价值

社会法以保护社会弱势群体的利益为目标，以保护公民生存的基本人权为自己的价值追求。社会法的产生源于社会矛盾使特殊社会群体和社会集团的生存权受到威胁，社会法正是为了维护其生存权而产生，因此，弱势群体尤其是经济上的弱势群体是社会法关注的焦点。甚至可以认为：保障弱势群体的生存权是社会法产生的根源和存在的目的。无论是劳动法、还是社会保险、社会救助、社会福利等社会保障制度无不针对社会弱势群体的生存需求而存在。社会法"以解决与经济生活相关之社会问题为主要目的，借以安定社会并修正经济发展所造成的负面影响，提供每一个社会成员适当基本生活条件，以利充分发展自我并维系其人格尊严"④。在日本，"以维持这种社会经济弱者阶层的生存及其福利的增进为目的的诸法律在学术上按体系分类，称为'社会法'，并试图加以体系化"⑤。在德国，作为社会法主体的《社会法典》的功能如下：保证人们享有具有人格尊严的生活、为发展个性（特别是年轻人）创造平等的前提条件；保护家庭并

---

① 转引自王为农《日本的社会法学理论：形成和发展》，《浙江学刊》2004年第1期。
② 〔德〕伍尔芬：《德国社会法概况》，载杨燕绥等编著《劳动法新论》，中国劳动社会保障出版社，2004，第281页。
③ 〔德〕伍尔芬：《德国社会法概况》，载杨燕绥等编著《劳动法新论》，中国劳动社会保障出版社，2004，第282页。
④ 郝凤鸣：《社会法之性质及其于法体系中之定位》，《中正法学集刊》2003年第10期。
⑤ 〔日〕星野英一：《私法中的人》，王闯译，载梁慧星主编《民商法论丛》第8卷，法律出版社，1997，第186页。

促进和谐；保护择业自由和获取劳动保障；克服偶然性生活困难。[①] 可见，保障弱势群体的基本生活条件，维护其人格尊严是社会法的主要宗旨。当然随着社会的发展，社会法也不再仅仅满足于经济上的对弱势群体的生存权的保障，对人的发展权的保障和人的尊严的维护越来越突出，例如，教育、医疗、住房保障显然超出了一般生存权的保障范围。总之，如果说最初的社会法只是为了调和阶级矛盾，调和不同利益主体之间的冲突，带有明显的工具色彩或者功利主义，随着时代的进步和发展，社会法中的权利因素不断增强，社会法正因承载着保障公民的人权尤其是诸如公民的就业、社会保障、安全、健康等社会性的权利而获得旺盛的生命力以及广阔的发展前景。同时，社会法在维护公民基本权利的同时，也为国家设定了一种积极的义务，国家负有提供社会福利的义务。例如，德国《宪法》第20条规定："德意志联邦共和国是民主的、社会福利的联邦制国家。"联邦宪法法院一贯的司法解释为，福利国家即国家负有提供社会福利的义务。[②] 因此，现代的社会法不仅具有制约私权，防止私权滥用的功能，也有制约公权，防止公权滥用或者缺位的功能。社会法体现了国家和公民之间的权利义务关系。从这个意义上讲，社会法的完善也是国家走向法治的重要内容。

三 社会法："第三法域"还是"独立部门"

当前关于社会法的定位主要有两种观点：一是认为社会法是公法、私法之外的"第三法域"；[③] 二是认为社会法是"独立的法律部门"。[④] "第三法域"的观点侧重于描述社会法的法律属性，亦即社会法不具有传统的公法或者私法的典型特征，而具有公法和私法融合的特征。"独立部门"观点则侧重说明被称为"社会法"的法律的调整范围，亦即社会法具有特定的调整对象和价值目标。社会法属于公私融合之法或"第三法域"，应不成问题。

---

① 〔德〕伍尔芬：《德国社会法概况》，载杨燕绥等编著《劳动法新论》，中国劳动社会保障出版社，2004，第282页。
② 〔德〕伍尔芬：《德国社会法概况》，载杨燕绥等编著《劳动法新论》，中国劳动社会保障出版社，2004，第281页。
③ 董保华等：《社会法原论》，中国政法大学出版社，2001，第21页。
④ 郑尚元：《社会法的存在与社会法理论探索》，《法律科学》2003年第3期。

但社会法是否等同于"第三法域",或言之,公法、私法、社会法这种"三分法"是否科学,值得推敲。对我国而言,如何引入社会法的概念,是强调社会法是"第三法域",还是强调社会法是"独立部门",是一个必须认真对待的问题。如果不加选择和澄清,社会法的概念会陷入混乱甚至被滥用的境地,从而导致社会法的本质或者真谛不易被人们把握。

笔者并不主张把社会法作为公法、私法之外的"第三法域"。现在的法律已经很难找到纯粹的公法或者私法了,公法私法化或者私法公法化已经是法律的普遍现象了,只不过有些法律部门的公法性质更强烈一些,例如宪法、行政法,有些法律部门的私法性质更强烈一些,例如民法、商法,有些法律部门同时具备公法、私法的特点,例如,经济法、环境法。因此,要从公法、私法之外刻意划分出第三法域,是相当困难的。而且,现在几乎所有的法律部门都将社会公共利益作为自己的法益目标或价值之一,公法、私法都在一定程度上"社会法化"了,在公法、私法之外划分出社会法,并不符合法律的发展现状和趋势。"公法私法化"和"私法公法化"本身就说明所有的法律都呈现出一种公私融合的状态或者趋势。因此,将社会法作为公法或者私法之外的"第三法域",并无太大必要。现在的法律需要甄别的只是哪些法律的公法性质更强烈一些,哪些法律的私法性质更强烈一些,或者在同一法律部门中公法规范和私法规范是如何相互配合的。例如,劳动法被许多学者认为是社会法的典型或具备公私融合的性质。但是在德国,按照学者的观点,劳动法从体系上可分为个人劳动法、集体劳动法和劳动保护法。个人劳动法包括劳动合同法、解聘保护法、患病期间薪金的继续支付、给予特殊人群(如孕妇、未成年人的母亲、残疾人等)的特别工作条件和保护措施。集体劳动法主要包括集体合同法和企业劳资法和职工参与决策法。作为个人劳动法和集体劳动法的补充,社会福利和技术性的劳动保护法则对劳动强度和技术上的劳动安全问题作出规定。有趣的是,德国学者认为:"个人和集体劳动法范畴的法规统称为劳动私法。关于技术上和社会福利的劳动保护则不属于劳动私法,而是属于公法的范畴。"[1] 因此,可以看出,尽管劳动法包含公法和私法的

---

[1] 中华人民共和国劳动和社会保障部法制司、德国技术合作公司中国法律改革咨询项目编著《中德劳动与社会保障法:比较法文集》,中信出版社,2003,第81—82页。

规范或者具备公法和私法融合的特征，学者还是倾向于从公法或者私法的角度，来分析或者分解劳动法，而不是简单的将其作为公法或者私法之外的"第三法域"。从某种意义上说，在公法、私法越来越融合的背景下，再"寻找"或者归纳出所谓的"第三法域"不但是不可能的，也是不必要的。

相反，在我国，将社会法作为与民商法、经济法、行政法等传统的法律部门并列的法律部门不仅具有现实的基础，而且也具有重要的理论意义。随着经济的发展，社会问题和社会矛盾将更为突出，尤其是社会弱势群体的生存和发展面临许多挑战，需要国家加强社会领域的立法，以保护经济上的弱势群体，维护他们的基本生存权和发展权，促进经济和社会的协调发展。传统的法律部门，例如民商法和经济法主要调整一国的经济活动，民商法侧重于保护公民的民事权利，经济法主要侧重于规范企业的经济活动；宪法和行政法主要规范国家的政治活动，规范公权力的运行，保护公民的政治权利。可见，传统的法律部门对社会生活和文化生活的关注是远远不够的。作为与经济相并列的社会领域的事务需要法律的调整和保护，公民政治权利和民事权利之外的权利（可以称之为"社会权利"）的保障也需要新的法律部门加以保护。这是社会法作为独立法律部门出现的客观必然性。

而且，将社会法作为法律部门也得到立法机关的认同。2001年3月，全国人大常委会委员长李鹏在九届全国人大四次会议上指出，根据立法工作的需要，初步将有中国特色的社会主义法律体系划分为七个法律部门，即宪法及宪法相关法、民法商法、行政法、经济法、社会法、刑法、诉讼与非诉讼程序法。同时将社会法界定为调整劳动关系、社会保障和社会福利关系的法律。2003年4月，全国人大常委会委员长吴邦国在十届全国人大二次会议中指出，中国特色社会主义法律体系主要由宪法和宪法相关法、民法商法、行政法、经济法、社会法、刑法、诉讼与非诉讼程序法等七个法律部门组成。[1] 十届全国人大法律委员会主任委员杨景宇先生将"社会法"解释为，"规范劳动关系、社会保障、社会福利和特殊群体权益保障方面的法律关系的总和。社会法是在国家干预社会生活过程中逐渐发

---

[1] 参见全国人大网站：www.npc.gov.cn，访问时间：2003年4月26日。

展起来的一个法律门类,所调整的是政府与社会之间、社会不同部分之间的法律关系"[①]。立法机关对法律体系的概括以及对社会法作为法律部门的承认一方面源于对社会法的理论认识,另一方面也源于我国社会法内容的不断丰富。目前我国已经制定了有关劳动关系的法律法规,包括《劳动法》、《工会法》、《职业病防治法》、《安全生产法》、《禁止使用童工规定》、《劳动保护监察条例》;制定了有关社会保障和社会福利的法律法规和决定,包括《国务院关于建立统一的企业职工基本养老保险制度的决定》、《国务院关于建立城镇职工基本医疗保险制度的决定》、《失业保险条例》、《社会保险费征缴暂行条例》、《工伤保险条例》、《城市居民最低生活保障条例》;有关特殊群体权益保障方面的法律包括:《未成年人保护法》、《妇女权益保护法》、《老年人权益保障法》、《残疾人保障法》、《消费者权益保护法》等。因此,将社会法作为法律部门,而不是"第三法域",既符合目前境外通行的社会法学说,也符合我国立法理念和立法实践。相反,如果将社会法作为"第三法域",将无法构建社会法自身体系,社会法只能沦为一种法律性质或者法律理念,而且也不符合目前境外关于社会法的普遍学说,最终将危害社会法的存在价值。

四 结语:社会法的域外经验与本土资源

非常有趣的是,一方面学者和民众对社会法的概念和理念还颇感陌生,另一方面,社会法却在立法部门获得了"法律部门"的官方地位。我国立法机关承认社会法作为与民法、刑法相并列的法律部门,在世界上应属史无前例。这一方面说明了我国立法机关对社会法的高度重视,另一方面也反映了立法机关对社会法理论创新的一种勇气。面对境外社会法理论在不同时期的理论变迁以及不同国家和地区林林总总的各种社会法学说,对社会法的定位显然是需要勇气和智慧的。笔者认为,立法机关关于社会法是"规范劳动关系、社会保障、社会福利和特殊群体权益保障方面的法律关系的总和"的论述是比较恰当的。从上文关于境外社会法概念尤其是日本社会法学说的分析中可以看出,社会法的核心价值在于保护社会弱势

[①] 参见全国人大网站:www.npc.gov.cn,访问时间:2003年4月25日。

群体的生存权利和人格尊严，就这一点看，我国立法机关关于社会法的定义突出了"特殊群体权益保障"应该说触及了社会法的本质，而且该定义也兼顾了社会法规范"全部社会"与"部分社会"的理念，即既关注全体社会成员，又侧重于保护处于弱势地位的部分社会阶层或社会成员的价值取向。同时，该定义也指明了社会法的范围，将社会法的范围界定为规范劳动关系、社会保障、社会福利和特殊群体权益保障方面的法律关系的总和，应该说也是一种创新。德国将社会法等同于社会保障法，法国将社会法等同于劳动法和社会保障法，我国台湾将社会法等同于社会安全法（社会保障法），这样的界定使"社会法"概念存在的价值大打折扣，立法上或者学说上直接使用劳动法或者社会安全法（社会保障法）的概念即可，无须使用"社会法"概念。同时，立法机关将社会法定义为法律部门，而不是境外曾经流行而且现在又受到国内某些学者推崇的"第三法域"，也值得肯定。那种将社会法视为公法、私法之外的"第三法域"的观点，在公法、私法界域越来越模糊的背景下，其实无法构造社会法的范畴和体系，社会法自身的理论问题也会被湮没。从以上事实观之，中国的立法机关能在面对境外各种社会法学说时，选择了对中国社会法的理论和实践相对有利且具有科学性的社会法定义，的确值得称道。这种对社会法的定义可以说是在充分借鉴域外经验的基础上，对我国社会法实践的本土资源的一种坚持或者利用。对于新兴的社会法学科而言，能从域外经验中吸取有益营养而创造自己的概念和体系更为难能可贵。

当然，在坚持本土资源的同时，立法机关对社会法的定义并非无懈可击。该定义仅仅指明了社会法的范围，社会法的价值目标和核心范畴并不清晰。当然，关于社会法的价值目标和核心范畴的定义主要是学者的使命，不是立法机关应该作出的回答。笔者以为，鉴于上文的分析，社会法作为旨在保护弱势群体的生存权和发展权的法律，应该将社会权利引入社会法的范畴，以社会权利作为社会法的核心概念，既可以提升社会法的理论性，又可以提升社会法的正当性，而且以社会权利为核心范畴构造社会法的体系，就可以将涉及公民住房权、教育权、健康权、安全权等权利的教育法、医疗卫生法、安全生产法等保护公民社会权利的法律纳入社会法的范围，从而丰富社会法的体系。社会权利和社会法的关系是一个复杂的理论问题，此处不赘言，但需要明确的是，其可能是构造我国社会法体系的一个有益尝试，也是我国社会法理论在构造自身概念和体系中可能的一个突破口，也是在坚持本土资源基础之上对域外经验的一种创新。

英美法系国家并没有社会法的概念。大陆法系中，德国、法国和日本的社会法学说比较发达，但社会法包含的范围不尽一致。社会法的产生源于社会的结构性矛盾，社会法产生的直接目的在于解决一国的社会问题和社会矛盾。社会法既来自私法又超越私法，追求实质平等和社会正义。社会法以保护社会弱势群体的利益为目标，以保护公民生存的基本人权为自己的价值追求。将社会法作为法律部门，而不是"第三法域"，既符合目前境外通行的社会法学说，也符合我国立法理念和立法实践。我国对社会法概念和体系的构建既要借鉴域外经验，又要充分利用本土资源。

（本文原载于《学习与探索》2006年第5期）

社会法"法域"定位的偏失与理性回归

余少祥[*]

作为一门新兴学科，社会法研究在我国起步很晚。由于社会法尚处于探索与争鸣的初创时期，一些学者甚至将之与社会学法学和法律社会学混为一谈。[①] 近年来，学界对社会法研究作出了有益的贡献，相继推出了一些较有影响的论著。但从总体上说，社会法基础理论研究仍很薄弱。究竟什么是社会法？社会法的性质特征、功能定位、价值原则、法律机制等与其他法律有何不同？理论界至今没有作出回答，也未能在一些基本理论问题上达成共识。从社会法的定位来看，学界对其有接近 40 种不同定位，[②]其中影响最大的是"法域说"，即将社会法定位为与公法和私法并列的"第三法域"。法律定位是重大理论问题，对于法律制度的性质、特点及其能否有效运行影响至深。因此，对社会法定位是不能不解决的重要问题。

一 法域定位的不同理论观点

法域是介于法体系和法部门之间的概念，是根据法律的属性对法律分类的一种方法。根据大陆法系理论，一国的法律体系应先划分为法域，在法域的基础上再划分法部门。一般来说，法域的划分以法律保护的利益关

---

[*] 余少祥，法学博士，原为中国社会科学院法学研究所社会法研究室副主任、副研究员，现为中国社会科学院社会发展战略研究院副研究员，主要研究方向为社会法基础理论、社会保险法。

[①] 董保华等：《社会法原论》，中国政法大学出版社，2001，第 36 页。

[②] 李昌麒等：《经济法与社会法关系的再认识》，《法学家》2005 年第 6 期。

系为标准,法部门的划分以法律调整的社会关系的性质为标准。社会法"法域说"有系统的理论观点和理论形态。

(一) 主要理论观点

第一种观点,社会法是公、私法融合的第三法域。根据大陆法系传统,一元法律结构指公法上的权力渗透到一切社会领域的法律结构,二元法律结构是将整个社会分为公、私两个领域来进行调整。[1] 但19世纪以后,以私法和市场经济为特征的自由资本主义出现了很多弊病,国家力图通过干预私人经济来解决市场化和工业化所带来的社会问题,在公法手段不断用于私法领域的过程中,[2] 导致公法私法化和私法公法化,逐渐产生和发展起来公、私法融合的第三法域——社会法。其基本观点是,社会法没有独特的法律性质和明确的调整对象,不是一个法部门而是一个法域;社会法即第三法域,第三法域即社会法。目前,持这一观点的学者不在少数,如史探径认为,社会法是"以保护公民经济、社会、文化权利与社会整体利益相结合的内容为主旨的公、私法规范交错融合的法律领域中法律群体的概称";[3] 董保华认为,如果将"以国家本位为特征的公法看作是第一法域,以个人本位为特征的私法看作是第二法域",那么"私法与公法相融合而产生的、以社会本位为特征的社会法则是第三法域";[4] 赵红梅认为,社会法"与公法领域、私法领域相对应",是"公法与私法以外之第三法域","第三法域——社会法学说具有冲破公法与私法划分藩篱的'革命'意义";[5] 林嘉认为,社会法是私法公法化的产物,从产生以来,"关于社会法涵盖的内容就未有定论,各国大多将其看作是公法与私法之外的第三法域",因此"将社会法看作是一个法域更为合理"。[6]

第二种观点,社会法是公、私法之外的社会团体规则。其基本观点

---

[1] Chaim Saiman, "Public Law, Private Law, and Legal Science," *The American Journal of Comparative Law* Vol. 56, No. 3 (2008), pp. 691 – 702.

[2] Hans – Peter Haferkamp, "The Science of Private Law and the State in Nineteenth Century Germany," *The American Journal of Comparative Law* Vol. 56, No. 3 (2008), pp. 667 – 689.

[3] 史探径:《社会法论》,中国劳动社会保障出版社,2007,第7页。

[4] 董保华等:《社会法原论》,中国政法大学出版社,2001,第11页。

[5] 赵红梅:《私法与社会法》,中国政法大学出版社,2009,第44页。

[6] 林嘉:《论社会保障法的社会法本质》,《法学家》2002年第1期。

是，社会法是对应于"国家法"的概念，是"民众—国家"二元社会结构转变为"民众—市民社会—国家"三元结构的体现。① 20世纪以后，一些西方学者对传统市民社会理论作了新的阐述。哈贝马斯在总结帕森斯、葛兰西等人理论的基础上提出"公共领域—私人领域—国家"的构架。② 他说，市民社会由那些在不同程度上自发出现的社团、组织和运动所形成，对公共领域中人们普遍感兴趣的问题形成一种解决问题的话语机制。③ 柯亨等则从哈贝马斯的"生活世界"概念出发构建了"市民社会—经济—国家"的三元模式。④ 昂格尔将法团主义与现代法律观结合起来，认为在法团主义国家，国家与社会的界限愈渐模糊，公法与私法日益交融成社会法，团体规则在一定程度上取代了社会法。他将这一现象归结为合作主义（Corporatism）对法律的影响，认为有助于一套打破传统公、私法界限的规则的形成，而且公法、私法和社会法的划分是相对的，并没有绝对标准，"就私法也由国家制定而言，在更全面的意义上讲，私法也具有公共性质"。⑤ 也有一些日本学者赞同这一观点。如美浓部达吉认为，"至于社会法，规律为社会人的那些人们的意思关系，即将人视为较高的全部——即社会的团体之一部而加以规律。社会法是以上下关系为基础而从主体的拘束出发的"。⑥ 在我国，有部分学者持这一观点。如韩忠谟认为，社会法"主要指团体性质之社会法"；⑦ 郑少华认为，法律规则按其性质划分，分别呈现私法—市民社会、社会法—团体社会和公法—市民社会的对应关系，社会法是"团体社会之规则"；⑧ 王为农等认为，社会法是社会团体制定的"内部行为规范"；⑨ 张世明认为，社会法是"社会自己所制定之法，与国家机关所制定的恰好相对立"。⑩

第三种观点，社会法是公、私法之间的新兴领域。这一观点认为，社

---

① 董溯战：《德国、美国养老社会保障法的比较研究》，《宁夏社会科学》2005年第2期。
② 〔德〕哈贝马斯：《公共领域的结构转型》，曾卫东等译，学林出版社，1999，第35页。
③ Jurgen Habermas, *Between Facts and Norms*, Cambridge: Polity Press, 1996, p.367.
④ 何增科：《市民社会概念的历史演变》，《中国社会科学》1994年第5期。
⑤ 〔美〕昂格尔：《现代社会中的法律》，吴玉章等译，译林出版社，2001，第194页。
⑥ 〔日〕美浓部达吉：《公法与私法》，黄冯明译，中国政法大学出版社，2003，第31页。
⑦ 郭明政：《社会法之概念、体系与范畴》，《政大法学评论》第58期（1997年）。
⑧ 郑少华：《社会法：团体社会之规则》，《法学》2004年第5期。
⑨ 王为农等：《社会法的基本问题：概念与特征》，《财经问题研究》2002年第11期。
⑩ 张世明：《中国经济法历史渊源原论》，中国民主法制出版社，2002，第121页。

会法是基于市场机制和私法的不足而产生的，是国家运用公权力，对以民商法为主体的私法进行必要修正而形成的，其实质是公权力对私法的改造而不是公、私法融合。如金泽良雄认为，社会法是指"修正以个人绝对所有权和契约自由等为基本原则的近代市民法的新的法学理论；根据这个修正理论而制定的法律，不属于私法、公法任何一个旧的法律部门，而形成新的第三个法律领域"[①]。在日本，这种观点一度流行。[②] 德国学者维亚克尔认为，社会法是"传统公法与私法之间的新兴中间领域"，[③] "新兴的社会法与经济法从一次大战起打破了私法独擅胜场的情势，并消解了后者内在的统一性"。[④] 梅迪库斯也承认，经济法、劳动法等"在许多方面已经超越了私法及于公法的界限"。[⑤] 台湾学者法治斌认为，社会法是公、私法之间的新法域，"举凡合作社法、农会法、工会法、团体契约法、土地法、出版法、专利法、著作权法等皆属之"。[⑥] 史尚宽认为，有了经济统制后，渐有公、私法以外的新领域，即社会法。[⑦] 目前，国内也有学者持这一观点。如王人博认为，社会保障法的出现，"导致在传统公法和私法之外又产生了一个新的法域"，"被人们称为社会法"。[⑧] 孙笑侠认为，由于传统两大结构要素存在不适应现代社会的情况，在市场经济社会里出现了第三种法律结构要素——社会法。[⑨] 王广彬认为，因为"已有的私法和公法不能完全满足社会主义的要求，因而要求产生一系列新的法律部门"，"这些新的法律部门构成了一个新的法域，大家名之为社会法"。[⑩]

第四种观点，社会法分为广义、狭义等不同层次。这一观点认为，社会法在不同的层面有不同的内涵，广义的社会法是法域，狭义的社会法是

---

① 〔日〕金泽良雄：《经济法概论》，满达人译，甘肃人民出版社，1985，第31页。
② 〔日〕佐藤孝弘：《社会法法律范畴区分之我见》，《财经界》2007年第1期。
③ 〔德〕弗朗茨·维亚克尔：《近代私法史》，陈爱娥等译，上海三联书店，2006，第526页。
④ 〔德〕弗朗茨·维亚克尔：《近代私法史》，陈爱娥等译，上海三联书店，2006，第544页。
⑤ 〔德〕梅迪库斯：《德国民法总论》，邵建东译，法律出版社，2000，第18页。
⑥ 郭明政：《社会法之概念、体系与范畴》，《政大法学评论》第58期（1997年）。
⑦ 史尚宽：《民法总论》，中国政法大学出版社，2000，第57页。
⑧ 钟明钊主编《社会保障法律制度研究》，法律出版社，2000，第21页
⑨ 孙笑侠：《宽容的干预和中立的法律》，《法学》1993年第7期。
⑩ 林嘉主编《社会法评论》第3卷，中国人民大学出版社，2008，第137页。

法部门。如竺效将社会法分为泛义、广义、中义和狭义四个层次,认为广义的社会法是"与传统的公法、私法相对称的第三法域"。[①] 王全兴将社会法分为广义、中义和狭义三个层次,认为"最广义的社会法,即国家为解决各种社会问题而制定的有公法与私法相融合特点的第三法域,包括劳动法、社会保障法、经济法、环境法、公共事业法、科技法、教育法、卫生法、住宅法、农业法等"。[②] 相比之下,有更多的学者将社会法分为广义和狭义两个层次,且将广义的社会法看成法域。如王为农等认为,从广义上讲,社会法是指以社会公共利益为本位的"第三法域"内的立法及其表现形态;从狭义上讲,是指以劳动法和社会保障法为核心的独立的法律部门。[③] 张守文认为,广义的社会法是与社会事业、政策体系相对应的,一般包括社会保障法、劳动法、环境法、卫生法、住宅法等法部门;狭义的社会法仅指社会保障法。[④] 郑尚元认为,社会法"不是一种法律的属性,即公法与私法之外的第三法域",而是调整"自然人基本生活权利保障而衍生的社会关系的法律规范的法律群"。[⑤] 但他后来又说,至少"第三法域中的环境法、社会保障法、劳动法、经济法等都属于广义的社会法,而狭义的社会法仅指社会保障法"。[⑥]

(二) 主要理论形态

社会问题说。这种观点认为,社会法是应解决社会问题的需要产生的,是"调整国家在解决社会问题和促进社会公共事业发展的过程中所产生的各种社会关系的法律规范的总称"。[⑦] 联邦德国汉斯·察哈尔教授说,社会法主要是解决社会保险问题,"还有环境保护方面的问题,包括水和空气方面的污染控制";由于工业发达、社会发展,在居住、交通等方面产生了矛盾,"社会法就是要从法律上来解决这些问题"。[⑧] 法国学者 Gur-

---

① 竺效:《法学体系中存在中义的社会法吗》,《法律科学》2005 年第 2 期。
② 王全兴等:《经济法与社会法关系初探》,《现代法学》2003 年第 4 期。
③ 王为农等:《社会法的基本问题:概念与特征》,《财经问题研究》2002 年第 11 期。
④ 张守文:《社会法略论》,《中外法学》1996 年第 6 期。
⑤ 郑尚元:《社会法的定位和未来》,《中国法学》2003 年第 5 期。
⑥ 郑尚元:《社会法语境与法律社会化:"社会法"的再解释》,《清华法学》2008 年第 3 期。
⑦ 李昌麒等:《经济法与社会法关系的再认识》,《法学家》2005 年第 6 期。
⑧ 潘念之:《法学总论》,知识出版社,1981,第 38 页。

vitch 提出，社会法是为了解决市场和工业社会带来的各类社会问题，以行动取向（Action-oriented）突破原有法律的疆界和局限，在公法和私法之间崛起的一个新的"法律类型"。① 日本学者大须贺明说："随着社会问题的严重化，为了解决资本主义的社会弊端，实有必要在一定的程度上对形式平等原则加以修正。"② 也就是说，社会法的价值取向是解决社会问题。目前，我国有一定数量的学者持这一观点。如史探径认为，社会法的任务"笼统地说，是为了解决社会问题"；③ 王全兴等认为，社会法"是伴随着国家力图通过干预私人经济以解决市场化和工业化所带来的各种社会问题，而制定的具有公法与私法融合特点的第三法域"；④ 王广彬认为，要而言之，社会法"就是解决社会问题之法"；⑤ 周浩等认为，社会法"通过立法来解决社会问题"，"保障社会安定"。⑥ 也有学者提出，社会法是为解决社会问题而制定的，它是"独立的法律部门"。⑦ 但总体上说，法部门观点在"社会安全说"中不具有代表性。

社会权说。社会权说是我国学者建立的本土学说，其主要观点是：社会权是社会法的"核心概念"和"核心范畴"，能够连接社会法的各个组成部分，是贯穿社会法体系的支点和灵魂，社会法是社会权的外在法律表现形式。目前，持这种观点的学者不在少数。如李炳安等认为，社会法是由社会权内在本质决定的有逻辑结构的制度体系，社会权"既能制约、控制和引导社会法的发展目标，也能很好体现权利本位的法的价值和理念"。⑧ 王广彬认为，社会法以保护公民基本生存发展权为价值取向，"从某种程度上讲，社会法的价值在于维护公民的社会性权利"。⑨ 周浩等认为，社会法的各个组成部分"从不同的角度保障社会权，因此，社会法的首要功能即为保障社会权的有效实现"。⑩ 李宁等认为，应该按照社会法的

---

① Georges Gurvitch, "The Problem of Social Law," *Ethics* Vol. 52, No. 1 (1941), pp. 17–40.
② 〔日〕大须贺明：《生存权论》，林浩译，法律出版社，2001，第33页。
③ 史探径：《社会法论》，中国劳动社会保障出版社，2007，第11页。
④ 王全兴等：《经济法与社会法关系初探》，《现代法学》2003年第2期。
⑤ 林嘉主编《社会法评论》第3卷，中国人民大学出版社，2008，第141页。
⑥ 周浩等：《维护社会安全——以社会法功能为视角》，《经济与法律》2011年第6期。
⑦ 刘辉：《质疑经济法的社会法属性》，《求索》2009年第12期。
⑧ 李炳安：《社会权——社会法的基石范畴》，《温州大学学报》2013年第4期。
⑨ 王广彬：《社会法上的社会权》，《中国政法大学学报》2009年第1期。
⑩ 周浩等：《维护社会安全——以社会法功能为视角》，《经济与法律》2011年第6期。

功能和本质要求,"以社会权利为核心构造中国特色的社会法体系"。① 由于社会法被理解为围绕社会权展开,而社会权的体系又非常庞杂,社会法通常被阐述为法域而不是法部门。如董保华认为,以社会为本位,逐渐形成以社会权为核心、调控法为形式的立法体系;随着社会法的产生,三元法律结构得以最终形成。② 竺效认为,社会权是"连接社会法各个部分的纽带",通过生存权、受教育权、工作权可以将社会保障法、教育法、劳动法,并且通过对生存权的延伸解释还可以将环境法、反垄断法、中小企业法等统驭于社会法之中。③

社会安全说。这种观点认为,社会法是维护社会安全之法,凡是维护社会安全的法都是社会法。在德国,有一种观点是将社会法等同于"社会安全法"。其主要表现是,1997年德国将《社会安全概要》直接改称《社会法概要》。在法国,制定法中没有"社会法"的用词,而是以"社会保障法"和"社会安全法"代之。法国社会法之所以"以'社会安全法'称之,其主要原因在于社会法在法文之涵义广泛","包括以研究劳动关系为主要内容的劳动法,以及研究社会安全制度相关法规范的社会安全法"。④ 在英国,类似的法律被称为"社会立法"、"社会保障法"、"社会福利法"(Welfare Law)和"社会安全法"。⑤ 在我国,台湾学者最先提出社会法即社会安全法的观点。王泽鉴在1989年执笔的"劳工法与社会法"专章将两者明确区分,"并将社会法定位为社会安全法之法律",依其说明,社会法(sozialrecht)是以"社会安全立法为主轴所展开的"。陈继胜认为,最狭义的社会法是指"社会保险、社会救助及社会福利等社会安全法"。郭明政认为,德国社会法为社会安全法"是通说","社会法乃指独立法域之社会安全法,可谓已少有质疑"。⑥ 在中国大陆,这一观点也有一定的代表性。如郑尚元认为,社会法是以实在法先于理论展现在世人面前

---

① 李宁等:《社会法的本土化建构》,学林出版社,2008,第145页。
② 董保华等:《社会法原论》,中国政法大学出版社,2001,第35页。
③ 竺效:《社会法意义辨析》,《法商研究》2004年第2期。
④ 郝凤鸣:《法国社会安全法之概念、体系与范畴》,《政大法学评论》第58期(1997年)。
⑤ Michael J. Moore, "Social Service and Social Legislation in Edwardian England: The Beginning of a New Role for Philanthropy," *A Quarterly Journal Concerned with British Studies* Vol. 3, No. 1 (1971), pp. 33–43.
⑥ 郭明政:《社会法之概念、范畴与体系——以德国法制为例之比较观察》,《政大法学评论》第58期(1997年)。

的，在德国、法国主要包括社会保障法、教育法、环境法、消费者权益法等，因此"举凡涉及到社会安全、可持续发展方面的法律都被纳入该范畴"。[①] 董保华认为，社会法的根本目标是"增进人类社会共同福祉，维护社会安全"。[②] 刘辉认为，社会法的目标之一是"维护社会安全"。[③]

二 法域定位的理论错误分析

将社会法定位为法域是社会法研究的重大理论偏失。诚然，社会发展到今天，"出现公法与私法之外其他性质的法律是历史的必然选择"，[④] 即第三法域的存在有其合理性和必然性，但第三法域不等于社会法，社会法也不等于第三法域。拉德布鲁赫在谈到公私法之外的"第三类"法律领域时，没有提出"第三法域"的概念，也没有说"第三法域"等于社会法。他说："（公法和私法）这两类法律逐渐不可分地渗透融合，从而产生了一个全新的法律领域，它既不是私法，也不是公法，而是崭新的第三类：经济法与劳动法。"[⑤] 他认为，这个"第三类"法律领域，与私法和公法一样，"不是实证法的概念"，"也不能满足任何一个实证的法律规则"，但它"可以为所有法律经验做先导，并且从一开始就为每个法律经验主张有效性"，因此是"先验的法律概念"。[⑥] 哈贝马斯谈到了社会法的混合性质特征，也没有将公、私法融合的法称为社会法。他说："在社会福利国家的工业社会中，各种社会关系越来越多，她们无法再用私法或者公法加以分门别类；它们促进了所谓社会法的诞生。"[⑦] 哈贝马斯认为，公、私法交融促进了社会法的产生和发展，但没有说这类法律就是社会法。我国学者吴传颐认为，目前，社会法"在法域的广漠上，几乎颠倒了从来公法、私法的顺位"，"社会法领域中，不再有公法、私法的对立，只有两种法域的渗透"。有学者以为，这是社会法法域定位的证据。其实，吴传颐还说过这

[①] 郑尚元：《社会法的特有属性与范畴》，《法学》2004年第5期。
[②] 董保华等：《社会法原论》，中国政法大学出版社，2001，第9页。
[③] 刘辉：《质疑经济法的社会法属性》，《求索》2009年第12期。
[④] 郑尚元：《社会法定位与未来》，《中国法学》2003年第5期。
[⑤] 〔德〕拉德布鲁赫：《法学导论》，米健译，中国大百科全书出版社，1997，第77页。
[⑥] 〔德〕拉德布鲁赫：《法哲学》，王朴译，法律出版社，2005，第127页。
[⑦] 〔德〕哈贝马斯：《公共领域的结构转型》，曹卫东译，学林出版社，1999，第176页。

样的话："社会法还在形成中,它本质的特征,一时还难详述。"① 退一步说,即便吴传颐认为社会法是一个法域,也只是一家之言,不能作为社会法是法域的证明。也有学者提出,在日本、德国和法国"社会法都是被理解为第三法域",② 但至今没有指出哪一个作者、哪一本书或哪一篇文章作出这样的论断,也没有提出实体法上的依据,只是从一些论著中寻章摘句地证明自己的观点。事实上,单纯从学术研究来看,"法域说"有一定道理,但其缺陷是显而易见的,其理论也是不周延的。很显然,如果社会法是与"公法"和"私法"同位阶的概念,它怎么可能构成学科？又怎么可能对之进行规范和制度研究呢？因此,一些学者"在浑然未觉之际接纳的第三法域即为社会法的观念,其实充满着矛盾和不确定性"。③ 而且,与之相关的社会问题说、社会权说和社会安全说也是错误的。

首先,社会法与社会问题并非一一对应关系。社会问题是由于价值、规范和利益冲突引起的需要解决的状况,是社会实际状态与社会期望之间的差距。④ 米尔斯认为,社会问题即公众的问题,它不是个人麻烦,而是社会中许多人遇到的共同问题。⑤ 朱力认为,社会问题是"违反社会主导价值规范,影响社会成员利益与健康生活,妨碍社会协调发展,引起社会大众普遍关注的一种社会失调现象"。⑥ 由此可见,社会问题是一个极宽泛的范畴。关于社会法与社会问题的关系,本文认为,社会法作用于社会领域,并不是作用于社会领域的全部；社会法解决社会问题,并非解决社会问题的全部。⑦ 也就是说,社会法与解决社会问题密切相关,但并非所有的解决社会问题的法都是社会法。比如,犯罪也是社会问题,它由刑法进行规范,刑法是公法而不是社会法；再如,诚实信用缺失也是社会问题,它主要由民法调整,民法是私法而不是社会法。社会法主要是通过保护弱势群体、提供普遍保险和普遍福利,解决民众的生存和生活问题。现代社

---

① 吴传颐:《社会法和社会法学》,《中华法学杂志》第 7 卷第 1 期 (1948 年)。
② 竺效:《"社会法"意义辨析》,《法商研究》2004 年第 2 期。
③ 林嘉主编《社会法评论》第 3 卷,中国人民大学出版社,2008,第 150 页。
④ L. K. Frank, "Social Problems," *American Journal of Sociology* Vol. 30, No. 4 (1925), pp. 462 – 473.
⑤ 〔美〕米尔斯:《社会学的想象力》,陈强等译,三联书店,2005,第 10 页。
⑥ 朱力:《社会学原理》,社会科学文献出版社,2003,第 306 页。
⑦ 李昌麒等:《经济法与社会法关系的再认识》,《法学家》2005 年第 6 期。

会，由于各种社会危机导致新的社会矛盾不断出现和激化，为了缓和各种矛盾，政府开始转变过去那种消极、被动的状态，积极主动地干预社会事务，并运用行政和法律手段对各类社会问题进行调节。① 在公法私法化、法律社会化的过程中，先后出现了社会法、经济法、环境法、教育法、消费者权益保护法等新的法律部门，使得公、私法之外的第三法域最终形成。从本质上看，社会法是以保护社会弱势群体的利益为目标，以保护公民的基本"生存权"为自己的价值追求，这是社会法产生的根源和存在的目的。也就是说，社会法主要是解决民众的生活问题，是生存权形成和发展的必然结果。② 从实践中看，无论是德国、法国的社会法，还是英美国家的社会立法，"其在思想基础、理论体系、目标模式以及资金筹集与管理上各有自己的特点，存在一定的差异，但除了这些表面的差异之外，它们的社会保障制度却均有着基本相同的内容：社会保险、社会福利和社会救济"，③ 这些都与社会生存和生活密切相关。也有学者提出，随着社会的发展，社会法"开始关注人的发展权的保障和人的尊严的维护，如教育、医疗和住房保障等"。④ 这种观点有一定的道理，如社会福利已不是着眼于人的基本生存而是体面性生存，义务教育和住房保障也超越了基本生存的界限，但归根到底与人的生活问题密切相关。由于具体权利与法部门也不是一一对应关系，"发展权"能否纳入社会法的保障范围，要看社会和法律将来的发展。

其次，社会法与社会权也不是一一对应关系。不言而喻，目前对社会权的内涵和外延仍无法清晰界定。《经济、社会和文化权利国际公约》用列举的方式提出了 10 项权利，⑤ 只是表明其重要性，并非完整概括。由于内涵和外延很不确定，以社会权构建社会法的体系必定是缘木求鱼。而且，不能说所有的保障社会权的法都是社会法，或社会法保障的必定是社

---

① Hillel Schwartz, "On the Origin of the Phrase 'Social Problems'," *Social Problems* Vol. 44, No. 2 (1997), pp. 276 – 296.
② Andrew J. Cobb, "The Right To Live: Will The State Protectitor Must We Rely Upon Federal Authority?" *The Georgia Historical Quarterly* Vol. 6, No. 3 (1922), pp. 189 – 196.
③ 田成平主编《社会保障制度》，人民出版社，2006，第 21 页。
④ 姜登峰：《"社会法"概念的基本分析》，《佳木斯大学社会科学学报》2007 年第 4 期。
⑤ 刘海年：《〈经济、社会和文化权利国际公约〉研究》，中国法制出版社，2000，第 60—62 页。

会权。由于是一系列权利而非一项权利，[①] 社会权受到国家法律全方位保护，社会法仅仅是其中的手段和方式之一。比如，宪法、刑法、环境法和很多国际法都有关于社会权保障的条款，不能说这些法律都是社会法，即"保障公民社会权之法不一定就是社会法"。[②] 同理，社会法保障的不必定是社会权，如慈善法对应的就不是权利，慈善对象不能"要求"也不能"主张"捐赠，慈善捐赠完全是慈善主体的一种"自愿"行为，体现的是法律上的美德价值。[③] 社会权是公民的一项基本权利，国家和社会有责任、有义务满足权利人的合法要求。反之，如果国家和社会不履行义务，则权利人可以通过法律手段维护自己的权利。慈善法显然不是依据社会权的规则来构建的。在社会法与社会权的关系上，也不能说先有社会权，后有社会法。社会法与社会权各自的发展都有一个渐进的过程，不能说社会法完全是依据社会权建构的。事实上，社会法只保障一部分社会权。艾斯平·安德森在《福利资本主义的三个世界》中，将"社会权"界定为"一种'去商品化（De-commodification）'的容纳能力"，认为工人"也有可以充分地分享这些高标准的社会福利的权利"，[④] 将其内涵界定为与人们的生活相关，是比较准确的。从本源上看，社会权缘于生存权，是对社会上经济弱者进行保护与帮助时要求国家作为的权利，其目的在于消除伴随市场经济发展而产生的贫困和失业等社会弊病，[⑤] "防止传统的自由权保障流于空洞化，谋求全体国民特别是社会经济弱者的实质自由平等"。[⑥] 也就是说，社会法主要是保障与公民生活直接相关的生存权和社会福利权等，不包括发展权（如受教育权）和其他权利。作为基本权利，社会权的主要内涵是保障公民生活安全，是"基于福利国家或社会国家的理念，为使任何

[①] T. H. Marshall, *Citizenship and Social Class: And Other Essays*, Cambridge University Press, 1950, p. 21.

[②] 杨士林、张兴堂主编《社会法理论探索》，中国人民公安大学出版社，2010，第8页。

[③] A. Campbell Garnett, "Charity and Natural Law," *Ethics* Vol. 66 (1956), pp. 117–122.

[④] Gosta Esping Andersen, *The Three Worlds of Welfare Capitalism*, Cambridge: Polity Press, 1990, p. 28.

[⑤] Alva Myrdal, "World Action against Social Ills," *Annals of the American Academy of Political and Social Science* Vol. 264 (1949), pp. 98–105.

[⑥] 〔日〕田上攘治：《宪法典》，青林书院新社，1984，第105页。

人都可以获得合乎人性尊严的生存,而予以保障"的权利的统称,[1] 是公民依法享有的"要求国家对其物质和文化生活积极促成及提供相应服务"的权利。[2] 比如,社会保险权作为一项基本人权,主要体现在对劳动者的生存权保障上;在社会援助主张案例定义上,社会权"涉及大多数社会贫困阶层"。[3] 正是在这个意义上,龚祥瑞认为,将社会权称为"物质保证的权利,似乎更贴切些可取些"。[4] 因此,与社会法对应的只是一部分社会权利,而不是社会权利的全部,将社会法与社会权一一对应是错误的。

最后,社会法仅保障社会生活安全。与"社会问题"一样,"社会安全"概念的外延十分宽泛。从本质上看,社会法上的安全仅指公民的"生活安全",不包括其他安全。因为民法、刑法、行政法等都涉及社会安全,不能说这些法律都是社会法。比如,民法保护交易安全,刑法保护人身和财产安全等,而这类安全都是社会安全的一部分。因此,"以社会安全法独占社会法的概念表达并不准确、妥当"。[5] 事实上,作为法律上的特定用语,"社会安全"在德国、法国和英美国家是有特定内涵的。根据德国《社会安全概要》的定义,"社会安全是指社会法法典所规范的劳动促进、教育促进、健康保险、年金保险、伤害保险、战争被害人补偿、暴力犯罪被害人补偿、房屋津贴、子女津贴、社会扶助以及非属于社会法典的公务员照护、政府雇员照护、服兵役或民役者照护、残障者的复建和重建等"。根据《德国社会法典》第3—10条规定,社会法包括培训和劳动援助、社会保险、健康损害的社会赔偿、家庭支出的补贴、对适当住房的补贴、青少年援助、社会救济和残疾人适应社会等方面的法律。可见,德国关于"社会安全"的界定与社会保障的含义十分接近,与我们通常理解的社会安全则相差甚远。1956年,法国颁布《社会安全法典》,社会安全法被认为是"国家或社会运用集体的力量建立的为预防或解决生、老、病、死、伤残、失业、职业灾害等社会风险所造成的危害的社会防护体系",[6] 其内涵与社会保障同样十分接近。英美国家的 Social Security Law,在我国有时

---

[1] 〔日〕清宫四郎:《宪法》,有斐阁,1986,第22页。
[2] 龚向和:《社会权的历史演变》,《时代法学》2005年第3期。
[3] 胡敏洁:《论社会权的可裁判性》,《法律科学》2006年第5期。
[4] 龚祥瑞:《比较宪法与行政法》,法律出版社,2003,第164页。
[5] 林嘉主编《社会法评论》第3卷,中国人民大学出版社,2008,第98页。
[6] 参阅竺效《"社会法"概念考析》,《法律适用》2004年第3期。

候被译成"社会保障法",有时候被译成"社会安全法",实质上是同一类法律。比如,美国的"社会安全局"就是社会保障局,个人的"社会安全卡"就是社会保障卡。也就是说,这些国家所谓"社会安全"接近或等同于社会保障,与中文"社会安全"有很大的不同。因此,将社会法理解为"社会安全法"是不适当的。而且,法律无法从全部人类行为方式中截然分开来。尤其是在后自由资本主义时代,国家纷纷制定政策和法律,对市场进行干预,"给国家增添了一些自由主义时代不具备的功能"。[①] 以福利国家为例,其所奉行的安全目标要求对社会需求作出重新认识,将社会成员普遍的对于安全生活的期待视为最重要的愿望和利益,通过全面规划适合于缓解工业社会风险的福利项目,进行普遍性的福利供给,为社会成员搭建稳固的社会安全网络。[②] 诚然,这些是社会法的基本内容,也是其他法律如宪法、行政法、刑法和经济法等保护的重要内容。也就是说,法律与法益目标之间并不存在一一对应关系,以社会安全定义社会法、将社会法理解为维护社会安全之法也是错误的。

三 法域定位的理论基底批判

法域的划分是由法益本位决定的。乌尔比安的公、私法划分理论就是以法律所保护的利益即"法益"为标准的。在《学说汇纂》中,他说:"它们有的造福于公共利益,有的造福于私人","由此,产生了保护国家利益的'公法'和保护私人利益的'私法'"。[③] 作为"法域"定位支撑的"社会利益本位论"也是在此基础上建立的。

(一) 社会利益本位论及其理论基础

民国学者欧阳谿说:"当研究权利义务之先,对法律立脚点之重心观

[①] 〔德〕哈贝马斯:《公共领域的结构转型》,曹卫东译,学林出版社,1999,第175页。
[②] Joel Blau, "Theories of the Welfare State," *Social Service Review* Vol. 63, No. 1 (1989), pp. 26–38.
[③] 〔意〕彼德罗·彭梵得:《罗马法教科书》,黄风译,中国政法大学出版社,1992,第9页。

念，不可不特别论及，即所谓法律之本位是也"。① 法之本位，是蕴涵于法的基本价值、基本目标和基本功能之中的精神和理念，反映了法律的本质属性，是判断和界定法部门及其领域的重要标准。在实践中，法本位通常是由法律所体现的利益所决定的。马克思说："国家是属于统治阶级的各个个人借以实现其共同利益的形式"，②"由他们的共同利益所决定的这种意志的表现，就是法律"。③ 李斯特认为，"无论是个人利益，或者共同社会的利益，都是生活利益"，"法律的保护把生活利益上升为法益"。④ 庞德说："利益是存在于法律之外的一个出发点，法律必须为这个出发点服务。"⑤ 事实上，法本位是"国家权力机关在制定法律的时候，必须首先确立法律的基本目的，基本任务或基本功能，它反映了法律的基本观念和价值取向"。⑥ 社会利益本位说的基本观点是：社会法的法益本位是社会利益，社会利益是通过将微观利益提升为中观利益而形成的特殊利益；公法和私法都"不能反映社会本位的要求"，⑦ 个人利益、社会利益与公共利益三足鼎立。如董保华等认为，社会法"以社会利益为本位，通过社会调节机制追求社会公共利益最大化以及社会安全"，将社会法的规制对象界定为"社会弱者在进行社会活动中产生的涉及社会利益的那些社会关系"。⑧ 王广彬认为，"社会法之所以得以产生，并且之所以叫社会法，从根本上说，就是基于社会本位的要求"。⑨ 朱晓喆认为，社会法"作为第三法域刚刚兴起"，它"强调社会利益、社会本位、社会团体的重要性和优先性"。⑩ 薛克鹏认为，社会利益"不是指那种仅包括市民社会中的个体利益，也不是指由政治国家表达和体现的利益，更不是个体利益简单相加或综合的社会利益，而是将社会视为一个整体，对所有社会成员都有普遍意义的利益"，它包括"社会经济秩序，社会经济安全，以国家的名义表现的经济

---

① 欧阳谿：《法学通论》，上海会文堂编译社，1933，第241页。
② 《马克思恩格斯全集》第3卷，人民出版社，1972，第70页。
③ 《马克思恩格斯全集》第3卷，人民出版社，1972，第378页。
④ 〔德〕李斯特：《德国刑法教科书》，法律出版社，2000，第141页。
⑤ 〔美〕庞德：《通过法律的社会控制》，沈宗灵译，商务印书馆，1984，第41页。
⑥ 李昌麒主编《中国经济法治的反思与前瞻》，法律出版社，2001，第292—305页。
⑦ 王保树等：《经济法与社会公共性论纲》，《法律科学》2000年第3期。
⑧ 董保华等：《社会法原论》，中国政法大学出版社，2001，第85页。
⑨ 林嘉主编《社会法评论》第3卷，中国人民大学出版社，2008，第140页。
⑩ 朱晓喆：《社会法中的人》，《法学》2002年第8期。

利益,生态环境保护及自然资源的可持续利用,经济增长和经济效率,弱势群体的利益等"。① 也有学者提出,社会利益是在综合和并重国家利益和私人利益的基础上形成的,"即以文明社会中社会生活的名义提出的使每个人的自由都能获得保障的主张或要求"。② 总之,社会利益本位说毫无例外将社会法看成法域而不是法部门,认为社会利益是独立于个人利益和国家利益之外的特殊利益,社会法追求社会利益最大化和社会安全等。

事实上,社会利益本位说是生吞活剥庞德的"利益三分论"的结果。庞德将利益分为个人利益、社会利益和公共利益,认为社会利益是"以文明社会中社会生活的名义提出的使每个人的自由都能获得保障的主张或要求",③ 而"标志20世纪法理学特点的整个世界法律思想中的态度的变化,以承认个人生活中的社会利益为基点","它比个人自我主张更宽广,范围更大";④ 社会利益的内容包括一般安全的利益、一般道德中的利益、社会资源的保护、一般进步中的利益等。⑤ 耶林用社会学的观点和方法来研究法学,强调法律要同社会利益和现实生活相结合。他说,法律在很大程度上是国家为了达到一定的目的而有意识地制定的,法律的目的就是社会利益。⑥ 社会利益本位论者认为,当社会与国家、个人并列使用时,社会的含义已超越了国家统治下的群体,亦有别于市民社会中个人集合的性质。社会有其自身的整体利益追求,既不同于国家利益,也不同于个人利益。因此,社会本位既区别于国家本位,也不同于个人本位。⑦ 比如,在市场经济中,只有在竞争均衡时,社会资源才能优化配置,生产者剩余和消费者剩余之和才能达到最大,同时使社会财富达到最大;在垄断条件下,具有市场支配地位的寡头们可能通过价格大于边际成本的手段攫取垄断利润,造成消费者剩余和生产者剩余之和小于自由竞争收益,加大了社会成

---

① 薛克鹏:《经济法的定义》,中国法制出版社,2003,第206页。
② 梁慧星:《民商法论丛》第8卷,法律出版社,1997,第186页。
③ 〔美〕庞德:《通过法律的社会控制》,沈宗灵等译,商务印书馆,1984,第41页。
④ 〔美〕庞德:《法律史解释》,曹玉堂等译,华夏出版社,1989,第144页。
⑤ Roscoe Pound, "A Survey of Social Interests," *Harvard Law Review* Vol. 57, No. 1 (1943), pp. 1 – 39.
⑥ William Seagle, "Rudolf von Jhering: Or Law as a Means to an End," *The University of Chicago Law Review* Vol. 13, No. 1 (1945), pp. 71 – 89.
⑦ J. Mark Baldwin, "The Genesis of Social 'Interests'," *The Monist* Vol. 7, No. 3 (April, 1897), pp. 340 – 357.

本，也造成了社会总财富的损失。① 经济法以社会为本位，关注社会的整体利益与长远发展的需要，注意协调与平衡个人利益与社会整体利益的冲突，② 它所追求的目标是公平与效率兼顾，"是对私人利益与社会利益的协调保护"，因此"既不同于注重保护私人利益的传统私法，也不同于强调保护国家利益的传统公法，它体现的是社会公共利益，以社会为本位，促进社会资源与财富的良性配置、社会经济的协调发展"。③ 比如，反垄断法通过国家干预纠正市场失灵，使市场机制正常运转，维护社会整体利益，其结果是产生最大的总经济剩余，使每个消费者都获得更大利益。

（二）社会利益本位论的理论批判

从"社会利益"一词的组合来看，预设了三个理论前提：其一，社会所有人都知道并认可的某些具体利益；其二，社会应当指导它的个体成员努力实现和增进这些社会利益；其三，社会中的成员对应予承认和保障的各种社会利益达成了一致认识。④ 事实上，这样的假设是不成立的，在理论上和实践上都不可能存在这种认识的一致性。美国国学者库珀说："要想给出一个能得到公认的社会公共利益的定义，是不可能的。"⑤ 杜鲁门认为，集团利益才是真正的政治生活，"在用集团概念来解释政治时，我们不必考虑全都包括在内的社会的利益，因为它们都不存在"。⑥ 罗斯认为，根本不存在独立的社会利益。他说：人类社会不存在自己本身的需要和利益，社会福利观和公共利益是"幻想"。⑦ 哈耶克认为，"社会的"一词没有确切范围，其实际含义与标准含义在不断变化，从一个简单的描述词，

---

① Richard A. Posner, "The Social Costs of Monopoly and Regulation," *Journal of Political Economy* Vol. 83, No. 4 (1975), pp. 807–828.
② Miles Little, "Research, Ethics and Conflicts of Interest," *Journal of Medical Ethics*, Vol. 25, No. 3 (1999), pp. 259–262.
③ 张成杰等：《经济法基本概念的思考》，《新学术》2008年第3期。
④ 〔美〕庞德：《法律史解释》，邓正来译，中国法制出版社，2002，第70页。
⑤ Cooper Terry L, *The Responsible Administrator*, San Francisco: Jossey–Bass Publisher, 1990, p. 68.
⑥ David B. Truman, *The Government Process*, New York: Alfred A. Knopf, p. 5.
⑦ Alf Ross, *Towards a Realistic Jurisprudence: A Criticism of the Dualism in Law*, Copenhagen, 1946, p. 295.

日渐变为一种"倡议"。① 他说:"人们常常错误地认为,所有的集体利益都是该社会的普遍利益;但是在许多情形中,对某些特定群体之集体利益的满足,实是与社会普遍利益相悖离的。"② 20 世纪 60 年代,阿罗在解决"投票悖论"的难题中,用数学公式和纯理论推理的形式论证了社会福利函数的不可能性,即不可能存在一种能够把个人对 N 种备选方案的偏好次序转换成社会偏好次序并准确表达社会全体成员各种各样个人偏好的社会选择机制。他说:"如果我们排除效用人际比较的可能性,各种各样的个人偏好次序都有定义,那么把个人偏好总和成为表达社会偏好的最理想的方法,要么是强加的,要么是独裁性的";"除非在非常简单和非现实的情形中,我们不可能以任何逻辑或有序的方式加总偏好"。③ 阿罗认为,由于个人偏好无法汇聚成社会的需要和偏好,社会福利函数存在的依据被否定,用社会福利函数表示的公共利益和社会利益无从谈起,不可能存在。④ 这就是著名的"阿罗不可能定理"。按照阿罗的推算,即使是非常民主的社会中非常民主的决策,也不可能满足所有人的利益,社会利益不可能存在。

社会利益本位论还有一个重要观点,即社会利益是社会法的专有利益,个人利益、社会利益、国家利益与私法、社会法和公法一一对应。⑤ 这种观点在逻辑上和理论上都是不周延的。事实上,将"公共领域"等同于"社会领域",是对哈贝马斯"公共领域"理论的误读,且社会不是社会法专有之域,社会利益也不是社会法专有之利益。⑥ 意大利学者彭梵得否认第三法域的存在,认为社会的存在自人类有史以来就一直延续,即使在封建社会也存在"公"与"私"和融合问题,法律保护"私益"而采

---

① 〔英〕哈耶克:《致命的自负》,冯克利等译,中国社会科学出版社,2000,第 129—130 页。
② 〔英〕哈耶克:《法律、立法与自由》(第 2、3 卷),邓正来等译,中国大百科全书出版社,2000,第 9 页。
③ Arrow K. J., "Methodological Individualism and Social Knowledge," *American Economic Review* 84 (2), pp. 1-9.
④ Arrow K. J., *Social Choice and Individual Values*, Yale University Press, 1963, p. 59.
⑤ 孙笑侠:《法的现象与观念》,群众出版社,1995,第 68 页。
⑥ 李昌麒等:《经济法与社会法关系考辨》,《现代法学》2003 年第 5 期。

用"公力"调整的方法比比皆是,① 社会利益与私人利益和公共利益无法截然分开,据此对第三法域说提出了批评。我国是社会主义国家,绝大部分学者承认社会利益的存在,但并不认同"利益三分法"的理论形式。如张文显等认为,社会利益是根据利益主体进行分类而来的,"是与个人利益、集体利益、国家利益相并列的利益";② 胡锦光认为,社会利益"与国家利益一样,都是公共利益的下位概念,并主要以经济利益和文化利益为内容,以维护社会的自治和良性运转为目的",③ 不同于"三分法"划分形式。李昌麒等认为,社会利益与个体利益并非居于利益天平的两端,亦不是模糊地交织而难以辨识,"社会利益与个体利益间不能一劳永逸地划定绝对性的疆界",它是"经由不确定多数之个体利益的协调与平衡而落实于具体、现实的利益",其本身"不能用于分配或再分配,而是利益分配的结果","社会利益不是社会法专有之利益"。④ 本文认为,社会利益的主体边界较为模糊,不具有可分配性,因此是利益结构的终点而非连接点。从立法上看,社会利益在所有的法律制度中均得到了不同程度的体现,围绕社会利益,我国已建成了以宪法为核心,行政法为主导,社会法、经济法和环境法为主体,民商法为补充以及诉讼法为保障的法律体系。社会本位是现代法律发展的必然趋势,它不是划分法域的标准。在严格意义上,社会团体代表的只是自身利益,具有相当的狭隘性,不能等同于社会利益。⑤ 由于社会利益具有整体性、普遍性、可转化性和表现形式多样性等特点,在实践中常常被滥用,成为政府部门或特殊利益集团侵犯个人权利的借口。邓正来在庞德名著《法律史解释》"代译序"中曾警告说,"社会的"意味着干预者的人为建构,在"社会的"语境之下,"以自生自发的方式发展起来的东西与国家刻意组织起来的东西之间的区别在这个组合词中被完全遮蔽了"。⑥ 因此,应警惕社会利益被干预者当作实现个人特殊

---

① 〔意〕彼得罗·彭梵得:《罗马法教科书》,黄风译,中国政法大学出版社,1992,第9页。
② 张文显主编《法理学》,高等教育出版社、北京大学出版社,1999,第217页。
③ 胡锦光等:《论我国宪法中"公共利益"的界定》,《中国法学》2005年第1期。
④ 李昌麒等:《经济法的社会利益论纲》,《现代法学》2005年第5期。
⑤ Marc Howard Ross, "The Limits to Social Structure: Social Structural and Psychocultural Explanations for Political Conflict and Violence," *Anthropological Quarterly* Vol. 59, No. 4 (Oct., 1986), pp. 171–176.
⑥ 〔美〕庞德:《法律史解释》,邓正来译,中国法制出版社,2002,第69页。

利益或集团利益的"敲门砖"。

四 法部门定位的理性回归

从法律性质和调整的社会关系的特征看,社会法是与宪法、刑法、民法和诉讼法等并列的法部门,① 而不是一个法域。所谓法部门,是法学上对一国现行法律规范按其所调整的社会关系的不同所作的一种分类,凡是调整同一种类社会关系的所有法律规范,即构成独立的法部门。法部门是法域的下位概念,是社会法的实体形式。

(一) 社会法是第三法域的法部门

现代社会,随着生产力和科学技术的发展,带来了越来越多的物质财富,也产生了越来越多的社会问题和负面影响。② 由于传统的二元法律结构已经越来越不适应法治实践的需要,国家不能不关注过去与自身不相干的劳动、社会救济、福利、教育、经济等方面的问题,并运用行政、法律手段对各类社会问题进行调节和干预。③ 在私法公法化和公、私法融合过程中,第三法域逐渐形成。正如拉德布鲁赫所说,如果用法律语言来表述我们所见证的社会关系和思潮的巨大变革,那么可以说,由于对"社会法"的追求,私法与公法、民法与行政、契约与法律之间的僵死划分已越来越动摇。④ 第三法域与公法的区别在于,公法是规范约束公权力组织和运行的法律,公法意义的公权力被严格禁止进入私人领域,第三法域则强调公权力对某些私人领域的必要干预。第三法域调整的社会关系也涉及公权力机构和公权力的运用,但不是以规范公权力而是以规范私权利为目标,因此二者有明显的不同。第三法域与私法的根本区别在于,后者强调平等协商、契约自由,前者强调权利与义务不对等、非平等保护和基准法

---

① 王家福等:《论依法治国》,《光明日报》1996年9月28日。
② Herbert Blumer, Social Problems as Collective Behavior, *Social Problems* Vol. 18, No. 3 (Winter, 1971), pp. 298 – 306.
③ 余少祥:《经济民主的政治经济学意涵:理论框架与实践展开》,《政治学研究》2013年第5期。
④ 〔德〕拉德布鲁赫:《法学导论》,米健等译,中国大百科全书出版社,1997,第77页。

制约等。事实上，第三法域才是与公法和私法同位阶的概念，而非所有的第三法域的法都是社会法。第三法域的法部门很多，如经济法、环境保护法、消费者权益保护法、卫生健康法、科技法、信息与传媒法等都有第三法域的特征，但不能都理解为社会法。正如郑尚元所说，"公"与"私"对立或融合的结果不是"社会"，公法与私法融合的结果同样不可能是"社会法"；这种融合的结果只能是公法与私法之外的"第三法域"，而"第三法域"并不等同于社会法；① 私法公法化所体现的公、私法融合"不是必然定义为社会法"。② 也就是说，对于公、私法融合的第三法域完全可以用一个别的名称或者直接称为"第三法域"，而不必冠以社会法的称谓，因为社会法在部门法意义上有独立的调整对象和确定的内涵（笔者已有专文论及，兹不赘述）。目前，我国最高立法机关已经明确将社会法定位为与民法、刑法、行政法和诉讼法等并列的 7 大法律部门之一。诚然，由于起源发展较晚，各国社会法研究均未形成完整严密的理论体系，在国际层面也没有像其他部门法研究一样在很多问题上形成"通说"，或者达成理论共识。③ 在制度构建上，社会法建设也欠成熟，未能体现社会法的本来面貌。我国民国时期的社会法研究，由于受历史和现实条件影响，没有也不可能超越时代，当代学者之所以仍将经济法视为社会法并进行论述，或许与黄右昌等人的论述有一定的关系。④

作为第三法域的法部门，社会法具有第三法域法的所有特征，是兼具公法与私法双重属性的法律，即单纯的公法或私法机制都难以调整该类社会关系。从罗马法术语 ius commune（社会法）中即可看出对社会法第三法域含义的早期认识。最早的法学家之一伊阿诺利乌斯认为，ius commune 由 ius publicum（公法）派生而出，因为 ius publicum 是一个整体和一个共同体全体的权利，与共同的"善"有关。注释法学派学者布尔高鲁斯说，ius commune 似乎与 ius publicums 相似，而当它倾向于 utilitas privata（私人

---

① 郑尚元：《社会法的存在与社会法理论探索》，《法律科学》2003 年第 3 期。
② 郑尚元：《社会法的定位和未来》，《中国法学》2003 年第 5 期。
③ Bairj Donabedian, "The Natural Realm of Social Law," *Sociological Theory* Vol. 21, No. 2 (Jun., 2003), pp. 175—190.
④ 单飞跃：《经济法理念与范畴的解析》，中国检察出版社，2002，第 124—134 页。

利益）时，它几乎与 ius privatum（私法）难以区别。① 当然，今天所使用的 ius commune 一词历经演变已衍生出更加复杂丰富的含义，不能简单地与社会法概念等同。应如何理解社会法具有公、私法融合性质？以劳动合同和补充社会保险合同为例——这两类合同与一般的民事合同相比有两个重要的不同：第一，合同当事人的意志要受到有关法规的严格制约；第二，不再把合同看作"孤立的意思表示"，合同当事人的意志不是以一次为限的个别性交易，而是规划将来交易的过程。② 也就是说，法律将合同中的某些条款固定下来，以国家和社会的普遍意志代替合同中个别人的意志，即这些条款不能根据民法"意思自治"和"平等协商"的原则进行变更。③ 正如董保华所说，社会法"所体现的普遍意志对合同的介入和规制越来越细、越深，使某些合同逐渐扬弃了它作为本质的个别契约自由，而成为以遵从社会普遍意志为前提设定社会权利义务的一种方式"。④ 但是，他将社会法等同为第三法域，在理论上是错误的。目前，我国也有一些学者主张将社会法定位为法部门。如赵震江等认为，社会法"在 20 世纪 60 年代以后逐渐发展成为一个法律部门"，"包括社会救济法、社会保障法和劳动法等"；⑤ 谢增毅认为，社会法是部门法，而不是第三法域；⑥ 唐政秋等认为，从法律实务的角度看，"社会法是我国社会主义法律体系的重要组成部分，是一个独立的法律部门"。⑦ 也有学者将社会法理解为"民法现代化"⑧、"特别民法"⑨ 或"特别行政法"⑩，尽管是法部门定位，在理论

---

① 〔美〕艾伦·沃森：《民法法系的演变及形成》，李静冰等译，中国法制出版社，2005，第 203 页。
② 史际春等：《合同异化与异化的合同》，《法学研究》1997 年第 3 期。
③ Hans‑Peter Haferkamp, "The Science of Private Law and the State in Nineteenth Century Germany," *The American Journal of Comparative Law* Vol. 56, No. 3(Summer, 2008), pp. 667 - 689.
④ 董保华：《试析社会法的调整模式——对第三法域的探索》，《西南政法大学学报》2000 年第 1 期。
⑤ 赵震江主编《法律社会学》，北京大学出版社，1998，第 291 页。
⑥ 谢增毅：《社会法的概念、本质和定位：域外经验与本土资源》，《学术与探索》2006 年第 5 期。
⑦ 林嘉主编《社会法评论》第 3 卷，中国人民大学出版社，2008，第 164 页。
⑧ 史尚宽：《债法总论》，荣泰印书馆，1954，第 5 页。
⑨ 苏永钦：《走入新世纪的私法自治》，中国政法大学出版社，2002，第 12 页。
⑩ 谢荣堂：《社会法入门》，元照出版公司，2001，第 18 页。

上也是错误的。

（二）社会法的法益本位是从弱者的利益到社会整体利益

社会法是由国家制定和颁布的旨在保护弱者的生活安全，提供社会福利，促进民生福祉，具有国家和社会帮助或给付性质的法律法规的概称。从发生学观点看，它是基于保护弱者的理念产生的。尤其是现代社会，各种财产制度和利益协调方式，在理论上都是以当事人之间地位的平等为前提的，而在实际契约关系中，经济上的强者常常利用其优势地位欺压弱者，形成事实上的不平等契约关系。同时，随处可见的格式合同，使处于弱势一方的当事人只能作出完全接受或完全拒绝的选择，很难作出真正符合本意的意思表示。[1] 如果任由契约双方当事人确定相互之间的权利和义务，必定会造成实质上的不公正，这时就需要对契约关系中弱势的一方予以保护，"通过平衡和公道或其他社会福利的因素所服务的社会利益来保持平衡"。[2] 正如哈耶克所说："惟一可能采取的办法就是赋予人们不同的权利，以不同的方式对待人们。"[3] 这就形成了社会法的一个重要原则——对社会弱者实行倾斜保护而不是平等保护。在本质上，社会法就是通过后天弥补的方式（差补原则），以法律的形式向弱者倾斜，以矫正和弥补实质意义的不平等，调节、调和与调解各种错杂和冲突的利益。[4] 正因为如此，在社会法中，有相当一部分主体的利益是以义务规范体现的，即通过社会立法，将部分主体利益规定为国家或社会义务。比如，将最低工资、社会救助和社会保险规定为国家义务，同时也是公民权利，就是以义务的方式体现权利。[5] 事实上，如果不是用这样的方式，将一部分主体利益规定为国家或社会义务，最终可能导致这部分利益的落空。这是社会法在权利义务规定上区别于私法规范最显著的特征。也就是说，社会法是立足于现实中强弱分化的人的真实状况，用"不平等的人"和"团体化的人"重

---

[1] Simon Whittaker, "Unfair Contract Terms, Unfair Prices and Bank Charges," *The Modern Law Review* Vol. 74, No. 1 (January 2011), pp. 106–122.

[2] 〔美〕卡多佐:《司法过程的性质》，苏力译，商务印书馆，1998，第70页。

[3] 〔英〕哈耶克:《自由秩序原理》（上），邓正来译，三联书店，1997，第102页。

[4] Roscoe Pound, *Jurisprudence* Vol. 3, St. Paul, Minn. West Publishing Company, 1959, p.16.

[5] Rogers, Brishen, "Justice at Work: Minimum Wage Laws and Social Equality," *Texas Law Review* Vol. 92, Issue 6 (May, 2014), pp. 1543–1598.

塑现代社会中的法律人格，用倾斜和特别保护的方式明确处于相对弱势一方主体的权利，严格明确相对强势一方主体的义务，以实现对社会弱者和民生的关怀。社会法这种"具体的人格"是由社会弱者的身份造成的，[①]它从维护社会均衡出发，以保障弱者的生活安全为目标，其精髓是对弱者的救助、反贫困歧视和特别保护。

20世纪60年代以后，西方国家普遍解决了贫困问题，社会法所注重的公平开始由原来的生存性公平转向发展性公平，由原来的救济性公平转变为体面性公平，即强调社会保障应当是高水平、广覆盖、无差别的，保证每个人过上体面的生活，享有基本的社会福利。[②] 由此，社会法的法益本位开始从社会弱者的利益渐次过渡到社会整体利益。因为人既是一种个体意义的生命存在，有着自身独特的生存状态、利益需求以及社会认同感，同时又不是抽象的孤立存在物，人们必须结成一定的社会关系才能去从事改造自然的活动。正如马克思所说，这种"社会关系实际上决定着一个人能发展到什么程度"。[③] 也就是说，个人的发展取决于与他直接或间接进行交往的其他所有人的发展，个人的利益与他人甚至整个社会成员的利益是相互关联的。[④] 这里有两个问题需要说明。其一，从社会弱者的利益到社会整体利益主要指生活利益，而不是抽象的社会利益。利益的形式有很多，经济法调整的是不同主体的经济利益，环境法调整的是不同主体的环境利益，社会法调整的是同类生存状况和境遇的社会群体的生活利益。离开具体的主体和具体的利益形式，抽象地谈论社会法上的利益是不适当的。其二，社会法上的整体利益是指全体社会成员的共同利益，而不是使一部分人受益或受益更多，其"观念基础和根本方法论是合理的整体主义"[⑤]。事实上，增进社会弱者的利益会提升社会整体利益，因为如果弱者的利益得不到最低限度的保障，可能会发生社会动荡，最终损害所有社会

[①] Richard H. Hiers, "Biblical Social Welfare Legislation: Protected Classes and Provisions for Persons in Need," *Journal of Law and Religion* Vol. 17, No. 1/2 (2002), pp. 49–96.

[②] Ida C. Merriam, *Social Security and Social Welfare Indicators*, Annals of the American Academy of Political and Social Science Vol. 435 (Jan., 1978), pp. 117–139.

[③] 《马克思恩格斯全集》第3卷，人民出版社，1966，第295页。

[④] J. Mark Baldwin, "The Basis of Social Solidarity," *American Journal of Sociology* Vol. 15, No. 6 (May, 1910), pp. 817–831.

[⑤] 雷兴虎等：《矫正贫富分化的社会法理念及其表现》，《法学研究》2007年第2期。

成员的利益。[①] 有学者说，社会法"是通过保护弱势群体利益，进而实现社会整体利益的法域"。[②] 这句话只说对了三分之一。第一，社会法是法部门而不是法域；第二，保护弱势群体是实现社会整体利益的途径之一，其他途径还有社会保险全覆盖和提供普惠式福利等。因此，从总体上说，社会法是通过保护社会弱势群体，提供普遍性保障和普惠式福利等方式"协调多元社会利益",[③] 维护社会整体利益，最终维护每一个社会成员的利益。

（本文原载于《政法论坛》2015年第6期）

[①] 余少祥：《法律语境中弱势群体概念构建分析》，《中国法学》2009年第3期。
[②] 吕世伦等：《社会法的几个基本理论问题研究》，《北方法学》2007年第6期。
[③] 李吉宁：《构建当代中国社会法体系的实证分析》，《理论界》2006年第1期。

我国社会建设时代的社会法及其体系论纲

董文勇[*]

改革开放以来，经济发展一直是我国改革的主旋律，在此背景下，经济建设和社会发展出现非理性、非均衡的倾向，社会建设明显滞后于经济建设，社会矛盾日益突出，公民的生存风险逐渐全面显现。为解决民生问题和促进社会全面发展，党的十六届五中全会提出了"社会主义社会建设"任务，我国开始进入了社会建设时代。此后党和国家制定了一系列纲领性文件，或专门或重点地就在改善民生和调整社会治理模式中推进社会建设作出了规划，意在建设一个公民及群体社会权益得到保障的、实现社会共同治理的现代基本福利国家。社会建设的主要内容和最终目标决定了，在同时推进社会主义法治国家建设过程中，进行社会建设须以构建各种社会性制度和完善社会立法为基础。[①] 然而，社会法是核心清晰但边界模糊的法律类别，[②] 它虽有关民生和福利保障，但在不同社会以及不同社会发展阶段，其作用、功能和内容均不相同。社会建设时代需要什么样的社会法？如何构建适应社会建设需要的社会法？这些问题在理论上尚不清晰、尚无答案，然而却关系到我国法律体系的完善、法治发展、现实民生问题和社会问题的有效解决，也关系到社会建设的战略全局。笔者认为，社会法的产生和发展始终遵循法律

---

[*] 董文勇，法学博士，中国社会科学院法学研究所社会法研究室副研究员，主要研究方向为卫生福利法、社会法基础理论。

[①] "社会制度"是在一定历史条件下，为满足人类社会生活需要而建立的行为模式或社会规范体系，通常在宏观的意义上指基本社会形态，作为经济、政治、文化制度的总称。为示区别，笔者用"社会性制度"代指与社会保障和社会公共服务有关的具体制度。

[②] 陈步雷：《社会法的部门法哲学反思》，《法制与社会发展》2012年第4期。

功能主义逻辑并以现实问题为面向,社会建设时代需要什么样的社会法,取决于解决民生问题的现实需要和国家的社会发展战略要求,因而,社会建设时代的社会法必然是包括社会保障法内容在内的有关社会安全、社会进步及伴随社会治理的一整套价值独立的、功能层级递进的完整法律体系。

一 社会法发展的时代决定条件

(一)民生问题催生的社会建设战略

改革开放以来,我国社会进入剧烈变化的发展阶段。这一急剧变化的过程打破了原有的社会结构和生活秩序,而新的社会秩序一直没有稳定形成,在缺乏理性规则干预的情况下,经济建设和社会发展出现非理性、非均衡的倾向,社会建设明显滞后于经济建设。[1] 经济发展水平和人身自由度的提高也带来了个人发展中的不确定性,公民养老、工伤等生存风险不断扩大;在社会公共资源在一定程度上按个人经济能力分配的情况下,老幼照料、教育、医疗、殡葬、公共文化、公共交通等领域的社会公共服务存在不同程度的短缺和公益性不足的问题,贫困、失业、文化素养降低等社会问题随之而生,[2] 经济弱势群体的社会权利得不到充分保障。[3] 社会组织发展缓慢,影响到社会公共服务供给和服务质量,社会的现实需求得不到充分的满足。市场的自由发展也形成了市场与政府各自角色的重新定位,改革开放以来实行的行政分权、权力下放等改革措施矫枉过正,自由主义经济和社会政策造成了一系列的社会问题。

社会问题的全面显现暴露出国家经济社会发展的不平衡性。我国的改革和建设在很大程度上被简单化为经济增长,且经济增长本身有异化为增长目的的倾向。随着经济社会的发展,简单的经济增长所带来的边际社

---

[1] 有研究认为,我国社会建设落后于经济建设有15年之距。参见陆学艺《当代中国社会结构与社会建设》,《学习时报》2010年8月30日。
[2] 陈凤莉:《为大学生就业难"把脉"》,《中国青年报》2011年10月20日。
[3] 例如,中低收入群体是价廉质次的食物的主要消费群体,食品安全、卫生问题常常会损害他们的健康。阜阳"毒奶粉事件"、三聚氰胺奶粉事件等造成难以计数的中低收入家庭的婴儿患病、死亡。

效益呈现递减趋势，经济单项突进式的改革步履维艰，改革和发展需要综合协调推进。改革需要完善社会性制度、提高社会福利水平，以此为经济发展提供稳定的社会秩序和高素质的劳动者队伍，并全面分享经济发展的成果。

在改革发展的关键时期，党的十六届五中全会提出了"社会主义社会建设"任务，"社会建设"国家发展战略目标被提到与经济建设、政治建设和文化建设比肩的高度。2006年中共中央在《中共中央关于构建社会主义和谐社会若干重大问题的决定》这一历史性文件中提出了"以发展社会事业和解决民生问题为重点"的基本公共服务体系建设目标。2007年，党的十七大报告强调加快推进以改善民生为重点的社会事业建设，推进社会体制改革，扩大公共服务，完善社会管理，并提出一系列具体目标。2011年制定的《国民经济和社会发展第十二个五年（2011—2015年）规划纲要》、《人力资源和社会保障事业发展"十二五"规划纲要》以及《国家基本公共服务体系"十二五"规划》就推进以保障和改善民生为重点的社会建设作出了全面规划。2012年党的十八大报告指出，要"在改善民生和创新社会管理中加强社会建设"。

党和国家有关社会建设和加快社会事业发展的一系列文件为国家发展战略勾勒出了日益清晰的轮廓，即通过社会建设建立一个公民及群体社会权益得到保障的、注重社会共同治理的现代基本福利国家。社会建设战略的制定和实施标志着我国进入社会建设时代。

（二）社会建设与社会福利的目标关联[①]

实施社会建设战略需要解决相应制度的支持目标和着力点问题，然而究竟何为"社会建设"、社会建设是否仅局限于民生保障？官方有关文件

[①] "社会福利"是个含义十分不确定的概念，广义为包括社会保障在内的一整套有关国家和社会对公民的照护体系，中义为与"社会保障"等同的概念，狭义为"社会保障"的下位概念。该概念与"社会保障"概念一道，作为舶来品被引入中国之初即发生了误译、误读，在概念的使用上较为混乱。参见尚晓援《"社会福利"与"社会保障"再认识》，《中国社会科学》2001年第3期。我国传统上多取狭义概念。实际上，我国一直缺乏其最上位的概念。20世纪90年代以来"社会法"的概念在我国重又兴起，本文取"社会福利"的广义概念，即最上位的概念，相关法律即社会福利法或社会法。下文除加引号者指代笔者并不认可的狭义概念外，其他均取广义概念。

中没予以明确，社会建设实践中对此有着不同的解说。有学者认为，社会建设不仅意味着"一系列浮在表面的社会问题的解决"，还意味着"整个改革发展路径的重大变化"，[①] 笔者对此深表赞同。民生以其内容的繁复和广泛关联而成为国家运行效果的指示器和晴雨表，解决民生问题同时也为国家改善治理方略、调整发展方向和目标、优化社会运行机制提供了契机。目前的民生问题实际上是民生服务缺失和不足、国家职能缺位错位、社会发育不健全等一系列国家运行问题的综合反映，因此社会建设是以保障和改善民生为重点和切入点，对从社会事业的内容到社会运行机制再到利益平衡工具等不同层面进行的系统改革。从这个意义上说，"社会建设"是个多层次的概念，它既表明一种时代背景，也是一种国家运行方略，同时也是以保障和改善民生为内容的一套社会服务和社会建构体系；"社会建设"不等同于民生保障本身，但是包括民生保障内容。

从社会建设作为目标体系的层面来看，有关社会建设的文件列举了社会建设的三项主要内容，即以社会公共服务和社会保障在内的民生建设、社会安全建设和社会体制建设。在社会建设的三项内容中，民生建设与社会体制建设二者间具有直接关联性，保障和改善民生必然同时需要改进社会管理体制。但是，社会安全建设与民生建设仅具有间接关联性，前者并非为后者所必需。因此，如果围绕保障和改善民生而构建相应的制度体系，那么社会管理制度则可以被吸收并附属其中，而社会安全制度则非为必要。

然而，"民生"是个内涵和外延均不确定的概念，民生之内容与经济和文化条件即发展水平直接相关。目前有关文件所列举的民生事项非常有限，即便是仅着眼于解决当前的民生问题，民生内容也仍待进一步调整和充实。一方面，执政党有关社会、政治、经济、文化和生态"五位一体"的建设方案着眼于政治考量，而如果从民生事业及其发生领域的角度考量，则民生建设体系至少还应包括：除政治思想和意识形态以外的社会文化建设，例如宗教服务管理、基本文娱设施建设等；民生事业所需的社会条件和社会结构，例如人口调控、国家和社会对公民的补偿、区域规划

---

① 何艳玲：《"回归社会"：中国社会建设与国家治理结构调适》，《开放时代》2013 年第 3 期。

等。另一方面,官方文件中的民生内容体系包括收入分配调节内容,而其中有关调控初次收入分配的制度主要属于传统的经济制度,因而并不必然纳入民生建设内容体系之中。

综上所述,在通过经济建设初步解放生产力之后,经由社会建设解决经济发展的目的问题即民生保障问题便提上了日程,而民生保障这一系统工程一旦启动,便开启了一个社会整体变革的时代。在社会建设时代,国家不仅需要有针对性地解决民生问题,也需要同时解决与之相关的社会条件和社会结构问题、社会体制问题。而根据党和国家制定的社会建设政策,以民生保障为主要内容的社会建设的最终目标是"学有所教、劳有所得、病有所医、老有所养、住有所居",并"努力让人民过上更好生活"。无论中外,致力于实现这些目标的政策即为社会政策,相关的制度即为社会福利制度。

(三) 社会建设的社会法治支撑

依照现有社会建设政策,以保障和改善民生为重点的社会福利体系包括四大部分:一是包括教育服务和健康服务在内的社会公共服务体系;二是社会保障体系;三是以就业促进和次级收入分配在内的社会优化体系;四是以国家和社会组织围绕民生事务而形成的社会管理体系。前文述及,现有社会建设政策之内的社会福利政策在内容体系上还有进一步扩展的空间,但是社会福利体系的基本框架则较为完整,前文所述社会发展中出现的民生问题,在社会福利四大体系之内亦均可全面解决。

在社会建设背景下,民生问题的解决和社会福利体系的运行均需要依托于有关的社会性制度。20世纪90年代中期以来,我国开始有目的地进行法治国家建设。目前我国的社会福利制度建设实际上是在社会建设和法治建设的双重背景下进行的,这决定了社会建设时代的社会福利制度建设必然遵循法治原则,建设以上述社会福利体系为内容的社会法治(参见图1)。实际上,"以民生为重点"的社会建设已经逐渐成为我国新的立法增长点。[①]

---

① 张博源:《社会建设视野下的法律制度供给时序均衡问题研究》,《河北法学》2010年第7期。

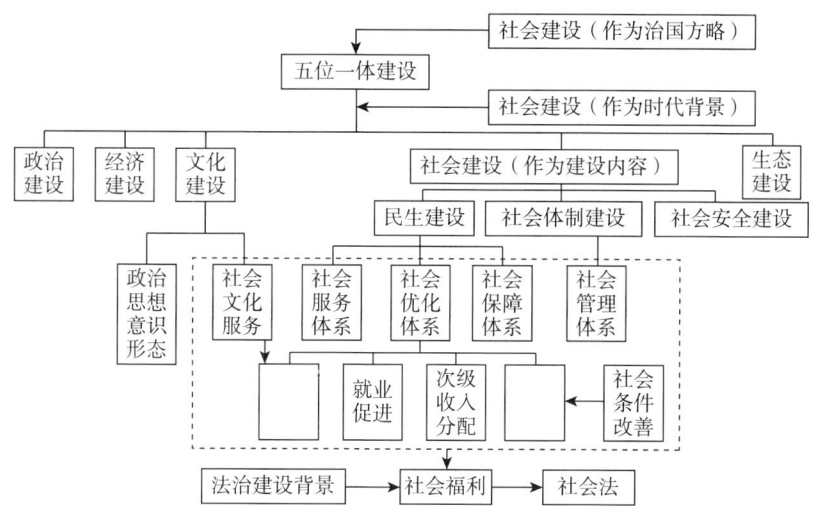

图 1　社会建设和社会法的关系

为满足民生的需要，我国构建了一套包括社会救助、社会保险、社会福利、优抚安置制度在内的社会性制度，在我国传统上，与这些制度相对应的法律即总体谓之"社会保障法"。然而，社会建设时代的社会福利法即社会法是否等同于社会保障法？抑或，社会保障法是否为全面满足社会建设时代民生保障的全部需要？笔者认为，这些问题并非仅具有法学上的意义，更关涉到能否构建足以支撑社会建设所需要的法律体系，因为无论是在功能上还是在内容体系上，二者均有着巨大的差别。

二　社会法在我国当代法律体系中的地位

（一）时代发展提出的社会法地位问题

无论是在理念上还是在形式上，法律均是时代的反映，社会变迁会对立法和法律体系的变化产生根本性的影响。社会发展始终伴随着层出不穷的社会问题，例如"看病难、看病贵"问题、"房奴"问题、交通拥挤问题等，这些问题多属于传统法律部门关注较少的民生问题，关涉社会公共利益和长远利益。此外，国家根据变化了的社会条件调整社会发展战略，通过积极主动立法以求推动建立更为和谐的社会秩序，使公民的生存和发展需求得到充分和全面满足。出于应对新的社会问题和社会建设的需要，国家制定了许多新的法律，如社会保险法、卫生法、文化法、体育法、慈善法、宗教法等，这些新型法律均不完全属于民商法、经济法或行政法等任何一个传统法律部门。

然而，上述法律应归哪一法律部门？从这些法律的价值追求来看，这些法律是以社会问题、社会公共利益为主旨的，与民间社会结合紧密，且在很大程度上关乎个人及社会整体福利，在欧美国家，这些法律毫无疑问属于社会福利法或曰社会法的范畴。然而，"社会法"还是一个较新的概念，在理论上对"社会法"有着不同界说，主要有思潮说、法域说和部门法说。[①] 思潮说具有理论和观念意义，该说从根本上否定"社会法"以实在法的形式而存在；相对而言，法域说则长期影响于我国法律体系的构建。根据法域说，有关民生和社会建设的法律是其他部门法发生局部社会化的结果，并不形成一个法律部门。基于这种认识，我国法律体系中的劳动法或被划归民商法，或被划归经济法；社会保障法则长期被划归于行政法。而按照部门法说，社会法是个独立的法律部门，多认为主要包括劳动法和以社会救助、社会保险、优抚安置、弱势群体保护为内容的社会保障法。[②] 因此，无论根据法域说还是部门法说，上述新兴法律都无法准确归类到任何一个现行法律部门之中，在立法实践上，这些法律主要归类到行政法体系中。尽管部门法说更趋近于法律实践，但仍具有不彻底性，因为从对公民生活权利的关照、对社会公正的价值追求、社会财富的二次分配等社会保障法的基本特征来看，这些新兴法律与社会保障法属于同一部类的法律当无疑问，也即，如果肯认社会法是包括社会保障法在内的独立法律部门，那么在逻辑上，社会法部门也绝不排斥其他有关社会福利的新兴法律。很显然，目前的部门法说对于法域说存在局部的理论妥协。

（二）新时代法律体系的演变趋势和社会法部门的形成

通说认为，现代社会大量出现的有关社会福利的法律是"私法公法

---

① 〔日〕菊池勇夫：《社会法综说（上）——九州大学社会法讲座30周年纪念》，转引自王为农、吴谦《社会法的基本问题：概念与特征》，《财经问题研究》2002年第11期。
② 竺效：《法学体系中存在中义的"社会法"吗？——"社会法"语词使用之确定化设想》，《法律科学》2005年第2期。

化"和"公法私法化"的结果。而所谓"化"仅指变化、倾向性,并不必然意味着实际完成了从量到质的变化,而"私法公法化"或"私法公法化"的上位概念仍是私法或公法;借助概念的某种变"化"、演"化",原有法律体系仅仅是实现了进一步延伸。如果说概念法学理论为传统法律体系在保持与传统社会、简单社会的适应性方面居功至伟,那么在强调多中心主义、多元价值以及社会结构和社会关系变动不居的后现代社会,该理论对法律实践的影响则日益捉襟见肘。在后现代社会,社会关系、社会结构、利益诉求,远较前现代社会和传统社会复杂得多,"前现代社会向后现代社会的转变,冲破了法律价值单一性的桎梏,从而使那种排斥外来价值的封闭式规范体系和崇尚概念、拘泥概念的思维方式,难以适应多元价值并存沟通的时代潮流。……这种趋势使我们不得不认真考虑法律制度的观念更新、结构更新和思维方法更新"。[1] 面对新的社会发展潮流和空前变化多样的社会需求,借助概念内涵和逻辑的延伸而试图维持原有法律体系的努力既无必要也劳而无功,"社会的变迁和人的需求是不会按法学家们预设的那样发展的,为了适应新情况,立法总能突破现有法律的束缚,产生新的法律群和法律概念",[2] 经济法、环境资源法作为新的法律部门出现在法律体系之中,这即有力的例证。如前所述,如果固守法域说,那么经济法、环境资源法作为"公法私法化"和"私法公法化"的结果,仍会零散地保留在行政法和民商法两大法律体系之内,也就不可能分别作为独立的法律部门出现在现代法律体系之中。随着法律实践的发展,没有迹象表明法律体系分蘖的脚步会止住,相反,这一趋势仍在延续和扩大。在"公法私法化"和"私法公法化"之外,在性质上异质于传统公法和私法、在形式上强调对专门问题的综合一体化引导或规制、在价值上有明显特殊性的法律群仍可能出现,以保障和改善民生以及社会优化治理为内容的社会法即是其一。事实上,从德国于1883年颁布《医疗保险法》以来,各国专门的社会立法迅猛发展,正是越来越庞大的社会立法才推动越来越多的国家走向现代福利国家的道路,建设福利国家已经成为现代理想国家的重要基本特征之一,而如果没有大量、集中的社会立法,就不可能建成福

---

[1] 王卫国:《超越概念法学》,《法制与社会发展》1995年第3期。
[2] 白小平、李擎:《社会法的规范语境与本土化构建》,《河北法学》2013年第6期。

利国家。

　　散在于传统法律体系之中的社会法能否整体析出，在我国还取决于部门法理论在推动法律体系构建方面的进步。在多元价值并存、社会结构复杂、社会问题根源繁复的后现代社会，传统的以法律关系的同质性为主要依据的部门法划分理论也会因其与现实生活相隔膜而不得不有所突破。有研究发现，现代法律正从调整一类社会关系演化为调整多元社会关系的集合，因而法律类别的划分标准除所调整的社会关系的同质性外，还包括法律理念、法律保护的对象、调整的方法等，"社会问题所衍生的社会关系的法律调整使新型法律的产生有了可能和必要"。[1] 经济法、环境资源法等新型法律部门的出现即是如此，社会法同样也是如此。

　　社会法肇始于传统的民商法和行政法，从传统法律的社会化改进到专门民生条款的出现再到专门单行社会立法的出现，总体上亦未超出法律体系的整体演进规律，是法律规范从诸法合体再到体系化专门发展这一过程的再一次展现。而实际上，尽管很多社会法律诸如工伤保险法、社会组织法等从民商法转化而来，但是在价值追求、体系结构、运行机制等方面已经与民商法存在天渊之别。同样，作为"公法私法化"的进一步延伸，过去属于行政法的有关社会福利的法律如健康法、教育法等，因其具有法律关系主体的群体性、权利义务的不对称性且合一性、法律实施方式的契约化等明显特征，也使得这些法律再也难以划传统归行政法部门。从传统法律部门内法律条款的社会本位化量变到大量、专门、集中社会立法的质变，时代条件和国家的治理方略是这一过程的催化剂，而规模庞大的社会立法必然对传统的部门法理论和传统的法律部门构成冲击，进而突破其体系外延的极限。在理论上，社会法的产生、发展和自成体系是迟早的事情，与其他法律部门一样，其早期的从属性只是历史性过渡阶段的暂时特征。

（三）社会法作为我国独立法律部门的形成

　　我国立法机关采取了一种客观务实的态度，将社会法列为我国七个法

---

[1] 郑尚元：《社会法的定位和未来》，《中国法学》2003年第5期。

律部门其中之一,[①] 认为这种划分既符合我国的立法实际,"也比较符合法律自身的特点和内在规律"。[②] 如前所述,我国经济和社会发展中出现了大量的传统法律部门涵盖不了的民生问题,社会建设战略彰显出建设基本福利国家的政治决心,无论理论上如何认识社会法,它在事实上已经成为一个体系庞大、专事公民社会权利保障和促进的独立的重要法律部门。社会法的重要性早已远远超过很多传统法律,[③] 社会法在我国法律体系中的地位应与其价值及其在国家发展战略中的地位相匹配,在这个意义上,社会法更有资格成为一个独立的法律部门。

　　社会法是否是我国法律体系中的一个独立法律部门,对我国社会建设实践具有极为重要的影响。首先,在社会法不能准确归类的情况下,法律的适用将难免受法律部门整体性质的影响。例如,若将《高等教育法》、《民办教育促进法》、《职业教育法》归属于行政法律部门,[④] 那么教育服务难免具有更多的行政管理色彩,因而,教育的社会自治性、灵活多样性难以显现。其次,受概念法学理论影响,法律体系的构建存在路径依赖特征,失当的法律属性定位会影响后续立法的科学性。例如,我国的社会保险制度最初附属于体现国家对经济进行干预的经济法,而即便目前社会保险法已被归纳到社会法体系中,该制度仍具有浓厚的国家主义色彩,社会保险经办体制保持了明显的行政一元化特征,在此情况下,经办机构难以切实发挥保险人的职能。[⑤] 再次,民生立法常具有综合性和问题导向性,如果无视这一特征而寄希望于每一个法律部门中的相关法律都进行局部的立法改进,那么事实上无法做到立法上的协调性和同步性。例如,若要解决"看病难"这一民生问题,需要在医务人员、医疗机构、就医条件等方面进行资源配置的平衡,进而需要对人事、工资、财税、卫生规划、城乡

[①] 李鹏:《大会常务委员会工作报告》(摘要),《吉林人大》2001年第4期。
[②] 吴邦国:《在第十届全国人民代表大会常务委员会第二次会议上的讲话》,载《中国人民代表大会年鉴2004》,中国民主法制出版社,2004,第530页。
[③] 郭明政:《社会法》,元照出版公司,2009,序言第3页。
[④] 《高等教育法》和《民办教育促进法》是九届全国人大通过的"行政法",资料来源:http://www.cctv.com/news/china/20030220/100318.shtm,访问时间:2009年6月15日;修订《职业教育法》是列入十一届全国人大立法规划的"行政法",资料来源:http://www.npc.gov.cn/wxzl/gongbao/2008-12/26/content_1467452.htm,访问时间:2009年6月15日。
[⑤] 董文勇:《医疗费用控制法律与政策》,中国方正出版社,2011,第341—348页。

规划、交通、信息等相关法律领域进行疏浚，如果不能突破现有法律体系设置社会法律部门并进行专门社会立法，那么这个问题将难以解决。最后，鉴于以往我国社会立法滞后，社会建设时代的到来需要大量的专门立法，而如果不能设置独立的社会法部门，那么在其他法律部门中进行大规模民生立法的可能性则大为降低，这是我国既有的立法体制所决定的。总之，在社会建设时代，社会法需要大规模独立建设，这不仅因为社会法有着特有的价值追求、重要的法治地位，而且还在于，不当的法律部门归类不利于社会法功能的发挥。

作为社会建设时代必不可少的独立法律部门，前述卫生法、教育法、文化法等以解决民生问题和引导社会良性发展问题为导向的，调整社会保障、社会公共服务和社会治理关系，保障、保护和促进社会法益的法律，应皆属社会法。对社会法体系进行独立建设是实现社会建设战略的必然要求。

三　社会建设时代社会法的功能

社会法是以社会问题和社会政策目的为面向而构建的法律部门，例如英国《济贫法》、德国《医疗保险法》、美国《社会保障法》，均为适应时代的需要、解决当时突出的社会问题而制定的。这决定了社会法天然具有很强的功利性。如前所述，与传统法律部门相比，社会法主要不是法律概念演绎、法律制度精细化的结果，而是因应传统法律解决不了现代性社会问题和实现国家的社会政策性目标的结果。

（一）社会法功能演变规律之历史考察

在社会关系相对简单的农耕社会和"夜警国家"，国家强调自己责任或实行公民自治，社会救济制度成为与"原子社会"相适应的最主要的社会性制度形式。随着人类迈入工业社会，更多的人从能自给自足的农业部门中脱离出来，社会分工日益细密、利益关系相互纠结，现代生产和生活方式带来了与日俱增的生存风险。在市场竞争中人人都可能成为被排挤到"下层社会"的"多余者"，即所谓"风险群体"，这是一种"集体命运"，是个人难以抗拒和改变的；以个人之力难以对抗的，还包括严重的社会分化和社会公共资源配置不公,唯有借助国家之力、通过推行福利和社会政策方能解决。① 因而,国家立法一方面对原有私法进行基于社会本位考量的改造、有意识地扩充国家在民生保障方面的职能,另一方面,开启了专门的民生保障立法,遂有医疗保险、工伤保险等社会保险制度诞生于工业化德国,并与市场经济一道风行世界。

整体而言,社会法律因社会问题和社会需要而产生、发展,体系日益丰富,社会立法成为一股不可逆转的潮流。在此过程中,社会立法经历了三个发展阶段。第一阶段是从17世纪到第一次世界大战前后的分散、零星社会立法阶段,这一阶段社会立法的主要任务是解决诸如贫困、罢工、职业健康等突出的社会问题,意在通过化解社会矛盾和维护社会稳定和统治秩序,注重保障公民最基本的生存权利。第二阶段在两次世界大战之间,这一阶段的社会立法日益增多,其中以社会保险立法最为瞩目,社会公共服务立法也发展较快,该阶段的立法旨在保障绝大多数公民的基本生活和基本发展需要。第三阶段是第二次世界大战至今,战后和平和发展成为时代主题,② 国家的主要任务已不再是"大炮",而是"黄油"。各国在反思社会动荡冲突的根源、巩固生存安全和维护社会稳定的同时,将目光转向社会进步和社会良性发展。相应的,社会立法从注重公民基本生活保障、基本层次的福利转向提供更高层次、更全面的福利,更多的有关社会保护、社会福利的立法被制定出来,社会法律体系之庞大,远超过很多传统的法律部门。

从社会法发展的历史来看,社会立法从被动地应对社会问题到主动地满足社会的需要,再到积极引导社会良性发展,从分散立法到系统立法,均展示出与社会从低级向高级进化的同步性。如果说与传统社会相适应的传统立法主要关注基本秩序和基本自由,因而"不理琐碎之事"的话,那么与现代社会相适应的社会立法则具有两个明显的特征:一个是关注对象为"鸡毛蒜皮"之事,即响应生活各个细节之所需,即便具体而微也皆无遗漏;另一个是关注方式为慈母般"嘘寒问暖",积极主动,优者鼓励之,弱者扶持之。因而,现代社会立法既防范社会风险又推动社会进步,凡为

---

① 〔德〕尤尔根·哈贝马斯:《超越民族国家?——论经济全球化的后果问题》,柴方国译,《马克思主义与现实》1999年第5期。
② 《邓小平文选》第3卷,人民出版社,1993,第104页。

民生保护和促进之所需者,尽得到社会立法的响应。

(二) 社会建设时代社会法的功能定位

社会法旨在直接或通过调控社会条件而间接保护公民的社会权利,若以权利视角观之,社会权利具有积极权利和消极权利双重属性,[1] 因而需要作为相对义务主体的国家和社会承担或作为或不作为的义务。[2] 综观世界法治发达国家之社会立法,多集尊重、保障、保护、促进理念为一体,以全面响应不同层次的权利诉求为宗旨,故要求社会法不仅仅能"扬汤止沸"式地化解公民所处之已然社会风险、简单解决民生问题,还应当能够"釜底抽薪"式地预防社会风险之发生或者恶化、"锦上添花"式地推动社会福利之提供,从而凭借社会法治的推行实现对社会问题的"标本兼治"和社会和谐安康。

受其整体上的多功能特征所决定,社会法内部存在一个层次分明的功能体系。按照公民社会权利获得满足的程度、社会资源配置的价值次序以及国家社会建设目标,社会法的功能体系可以包括社会救助、社会保险、社会补偿、社会保护和社会促进五项具体功能。社会救助功能在于保障公民最基本的生存和发展权,使之不低于一定的标准,为在社会竞争中遭遇不幸的公民提供重新崛起的机会,也为最基本的人权和人道主义精神构筑需要坚守的底线。社会保险功能则着眼于为一般公民化解一般社会风险,使绝大多数社会成员借此规避生存风险、分享经济发展成果。社会保护功能旨在为社会弱势群体提供特别保护,通过倾斜性、补充性或特别性的权利赋予,最大限度消弭其弱势状况,实现其与一般社会成员实有社会权利的平等享有。社会补偿功能在于对为社会公共利益、共同利益作出贡献和承担损失的公民,以及对受政策和法律影响而遭受损失的公民提供利益平衡机会和方案,使社会发展的成本不会由任何一般公民独自承担,恢复其社会权利的完满性。社会促进功能旨在通过推动有利于社会长远发展、全面发展或可持续发展的社会服务和社会治理,通过优化社会结构,以及通过促进社会和谐稳定,保证公民的社会权利能够在更高层次上得以实现。

---

[1] 龚向和:《社会权与自由权区别主流理论之批判》,《法律科学》2005年第5期。
[2] 〔挪〕A.埃德:《国际人权法中的充足生活水准权》,载刘海年编《〈经济、社会和文化权利国际公约〉研究》,中国法制出版社,2000,第226页。

社会法五项具体功能层层递进、相互耦合，共同构成覆盖多数人而又不遗漏少数群体、既保生存又促发展的社会法功能体系（参见图2）。

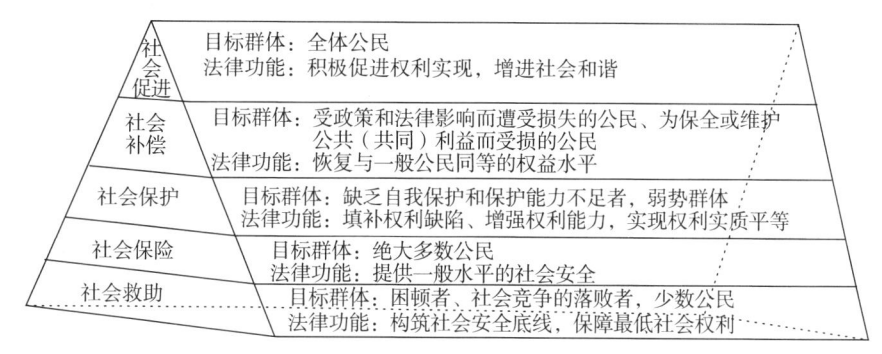

```
社会促进    目标群体：全体公民
            法律功能：积极促进权利实现，增进社会和谐
社会补偿    目标群体：受政策和法律影响而遭受损失的公民、为保全或维护
                    公共（共同）利益而受损的公民
            法律功能：恢复与一般公民同等的权益水平
社会保护    目标群体：缺乏自我保护和保护能力不足者，弱势群体
            法律功能：填补权利缺陷、增强权利能力，实现权利实质平等
社会保险    目标群体：绝大多数公民
            法律功能：提供一般水平的社会安全
社会救助    目标群体：困顿者、社会竞争的落败者，少数公民
            法律功能：构筑社会安全底线，保障最低社会权利
```

图2　社会法功能体系

前文述及，后现代社会的民生问题具有高度综合性，社会法既需要专门立法以集中应对，也需要通过分散立法从不同角度发挥社会法的功能。例如对"看病难"、"看病贵"问题的解决，需要建立体系健全的卫生法律制度，集合医疗救助、医疗保险、公共卫生、基本医疗服务、医药供应保障、食品安全等专门性法律制度的功能，在伤病救治、身心康复、疾病预防、健康促进等不同层级上实现这一民生问题的综合治理。

四　社会法在社会建设时代的内容

社会法的复合功能必然需要一个多面向的社会法体系发挥出来。目前我国传统的社会法主要包括劳动法和社会保障法。然而，社会法是否以此为限？是否能与法律地位和功能体系相匹配？从社会立法的发展历史来看，社会法囊括哪些法律，取决于社会客观条件、国家的需要和国家希望社会法能够发挥何种功能，其中社会法的功能对社会法的内容体系具有直接影响。

（一）时代发展与社会法的内容更新

在计划经济时期，我国建立起一套社会保障制度体系。这一体系主要包括社会保险法和社会救助法；诚然，国家也制定了一些有关为公民提供特别福利的文件，但是其发挥的作用及影响不及社会保险法，更不及社会救助法。总体而言，社会法的内容较为单薄。计划经济年代我国社会法制不发达，这与当时的社会条件有极大的关系：计划经济条件下基本上不存在法律意义上就业、失业问题；统制经济社会缺乏流动性，社会关系简单，以简单的劳动关系为依托的社会保险关系也不甚复杂；信息不发达、不对称，一些社会矛盾可以被掩盖或通过政治渠道化解；社会物质财富短缺，国家仅能保障公民基本生存安全或有限改善部分人的生活。在这种社会条件下，尽管我国与世界其他国家同处于社会法制发展的第三阶段，但是社会法制建设尚不可能也无须大规模开展。

改革开放至今，其他市场经济国家普遍存在的社会风险在我国也逐渐显现，公民对生存和发展权益的诉求日益多样化、全面化；在由社会关系简单的传统社会向结构复杂的现代社会变迁过程中，国家需要全面推进社会进步。然而，原有的以基本保障为主要目的、以城镇居民和劳动者为主要对象的简单的社会保障法律体系延续下来并稍有拓展，在不断更新的社会条件下，这套体系必然不适应新的社会形势，也不能为市场经济发展提供与之有效配套社会条件和社会环境。

在新的社会条件下，社会保障制度应当有新的内容。前文述及，社会法在理论上主要包括劳动法和社会保障法。或许法学理论落后于法律实践情有可原，[1] 但是我国立法层面上的"社会法"的边界也是不甚清晰的，国家立法机关将有关社会和民生的法律归类为"社会法"，包括劳动法、社会保障法和特殊群体保障法。[2] 关于劳动法是否属于社会法，在理论上存有争议；[3] 而各方均无争议的"社会保障法"所指为何？国家立法机关没有作出解释，官方有关社会建设的文件均将"社会保障"与"教育"、"医疗"、"住房"等问题分开表述，认为社会保障包括"社会保险、社会救助、社会福利、慈善事业"。[4] 社会法学通说则认为，"社会保障"包括

---

[1] 郑尚元：《社会法的定位和未来》，《中国法学》2003 年第 5 期。
[2] 杨景宇：《我国的立法体制、法律体系和立法原则》，《政府法制研究》2003 年第 6 期。
[3] 如就劳动法的性质来说，我国学者孙学致认为作为劳动法主干法的《劳动合同法》属于私法（参见孙学致《私法内的管制——〈劳动合同法〉规范结构的初步整理》，《当代法学》2008 年第 4 期），在德国学者杜茨看来，劳动法从法律性质上可以分为个别劳动法和集体劳动法，前者属私法范畴，属于特别债法，而后者则属公法范畴（参见〔德〕W. 杜茨《劳动法》，张国文译，法律出版社，2005，第 1—2 页）。
[4] 参见《中共中央关于构建社会主义和谐社会若干重大问题的决定》，人民出版社，2006；另参见胡锦涛《高举中国特色社会主义伟大旗帜 为夺取全面建设小康社会新胜利而奋斗》，《人民日报》2007 年 10 月 25 日，第 1 版。

社会救助、社会保险、优抚安置和社会福利四项基本内容。倘若如此，那么体系如此简单的"社会保障法"显然不符合全国人大规划的包括社会法的"全国法律体系的框架"。①

能否寄希望于概念的拓展以实现社会保障法内容与社会现实的动态契合？实际上，"社会保障法"的功能定位于"保障"，这决定了其原有体系的扩展空间极为有限，而削足适履式的内容体系扩展使其名不副实。其一，社会发展中出现的人口调控、特殊群体补偿、家庭暴力等与"保障"理念无涉的新问题难以填充到社会保障法的任何子体系中去。其二，社会优待法、"社会福利"法的宗旨在于改善和提高公民的社会权益，与"保障"或"安全"的内涵相去甚远。其三，"社会福利"概念的内涵和外延十分不确定，②即便是从狭义的"福利"如"残疾人福利"、"老年人福利"等概念来看，也仅指对社会弱势群体的帮扶和保护；弱势群体福利和文娱福利之间更是无法划分到一起。总之，扩充了社会公共服务和社会调节内容的社会保障法已失去原本意义，实质上已跃升为"社会法"。

从现实情况来看，以"保障"为视角的社会安全方案和思想观念已经落后于时代的发展，无法回应后现代社会对社会立法的要求。前文述及，社会发展的主要目标早已甩开"社会安全"这一早期立法诉求，而是在巩固社会安全的同时如何积极促进社会发展。此外，很多新的民生问题在现有社会保障法律框架内难以得到解决，如教育公平、社会歧视、就业促进等问题。还有一些社会保障法律制度已不适应新的社会形势，如优抚安置制度。③

作为支撑社会建设的法律，社会法内容的厘定取决于社会建设的需要。从有关文件来看，社会建设已然规划的内容已远超出"社会保障"范围，遑论以社会建设为背景的其他民生建设内容。正如本文第一部分所述，我国社会建设时代的社会法必然是包括原社会保障法内容在内的有关社会安全和社会进步的一整套法律，这是时代发展赋予社会法的新内容。

---

① 吴邦国：《加强立法工作 提高立法质量 为形成中国特色社会主义法律体系而奋斗》，《求是》2004年第3期。
② 杭行、刘伟亭：《关于社会福利制度的深层次思考》，《复旦学报》（社会科学版）2003年第4期。
③ 董文勇：《论系统建立社会补偿法律制度的必要性》，《新华月报》2012年第12期。

(二) 社会法内容的中国特色

社会法律制度具有全球共同性,然而各国社会法的内容都具有鲜明的经济、政治、社会和文化特征。中国有特殊的国情,社会法内容之确定不仅仅取决于公民社会权利保障的需要,还取决于中国具体的社会条件和国家发展战略。

在一定程度上,社会建设与经济建设、基础设施建设、国防外交、关系国家长远发展的战略项目之间具有资源上的竞争性。中国作为经济发展中国家、人口大国、世界经济和政治大国,具有多维度建设发展目标,其中经济发展任务在相当长时期内仍是第一位的刚性任务,若没有快速的经济增长则无法保障庞大人口的生存、安全、发展和与人口规模相称的国际生存空间。欧洲福利国家的发展经验也证明,社会福利水平过高、范围过广会影响经济活力和本国经济的国际竞争力,进而损害社会福利的根基。[1] 况且,与欧洲人口规模和地域面积有限的福利国家相比较,由于国家的自然地理条件、国际地位、国际角色以及国家所面临的内外生存状况不同,[2] 这些国家的社会福利内容在很大程度上对于中国不具有借鉴意义。[3] 就中国的经济发展模式、政治体制、人口和环境条件、地理政治特点、国际角色等方面来看,中国的社会法律制度和经济发展水平之间的关系是特殊的,中国社会法制建设在国际上很难找到参照国。此外,中国还有诸多国外社会法制发展过程中未曾遇到过的问题,如人口调控问题、民办教师和赤脚医生问题、事业单位改革问题等,中国需要建立特有的社会法律制度加以解决。

中国社会法制建设的环境和条件决定了,需要根据中国的国情建设有中国特色的社会法律制度。尽管中国社会建设战略提出了诸多民生保障目

---

[1] L. L. Jungqvist, T. J. Sargent, "The European Unemployment Dilemma," *Journal of Political Economy* Vol. 106, No. 3, 1998.

[2] 例如,中国是世界上邻国最多的国家,海上和陆上邻国多达20个。而欧洲福利国家的邻国一般不超过6个。复杂的地缘政治环境会大量消耗国家的各类资源。又如,中国的自然地理环境非常恶劣,这会加大自然环境治理和基础建设的成本。

[3] 例如,德国医疗保险的给付范围不仅包括最为核心的医疗费用,还包括疾病预防措施、疫苗接种、疗养等等非核心健康服务费用;此外还包括随附的疾病津贴内容。参见中华人民共和国劳动和社会保障部、德国技术合作公司《德国医疗保险概况》,中国劳动社会保障出版社,2000,第74—79页。

标,但是中国的国情决定了中国只能建设"基本"福利国家,社会法所囊括的内容不能无所不包,凡必需者涵纳之,凡非必需者则去除之。

五 社会建设时代社会法的应有体系

上文述及,社会法具有多层次功能,这些功能通过专项的或多项社会法律体现出来,根据社会法的功能体系和内容范围,社会法在整体上可解构为社会救助法、社会保险法、社会保护法、社会补偿法和社会促进法五个核心功能分支体系。此外,作为完整的体系,社会法律体系还应包括能总括和指导各功能制度的社会基本法、规范社会法律活动参与者的社会组织法以及为公民社会权利提供救济的社会公益诉讼法三个基础分支体系,各分支体系内又涵括若干单行法(见图3)。

(一)社会救助法

社会救助法是保障公民的社会权利不低于一定的标准、借此保障和恢复公民最基本的生存和发展权利的法律。社会救助被认为是社会保障的起始和基础,[①] 近代以来,社会救助已然超脱偶然的、带有"恩赐"或"侮辱"味道的慈善行为,[②] 并已进化为一种具有法律形式的现代社会法律制度,成为各国社会法体系不可或缺的组成部分和社会安全底线的守护者。我国存在大量的市场竞争下的破产者和失业者、遭受天灾人祸者、"三无"人员、贫困流浪者、罹患疾病的贫困者、遭受家庭成员虐待者、遭受侵害而无力维权者等。这些人员多属于或沦落为社会弱势群体,在他们自我保障能力不足之时,国家和社会应对这些公民予以救助。

目前我国建立的社会救助法律制度包括最低生活保障制度、流浪人员救助制度、农村五保供养制度、灾害救助制度、教育救助制度、医疗救助制度、住房救助制度等。尽管社会救助制度体系日益完整,但是具体的制度建设尚不完善,有些制度如教育救助制度、医疗救助制度、住房救助制

---

① 郑功成:《社会保障学》,商务印书馆,2000。
② 丁建定:《从济贫到社会保险》,中国社会科学出版社,2000,第147—148页、第159页。

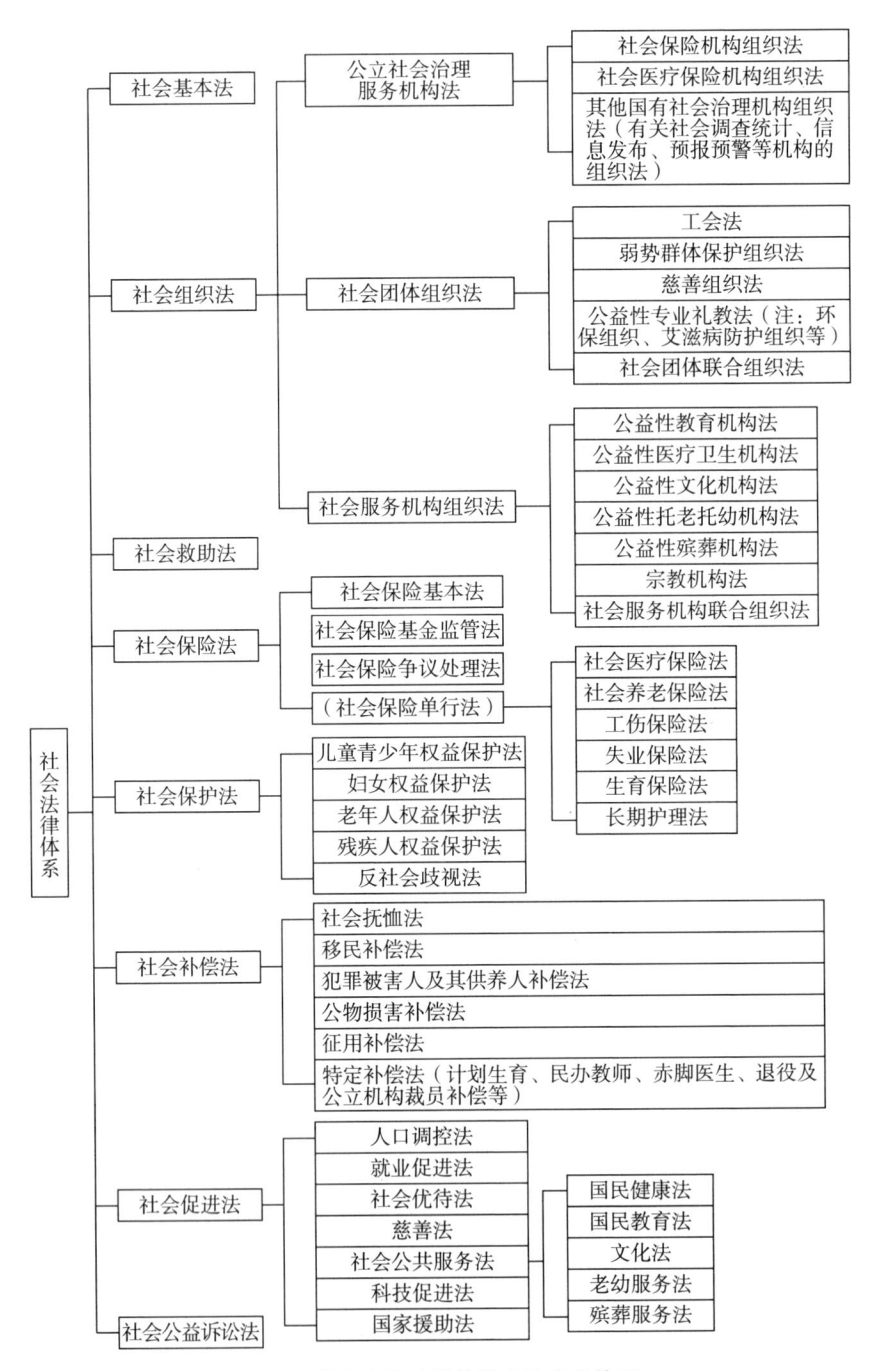

社会法律体系
├─ 社会基本法
│   ├─ 公立社会治理服务机构法
│   │   ├─ 社会保险机构组织法
│   │   ├─ 社会医疗保险机构组织法
│   │   └─ 其他国有社会治理机构组织法（有关社会调查统计、信息发布、预报预警等机构的组织法）
│
├─ 社会组织法
│   ├─ 社会团体组织法
│   │   ├─ 工会法
│   │   ├─ 弱势群体保护组织法
│   │   ├─ 慈善组织法
│   │   ├─ 公益性专业礼教法（注：环保组织、艾滋病防护组织等）
│   │   └─ 社会团体联合组织法
│   └─ 社会服务机构组织法
│   ├─ 公益性教育机构法
│   ├─ 公益性医疗卫生机构法
│   ├─ 公益性文化机构法
│   ├─ 公益性托老托幼机构法
│   ├─ 公益性殡葬机构法
│   ├─ 宗教机构法
│   └─ 社会服务机构联合组织法
│
├─ 社会救助法
│
├─ 社会保险法
│   ├─ 社会保险基本法
│   ├─ 社会保险基金监管法
│   ├─ 社会保险争议处理法
│   └─ （社会保险单行法）
│   ├─ 社会医疗保险法
│   ├─ 社会养老保险法
│   ├─ 工伤保险法
│   ├─ 失业保险法
│   ├─ 生育保险法
│   └─ 长期护理法
│
├─ 社会保护法
│   ├─ 儿童青少年权益保护法
│   ├─ 妇女权益保护法
│   ├─ 老年人权益保护法
│   ├─ 残疾人权益保护法
│   └─ 反社会歧视法
│
├─ 社会补偿法
│   ├─ 社会抚恤法
│   ├─ 移民补偿法
│   ├─ 犯罪被害人及其供养人补偿法
│   ├─ 公物损害补偿法
│   ├─ 征用补偿法
│   └─ 特定补偿法（计划生育、民办教师、赤脚医生、退役及公立机构裁员补偿等）
│
├─ 社会促进法
│   ├─ 人口调控法
│   ├─ 就业促进法
│   ├─ 社会优待法
│   ├─ 慈善法
│   ├─ 社会公共服务法
│   ├─ 科技促进法
│   └─ 国家援助法
│   ├─ 国民健康法
│   ├─ 国民教育法
│   ├─ 文化法
│   ├─ 老幼服务法
│   └─ 殡葬服务法
│
└─ 社会公益诉讼法

图 3　社会建设时代的社会法应然体系

度还很零散，相应的规范性文件层级还很低。我国有必要就社会救助问题进行专门、系统的立法。

(二) 社会保险法

社会保险法是国家和社会通过保险机制化解被保险人之生存经济风险的社会法，是目前各国社会法律体系中最主要、最典型的一部分。近代以来，受新技术驱动的市场经济和新生活方式造就了一个充满失业、工伤等风险的社会，而社会家庭自身越来越难以抗制养老、疾病等经济风险。在社会分工日益细化并成为一种基本生活方式的陌生人社会，社会连带思想为解决这些社会问题开辟了道路，[1] 基于各种不幸和损害的社会诱因，在法律上，责任主体泛化和责任客观化：一方面，个人与他人的联系则由具有偶然性的后法律责任转化为具有必然性的先法律义务；另一方面，过错责任原则日益捉襟见肘，[2] 责任客观化为责任的转移提供了可能。[3] 在社会连带思想影响下，社会保险便成为一种绝好的制度创新形式。[4] 总之，社会保险制度已经成为与现代社会高度契合的社会性制度。

我国社会保险立法起步较早且最为成熟，然而一些基本、重要问题一直未能解决，如保险权利平等问题、保险事务统筹管理职权统一问题等。《社会保险法》的出台奠定了社会保险法的基本框架，我国仍需要进行社会保险单行立法。另外，社会发展中出现了一些新的社会问题，如老年和残疾人社会照护问题、公益性医疗服务执业风险和患者就医风险问题等，我国有必要适时建立社会护理保险、医疗责任保险、医疗意外保险等层级不等的新型社会保险制度。

(三) 社会保护法

传统法律将所有人抽象化、符号化，法律权利整齐划一，希望个人能

---

[1] 〔法〕埃米尔·涂尔干：《社会分工论》，渠东译，三联书店，2000，第185页、第335—364页。
[2] 史尚宽：《债法总论》，荣泰印书馆，1954，第104页。
[3] 王利明：《论无过失责任》，《比较法研究》1991年第2期。
[4] 社会连带思想对社会保险立法的影响最为直接，社会连带原则甚至被明确地规定为社会保险法的基本原则，如《德国社会法典》；一些国家的社会保险法即便没有明确社会连带原则，但一般都体现了这一思想。

够凭借个人自治和公平竞争赢得生存和发展机会。然而，权利的实现程度和享有水平在实际上会受社会资源的实际占有和掌控能力等诸多社会条件的制约，抽象的、形式上的权利平等并不必然产生实质平等。在社会日益复杂、个性化突出的现代社会，法律对公民权利的保护需要从抽象保护转为具体的保护，经历一场"从契约到身份"的反向的或者修正的法律构建和理性回归，根据不同人群的具体特点实行有针对性的保护，以增强其社会竞争能力和排除对其社会适应能力有影响的因素。此外，夜警国家、管制型政府不适应社会事务日益专业化、技术化趋势，[①] 新自由主义思潮的兴起要求政府积极作为、介入社会，以纠正自由市场经济对公民社会权利形成的压制和障碍。为适应社会弱者保护的需要，社会保护法应运而生，它旨在补充特定社会群体权利的不足，以满足其与其他社会群体平等共生、公平竞争和获得大致相等的生存和发展机会的需要。在法律技术上，社会保护法表现为针对特定群体的社会权利弱点，或赋予其特有的社会性权利，或扩张一般社会权利的权能，或者增加政府和社会组织对于公民社会权利的保护责任等。

我国制定了大量的社会保护法，旨在对老年人、妇女、残疾人等特定群体的各项社会权利提供综合性保护。但是这些法律多属于框架性、纲领性的法律，仍失之具体和可操作性，影响了法律的执行和适用；有些法律的配套制度体系也不健全；进城务工人员是庞大的社会弱势群体，目前还没有对于他们的专门保护性法律。此外，教育、就业、就医、社会保险等领域还存在社会歧视问题，国家有必要从纵向角度保护一切社会性权利，制定反社会歧视法。

（四）社会补偿法

个人利益和公共利益具有对立统一性。在社会利益结构、利益关系错综复杂的现代社会，个人利益、公共利益和国家利益之间的冲突难以避免，利益选择和权利保护便成为一个重要的问题。如果假定个人与国家间存在社会契约，那么契约一方若向他方主张权利，则需要以对待给付为条件，在集体利益向个体利益主张权利时尤其如此；或者，如果某种共同选

[①] 郭道晖：《法治行政与行政权的发展》，《现代法学》1999 年第 1 期。

撑的社会秩序以个人面临不确定风险威胁为代价，那么共同受益者应给予风险受损者以补偿。① 因此，在崇尚权利平等和社会公正的法治社会，利益主体之间的利益转移必不凭赤裸裸的暴力，而应在尊重交易对象的基础上进行平等利益置换；立法者分配利益也应兼顾利益的平衡。有鉴于此，若某一社会主体获得某种利益需以他人让渡或割舍利益为条件，则获益者或者利益得到保全者应当向利益受损者给予补偿。国家和社会对因保全或促进社会公共利益而受损的公民进行物质或劳务给付的制度即为社会补偿制度，相关法律即为社会补偿法。

目前我国法律中存在一定的社会补偿制度，例如发放独生子女费、移民补偿、退伍补偿、军烈属抚恤、见义勇为奖励等，但是，这些制度是不完整、不系统的。我国是发展中国家，改革发展之中必然伴随利益关系的调整，在保全或促进公共利益的同时需考虑利益出让者应有的利益，实现公共利益和个人利益的平衡和对个人合法权益的尊重、保护和保障。为此，国家有必要制定专门的社会补偿法。

在目前和未来一段时间内，有诸多社会补偿问题需要在立法层面上得到解决，包括：犯罪被害人补偿问题、退伍军人补偿问题、民办教师补偿问题、事业单位改革下岗分流人员的补偿问题、重大突发事件受影响人补偿问题、计划生育受影响公民的社会补偿问题、受伤害见义勇为者和志愿服务者的补偿问题、医事意外受伤害者补偿问题等。②

（五）社会促进法

社会的健康发展不仅需要克服现代社会中层出不穷的社会性问题，从终极盲目的角度出发，社会性法律更应着眼于积极促进社会良性发展、提高社会整体福利水平。

教育、医疗、住房、殡葬四大问题是关系社会长远发展或和谐稳定的重大民生问题。教育关系个人命运、国民文化素质和国家前途，

---

① 这是因为，从终极意义上讲，个人愿意组成（加入）一个集体的初衷在于，集体能更好地保障个人利益，个人组成（加入）集体所付出的成本，应小于个人从集体获得的保障，这个集体才有存在的理由；而如果集体要求个人付出大于其从集体获得的保障，那么这个集体存在的合理性就会发生动摇。

② 董文勇：《论系统建立社会补偿法律制度的必要性》，《新华月报》2012年第12期。

影响国家和社会的每一个方面，教育应居各项社会政策的首位。医疗关系个人的生命健康和国民身体素质。住房是人的基本生活需要和社会基本单元——家庭的载体，具有特殊的文化和社会心理意义。住房对公民经济地位的鉴别作用可能会造成社会断裂问题；① 因购买住房而过度储蓄和掏空三代人积蓄的问题已经给国民经济造成严重影响，非经济领域劳动者不能专注于关系国运的教科文卫本职工作，因而住房问题关系国民经济、国民福利和社会进步全局。殡葬问题关乎每一个人的善后、尊严及基本感情和基本伦理。这四个问题是目前和未来相当长一段时间内突出的关乎社会进步的问题，我国社会立法应立足长远，对之作出积极回应。

我国长期推行的人口数量调控制度目前在经济发展、伦理关系、精神健康、养老保障、国防治安等方面给社会带来的不利影响开始显现。目前人口老龄化趋势明显，② 即将耗尽的人口红利给养老保障和社会公共服务带来巨大的压力，③ 未来庞大的养老保险支出对劳动人口的数量、质量及相应的人口政策、就业政策、教育政策等社会政策提出了全面的要求。我国的人口政策和法律制度应尽快作出调整，通过鼓励的方式调节人口数量。④

除以上问题外，我国的社会促进法律问题还包括就业促进问题、城乡规划问题、公办教育促进问题、国民健康促进问题、文化多样性保护和文化事业促进问题、民办社会服务事业促进问题等。

---

① 相关论著参见黄怡《城市社会分层与居住隔离》，同济大学出版社，2006；田野《转型期中国城市不同阶层混合居住研究》，中国建筑工业出版社，2008；吕露光《从分异隔离走向和谐交往——城市社会交往研究》，《学术界》2005 年第 3 期；毕然《贫富混居遭抵背后的断裂现实》，《南都周刊》2010 年第 34 期等。
② 《国家人口发展战略研究课题组. 国家人口发展战略研究报告》，http://www.gov.cn/gzdt/2007-01/11/content_493677.htm，访问日期：2014 年 2 月 16 日。
③ 由于子女数量减少和城市化的进展，老年人都得依赖社会保养老。全国社会保障基金理事会理事长项怀诚警示，按照目前的制度模式，2001 年到 2075 年，我国基本养老保险的收支缺口将高达 9.15 万亿元。相关研究参见赵馨《项怀诚警示养老金缺口 未来缺口高达 9.15 万亿元》，资料来源：http://news.xinhuanet.com/fortune/2005-10/23/content_3671441.htm。另参见蔡昉《人口红利消失之后》，《财经》2010 年第 23 期。
④ 董文勇：《我国应适时重新评估调整人口政策和法律》，http://www.iolaw.org.cn/showArticle.asp?id=3446，访问日期：2014 年 2 月 16 日。

(六) 社会法的其他分支体系

作为一个体系庞大的法律部门，社会法需要有一部基本法，以确定社会法的运行范围、基本社会法律关系、整合和协调各分支法、能动地指导法律的有效运行。社会法对经济和社会条件具有强烈的依附性，在社会急剧变革的时代，社会法既需要保持稳定性，又要具有一定的弹性和开放性，因而需要明确社会法的基本原则。社会法制建设需要解决一些重大基础性问题，包括社会公共基金的法律性质，法律对人适用范围，基本法律关系即国家、社会组织（用人单位）、公民三（四）者间的社会法律关系的性质等，这些均需要通过制定社会基本法以建立基本法律秩序。

社会法是在社会场域内产生和运行的法。在现代社会，利益的分化和重组促成了社会组织大量出现，在此背景下，传统私法对于资源配置不公的矫正作用日益下降，[1] 而事实上资源配置已经从个体之间的配置走向团体之间的配置。社会组织不仅使公民个人社会权利的载体在视觉上变得清晰可辨，而且通过分取传统由国家行使的权力积极行使公共权力，个人的社会权利变得日益实在、可获得性更高；同时，传统国家因难以满足现代社会日益复杂繁多的职能期待而授权社会组织代行部分政府职能。社会组织的涌现促成了团体社会的形成，社会法以团体社会为依托而调整个人、社会组织、国家之间的关系，促成了各方共赢。鉴于社会组织在现代社会福利架构内的重要地位和我国社会组织不发达的现实，我国有必要在社会法框架内完善社会组织法律制度。

尽管社会权利的维护不单纯依靠司法机制，但是诉讼制度仍具有不可动摇的地位。[2] 在团体社会，个人可能会受到基于社会结构的损害，或因团体利益受损而被殃及，[3] 社会团体也可能对个人利益、社会公共

---

[1] 私权利的实现主要借助司法机制和仰赖于法官的裁判，然而，这种机制天然具有滞后性、事后性，维护个别正义的"远水"不能满足维护一般正义"近渴"，且对于资源配置中层出不穷的技术性问题，司法机构常常无能为力。

[2] 吴震能：《日本社会保障诉讼制度浅介》，《中正大学法学集刊》第25期（2008年）。

[3] 例如侵害社会保险基金、针对残疾人集体的形象损害等。

利益或国家利益造成损害，法律实践存在对公益诉讼的客观需要，① 否则很多社会权利成为事实上不受保护的权利。为适应以新的诉讼方式满足社会需求的时代潮流和对新型权利提供司法救济，② 法治先进国家普遍设立了公益诉讼制度，如英国的"检举人诉讼"制度、德国的团体诉讼制度、日本的民众诉讼制度等，③ 德国、日本甚至还建立了专门的社会诉讼制度。公益诉讼制度的产生真正"使社会权利成为司法上的可诉讼权利"。④ 目前我国建立了劳动和社会保障争议处理制度，但是该制度仍属于传统司法制度，实际上不能满足社会诉讼需要。在社会公共利益已经成为独立利益的社会建设时代，我国有必要建立社会公益诉讼制度，使社会法中大量存在的"中看不中用"的"沉睡"条款"活起来"，"把不当真的法律变成当真的法律"。⑤ 社会公益诉讼法应当成为我国社会法体系的重要组成部分。

六 结论

半个多世纪以来，中国虽然先后实现了政治解放和经济解放，但是社会生活领域问题日多，这对民生构成巨大的挑战。党和国家有关社会建设战略的提出，无疑成为社会解放的先声。社会建设战略是在建设社会主义法治国家背景下提出的，社会建设主要包括但又不限于社会福利内容，这意味着，社会建设战略所规划的社会福利内容需要得到各功能性社会法律的支撑。社会建设还是一种国家运行方略，功能性社会法律的实施离不开国家、政府、社会组织和个人的重新定位和相互关系的调整耦合，因而需要健全社会管理法律制度。社会建设还提供了一个时代背景、一个发展方向，在中国社会发展与世界潮流同步的时代，民生之所系，国家和社会任

---

① 例如美国经典的公益诉讼案——布朗诉教育委员会系列反教育歧视案、马婧诉教育部和财政部不作为案、梁丽萍诉国家图书馆歧视案等。
② 〔意〕莫诺·卡佩莱蒂：《比较法视野中的司法程序》，徐昕、王奕译，清华大学出版社，2005，第372页。
③ 颜运秋、周晓明《公益诉讼制度比较研究》，《法治研究》2011年第11期。
④ 郑贤君：《社会权利的司法救济》，《法制与社会发展》2003年第2期。
⑤ 贺海仁、黄金荣、朱晓飞：《天下的法——公益诉讼的实践理性与社会正义》，社会科学文献出版社，2012，第48—49页。

务之所往,时代潮流为社会法的大发展提供了条件和机遇,其内容体系也应随着时代的发展而超越社会建设的规划内容。整体而言,实施社会建设战略则必然且必须不断完备社会法律制度。

时代条件和国家战略决定了社会法不会停留在理念和学说的层面,而应当且事实上已经是我国法律体系中日益重要的独立法律部门,且随着时代的发展而在法律价值、法律地位、法律功能和法律体系等方面不断地进化。作为与国家社会建设战略相匹配、为保障和促进人的全面发展所需要的法律部门,社会法需要具有全方位的功能,其不仅要解除民生之困,还要能化解和预防社会风险,更需要致力于促进社会和谐进步。这决定了,我国社会建设时代所需要建设的社会法制,不应仅仅包括社会保障内容,而应当根据保障和改善民生的需要、结合中国的具体国情和社会条件,重新构建一套内容丰富、体系健全的社会法律体系。一个全方位保障公民社会权利和满足社会建设需要的社会法律体系可以包括社会救助法、社会保险法、社会补偿法、社会保护法、社会促进法五个核心功能体系,以及社会基本法、社会组织法和社会公益诉讼法三个基础分支体系。

实施社会建设战略、全面构建社会法体系并不意味着我国必须重走国家和社会包揽一切民生事务的道路。过高的福利水平会影响经济发展和社会活力,然而我国远未达到高福利水平,我国一方面有待在社会法制建设方面"补课",另一方面还须使社会法制之建设以能满足"基本"福利国家的要求为限。如何平衡"过"与"不及",唯赖具体法律之立法与实施环节加以解决。

(本文原载于《河北法学》2016 年第 10 期)

专题二　社会保障法

我国社会保障法的几个理论问题

史探径[*]

社会保障立法19世纪末叶起源于欧洲工业发达国家，至今经历了110多年的历史，现在遍及世界各大洲的所有发达国家和发展中国家，几乎都已建立起实施范围大小不一和包含项目多少不等的社会保障制度。社会保障已成为一个突出的国际现象，社会保障理论研究受到了各国普遍的关注和重视。

我国目前正处于社会保障制度改革完善和发展的关键时期。近些年来，对社会保障制度的理论研究也渐趋活跃，有关专著已出版多种，发表的论文更是为数众多。这些研究，一般都是从经济学和社会学的角度着眼，涉及法学理论的内容很少。间或有一些，其中固不乏真知灼见，而不妥、不当的观点亦时有所见，在讨论会上亦时有所闻。可以说，我国的社会保障法学基本上还是一个正待开垦的领域。世界各国的经验表明，社会保障立法是社会保障制度建设的依据和起点，加强我国社会保障法的理论研究，既具有学科建设的开拓性意义，而且对立法实践必将起到规范和先导作用。撰写本文，是对这一理论进行探索的初步尝试。

一 社会保障法的概念和调整对象

（一）社会保障法的概念

社会保障法学中的理论问题很多。先弄清社会保障法的概念、调整对

---

[*] 史探径，中国社会科学院法学研究所特聘研究员、中国社会科学院老年科学研究中心理事，主要研究方向为劳动法、社会保障法和社会法。

象、地位等问题，有助于我们准确地了解这个法在法律体系中的坐标定位。在探讨"社会保障法"的概念以前，又得先介绍一下"社会保障"一词的沿用历史和定义。

"社会保障"是从英语中 Social Security 一词翻译而来，此词也可译作"社会安全"。社会保障法在初期被称为社会保险法或劳动保险法，以德国 1883 年制定的《劳工疾病保险法》和 1884 年制定的《劳工伤害保险法》为滥觞的社会保险法，在后来相当长的时期内被认为是劳动法的构成内容。1935 年 8 月 14 日，美国国会批准公布《社会保障法》，"社会保障"一词首次出现。而后，"社会保障"一词在新西兰 1938 年通过的法律中再次出现，美、英两国于 1941 年 8 月 14 日签署的《大西洋宪章》和第 26 届国际劳工大会于 1944 年 5 月 10 日通过的《费城宣言》中均用了这个词，产生了广泛影响。以后在许多国际文件和各国法律中，"社会保障"一词即频繁出现。中华人民共和国从成立时起即建立了社会保险、社会救济、社会福利、优抚安置等制度。1985 年 9 月通过的《中共中央关于制定国民经济和社会发展第七个五年计划的建议》，是中国使用"社会保障"一词的第一个正式文件。

对"社会保障"的定义，中外许多学者纷纷作出了自己的解释，仅笔者所见，即不下二三十种之多。现略举数例。

有些人从社会安全机制着眼，认为：社会保障是保障公民社会安全的项目总和；社会保障就是社会安全网；社会保障是实现社会安定，并让每个劳动者乃至公民都有生活安全感的社会机制；社会保障是保证社会成员基本生活的社会安全措施的总称，等等。

有些学者从经济分配关系着眼，认为：社会保障是为确保某些有困难的社会成员的基本生活而产生的分配关系体系；社会保障是实现上述目的，通过国民收入的分配与再分配而形成的一种分配关系；社会保障的方式是自成体系的，是国民收入的分配与再分配；我国社会保障作为一种分配形式，是对按劳分配的必要补充。

有些学者强调社会保险的功能，认为：社会保障是对大多数老人、遗属、残废者的保险，是一套完整的保险体系。

还有些人强调社会保障的特点，认为：社会保障是对全体公民的基本生活权利给予适当保障的制度；社会保障是对公民应享有的物质帮助权利的保障。

英国学者贝弗里奇将社会保障视为一种公共福利计划，认为它是对社会成员中生活困难者的经济保障制度。

德国学者艾哈德等则强调社会公平观念，认为社会保障是为市场竞争中的不幸失败者或失去竞争能力者提供基本生活保障。

以上种种解释中的许多内容并非相互矛盾和排斥，而是互为吸收、互为补充。各家的解释中，有两点意见是一致的：其一，社会保障是以国家为主体，通过立法而实行的制度；其二，社会保障就其基本内容来说是对有困难社会成员的基本生活实行保障的制度。参照"社会保障"一词的定义，笔者认为，可以对社会保障法作如下定义。

社会保障法是以国家和社会为主体，为了保证有困难的劳动者和其他社会成员以及特殊社会群体成员的基本生活并逐步提高其生活质量而发生的社会关系的法律规范的总和。

对这个定义须作一些解释。

（1）"以国家和社会为主体"。社会保障制度是依照法律规定建立起来的制度。就我国来说，不论是社会保障制度还是社会救济、社会福利和优抚安置制度，国家均应义不容辞地在其中充当主体的角色。政府部门及其管理机构代表国家具体行使和履行管理的权力、职责和义务，同时须依法责成委托准许或鼓励企业事业组织、公益性社团法人和群众性社区机构等，在社会保障事业中充分发挥组织、管理协调、教育、捐助、服务等有益作用。这些组织、机构等统冠以"社会"一词名下，它们也应充当主体的身份，并相应地具有权利、义务和责任。

（2）"有困难的劳动者和其他社会成员"，是指由于老、病、伤、残、失业、生育等原因而处于困难境地的职工劳动者，家主死亡后的遗属，以及其他由于灾害、贫穷等各种各样原因而有困难的城乡社会成员。按照宪法和社会保障法律规定，他们有权利从国家和社会获得包括物质利益的帮助。

（3）"特殊社会群体成员"，是指残废军人，烈士家属、军人家属，盲、聋、哑和其他有残疾的公民等，按照宪法和社会保障法规定，特殊社会保障成员有权利获得物质生活等方面的优待照顾和帮助。

（4）"提高其生活质量"。社会保障不仅要保障社会成员的基本生活，而且，要在可能情况下，为提高社会成员的生活质量提供帮助。例如，对老年人、失去家主的遗属、残疾人等，应为他们提供多种形式的社会服务，包括医疗服务和家务照料等，以便提高他们的生活质量。提高生活质量，还包括随着社会经济和科技事业的蓬勃发展以及人们生活水平的普遍提高，社会保障对象有权利分享社会发展成就，同步提高自己的生活水平。

（二）社会保障法的调整对象

前述概念表明，社会保障法是拥有自己独立的调整对象范围的。各国由于工业化程度和经济发展水平不同，工资劳动者人数和城市人口数在人口总数中各自所占比重不同，更由于社会保障的方针、目标基金筹集方式和管理办法等不同，社会保障法所调整的社会关系的范围大小和种类性质等并不完全一致。就我国而言，社会保障法主要调整以下几种社会关系。

（1）国家行政机关之间的关系。例如，社会保障主管行政机关与其他有关行政机关之间的关系。

（2）国家行政机关与社会团体、企业、事业单位等之间的关系。例如，为贯彻执行社会保障法，改革建立和完善社会保障制度，国家行政机关与企业、事业单位、各级工会组织、残疾人和老年人权益保障组织、慈善团体社区机构等之间发生的关系。

（3）国家行政机关与公民之间的关系。例如，主管行政机关依据社会保险、社会救济、社会福利、优抚安置等制度规定的各种待遇享受条件和待遇标准，给公民发放待遇津贴时，与公民之间发生的关系。

二 社会保障法的地位和作用

（一）社会保障法是独立的法律部门

在我国，"社会保障法"这个概念是在20世纪80年代后期才提出来的。尤其是在1992年10月党的十四大召开以后，法学界在研究设计社会主义市场经济法律体系时更是不断提到社会保障法，并认为它是一个新兴的法律部门。我们认为，社会保障法可以成为一个独立的法律部门，主要是基于以下几点理由。

（1）社会保障法所调整的社会关系具有独特的性质，而且领域相当广泛。其中有的社会关系可能同时为其他部门法所调整，出现法律调整对象的交叉现象，但没有一个部门法可以取代社会保障法，或者它的调整对象能够涵盖社会保障法的全部或大部分调整对象范围。

（2）社会保障法所调整的社会关系，是伴随着现代工业的出现、市场经济的发展和社会的文明进步而产生的，今后它的范围不仅不会缩小，而且只会发展和扩大，社会保障立法的前景是十分广阔光明的。

（3）从社会保障立法的状况看，现有的法律、法规数量已很可观，还有许多法律法规急待制定出台，这是一个庞大的法律群体。从我国社会主义法律体系的建设来说，建立社会保障法这个部门法，是完全符合完善法律体系建设的需要的。

（4）社会保障法的调整方法即法律关系主体的权利、义务实现形式和对违法行为的制裁形式，也有它的特色社会保障法权利、义务的实现，既包括自愿平等的民事方法，也包括强制命令的行政方法。例如，城镇职工社会保险制度的建立具有强制性，须采用行政方法；而企业补充养老保险、个人储蓄性养老保险、农村中互助互济性养老保险以及社会服务制度的实施甚至社会保障事业管理中的某些环节，一般均应在自愿基础上采用平等的方法。至于对违法行为的制裁，则民事制裁、行政制裁刑事制裁三种方法均被采用。社会保障法综合运用不同的调整方法，这并不能否定它部门法地位的存在价值，相反，这正表明它所具有的法学交叉学科和边缘学科性质的独特之处。其实，并非没有先例可循，劳动法、环境保护法即是综合运用了不同性质的调整方法，却并未有人对其部门法地位表示异议。

（二）社会保障法与劳动法的联系和区别

直到20世纪80年代中期以前，我国一直把城镇职工的社会保险看作劳动法这个部门法的构成部分之一，1994年7月5日公布的《中华人民共和国劳动法》中即包括"社会保险和福利"一章。有人在构想我国的劳动法律体系时，即把社会保险法与就业促进法、劳动合同法、职工安全卫生法、劳动争议处理法等一起列为劳动法下属的同一个层次的法律。主管部门还曾顺着这个思路来起草社会保险法，使它的适用范围与劳动法的适用范围相一致。有人说，"社会保险法是劳动法的子法"①；有人说，"社会保障法不是劳动法的子法"②。虽说"社会保险法"和"社会保障法"是两个不同的概念，两种意见并非针锋相对，但确也反映了人们认识上的差别。我们认为，上述劳动法律体系的构筑设想是有科学依据的，是符合法律体系的层次分类的。但是，笼统地说"社会保险法是劳动法的子法"则显得有些牵强和含混。社会保险法有适用于城镇和农村两种不同的法律，城镇社会保险法的适用对象中不仅包括工资劳动者，还应包括个体劳动者、自由职业者甚至私营企业主等。我国的劳动法主要适用于企业、个体经济组织和与之形成劳动关系的劳动者。不用说适用于农村的社会保险法，仅仅是适用于城镇的社会保险法，其实施范围也应远远超过劳动法的适用范围。社会保障法和劳动法是并行的两个法律部门。社会保险法是社会保障法下属的法律之一，它的适应范围中涉及工资劳动者的部分，同时又是劳动法所包含的内容，劳动法对这部分内容作出规定是必要的，劳动法和社会保障法对这部分内容的调整出现重合和交叉，是完全正常的。

（三）社会保障法与社会法的关系

"社会法"一词原来只是偶尔见于我国法学研究著作和辞书中，近年来在学者文章中则频繁出现。1992年10月举行的中国共产党第十四次全国代表大会上提出了建设和完善我国社会主义市场经济体制的伟大目标，法学界有人开始探讨社会主义市场经济法律体系问题。中国社会科学院法学研究所课题组于1993年8月完成的研究报告《建立社会主义市场经济法律体系的理论思考和对策建议》中，提出了我国的社会主义市场经济法律体系框架主要由民商法、经济法、社会法三个板块构成的设想，并提出社会法包括劳动法和社会保障法。③ 有的文章提出，我国的社会主义法律体系主要由宪法、行政法、经济法、行政诉讼法、民商法、民事诉讼法、刑法、刑事诉讼法、社会法九类法律构成。④ 有的文章则进一步提出，社会

---

① 参见《中国劳动报》1993年11月4日。
② 参见《经济参考报》1993年12月12日。
③ 全文载《法学研究》1993年第6期。
④ 王家福、李步云等：《论依法治国》，《光明日报》1996年9月28日。

法是一个法律部门」。①

我们认为，社会法不是一个独立的法律部门，它只是劳动法、社会保障法等以解决劳动问题、社会问题、保护公民权益为立法主旨的一群法律的统称或类称。劳动法与社会保障法的调整对象虽有极少部分的重叠交叉，主要部分是完全不同的，不同性质的社会关系不能归属一个法律部门来调整。至于立法主旨的保护性特点，不仅共同存在于这两个部门法之中，而且还存在于环境保护法、民法和某些经济法律之中，我们不能按立法主旨把这些法律统归于一个法律部门。

20世纪以来，尤其是第二次世界大战以来，资产阶级法学家提出与公法私法并列的社会法。② 其实，在19世纪末，德国政府受新历史学派（社会政策学会）的影响，开始推行以社会保险为主要内容的社会政策，当时的"社会立法"，其所指实为社会保险立法。③ 德国马普外国与国际社会保障法研究所所长冯·迈德尔教授1997年4月4日在中德学术研讨会上谈到，在德国，社会法和社会保障法二者含义相同。他又补充说，在法国，社会法包括劳动法和社会保障法。此外，在日本，"社会法"一词通常被学者们肯定为对劳动法和社会保护法的总称。④ 在英国，社会立法被解释为是对具有普遍社会意义的立法的统称，例如涉及教育、居住、租金的控制、健康福利设施、抚恤金以及其他社会保障方面的立法，工厂法属于社会立法。⑤

从以上引述可知，除德国认为社会法等同于社会保障法以外，多数国家均解释社会法包括劳动法和社会保障法。社会法是资本主义国家在市场经济发展中，为实现国家干预经济的目的，在修正私法绝对自治等旧法学理论的基础上提出的，它不属于私法或公法，而是公、私法融合交错的一个新的法律领域，它不是一个法律部门。它的领域中的劳动法被认为是私法公法化的典型，而社会保障法的公法属性较之劳动法更是有过之而无不

---

① 王家福等：《社会主义市场经济法律制度建设问题》，载《社会主义市场经济法制建设讲座》，中国方正出版社，1995，第1页以下。
② 《法学词典》（增订版），上海辞书出版社，1986，第445页。
③ 陈国钧：《社会政策与社会立法》，三民书局，1980年，第111页。
④ 〔日〕小学馆：《万有百科大事典》第11卷，第247页，转引自《法学总论》，知识出版社，1981，第41页。
⑤ 参见《牛津法律大辞典》（中译本），光明日报出版社，1988，第833页。

及。目前我们引用社会法这一概念，绝非仅仅理论研究的需要，而是对于指导立法实践有着极为重要的现实意义。我们说社会法不是部门法而仅是一个法律领域的法律群体的类称，丝毫不会影响它存在的价值和地位。

（四）社会保障法的作用

1. 社会保障法是建立和规范社会保障制度的起点和必要条件

社会保障制度本身即法律制度。世界上任何一个国家的社会保障制度的建立，无不以制定和实施社会保障法律为起点，没有健全的社会保障法律体系，就不可能出现健全、完善和成熟的社会保障制度。德、美、英三国，分别在世界上首先建立起社会保险制度、社会保障制度、福利国家制度，正是由于它们分别于1883—1889年、1935年、1946—1948年，制定和实施了相应的法律，据现有资料统计，到1995年为止，世界上已有168个国家和地区（包括苏联和民主德国）建立起社会保障制度，其标志即为这些国家和地区已经制定和实施了内容全面的或仅涉及单项的社会保障法律。[①]

中国共产党第十五次全国代表大会的报告中强调要"依法治国"，依法治国是邓小平同志建设有中国特色社会主义理论的重要组成部分。依法治国，就是要使国家各项工作走上法治化和规范化的轨道，要依法治理一切领域，当然包括社会保障这个领域。首先要做到有法可依。1949年9月中国人民政治协商会议通过的共同纲领，对实行劳动保险和优抚安置等作了规定，这是中华人民共和国开始建立起社会保障制度的基本法律依据；1954年、1975年、1978年、1982年分别制定的宪法，对社会保险、社会救济、社会福利、优抚安置等分别作了程度不同的规定；依据共同纲领和宪法，从1950年代起，还制定了劳动保险条例等一批法规；从1986年起，建立起失业保险制度；1990年12月，通过了《中华人民共和国残疾人保障法》；1996年8月，通过了《中华人民共和国老年人权益保障法》；国务院还对企业职工养老保险制度进行改革和建设，于1991年6月、1995年3月、1997年7月，三次发出通知和决定。

应该承认，我国的社会保障法制建设虽然取得不少成绩，但总的来说

---

① 馨芳等编译《世界各国的社会保障制度》，中国物资出版社，1994。

还十分落后。无论是社会保险还是社会救济、社会福利、优抚安置等,都还缺少一个基本法律,现已制定的法规是零散的、不成体系的。依据实际需要,发布一些政策文件是必要的。但有些文件只适用于一时一事,有的局限于政府部门的分工职责范围,或者囿于执行中难免遇到的困难,缺少通盘规划的远见和作用。例如,国务院1991年6月发出的《关于企业职工养老保险制度改革的决定》中规定,各省、自治区、直辖市政府可以根据统一政策,作出具体规定,允许不同地区、企业之间存在一定的差别。又如,政府还曾于1986—1988年和1993年先后批准铁路、邮电、水利、电业、建筑、交通、煤炭、银行、民航、石油、有色金属11个行业实行养老保险基金的行业统筹。以上规定,虽然制定当时均各有其充分理由和合理依据,但从长远来说,必然会给建立统一的企业职工养老保险制度带来困难。由于立法不全和执行已有规定又不严格,有些地方的社会保险基金被挤占、挪用、浪费,管理和使用混乱无序,保值增值办法更是无章可依。有人认为,社会保障制度正在进行改革,社会关系处于变动和发展之中,不可能制定出基本法律。我国的劳动法在起草过程中也曾遇到过同样的思想障碍,后来纠正了错误认识,才得以加快立法进程,制定出一部文明的、进步的并能与国际劳工立法规范相接轨的劳动法。劳动法制定的经验教训可作为社会保障立法的参考。

2. 社会保障法是规范和促进社会主义市场经济发展的有力武器

社会主义市场经济必须有与之相适应的法律加以规范、引导、制约和保障。建立健全社会主义市场经济法律制度,是市场经济存在和发展的需要,也是稳定政治和社会生活秩序的需要。社会主义市场经济法律体系,既应包括规范市场主体行为、市场秩序、市场宏观调控等方面的法律,也应包括规范劳动关系及社会保障关系的法律,社会保障法是不可缺少的一项法律。

现代世界各国,尤其是经济发达国家,无不十分重视社会保障的重要作用。概括起来,这种作用主要有以下几点。一是稳定社会生活秩序,此即所谓"安全阀"和"稳定器"的功能。市场经济是提倡竞争、追求效率的经济,优胜劣汰,两极分化不可避免,社会不稳定状态极易出现,必须同时建立起相应的安全保障机制,竞争与稳定并重,效率与公平兼顾,才能维护正常的社会生活秩序,保证市场经济健康发展。社会保障就是最为有效的社会安全保障机制。二是调节经济运行,通过社会保障缴费、税收和支付保障津贴等手段,增加经济发展资金,在经济高涨时控制总需求盲目扩张,在经济停滞时刺激总需求增加扩大,起到"经济蓄水池"的作用。三是保护社会劳动力,促进人力资源的合理配置。这就是通过对老、病、伤、残生死、失业等各种保障项目的津贴支付,使劳动者的体力、智力得到恢复,职业技能有提高,对下一代的抚育培养得到补偿,从而有助于提高劳动力素质,促进劳动力的合理配置和流动。社会保障的以上各种作用,均须通过法律的规范和保障,才能充分发挥出来。我国的社会主义市场经济几年来有了长足发展,但是如果我们不重视社会保障法制建设,不能充分发挥社会保障的作用,社会贫富差距过于悬殊,部分人民生活得不到基本保障,那么,社会秩序就可能出现动荡不安,经济发展也必将遭受挫折和困难,这种情况是人们不愿见到的,也是完全可以避免的。

3. 社会保障法是人权保障法律中的重要构成部分

重视人,保障人权,是我国社会主义制度的本质要求。我国在人权保障方面已经取得不小成绩,党的十五大更把人权保障放上重要位置。十五大的报告中指出:"共产党执政就是领导和支持人民掌握管理国家的权力,实行民主选举、民主决策、民主管理和民主监督,保证人民依法享有广泛的权利和自由,尊重和保障人权。"对于人权保障的重要意义以及它与民主、法治的关系,现在人们有了更清楚的认识。民主是人权的重要内容,社会主义民主和法治又是人权的根本保障。

人权的概念不仅包括政治权利和公民权利,而且包括经济、社会、文化权利。公民的社会保障权利就是经济、社会、文化权利中的重要内容。在欧洲,自16、17世纪起,人权理论兴起,公民生活无告无助、穷困潦倒,当然为提倡以人为中心的人文主义者和主张人人均有自然权利的法学家所不容,进步理论对社会保障的出现起了催生作用。美国总统罗斯福在1941年致国会咨文中所提出,以后并为《大西洋宪章》(1941年)、《联合国宣言》(1942年)、《世界人权宣言》(1948年)所肯定的所谓言论、信仰、免于匮乏、免于恐惧四大自由的含义中,自然包括社会保障的内容。《世界人权宣言》(联合国大会1948年12月10日通过)第22条规定,"每个人,作为社会的一员,有权享受社会保障"。第25条规定,"人人有权享受为维持他本人和家属的健康和福利所需的生活水准,包括食物、衣看、住房、医疗和必要的社会服务；在遭到失业、疾病、残废、守寡、衰老或在其他不能控制的情况下丧失谋生能力时，有权享受保障。"《经济、社会和文化权利国际公约》（联合国大会1966年12月16日通过）除了对劳动者应得的权利如享受公正和良好的工作条件的权利、组织参加工会的权利等作出规定以外，对社会保障权利也作出了更为全面的规定，第9条规定，"本公约缔约各国承认人人有权享受社会保障，包括社会保险"。第10、11、12条，对作为社会的自然和基本单元家庭的保护、母亲和儿童的特殊保护，"承认人人有权为他自己和家庭获得相当的生活水准，包括足够的食物衣着和住房，并能不断改进生活条件"，"确认人人免于饥饿的基本权利"等，均作了规定。第13、14、15条所规定的人人享有的教育和文化方面的权利，许多内容也与社会保障有关。《经济、社会和文化权利国际公约》自1976年1月3日生效起到1995年6月30日，已有135个国家对该公约批准或签署。我国于1997年10月27日签署，该公约在国际上有着十分广泛的影响。

我国在人权保障方面取得的成绩，其中包括劳动报酬权、劳动安全卫生权等对劳动者权利的保障以及社会保险、社会福利、社会救济、优抚安置等方面权利保障的成绩，已引起国内外瞩目。自1995年1月1日起实施劳动法以后，劳动关系领域的法治状况有了很大改善。相比之下，社会保障立法则要落后得多。尽速改变这种状况，既是履行国际公约义务所必需，更重要的是，将能促使我国人权保障法制建设得到进一步健全和完善。

三 社会保障法的体系和基本原则

（一）社会保障法的体系

社会保障法的体系是指按照社会保障项目设置的需要而制定的法律法规体系。立法的根本依据是宪法社会保障项目设计只是依据经济和社会发展、人权保障以及社会主义精神文明建设等方面的需要而提出的预想和计划，必须立法以后，项目设计才能见诸现实。各社会保障法所规定的社会保障项目有多有少，覆盖范围大小很不一样。例如，美国1935年制定的社会保障法，其内容包括建立联邦老年福利待遇；授权并拨款支持各州建立以下各项项目：失业补偿、儿童补助、妇女和儿童福利、公共健康服务。总的说，包括项目范围并不很大。第二次世界大战结束后，西欧、北欧国家兴起社会福利立法，覆盖范围很大。例如英国的社会福利制度，包括国民保险、国民保健、个人社会福利、住房和教育五个方面，内容广泛，几乎涉及一个人从出生到死亡的一切需求。国际劳工大会1952年在第35届大会上通过的《社会保障最低标准公约》（102号）规定，社会保障包括9个项目：医疗照顾、疾病津贴、失业津贴、老龄津贴、工伤津贴、家庭津贴、生育津贴、残废津贴、遗属津贴。并要求，凡批准该公约的国家，至少应实行3个项目。全世界到1995年为止已建立起社会保障制度的168个国家和地区中，除10个国家和地区仅设立了1个社会保障项目以外，绝大多数国家和地区均设立了2个或2个以上的项目，设立养老保险、工伤保险、疾病保险（包括生育保险）、失业保险的国家和地区数分别为：161、160、134、65，另有78个国家和地区设立了家庭、家属补贴项目。[①]

我国从中华人民共和国成立时起，社会保障制度即建立起来，涉及内容较多，例如城镇职工社会保险，除失业保险是1986年开始设立的项目外，其余生老、病、伤、残、死亡等几乎均已包纳于保障之范围，但总的来说，制度不够健全，体系不够完整，受到社会保障的人数在总人口数中所占比重不大。国情特点，决定了我国社会保障的项目设置和体系建设。中国共产党十四届三中全会1993年11月14日通过的《中共中央关于建立社会主义市场经济体制若干问题的决定》（以下简称《决定》），对我国社会保障制度改革和建设的方针、政策等作了规定，《决定》还指出："社会保障体系包括社会保险、社会救济、社会福利、优抚安置和社会互助、个人储蓄积累保障。"这是我国几十年实践经验的总结，是关于社会保障体系建设的权威性意见，也是社会保障法体系建设的重要依据和目标有些学者还曾提出对社会保障体系的探讨性意见，这些意见，一般均以《决定》的内容为基础，不过有的在个别地方稍作改变，有的在项目名称和体系分类方面有所调整，有的在项目设置数目上适当扩充。关于商业性保险，其重要性是毋庸置疑的，有人把它纳入社会保障体系之中，但多数人表示反

[①] 馨芳等编译《世界各国的社会保障制度》，中国物资出版社，1994。

对。我们认为，商业性保险是依据自愿、公平、等价有偿等民事法律关系的原则建立起来的，与社会保险具有的强制性、福利性等特点完全不同。它只能如《决定》所指出的那样，是社会保险的补充，而本身并非社会保障项目，不能包括在社会保障体系之内。

大多数法律部门的体系是这样的：依据宪法规定，制定一个内容综合性的法典式的基本法，再依据基本法，制定出所需的各种法律、法规。宪法居于最高层次，基本法承上启下，居于中间环节，如民法、刑法、劳动法、环境保护法等法律部门都是这样，但是有的法律部门却与此不同。例如行政法，它作为法律部门的地位是无人怀疑的，但它只是拥有一个由许多单行法律、法规组成的庞杂的法律法规群体，以及一个行政法律关系中普遍适用的行政诉讼法。中外还没有一个国家颁布过一部法典式的行政法。经济法与行政法相类似，同样没有一部基本法，今后看来也很难制定出基本法。社会保障法的情况如何呢？我们认为，在我国现阶段，从社会经济发展水平、人口分布结构尤其是农村人口占很大比重以及社会保障制度建设基础薄弱等情况看，我国还很难制定出一部在社会保障领域起综合性规范统率作用的基本法。我们作如下体系框架构想。根据宪法以及社会主义经济和社会发展的长远方针和目标纲要，按照社会保障领域社会保险、社会救济社会福利、优抚安置等大项目的需要，分别制定出几个平行的、内容相互联系协调的法律来，这几项法律都不同于部门基本法，但都能起到在各自调整的对象领域内的基本法的作用，或许可视之为第二层次的基本法；其中社会保险这个领域情况更为复杂，也许需要制定出分别适用于城镇和农村的两部平行的同为第二层次的基本法来，它们上面的第一层次的基本法暂付阙如，尚属设想之中。在这些所谓第二层次基本法的下面，再分别制定出下属一个层次或两个层次的许多个法律法规来。

以城镇社会保险为例，我们急需制定出一部适用于城镇职工劳动者和其他公民的社会保险法。过去起草社会保险法，完全按照劳动法的适用范围（主要是企业和个体经济组织及其劳动者）来确定它的适用范围，这种设想似乎囿于部门起草和贯彻法律的便利，没有充分考虑到社会主义市场经济发展的客观需要。社会保险法的适用范围应该越出劳动法的适用范围，扩大到包括个体劳动者、自由职业者甚至私营企业主在内的范围。这样，有了城镇统一适用的社会保险法以后，在劳动力市场日趋活跃、劳动力交叉流动日趋频繁的情况下，劳动者及其他公民既得的和可期待的社会保险待遇利益将能得到有效的保护。社会保险法下面，统率养老保险、失业保险、工伤保险、医疗保险、生育保险等项目，以及规定社会保险机构组织和社会保险基金管理等方面的法律、法规。这些法律、法规下面，例如养老保险法下面，或许还可能衍生制定出更低一层次的若干个法规，例如分别适用于职工劳动者和个体劳动者、自由职业者等不同对象的养老保险法规。社会救济、社会福利、优抚安置等大项目都可以制定出自己的基本法，然后分别统率各自所属的法律法规。在立法的次序上，可以先有大项目基本法而后再有下属的法律、法规；也可以将已有的和将要制定的法律、法规，经编纂、归纳、删减、补充后，制定出一部大项目的基本法。

对于加快我国社会保障法体系建设来说，大项目基本法的制定是十分重要的。如果这种基本法一时难以制定完成，可以先制定出一个立法纲要，纲要中提出几项基本要求，以便制定下一层次的法律、法规时有所遵循。基本要求既要强调原则性，又要体现灵活性，例如城镇养老保险、企业职工的基本养老保险制度应该统一，个体劳动者、自由职业者等的养老保险的资金筹集和待遇标准等必然要另作规定。甚至企业因所有制形式和规模大小的不同，养老保险待遇可以在法律规定幅度内，分别制定出不同标准。

对社会保障法体系框架的探讨，既具有开拓性的学科建设的理论意义，又有助于增加立法的计划性和预见性，减少盲目性和随意性，因此是十分重要的，我们应当给以足够的重视。

（二）社会保障法的基本原则

我国许多法律部门的基本法中，常常包含"基本原则"的内容。所谓基本原则，是指对实现这个法的任务和作用一般地起指导作用的基本规范内容。例如民法通则、刑法、民事诉讼法、刑事诉讼法、行政诉讼法、婚姻法、环境保护法等都有关于基本原则的规定。我国的社会保障法，如前所述，虽然目前还难以制定出一部属于法律部门的基本法，而至多只能制定出几个属于第二层次的大项目的基本法，但是我们仍然可以按照这个部门法的任务、作用、性质和特点，根据宪法以及党的重要文件和国家经济、社会发展计划提出的要求，并参照外国社会保障立法的经验以及国际劳工公约和国际人权公约的内容，归纳出它的基本原则。我们认为，我国社会保障法的基本原则有以下四项：权利保障原则、普遍性原则、平等性原则、基本生活保障和提高生活质量相结合的原则。其中普遍性、平等性原则可能在别的部门法中也被列为基本原则内容，但它们在社会保障法中，自有其独特的含义和解释。

1. 权利保障原则

现代文明国家均由宪法规定：享受社会保障是公民的一项应有权利。我国《宪法》第 45 条规定，"中华人民共和国公民在年老、疾病或者丧失劳动能力的情况下，有从国家和社会获得物质帮助的权利。国家发展为公民享受这些权利所需要的社会保险、社会救济和医疗卫生事业"、"国家和社会保障残废军人的生活，抚恤烈士家属，优待军人家属"、"国家和社会帮助安排盲、聋、哑和其他有残疾的公民的劳动、生活和教育"。《世界人权宣言》、《经济、社会和文化权利国际公约》等人权公约和国际劳工组织的宣言、公约、建议书中，均规定要求各成员国保证公民享受社会保障的权利。社会保障权利已成为人权概念的重要构成内容，尊重人，尊重人的价值，尊重人的基本需要的合理性，是人道主义的基本要求，也是现代社会保障立法的起点和归宿。

社会保障权利是一项经济权利，生活有困难的社会成员有权利从国家和社会获得具有经济物质内容的具体帮助；它又是一项社会权利，所有社会成员尤其是老人、妇女、儿童、残疾人等特殊群体成员，需要获得除经济物质内容以外的关心和帮助；另外，它还具有与公民的名誉权、荣誉权密切相关的人身权利的内容。

社会保障法具有最为鲜明的以权利为本位的法的特征。这就是说，社会保障立法的首要任务是规定权利的享受和保障。权利是目标，权利是基础，权利处于基本的、主导的地位。社会保障法中也要规定管理办法和措施等，但这些规定不是束缚和限制权利享受，而是为了更好地实现权利保障。社会保障法是权利保障法，不是事务管理法。1994 年 7 月 5 日我国公布了《劳动法》，该法第 1 条即开宗明义地宣布立法主旨是"为了保护劳动者的合法权益"，这是一部符合我国实际情况的且能与国际劳工立法规范相接轨的进步的文明的法律，在国际上获得许多赞誉。劳动法起草历经十五六年，修改 30 多稿，可谓步履维艰，其重要原因之一是起草过程中劳动法是权利保障法的宗旨常被忽视，而有意无意地被纳入劳动管理法的轨道之中。这是一个深刻的教训。前车之鉴不远，社会保障立法应当坚决不走这样的弯路。

社会保障法和其他法律一样，既要规定法律权利，也要设定法律义务，这是法律实现它对社会关系调整的特有方式。权利和义务是相对应的，是相辅相成的，公民享受权利和履行义务是一致的。在社会保障法律关系中，权利与义务的相互关系情况，较之在民事、劳动等法律关系中要复杂得多，对此本文在后面要较多地论及。这里要讨论的一个问题是，许多文章和专著中提出：权利与义务相一致是社会保障法（或说社会保障）的一项基本原则。此说有无实际意义？提出此说的目的何在？

权利与义务相一致是社会主义法律关系的共同特征。在民事、劳动等法律关系中，权利与义务的一致性表现得最为明确、具体和直接。但我国至今没有一部法律，包括民法通则和劳动法也没有把这一点列为它的基本原则之一，因为这是各个法律共有共通的不言而喻之理。为什么社会保障法中偏要列上这样一条基本原则呢？说穿了，其目的无非是为了强调劳动者履行缴费义务的重要。其实，这种提法是很不恰当的。

社会保障的大项目中，社会救济、社会福利、优抚安置等三项，不存在公民必须缴费之后才能享受权利的问题。在城镇职工的社会保险中，工伤保险和生育保险都不需劳动者缴费。即使养老、医疗、失业三项社会保险，劳动者已在劳动中作出贡献是他们已经履行的首位义务，缴费仅为第二位义务。把部分公民在部分社会保险项目中应承担的次要义务，拔高扩大为社会保障法的基本原则内容，显然是很不合理的。这种说法可能产生的不良后果是：重视缴费、收费、基金保管，而恰恰对公民权利的保障没有给予应有的关注和重视。这自然是违反社会保障立法的本意和初衷的。

2. 普遍性原则

对公民实行普遍的社会保障，是各国社会保障立法共同奉行的一条基本原则。《世界人权宣言》和《经济、社会和文化权利国际公约》均规定人人有权享受社会保障。我国《宪法》第45条所规定的物质帮助权利的享受自然是对全体公民而言。从世界范围看，经济发达国家的社会保障的覆盖面很广，尤其是第二次世界大战以后，社会福利政策几乎惠及每一个人。在发展中国家，由于经济不够发达，一般只能首先在劳动中建立起社会保障制度，而后逐渐扩大实施范围。我国的社会保障制度就是在逐步扩大职工劳动者社会保险及其他保障制度的实施范围和完善项目设置，并改革不合理内容的过程中发展起来的。"文化大革命"给社会保障工作造成极大破坏，直到现在，仍有人对社会保障缺少应有重视。有些人认为，社会主义是最优越的社会制度，它本身即意味着对每一个人的良好保护，社会保障法律并非必需。这种认识上的落后状况近些年来已有所改变。我国几十年来的正负面历史经验教训告诉我们，社会主义的优越性必须通过完善的法律制度才能体现出来。目前我国的社会保障急需加快立法，在改革中求得完善和发展。要落实宪法规定，扩大实施范围，力求使之覆盖到所有公民。而且，只有真正体现了普遍性原则，才能依照"大数法则"，更好地显示互助互济的特点和优越性。

3. 平等性原则

这项原则包括两层含义：一是从社会保障权利享受来讲，必须是人人平等；二是社会保障待遇的确定，应力求遵循平衡原则。

我国《宪法》第33条规定："中华人民共和国公民在法律面前一律平等"，"任何公民享有宪法和法律规定的权利，同时必须履行宪法和法律规定的义务"。《世界人权宣言》第1条规定，人人"在尊严和权利上一律平等"。《经济、社会和文化权利国际公约》第2条规定，"本公约缔约各国承担保证，本公约所宣布的权利应予普遍行使，而不得有例如种族、肤色、性别、语言、宗教、政治或其他见解、国籍或社会出身、财产、出生或其他身份等任何区别"。我国的社会保障立法必须贯彻宪法精神，反对和根除上述公约条文中指出的种种可能出现的歧视。社会保障法对各个项目待遇的享受资格必须作出规定，这与歧视毫无共同之处。规定资格条件是为了更好地执行保障制度，歧视性内容不许混杂在资格条件之中。

社会保障属于国民收入的再分配范畴，遵循平衡原则，有助于维护公平和缩小贫富差距。社会主义市场经济是效率经济，鼓励竞争，利益分配的差别性将不可避免，不公平分配是这种经济的前提和结果。为保持社会稳定，国家须通过宏观调控来防止不公平状况的过度发展，社会保障即是有效手段之一。西方发达国家均很重视发挥社会保障在国民收入再分配中的重要作用。例如英国，1982年通过实施家庭补贴和税收这些社会保障范围内的手段，对家庭收入产生重要影响。据对7428个家庭的调查，原来收入最低的20%的家庭平均收入为146英镑，收入最高的20%的家庭平均收入为17386英镑，二者之间的收入之比接近1∶120；在接受补贴和纳税后，二者收入分别为3224英镑和12258英镑，差距缩小到接近1∶4。① 我国近几年来，不同利益集团间居民收入、城乡居民收入、不同地区间居民收入的差距在扩大，社会保障立法重视遵循平衡原则是必要的。

4. 基本生活保障与提高生活质量相结合的原则

社会保障首先要使所有公民的基本生活得到保障。到1997年12月，我国已有270多个城市建立起城市居民最低生活保障制度，约占城市总数的40%；政府要求在1998年全国所有地级以上城市、2/3的县级城市和1/3的县城要建立这项制度。② 这一制度是城市困难群体的最后一道安全网，它与最低工资保障、下岗人员基本生活保障、失业保险、退职退休人员基本养老金、最低标准保障等制度相衔接，编织成一张完整的安全保障网络。到1997年底，我国还有5000多万人未解决温饱问题，农村还散居着特困户、孤老残幼、优抚贫困对象约1000多万人。③ 逐步使城乡所有贫困居民都被覆盖于最低生活保障制度之下，这是社会保障首要的艰巨任务。

社会保障还应努力促使各项待遇享受对象逐步提高生活质量，它的含义有三点：一是各项待遇标准除随物价上涨幅度适当调整外，还应随经济发展水平提高而逐步提高，使社会保障对象同样分享到发展成果；二是对保障对象除了提供必需的物质待遇标准外，还应提供各种社会服务，使他们能同时满足物质方面和精神方面的各种需要；三是要使保障对象能过上体面的生活，古人尚有宁可饿死而不食嗟来之食的故事，我们更应保证保障对象的人格尊严不受任何侵犯和损害。

四 社会保障法律关系

（一）社会保障法律关系的特点

社会保障关系经法律调整以后，就成为法律上的权利义务关系，这就

---

① 李琼主编《西欧社会保障制度》，中国社会科学出版社，1989，第98页以下。
② 参见《李贵鲜和多吉才让在全国民政厅局长会上讲话（摘要）》，《中国社会报》1997年12月25日。
③ 《新年视点》，《中国社会报》1998年1月1日。

是社会保障法律关系。也可以说，社会保障法律关系是国家的社会保障法律规范在调整人们社会保障行为的过程中所形成的权利和义务关系。法律的存在，是形成这种法律关系的前提。社会保障法律关系的特点可用强制性、广泛性、复杂性三点加以概括。

在社会保障法律关系中，强制性是主要的，任意性是次要的。无论是社会保险制度，还是社会救济制度、社会福利制度、优抚安置制度，凡属覆盖范围之内，所有单位和公民、职工个人均须无条件参加，不具有可参加可不参加的任意性。在社会保险法律关系中，受保单位和个人在接受社会保险事务的经办或社会服务的提供时，按理可以有选择的自由；而事实上，即使排除了垄断性的独家经营的不合理状况，在市场机制尚未趋于发育成熟的条件下，可供选择的机会必然也是极为有限的。合同自由原则是西方市场经济国家奉行的民法三大基本原则之一，在我国民事法律关系中同样要遵循这项原则。为维护社会公平和保护弱者利益，这项原则的适用要受到一定限制，在劳动法律关系和社会保障法律关系中，这种限制应更多一些。为保证受保障对象的权利不受侵害，在订立社会保险投保和经办委托等有关合同时，应该贯彻法律规定的内容，遵守法律规定的规则和条件，只能有条件地适用合同自由原则。

广泛性是指社会保障法律关系涉及面极其广泛，它涉及社会的各个角落，城镇、农村、企业、机关、团体、个体劳动者，工、农、兵、学、商、城乡一般居民，老、病、残、伤、死、生、失业、天灾，几乎无所不包，无所不容。从广泛性来讲，除宪法、民法等少数法律以外，一般法律均难与社会保障法相比。

复杂性是指社会保障法律关系既包括行政性法律关系，又包括平等性法律关系，另外还包括涉及社会保障争议处理时的仲裁、诉讼法律关系。行政性关系与平等性关系或各自独立存在或纵横交错一起。社会保障基金来源不一，筹集方式多样，各项待遇享受的条件和标准纷繁复杂之程度，同样为一般法律所不及。

（二）社会保障法律关系的内容

社会保障法律关系是由主体、客体、内容三个要素构成的，这一点同民法、行政法、经济法、劳动法等许多法律一样，三个要素缺一不可。对主体和客体，本文将不予论及，而着重对社会保障法律关系的内容加以分析和论述。

社会保障法律关系的内容，是指社会保障法律关系主体所有权利和义务的总和。授予法律权利，设定法律义务，是每一种法律包括社会保障法，对社会关系调整的特有方式。法律权利和法律义务既有区别，又有联系。没有权利，即无所谓义务；没有义务，也无所谓权利。马克思说："没有无义务的权利，也没有无权利的义务。"[1] 对于法律关系中的同一主体来说，权利和义务既是对应的，又是同时发生的。在民事法律关系中，权利和义务的对应性表现得十分明确，发生时间的一致性一般也表现得较为清楚，例如商品买卖双方的权利、义务发生即是如此。在劳动法律关系中，劳动者履行劳动的义务和领取劳动报酬的权利，二者既是对应的，发生时间也是一致的，至于工资何时支付，仅是结算方法问题。

社会保障法律关系中权利、义务的对应性、一致性虽然表现得相当复杂，但道理是共通的。下面试按主体的不同，对社会保障法律权利和义务的状况作出分析。

（1）公民的权利和义务。享受社会保障是公民的基本权利之一，我国《宪法》第43、44、45条等对此作了规定。那么，公民在享受社会保障权利的同时，应该履行何种相对应的义务呢？我国《宪法》第二章规定了"公民的基本权利和义务"，基本权利包括政治、经济、社会、文化等方面的各种权利以及公民个人的人身自由和人格尊严等权利。基本义务则包括遵守宪法和法律、维护祖国统一和安全、纳税服兵役、爱护和保护公共财产、遵守劳动纪律、遵守公共秩序、尊重社会公德等。我们不能就社会保障或别的某一项具体权利恰能找出与之相对应的义务，而只能就宪法规定的广泛范围来说，公民的基本权利和基本义务是相对应的，是一致的。享受社会保障是宪法规定的每一个公民的一项基本权利，这是应有的起码认识。

（2）社会保障行政机关的权利和义务。在过去很长时期内，我国的社会保障行政机关包括劳动、民政、人事、卫生等各种各级政府行政机关、军事部门的有关主管机关，以及养老基金行业统筹的11个行业行政主管机关。按照1998年3月10日九届全国人大一次会议通过的《关于国务院机构改革方案的决定》的规定，新组建的劳动和社会保障部将统一管理城乡

---

[1] 《马克思恩格斯全集》第16卷，人民出版社，1964，第600页。

各种社会保险工作,它和主管社会救济、社会福利、优抚安置的民政部以及这两个部下属的相应的各级行政机关,将是主要的社会保障行政机关。其他有些政府机构,仍将按照法律规定,分管各自职责范围内的社会保障工作,仍是社会保障行政机关。行政机关是代表国家行使权力的机关,这种权力即体现为"职权",或者视之为"职责"。行政机关在履行职责的过程中,成为行政法律关系的主体之一,享有一定权利和承担一定义务。我国社会保障行政机关的权力大体有:依法制定社会保障行政法律规范权、决定权、执行权、命令权、强制权、监督权、奖励权和制裁权等。它相应承担的义务有:执行法律,依法办事,保护公民的社会保障权利,提供应有的管理和服务,接受监督等。

(3) 企业、个体经济组织、国家机关等的权利和义务。这些单位依法享有参加社会保险,使本单位职工覆盖于社会保险制度之下的权利;同时,这也是它应尽的义务,在这一点上,权利和义务具有同一性,表现为一种应履行的职责。此外,它的义务有:执行法律、法规,缴纳社会保险费,接受管理和监督,等等。

(4) 各级工会组织,社会保险经办机构,社会保障基金保管、运营机构,慈善组织,社区,社会特殊群体公民以及农民等,它们或他们依照法律规定,在各自所参加的社会保障法律关系中,享有一定权利和承担一定义务。

(5) 城镇职工劳动者在社会保险中的权利和义务。权利是比较清楚的,一般情况下,它包括养老、医疗、失业、工伤、生育等各项社会保险权利以及遗属津贴等内容。至于城镇职工应履行的义务,人们对之在认识上则常常出现分歧。

这里首先引述马克思在《哥达纲领批判》一书中的一般论述:全部社会产品中应该扣除:"第一,用来补偿消费掉的生产资料的部分。第二,用来扩大生产的追加部分。第三,用来应付不幸事故、自然灾害等的后备基金或保险基金"。剩下的是作为消费品的那一部分,在进行个人分配之前,又得扣除:"第一,和生产没有关系的一般管理费用";"第二,用来满足共同需要的部分,如学校、保健设施等";"第三,为丧失劳动能力的人等设立的基金,总之,就是现在属于所谓官办济贫事业的部分"。[①] 上述

[①] 《马克思恩格斯全集》第19卷,人民出版社,1963,第19页以下。

第一批扣除中的第三项和第二批扣除中的第二、三项即属于社会保障基金性质的扣除。从以上引述可知，劳动者在与用人单位建立劳动关系之后，他们履行劳动义务、作出劳动贡献，劳动成果中扣除社会保障基金、折旧费用和扩大生产费用之后，他们才从剩余的消费品中分得个人的一份。可见，履行劳动义务是劳动者在社会保险法律关系中履行的首位义务。

我国前几年出版的一本书上说了下面的一段话："只要劳动者履行了为社会贡献劳动的义务，就能获得为自身及其供养直系亲属享有社会保险待遇的权利。有的社会保险项目为了便于用经济手段进行管理，增强被保险人的费用意识，除要求劳动者为社会提供劳动外，还要缴纳保险费国家、企业与劳动者之间，不存在商业买卖关系。例如丧失劳动能力的可永久获得社会保险。"[①] 这段话的观点是正确的，是符合马克思的论述的。当然，劳动者依法缴纳社会保险费，除增强费用意识外，也是积聚社会保险基金的一个方法。

社会保险法律权利、义务关系中，还存在着代际互济互助的特点。婴、幼儿在获得抚养、保健、教育的阶段，必然已享受着上一代扣除下的积累；老一辈职工的养老费用亦需由当代在职者扣除的积累中支出一部分以为补充。

由上可知，简单地以有未缴费和缴费多少来确定能否享受社会保险待遇和待遇标准高低，是不恰当的，以此解释为权利与义务相一致更是不正确的。

社会保险权利与义务是同时发生的，劳动者在履行劳动义务的同时，即已取得享受社会保险的权利。只是这种权利的享受，有的项目附有期限的规定（如养老保险待遇的享受须达到规定的年龄），有的项目须有一定事实的发生（如工伤保险待遇的享受须有工伤的发生）。有人杜撰出什么社会保险中"先尽义务，后享受权利"的原则，这在理论上是混乱的。这种错误说法甚至已对立法实践产生了不利影响。例如，起草法律时一改常规，不写"权利义务"，而写为"义务权利"，把义务规定在第一款，把权利规定在第二款，这实在是罕见的。因为，这不仅仅是文字叙述次序的问题，而是关系到对该项立法的认识，是以权利保障为主旨还是以设定义务

---

① 屈祖荫主编《职工社会保险与福利概论》，中国劳动出版社，1991，第4页。

为主旨的问题。对错误说法应予纠正，对不良影响应予廓清。

（6）经济体制转轨时期职工养老社会保险中权利、义务关系的特点。我国过去多年在传统的计划经济体制下，实行的是高积累、低工资、低消费的政策，这主要是由于生产力水平低下，生产决定了分配；另外还由于国民收入中积累与消费的比例关系安排不当，过多地提高了积累率。发达国家的积累率一般在20%上下，而我国很多年份积累率超过了30%，以至影响到人民生活的改善。① 再从工资增长与劳动生产率增长二者关系来看，1978年与1952年相比，工农业总产值增加了6.8倍，平均每年增长8.2%；工业劳动生产率增加1.9倍，平均每年递增4.2%；社会劳动生产率增加1.7倍，平均每年递增3.8%，但同一时期职工的平均工资只增加了0.5倍，平均每年递增1.5%。工资增长速度过慢，是造成几十年中工资水平偏低的重要原因。②

以上资料说明，在传统经济体制下度过了整个或大部分劳动年龄的劳动者，他们所创造的财富中在消费分配前被扣除的部分，较之前述马克思所说消费分配前应扣除的部分，要更多一些，扣除的财富已通过各种渠道，用于奠定工业化基础，形成国有资产积累。应该承认，我国的这部分劳动者已经为国家、为社会作出了极大的劳动贡献，在社会保险法律关系中已经超额履行了应履行的义务。

我国长期实行的社会保险制度中有些内容不尽合理，需要通过改革加以改正。不过，对于任何一项旧制度的得失评价和新措施的可行性论证，均须十分审慎行事，以免欠缺公允，有失偏颇。例如，有人认为我国规定的退休条件较低，退休人员多占了一些便宜，对此即须作出公正的分析。

退休条件包括年龄和工龄两个条件。这里仅谈谈退休年龄的规定。《劳动保险条例》（1951年发布，1953年修改）规定为男职工年满60岁，女职工年满50岁。国务院发布的《国家机关工作人员退休处理暂行办法》（1955年）、《关于工人、职员退休处理的暂行规定》（1958年）、《关于工人退休退职的暂行办法》（1978年）、《关于安置老弱病残干部的暂行办法》（1978年）、《国家公务员暂行条例》（1993年）等规定，男职工为60

---

① 薛暮桥：《中国社会主义经济问题研究》，人民出版社，1982，第153页。
② 赵履宽、潘金云：《劳动经济与劳动管理》，北京出版社，1984，第171页。

岁，女职员为55岁，女工人为50岁。与许多发达国家规定男、女退休年龄同为65岁或男65岁、女60岁的条件相比较，我国的退休年龄是比较低的。不仅如此，国务院1993年发布的《国有企业富余职工安置规定》第4条规定，职工距退休年龄不到5年的，可以退出岗位休养。实践中较此更宽，有些女工刚满40岁、女职员刚满45岁就办了"退养"手续。这当然是国有企业在效益不好、人员富余情况下所采取的不得已的办法。这种办法既损害了劳动者的劳动权利，而对于退休或"退养"人员来说，表面上是放宽了退休年龄条件，实际上他们提前退休不可避免地将造成退休金数额的较大幅度的减少，蒙受不小的损失。

有人认为过去的退休金工资替代率偏高。事实上由于退休金是在低工资的基数上计算的，即使工资替代率较高，实际退休金平均水平仍然比较低。今后实行了合理的工资制度之后，相应地规定出合理的退休金工资替代率是完全应该的。

有人认为，过去国有企业职工长期享受着"高福利"待遇。笔者认为，这种说法并不符合实际情况。所谓"高福利"，即职工享受到的多种补贴和集体福利待遇，只能看作对职工在低工资制度下被过多扣除部分的少量返还。有人说，"与其他利益群体相比，离退休职工收入和生活水平提高的速度是缓慢的，甚至出现了部分离退休职工生活非常困难的现象"，"离退休职工是在很少、甚至没有储蓄的情况下进入经济体制转轨时期的。这就注定了他们没有自我养老保险能力，也难以承受物价上涨以及住房、医疗等制度改革的压力"。[1] 以上话语是中肯的，事实证明，离退休职工在退休前和退休后，都没有享受过什么"高福利"的优惠。

有人说，由于离退休职工在职时创造的价值不一定留在原企业，而是由国家通过统收统支重新分配的，其中一部分以国有资产的存量的形式存在。从理论上讲，转轨时期离退休职工的养老金应由政府和使用国有资产的单位共同负担。养老金主要来源有二：一是政府大幅度增加用于离退休金支出等社会保障支出的比例；二是国有资产的产权收益，包括国有资产承包、租赁收入，国有股股权收益，国有资产转让收入，使用国有资产的

---

[1] 胡家勇：《转轨时期离退休职工的养老保障》，《光明日报》1996年11月7日。

企业上交的利润等。① 还有人提出，应在各企业的国有资产中划出一块作为养老金的主要来源之一。② 我们认为，采取以上办法，可以减少甚至避免许多企业发不出养老金以致离退休人员生活无着的尴尬局面。

五　社会保障法学

前文论及，社会保障法是一个独立的法律部门。与此相适应，社会保障法学的出现应是顺理成章之事。

社会保障法学与社会保障学有着极为密切的关系。这两个学科的研究领域是一致的，这个领域涉及社会保险、社会救济、社会福利、优抚安置等社会保障制度的一切方面。它们的研究对象却是不相同的。社会保障学以社会保障制度的基本理论、社会保障制度的体系和框架、社会保障制度的建设和发展走向等为自己的研究对象；社会保障法学则以社会保障法的原理原则、法律体系建设、执法、守法、法律形式的规范化、法律中的权利和义务关系等为自己的研究对象。社会保障法学的研究要借助社会保障学的研究，但后者不能包含前者的内容。例如，社会保障学要研究社会保障制度的体系和框架设计，社会保障法学则要以这个体系和框架设计为依据，从符合法律形式标准化和规范化要求以及符合立法程序要求的视角，来研究相应的法律体系建设。必要时还要修正原有的体系和框架设计。经法律规范以后的体系和框架，必然更为严密、完善和合理，并且具有法律特有的强制性、连续性、稳定性和权威性作用。社会保障法学是法学的一个独立的分支学科，又是法学与社会保障学相交叉的一个学科。

我们还须考察一下社会保障学和社会保障法学的产生和发展。社会保障制度产生于19世纪末叶，到20世纪中叶，这一制度已遍及世界各大洲的绝大部分国家和地区。社会保障事业遂成为世界上普遍关心的共同事业，人们开始探索如何促进其繁荣发展，并尽力避免和改革其弊端。在社会保障制度的发展过程中，20世纪下半叶，社会保障学应运而生。③ 我国

---

① 胡家勇：《转轨时期离退休职工的养老保障》，《光明日报》1996年11月7日。
② 孙兰：《从国有资产中划出养老基金》，《中国劳动报》1997年2月18日。
③ 侯文若：《社会保障理论与实践》，中国劳动出版社，1991，第302页。

在 20 世纪 80 年代中期以前，政府曾努力实施职工社会保险、社会救济、社会福利、优抚安置政策，保证困难公民享受物质帮助权利，可谓成绩斐然。应该承认，有丰富实践经验而理论研究、理论指导不足，是当时的实际情况。80 年代中期以后，随着经济体制改革的深入发展，对社会保险、社会救济等各项制度逐步进行改革。90 年代以来在社会主义市场经济体制建设中，提出了重新建立社会保障制度的构想。经过十几年来莫衷一是的理论探索和边干边瞧的改革实践，在人们的焦急期待和争论不休中，事实上一门新兴学科已经诞生，这就是以研究中国社会保障问题和推进中国社会保障制度建设为己任的中国社会保障学，而后，又衍生一门中国社会保障法学。

经济学在社会保障理论研究中起了主导作用。在英国等西方国家，社会保障制度是在受到费边社的干预经济理论、以庇古为首的福利经济理论、凯恩斯学派的就业理论等经济学说的影响下产生和发展起来的。社会保障基金从筹集到支付的过程。实际上就是国民收入分配与再分配的过程西方经济学理论对我国社会保障学研究或多或少、或直接或间接地产生了影响。我国经济学还从保险问题、企业制度和劳动工资问题等进行研究，推进企业社会保险制度改革和建设的发展。社会学的作用同样应予重视。德国新历史学派积极主张推行社会政策，促使政府在世界首创社会保险立法。社会学强调社会的整体性、关联性，着重行为调查，分析社会发展与社会保障行为之间的变迁、分化和整合的关系。社会保障学与经济学、社会学有着密切不可分的渊源关系。在有些国家和地区，即以社会政策、社会安全制度、社会工作、社会服务、社会福利学等不同名称，代替社会保障学的名称。从上可知，社会保障法学实际上是法学与经济学、社会学相互邻近、相互渗透的一门交叉学科和边缘学科；然而，它又是一门独立的法律学科。

我国的社会保障法学是新提出的一个学科名称，学科体系尚待研究。笔者认为，它当前的研究内容主要包括以下几个部分。

（1）对中华人民共和国成立以来的社会保障范围内的法律法规政策文件进行收集、整理和分类，以文件资料为依据，对我国几十年来的社会保障工作进行切实的研究和总结，以便从中吸取经验和教训。

（2）对世界上实行不同类型社会保障制度的一些代表性国家的立法情

况进行比较研究，以便我国立法时能借鉴有益经验，减少和避免弊端发生。

（3）根据我国社会主义市场经济发展、公民权利保障和社会主义精神文明建设的需要，对我国社会保障制度的改革和建设以及法律体系构建进行研究，进行立法预测，提出近期和远期立法规划。

（4）开展社会保障法基本理论研究，以下问题都是有待研究的内容。

①国内外较多地研究了经济学、社会学对社会保障制度产生和发展的影响，我们还须研究法学理论包括民法学、劳动法学、经济法学、人权法学等学科理论以及国际人权立法、国际劳工立法等对社会保障制度产生和发展的影响，这对于我们更深刻地了解社会保障制度的历史渊源、性质、特点、作用和发展趋势等一定极有好处。

②社会保障关系是一个综合性的关系，既包括纵向关系，也包括横向关系和纵横交错的关系，对各种不同性质社会关系当事人之间的权利、义务关系，需要进行深入细致的研究，以便立法时能作出恰如其分的规定。相对来说，社会保障立法的难度较大。

③对社会保障法的立法主旨和基本原则，目前人们认识不一，有的地方差异很大，需要更多人关心和参加讨论，以期摒弃错误观点，扶正立法方向。

④违反社会保障法时应承担的责任和应受到的制裁，社会保障争议的处理程序等，也须研究。

⑤社会保障法与相邻法律学科的关系也待深入研究。劳动法与社会保障法有很深的渊源关系，至今两个法的构成内容中仍有相互重叠的部分；民法中的主体平等原则、权利义务对等原则以及商业保险的原则和方法，都可借鉴、参照和运用。此外，经济法、行政法人权法等与社会保障法的关系，亦须引起注意。

（本文原载于《法学研究》1998年第4期）

社会保障制度是经济社会协调发展的法治基础

——写在《中华人民共和国社会保险法》实施之际

刘翠霄[*]

在一个健全的现代社会中，经济发展与社会发展是协调同步进行的。经济发展是要创造更多的物质财富，为不断提高人们的生活水平和生活质量提供坚实的物质基础；而社会发展则是在实现了旨在体现社会公平的社会政策以后，使得社会全体成员都能够分享到经济发展的成果，由此形成人民安居乐业、经济持续发展、社会稳定和谐的局面。如果只顾及发展经济，而忽视人们对于经济发展成果的共享或分享，那么，社会将由于贫富差距扩大、社会矛盾激烈、环境不断恶化而缓慢发展甚至停滞不前。我国自改革开放以来的30余年间，国家政策的基本取向是经济发展优于社会发展，或经济目标优于社会目标，经济发展几乎成为现代化建设、社会发展的代名词，经济政策几乎成为压倒一切的基本政策，社会政策与经济政策两者之间呈现出严重的不平衡和不同步的态势。注重经济发展、忽视社会发展的政策取向所造成的问题在近年已凸显出来，引起党和国家以及全社会的关注，举国上下都在思考解决目前存在的社会问题的对策。本文仅从社会保障法律制度在促进经济社会协调发展中的重要作用进行论证。

---

[*] 刘翠霄，中国社会科学院法学研究所社会法研究室原副主任，研究员（退休），主要研究方向为社会保障法、社会保护法。

一 社会保障制度是促进经济社会协调发展的重要措施

社会保障制度在促进经济社会协调同步发展中具有其他法律和政策无法替代的作用,这已为建立起健全完善社会保障制度的西方国家经验所证实。

(一) 社会保障制度具有整合社会的功能

1. 社会保障制度具有减少和消除社会贫困的功能

例如,工业化早期的英国,贫困、失业等社会现象普遍发生,政府为了解决这些问题,在1601年颁布了济贫法,并依法强迫那些在进行土地制度改革中被迫同自己的生产资料分离、成为不受法律保护的无业游民从事苦役性劳动,来解决贫民的生活问题。1834年,英国颁布实施新济贫法,规定中央政府成立济贫法委员会中央管理局统筹济贫工作,济贫资金主要来源于各地区的地方税。但是,依靠地方税远远不能解决大量出现的贫困和失业等社会问题,进入20世纪以后,国家先后制定了1906年的教育法、1908年的养老金法、1911年的国民保险法以及在世界经济危机爆发后的1930年和1934年连续颁布了两个失业救济法等法律,为那些因各种原因陷入生活困境的人提供生存保障。可以说,英国工业化初期的社会立法是作为消除和减少贫困的工具来使用的。

2. 社会保障制度具有维护社会稳定的功能

例如,19世纪中叶的德国,工人阶级的劳动条件极其恶劣,房荒非常严重,工伤事故和职业病急剧增加,使得工人在因事故、疾病造成伤残、丧失劳动能力,或者因衰老等不能工作丧失收入时,他们及其家庭的生活需要没有了着落。在工人的生存受到威胁、生活没有保障的情况下,罢工此起彼伏。面对不断深化和激烈的阶级矛盾和斗争,俾斯麦政府一方面通过颁布法令,对工人运动及其政党进行血腥镇压;另一方面积极增加工人的福利,改革社会弊端。这就是闻名于世的俾斯麦的"胡萝卜加大棒"的社会政策。在社会改革的旗号下,德国于1883年颁布了《医疗保险法》,1884年颁布了《工伤事故保险法》,1889年又颁布了《老年和残疾社会保险法》，德国成为世界上第一个建立广泛社会保险制度的国家。可以看出，德国的社会保险制度是调和劳资矛盾的产物，政府是将其作为政治工具来使用的。

3. 社会保障制度具有拉动内需、促进经济发展的功能

例如，1929年到1933年的世界性经济大危机给美国经济造成了严重的创伤，大批工厂倒闭，工人失业，1933年失业率达33%。由于美国的社会保障制度是以职业福利为核心的，在企业倒闭、工人失业、工资下降的情况下，美国基本上成了一个没有保障的社会。在罗斯福总统上台的时候，美国的经济已经处于崩溃的状态。严重的经济危机和尖锐的劳资矛盾，极大地影响着美国的社会稳定，美国城市随时可能发生暴动。1933年罗斯福一上台，就制定并实施旨在摆脱危机、重振经济、缓和阶级矛盾的"罗斯福新政"。在罗斯福确立的政策目标下，美国1935年颁布了《社会保障法》，建立了政府组织的社会保障制度。社会保障制度是"罗斯福新政"的重要组成部分，并大大超出了职业福利的范围，建立了福利与国家之间的联系。制定和颁布《社会保障法》的目的是提高人们的消费能力，刺激总需求，以适应当时生产过剩的状况。可见，美国的《社会保障法》是作为反经济危机和需求管理的工具来使用的。

4. 社会保障制度具有保障人们实现发展权的功能

如果说社会保险制度是为人们的生老病死这些基本生存权提供最基本的经济保障的话，那么，社会福利制度就是为人们能够接受良好教育、保障居者有其屋等发展权提供基本经济保障的制度。

(1) 通过提供教育津贴保障公民受到良好教育

例如，1965年美国通过了有关提供专项资金强化中小学义务教育的法律，其中最有影响的是启智计划。该计划使贫困家庭的孩子从学前教育开始就能够和富裕家庭的孩子一样享受到学校内外的一切学习资源，使得贫困家庭的孩子能够和富裕家庭的孩子一样健康成长。[①] 日本在1872年就颁布了义务教育法，1962年，日本文部省调查局为纪念"日本学制颁布90周年"而编写的一份报告中提出："教育在社会发展中起着重要的作用，是人所共知的。特别是最近，不论国内国外都一致认为，教育是促进经济

---

① 杨翠迎：《中国农村社会保障制度研究》，中国农业出版社，2003，第173页。

发展的强有力的重要因素。这种观点，是从一种新经济理论引申来的。它认为，在激烈的国际竞争中，科学的创见，技术的熟练，生产者的才能等重要因素，对于经济发展所起的作用，不亚于增加物的资本和劳动力的数量。这些引起人们注意的各种重要因素，统称之为'人的能力'，大力开发人的能力，是促进将来的经济发展的重要条件；而'人的能力开发'，则依赖教育的普及和提高。这种看法，就是我们试图从投资方面来解决今天教育问题的理论根据。"[①] 日本官方也认为，战后日本经济的迅速发展，首先应归功于明治以来教育的发展。

（2）通过提供公共住宅保障公民"居者有其屋"

例如，英国在二战以后提出建立福利国家的目标，为此，住房法不再针对工人等特别阶层，而是为全民提供住房保障。在战后的30多年里，英国政府建设的公共住房占住房总面积的50%左右，并将它们廉价租赁给低收入者。美国在1968年通过《公平住房法案》后，又于1998年通过了《质量住房和工作责任法案》，同时还推行"分散"策略和"收入融合型住房"项目。前者帮助公共住房居民和其他低收入住户搬入中等收入、通常位于郊区的社区，后者把不同收入阶层的住房置于同一建筑或同一开发项目中。实践已经证明，"收入融合型住房"比公共住房和其他专为低收入住户开发的项目，提供了更安全、更稳定也更高质量的居住环境。[②] 再如，新加坡的社会保障制度最初在目标设定上不同于其他国家将目标定位于收入保障上，而是将社会保障的目标定位于"居者有其屋计划"上。新加坡自治时，人们的居住状况十分糟糕，恶劣的居住条件导致公共卫生状况恶化和一系列社会问题，政府不得不采取法律的、金融的、财政的各种手段解决当时的房荒问题，以至于使公共住宅开支占到当时财政预算的1/3。到了20世纪80年代，80%的居民购买了政府建造的住房，人均居住面积由1959年的3.3平方米增加到15平方米，居亚洲之首。[③]

以上国家的社会立法在消除社会贫困、维护社会稳定、促进经济发展和保障人们发展权的实现等方面，发挥了其他任何制度都无法替代的作

---

① 〔日〕文部省调查局编《日本的经济发展和教育》，吉林人民出版社，1978，第9页。
② 张群：《居有其屋——中国住房权历史研究》，社会科学文献出版社，2009，第18—21页。
③ 郑秉文等主编《当代东亚国家、地区社会保障制度》，法律出版社，2002，第36页。

用。经过一百多年的发展，社会保障制度不但成为这些国家经济制度和法律制度的一部分，而且成为这些国家的政治文化和社会文化，牢牢地扎根在社会中。社会保障制度给社会成员带来一定的现实利益，即它不仅使社会成员中为数众多的低收入者和贫困者的生活得到了起码的保障，特别是在人们失业、伤残、疾病、老年这些人生中的被动阶段，获得必要的经济保障，具有了一定的安全感，而且使社会成员的生活条件普遍得到了一定改善，生活水平普遍得到了一定程度的提高。更为重要的是，通过提供教育补贴，使广大劳动人民的教育水平、科学技术知识、劳动技能得到普遍提高，即劳动者的素质得到提高，为社会不断输送符合现代化生产要求的劳动力。由于社会保障制度的实施，社会公平得到了极大的体现，缩小了贫富之间的差距，减少了社会的不平等现象，扩大了民主，缓和了社会矛盾。事实表明，社会保障制度具有整合社会、保证经济社会协调发展的功能。

（二）健全完善的社会保障制度是促进经济社会协调发展的法治基础

早期建立的社会保障制度，旨在通过国家直接干预和调节社会再分配，来消除广泛发生的社会问题，缓和社会矛盾。当资本主义进入垄断阶段，垄断资本开始与资产阶级国家相结合时，出现了国家干预经济的各种形式。尤其是第二次世界大战以后，新科技革命兴起，使资本主义经济得到迅速发展，国家垄断资本主义也达到高度发达阶段。在这种情况下，以往建立的以"保障每个人都能维持一般生活水平"为目标的社会保障制度已经不能适应时代的需要，社会保障向着内容日益包罗万象、规模空前扩大、制度日臻完善的方向发展。一些公共事务机构也随之出现，它们通过对国民收入公平、合理的再分配，达到保障绝大部分国民经济安全的目标。事实证明，健全完善的社会保障制度成为一些国家经济社会协调发展的法治基础。

仍然以德国为例。德国在1949年制定了德意志联邦共和国基本法。1989年德意志联邦共和国成立40周年时，基本法被誉为德意志土地上前所未有的最美好、最自由的宪法。宪法将公民基本权利的条文以及国家尊重和保护人的尊严的职责放在首要位置。基本法规定了国家制度的5项原则，即共和原则、民主制原则、联邦制原则、法治原则和社会福利原则。

其中法治国家原则的主要部分是法治思想，实现法治思想的基本因素是三权分立和国家一切行动不得违反现行法律，特别是对个人法律范围及自由范围的侵犯需要有法律根据；社会福利国家原则是对传统的法治国家思想的一个现代化补充。它责成国家保护社会上的较弱者，并不断谋求社会公正。社会福利国家表现在为老年、伤残、疾病以及失业者提供福利金，为穷人提供社会救济、住房津贴、家庭补贴以及通过劳动保护法和工作时间法为劳工提供基本的保护。[1] 依据基本法所确立的社会福利原则，德国通过建立和实施健全完善的社会保障制度，已建立起享誉世界的福利国家。国家的每一个公民都能够享受到从娘胎到坟墓的福利保障，尤其是雇员，他们无论遭遇什么生活风险，甚至在受企业破产影响或希望改行的情况下，社会保障制度都能够使他们在经济方面没有后顾之忧。社会保障制度还惠及雇员以外的其他群体，它提供子女补贴、教育补贴、为战争受害者提供补偿费等，这些支出在1997年占到国民生产总值的34.9%。90%的公民能够享受到社会保障的各种待遇。[2] 如此完善的社会保障待遇使得德国公民的社会安全和经济安全强于其他一些国家，德国在经济不断发展的同时，社会也随之同步发展。

德国社会保障制度能够促进经济社会同步协调发展的原因在于以下五个方面。

一是社会保障制度几乎惠及全体国民。德国以专门的制度，在1957年将农民纳入养老保障制度，在1972年对农民实行医疗保险，从此，德国社会保障制度惠及绝大多数社会成员。国家虽然因承担了全体公民的终身保障责任而背上了沉重的财政负担，但是国家也因在整个社会保护系统中占据了绝对的优势地位而增加了亲和力。全民化和全面社会保障虽然没有从根本上改变贫富悬殊的状态，但是社会成员能够获得比较充分的经济保障和服务保障，就使得在财产私有化的社会中，人们的日常需求实现了社会化。

二是社会保障项目全。德国社会保障在实现了全民化的同时，向全面保障方向发展。在巨大的社会保障网的保护下，不仅人们的生、老、病、

---

[1] 和春雷等：《当代德国社会保障制度》，法律出版社，2001，第11页。
[2] 〔德〕霍尔斯特·杰格尔：《社会保险入门》，刘翠霄译，中国法制出版社，2000，第6、21页。

死、失业这些一般生活风险获得了保障,而且人们在遭遇战争伤害、暴力行为伤害以及因接种公共疫苗受伤害这些特殊的生活风险时也能够获得相应的补偿。1995年,德国率先建立了被称作社会保险第五大支柱的护理保险制度,使人们在生活不能自理时,获得相应的护理服务。在建立全面社会保险制度的基础上,又设立了各种补贴和救济项目,例如住房补贴、教育补贴、儿童补贴、孕产妇补贴、鳏寡孤独补贴、低收入家庭补贴等。对于那些因为各种原因不能获得社会保险待遇或者获得的社会保险待遇不能保障最基本生活需求的人们,政府通过被称作"兜底项目"的社会救济制度,为处于生活困境的人提供生存保障。覆盖到社会生活方方面面的社会保障制度,为人们体面而有尊严地生活提供了法律保障。

三是国家对社会保障支付承担最终责任。在德国,社会保险是在厘清个人、雇主和国家责任的前提下,由国家承担最终财政责任的一项制度。虽然社会保险基金由雇佣劳动者和雇主按照法定比例缴纳的社会保险费筹集,但是,在由于人口结构或者经济结构发生变化、社会保险基金不足以支付社会保险待遇所需费用时,国家通过提供财政补贴保障公民社会保险权得以实现。不仅如此,社会保障其他项目(社会补偿、社会福利、社会救济)所需经费,全部由国家从财政收入中拨付。[①] 社会保障费用在国家财政预算中占有重要的地位。[②] 一百多年的社会保障发展史表明,国家把获得社会保障待遇作为公民的基本社会权利,并且在保证和拓展这些权利方面负有主要责任。

四是获得社会保障待遇成为人们的社会权利。现代社会保障制度与早期社会保障制度相比,其特征和明显进步在于:政府保证所有公民享有最低标准的收入、营养、健康、住房、教育和就业机会。这些保障表现为公民的社会权利而不是以慈善的形式出现。"这时,社会保障制度已经从单纯的社会救济发展成公民的一种社会权利,从而过渡到主动地针对社会弊端制定防范措施的新阶段。"[③] "这个宽泛的社会保障网是联邦共和国所有公民的巨大协作成果。对于每一个公民来说,他有权利得到社会保障制度

[①] 〔德〕霍尔斯特·杰格尔:《社会保险入门》,刘翠霄译,中国法制出版社,2000,第5页。
[②] 和春雷主编《社会保障制度的国际比较》,法律出版社,2002,第149、167页。
[③] 李琮主编《西欧社会保障制度》,中国社会科学出版社,1989,第209页。

的待遇，反过来说，这也意味着，公民不是国家施舍的领取者，而是制度的积极合伙人。"[①] 在福利国家，在运用保险原则的同时，国家并没有放弃救济原则，然而，这时人的尊严和价值要求被放在首要位置，认为只有在充分的社会保障的基础上，人的尊严和人的价值才能得到保障，人的人格才能得到公平发展，这不仅成为全社会的共识，而且社会也为此承担起了责任。

五是社会保障制度由临时应急措施变为长期战略措施。德国在19世纪末率先建立社会保险制度，并不是因为当时的俾斯麦政府富有实现社会公平的远见，而是为了应对不断高涨的工人运动；美国在20世纪30年代制定的社会保障法，也是为了应对20世纪30年代资本主义世界空前的经济危机；第二次世界大战以后英国在"贝弗里奇报告"的基础上，颁布一系列社会保障法，成为世界上第一个福利国家，是为了对付当时物质生活的贫困和疾病、懒惰、愚昧和脏乱等社会弊端。可见，各国几乎都把社会保障制度作为缓和当时的经济和社会矛盾而不得不采取的一种临时应急措施。但是，经过半个多世纪的发展，社会保障制度成为各个国家经济和法律制度的一部分，各国都把社会保障制度与经济制度结合起来，用社会保障制度来促进经济的发展，经济的发展反过来又促进了社会保障制度的不断完善。社会保障制度已经成为促进经济增长和维护社会稳定的长期策略，成为保障经济社会协调发展必不可少的法律制度。

（三）不完善的社会保障制度是社会发展滞后于经济发展的法治因素

社会保障制度的完善程度与社会发展的理想状态是相对而论的，如前所述，它们是人类永无止境的追求目标和美好理想。在一段时期内，学术界许多人把社会保障制度的完善与否归结为一个国家经济发展水平的高低。诚然，经济发展水平对社会保障制度的覆盖范围以及待遇标准具有决定性影响，因为无论是现金待遇（例如发放养老金、失业保险金或最低生活保障金等）还是实物待遇（免费提供面包、食用油、衣物、福利住房、义务教育等）抑或是服务待遇（提供医疗服务、护理服务等）都是以一定

[①] Soziale Sicherheit fur die Landwirtschaft, vom Bundesministerium fur Ernahrung, Landwirtschaft und Forsten, S. 2.

的经济基础作支撑的,没有经济的发展,就不会有相当的经济实力建立健全完善的社会保障制度,即使出于美好的愿望建立起来了,也会因为经济上的后续乏力而不能持续发展下去。然而,一个多世纪以来,社会保障制度发展的历程证明,经济发展水平是社会保障制度建立和完善的决定性因素,但不是唯一因素,对社会保障制度发生影响作用的还有政策因素、社会观念因素、历史传统因素等。在这里,我们以世界第一富国美国的社会保障政策为例,来论证这一观点。

1. 职业保障而不是社会保障在生活风险防范中居于核心地位

"新政"出台以前,美国没有国家出面组织的社会保障制度,保障是企业与职工之间的契约关系,国家只负责社会救济事业,以填补职业福利的空缺。1935年罗斯福政府颁布的《社会保障法》是政府组织的社会保障制度,保障范围超出了原来职业福利的范围,以后经过多次修改,保障项目增加了、覆盖范围扩大了、待遇标准也提高了。尽管如此,当20世纪50年代末期,西欧各国建立起福利国家时,美国自由主义经济学家盖尔布雷斯在他的《富裕的社会》一书中是这样描述美国社会现状的:美国文明已从根本上解决了稀缺和贫困的老年人问题,但美国仍然存在贫困问题,而且贫困问题在如此富裕的社会中存在是非常引人注目的,是一种耻辱。盖尔布雷斯的观点被广泛地接受和信奉。参议员道格拉斯和斯巴克曼也反复强调贫困并警告人们:许多低收入家庭"已经被远远地抛到了美国社会进步的后面",只有向贫困进行强大的进攻才能克服他们的痛苦遭遇。[①]

20世纪60年代之后,美国的社会保障制度建设取得了一些进展:1963年2月,肯尼迪向国会递交了题目为《援助我们的老一辈公民》的老年健康保险的特别咨文,提出从社会保险基金中拨款,支付老年人的住院费用,但这一建议被参议院否决。1964年,约翰逊总统推动国会通过了反贫困计划、扩大食品券计划等法案。1965年,他又推动国会通过了面向65岁以上老人的《医疗保障计划》、面向低收入阶层的《医疗补助计划》,此外,还通过了对抚养未成年子女家庭的补助,对盲人和残疾人提供医疗补助的计划。[②] 20世纪70年代以后,政府对于社会生活干预的深度和范围都

---

① 杨冠琼主编《当代美国社会保障制度》,法律出版社,2001,第51—52页。
② 刘燕生:《社会保障的起源、发展和道路选择》,法律出版社,2001,第301页。

得以扩大，社会保障的项目与西欧福利国家也基本一样，即使如此，到了20世纪末，美国的社会保障制度只覆盖了大约一半的美国人，[①] 美国的贫困问题和不平等现象是西方发达国家中最严重的。[②] 因此，在西欧福利国家眼中，美国只是一个法治国家而不是福利国家，例如，德国就认为："仅是法治国家不能充分实现社会保障，联邦共和国的目标是实现社会法治国家。"[③]

2. 美国社会保障制度确立的思想基础

美国的社会保障经过60余年的发展和完善，已经形成全面、系统、多样化的制度体系，保障项目达到300多个，政府在社会保障中的作用也在不断加强。但是，由于在指导思想上是以维护再生产（适当干预经济）、强调个人责任、激发个体自身积极性为出发点和价值取向，因此，政府在社会保障资金上承担的责任要比福利国家政府轻得多，给付的条件比福利国家严格得多，给付水平比福利国家低得多（美国的养老金给付水平是世界上最低的国家之一，养老金的工资替代率为44%，甚至低于许多发展中国家；在奥巴马政府之前，美国没有针对在职劳动者的医疗保险，大部分公民的医疗保险以商业保险为主[④]）。政策的制定者和部分国会议员也不断强调，美国社会保障是自我维持、自我发展的事业，尽管如此，在社会保险基金收不抵支时，政府仍要承担最终的财政责任，但是，政府拨款的目的不是为了增加国民的福利，而是为了保持现行制度的继续与稳定，从而为经济和社会的发展提供稳定的社会环境。[⑤]

美国作为世界第一经济大国，而没有建立起一流的社会保障制度，与其经济结构、文化传统、发展历程有着密切关系，但最主要的原因有二。一是美国的社会文化历来崇尚自由胜于追求平等，人们要求建立体现社会

[①] 顾俊礼主编《福利国家论析——以欧洲为背景的比较研究》，经济管理出版社，2002，第253页。

[②] 顾俊礼主编《福利国家论析——以欧洲为背景的比较研究》，经济管理出版社，2002，第274页。

[③] 〔德〕霍尔斯特·杰格尔：《社会保险入门》，刘翠霄译，中国法制出版社，2000，第3页。

[④] 奥巴马政府通过增加中产阶级的个税和强制中产者参加医疗保险，将医疗保险的覆盖范围扩大到低收入家庭、弱势群体、小企业的雇员。参见王虎峰《奥巴马医改的真谛》，《中国财富》2010年第5期。

[⑤] 李珍主编《社会保障理论》，中国劳动社会保障出版社，2001，第104—109页。

公平的社会保障制度的呼声没有欧洲那么强烈。在20世纪六七十年代，虽然美国人对平等的要求有所上升，但民主党政府还是通过减少贫困现象，而不是通过大范围的社会再分配来实现社会平等。美国拥护社会保障制度的人士使用良知、道德、同情心来论证建立社会保障制度的必要性，这与西欧国家的社会保障制度的倡导者将人们的社会权利看作与生俱来的天赋权利是有很大区别的。① 二是美国国富民强，个人有足够的收入去储蓄和投保，因而自发的保障方式仍占有相当重要的地位。② 被公认为世界第一经济强国的美国的社会保障确实不能算是一流的水平，即使如此，美国的一些经济学家对目前社会保障的有限公平仍颇有微词，认为现有社会保障制度对经济造成了不利影响，主张国家应退出社会保障领域，不再对社会财富实行再分配，认为社会保障应私有化，让市场决定个人生活，以便为经济持续发展提供良好的条件。③ 美国社会保障制度在实现社会公平中的有限作用，说明以经济效率为核心的理念一直在美国社会保障制度建立过程中起着主导作用。

3. 社会保障制度不完善是导致社会发展滞后于经济发展的法制因素

美国的社会观念强调经济平等而不是社会公平，在这种观念的主导下，政府高度重视就业问题，但政府并不认为向所有希望就业的人提供一份工作是它的责任。美国的社会保障与就业具有极为密切的关联，没有就业机会的人及其家庭由于缺乏应有的社会保障的保护，而处在贫困甚至饥饿状态。1992年，美国贫困人口高达3690万，收入低于贫困线的占14.5%。1995年，美国有400万12岁以下的儿童一年里总有一段时间要挨饿，另有960万12岁以下儿童生活在至少存在一种食物短缺的家庭中。美国的每一个大城市都有一定数量的人口生活在大街上，这些无家可归者把候车室当作宿舍，把角落当作卫生间，他们衣衫褴褛，裸露着皮肤。美国有足够的消除无家可归现象的资源，然而，无家可归者继续存在并呈上升的趋势的原因是，美国拒绝给无家可归者提供他们所需要的资源，甚至制定更加严厉的法律对他们加以惩罚，而其中潜在的价值观念是：这是他

---

① 顾俊礼主编《福利国家论析——以欧洲为背景的比较研究》，经济管理出版社，2002，第261页。
② 〔法〕让-雅克·迪贝卢：《社会保障法》，蒋将元译，法律出版社，2002，第60页。
③ 李珍主编《社会保障理论》，中国劳动社会保障出版社，2001，第119页。

们个人的责任而不是政府的责任。①

虽然美国的社会保障制度比几乎所有发展中国家都要完善得多，然而，与西欧福利国家相比，却有相当距离。欧洲福利国家认为，法治社会的表现是国家制定的法律基本上符合自然世界发展和社会各个群体和谐的规律，而这些法律基本上又都得到了较好的执行。然而，法治社会不等于经济社会同步发展的社会，后者以法治为基础，是法治社会的升华，是法治社会的更高发展阶段。② 一个多世纪以来，西欧各国社会保障制度的发展使得社会保障制度目标的设定越来越清晰了。首先是效率目标，它要求：一是在宏观上，GDP中的一部分专门用于社会福利（在英国为25%，在德国为1/3左右），但是应避免费用的增加；二是在微观上，国家通过提供不同的现金给付和实物待遇而进行的国民收入再分配应是有效的；三是以公共资金提供的社会保障待遇应具有激励作用，以实现劳动力供给、就业和储蓄优化的目标。其次是公平目标，它要求：一是确定合理的贫困线标准，保证符合条件的每个人和每个家庭能够达到最低标准，从而降低贫困程度；二是建立应对不可预测的突发事件的医疗保险和失业保险制度，使人们能够尽可能维持原来的生活水平；三是建立应对可预测的收入下降的制度，例如养老保险、对未成年人的家庭津贴，使人们在收入平稳的前提下，实现消费的合理分配。最后是社会目标，它要求：一是社会保障制度的建立应使人们在获得待遇时具有尊严感，他们不再把所获得的待遇看作一种恩赐而是把它视为个人权利；③ 二是促进社会团结。应使人们领取到尽可能高的津贴和获得尽可能好的医疗服务，以便更好地分享社会的经济发展成果。

毋庸置疑，在这样目标下建立起来的社会保障制度是既有效率又体现社会公平的制度，是促进社会与经济同步发展必不可少的制度。完善的社会保障制度是一张巨大的安全网，将人们可能遇到的生活风险都覆盖了起来，减少和消除了人们由于担心生病、伤残、老年、失业等导致贫困的恐

---

① 〔美〕威廉姆·怀特科等：《当今世界的社会福利》，解俊杰译，法律出版社，2003，第29、46、57—58页；郝铁川：《构建和谐本位的法治社会》，《新华文摘》2005年第10期。
② 何勤华：《从法治社会到和谐社会》，《新华文摘》2005年第15期。
③ 〔英〕尼古拉斯·巴尔：《福利国家经济学》，邹明泇等译，中国劳动社会保障出版社，2003，第10页。

惧，使人们能够全力投入工作，形成通过优良的工作业绩获取更多的报酬、缴纳更多的社会保险费和个人所得税、政府由此筹集更多的社会保险基金和社会保障基金、公民获得更多的社会保障待遇、过上更加舒适安全生活的良性循环的社会运行状态，是全人类为之奋斗并希望出现的社会状态。

二 我国社会保障制度建设及其对经济社会协调发展的影响

我国社会保障制度建设经历了计划经济时期、经济体制改革时期两个主要阶段，由于社会保障制度建设时的经济社会背景不同，制度设计的理念、内容不同，实施的社会效果也大不相同。我们通过对我国不同时期社会保障制度的概要介绍，来了解它们对经济社会发展产生的不同影响。

（一）计划经济时期的社会保障制度对经济社会发展的影响

中华人民共和国成立之初，中央政府将主要任务确定为把中国迅速建设成工业化国家，实现这一任务的一项措施就是1951年2月26日由政务院颁布我国第一部《中华人民共和国劳动保险条例》（以下简称劳动保险条例）并组织实施。劳动保险条例是国家按照苏联模式建立起来的。十月革命胜利以后，苏维埃政权实行完全不同于欧美的、由列宁亲自设计的"国家保险"模式，它的主要特点有三个。第一，就业有可靠的保障。宪法规定，公民有劳动的权利，一个劳动者只要与企业建立了劳动关系，就不会存在失业的问题，这是由当时的社会主义不存在失业这样的意识形态所决定的。第二，国家承担社会保障全部责任。所有社会成员无须缴纳社会保险费，就可以享受到例如养老保险、医疗保险、伤残保险、遗属抚恤等社会保险待遇，社会保险以及其他社会保障费用全部由国家和企业承担。第三，国家在社会保障事务中发挥着主导作用。这种主导作用体现在，国家既是社会保障法的制定者和实施者，又是社会保障法实施的监督者。

劳动保险条例的立法理念和基本内容遵循的都是苏联的模式。它规定：享受社会保险待遇的企业职工不需要缴纳社会保险费，社会保险所需资金由国家财政负责，待遇直接由企业向职工提供。在"国家型"社会保障制度下，在城镇的国营企业里，职工从退休养老到生病医疗，从住房福利到教育福利，从就业安置到贫困救济，从价格补贴到职工就餐、洗澡、体育、娱乐等等，福利待遇覆盖了企业职工生活的方方面面，甚至职工家属的医疗费用还可以报销一半。无所不包的社会保障制度尽管待遇水平不高，但是，它基本消除了职工在生活上的后顾之忧，使他们能够比较从容自如地生活和工作。在工人阶级是国家的领导阶级和主人翁的时代，国营企业职工退休金可以达到退休前工资额的70%左右，集体企业职工退休金为退休前工资额的40%—60%，而国家机关、事业单位工作人员的退休金只是退休前工资额的60%。在当时人们的生活水平普遍比较低的情况下，领取到的退休金能够保证退休人员的基本生活需要，而且退休职工没有不能及时足额地领到养老金的顾虑和担忧。这种立而有信的社会保险制度不仅使其固有的作为一种社会稳定机制的功能得到了有效发挥[①]，而且极大地体现出社会主义制度的优越性：职工可以在医院就诊，也可以在企业自己兴办的医疗机构就诊，不存在看病难的问题；职工子弟可以在公办幼儿园和中小学上学，也可以在企业举办的幼儿园和子弟学校读书，而不用为孩子上幼儿园彻夜排队和择校读中小学困难而焦虑；住房由职工所在单位按职务和工龄分配，职工只需交纳很少的、具有象征意义的房租费，而不需要借贷或使用父母一生积蓄购买住房；职工交纳少许费用就可以在单位就餐、洗澡、参加体育文娱活动等。历史的车轮已经走过60年了，而从那个年代过来的人，依然深深地眷恋着那种无忧无虑的生活。虽然那时生活水平很低、物资相当匮乏，但是，社会秩序稳定，路不拾遗、夜不闭户，人和人之间真诚相待、热心帮助，确是那时真实的社会状态，人们生活得贫穷但轻松快乐。劳动保险条例的实施解除了企业职工在生活风险方面的后顾之忧，极大地激励了职工建设社会主义国家的积极性，迅速推动了国家经济的发展，由此为国家独立工业化体系的建立奠定了坚实的物质基础。可以说，我国计划经济时期呈现出的经济突飞猛进、社会井然有序的状态，与社会保障制度的制定和切实实施是密不可分的，社会保障制度对于当时经济社会良好状态的形成功不可没。

[①] 郑功成等：《中国社会保障制度变迁与评估》，中国人民大学出版社，2002，第85页。

有人认为，计划经济时期的社会保险制度没有把农民包括在内，是在当时历史条件下的无奈选择。① 其实这样的认识是错误的。从国际社会保险制度发展的历史来看，社会保险制度都是首先为城镇具有雇佣关系的劳动者制定并实施，以后，随着工业化和城市化的不断推进和发展，社会保险制度的适用范围逐步扩展到城镇的自由职业者，再进一步扩展到农村居民，并且对农村居民实行不同于城市雇佣劳动者的社会保险制度，达到社会保障全覆盖的目标。② 1951年制定的劳动保险条例适用于当时具有法定规模的国营、公私合营、私营及合作社经营的企业，该条例1953年修订时将适用范围进一步扩大到其他企业，这是符合社会保险制度自身发展规律的做法，不是无奈之举。

（二）改革后的社会保障制度对经济社会发展的影响

在中国开始经济体制改革的20世纪80年代中期，我国经济发展遵循的是"效率优先，兼顾公平"的原则。这一原则实际上是将经济发展放在了一切工作的首位，其他一切工作都要为经济发展让路和服务，与此同时，也不能放弃社会公平，但是，社会公平处在从属地位、次要地位，甚至在经济发展与社会公平发生冲突时，为了不影响经济发展，必要时以牺牲社会公平来保证经济发展。"效率优先，兼顾公平"的提法和做法忽略了社会全面发展的重要性，它以经济发展代替了社会发展。而事实上，社会发展是一个全方位、全面的发展，包括政治、经济、文化、教育等各个方面和领域的发展，忽略了任何一个方面，都会影响到社会整体的协调发展。任何一个社会，一定时期在经济资源总量一定的情况下，政府在进行宏观资源配置时，决不应把所有的资源都投到能够产生经济效益和实现经济增长的领域中去，而是要将其中的一部分投入不形成现实生产能力而是用于消费的社会保障领域中去，因为社会保障首先具有社会安全网和社会稳定器的作用。经济发展有可能出现贫富差距，有可能产生社会矛盾和冲

---

① 胡晓义主编《走向和谐：中国社会保障发展》，中国劳动社会保障出版社，2009，第15页。
② 在国际范围，社会保险从工业领域扩展到农业领域都要经过一个比较长的过程，一般滞后30—50年，有些国家甚至长达60余年的时间。参见刘翠霄《天大的事——中国农民社会保障制度研究》，法律出版社，2006，第190—191页。

突，国家通过再分配的经济政策，缩小收入差距，消除社会矛盾，减少社会冲突，为经济发展创造稳定良好的社会环境，可以说，没有社会安全系统，就没有经济发展和社会发展。只有在经济发展的同时，社会与经济共同发展，才是真正的发展，才是后劲十足、潜力很大的发展。尤其当经济发展到了一定程度，当社会已经开始出现贫富差距和大量社会矛盾时，如果还坚持这样的提法和做法，社会上贫富差距就会越来越大，社会矛盾随之越来越多，经济社会发展就会变得缓慢甚至停滞不前。

在这里，我们选择对经济社会发展影响比较明显的社会保险制度、社会福利制度、农村社会保障制度、农民工和失地农民社会保障制度来论证上面观点。

1. 改革后社会保险制度对经济社会发展的影响

我国的社会保险制度包括养老保险、医疗保险、失业保险、工伤保险、生育保险五个项目，其中对经济社会发展产生影响比较大的是养老保险和医疗保险两个子项制度。

（1）养老保险制度

养老保险是社会保险制度中的核心项目，这是因为：它是一个长期计划，一个人在20岁左右进入劳动领域并参加养老保险，到他60岁退休，其间需要缴纳40年的养老保险费。所以，由养老保险费筹集起来的养老保险基金是一笔庞大的资金积累。为了让几十年以后的养老保险基金能够发挥比较好的保障功能，养老保险费率和养老金标准的确定、养老保险基金的管理和运营等对于制度的正常和持续运行就具有至关重要的意义。由于养老保险制度关涉几乎每一个人，它的设计需要具有战略眼光，才能够使制度的运行较少受到人口结构变化和经济发展状况的影响，才能够保障老年人安度晚年。

①养老保险制度的改革

传统的完全由国家和企业承担养老保险责任、由单位和企业办养老保险事业的制度安排，不仅使企业背上了沉重的经济负担，而且将职工与企业死死地捆在了一起，职工将终身在一个企业工作，以便在退休以后从这个企业领取退休金。结果，在企业不断吸收新职工的情况下，职工队伍越来越庞大，退休职工的队伍也越来越庞大，使得企业不堪重负，生产成本增加，竞争力减弱。传统养老保险制度的弊端在经济体制改革开始以后日益显露出来,必须对之进行改革,改革的内容主要有:一是建立了国家、企业和职工个人共同承担养老保险责任的制度;二是建立了统账结合的养老保险制度,即社会统筹与个人账户相结合的养老保险模式,企业缴纳职工工资总额的20%的养老保险费全部计入社会统筹账户,并以省为单位进行调剂,职工缴纳个人工资8%养老保险费全部计入个人账户;三是规定了养老金计发办法;四是养老保险逐步实行社会化管理,即养老金不再由离退休人员的单位发放而是由银行、邮局发放。

②改革后的养老保险制度对经济社会发展的影响

改革后的养老保险制度对经济社会产生的积极影响是主要的。

首先,责任分担制度模式的确立,减轻了国家和企业的财政和社会保障事务负担,企业在缴纳了法定比例的职工养老保险费后,就可以专心致力于企业的经营和发展。

其次,逐步体现社会公平。一方面体现在加大社会统筹账户缴费比例上,2000年12月25日,国务院发布的《关于印发完善城镇社会保障体系试点方案的通知》规定,个人账户的缴费率由本人工资的11%降到8%,企业缴纳职工工资总额的20%全部记入统筹账户。这一改变表明国家在社会保障上由注重效率公平逐步倾向于注重社会公平。另一方面体现在养老金计发办法上,2005年12月3日《国务院关于完善企业职工基本养老保险制度的决定》规定的养老金计发办法,将"本人退休时上一年度的本市职工月平均工资"作为计发基数之一,就是社会公平的一个体现。

再次,体现了权利与义务对应的原则。从养老金计发办法可以看出,基础养老金的多少取决于两个因素,即个人工资标准的高低和缴费时间的长短。工资标准越高、缴费时间越长,退休金就越高;个人账户养老金计发办法表明,退休越晚,缴费时间就越长,个人账户储存额越多,每月领取的个人账户养老金也多。

最后,覆盖范围不断扩大。2005年12月3日《国务院关于完善企业职工基本养老保险制度的决定》将少数高收入人群和低收入人群以及个体工商户和灵活就业人员以不同于企业职工的缴费比例纳入养老保险范围,使养老保险范围进一步扩大。

在肯定改革后的养老保险制度成就的同时,也必须指出改革后的制度存在的不足和缺陷以及对经济社会发展产生的消极影响。

首先，对参加基本养老保险企业的行业性质和规模没有作出明确限定，影响到法规的强制性执行。国务院 1997 年发布的《关于建立统一的企业职工基本养老保险制度的决定》提出，基本养老保险制度要逐步扩大到城镇所有企业及其职工，城镇个体劳动者也要逐步实行基本养老保险制度。这些规定表面看来将覆盖范围扩及所有企业甚至所有城镇劳动者，但是，由于对参加养老保险企业的范围规定过于宽泛，且缺乏强制性，导致许多中小企业不参加养老保险，影响到法律的权威性。

其次，统筹层次低，难以实现社会公平。养老保险社会统筹层次对于基金的互济性和抵御老年风险能力的影响，我们用以下事例来说明：在 1998 年《国务院关于实行企业职工基本养老保险省级统筹和行业统筹移交地方管理有关问题的通知》发布之前，在湖北省内，武汉市企业职工基本养老保险缴费率达 26%，但筹集到的养老基金仍然不够支付，而湖北省的其他一些城市缴费率仅为 16%，还是用不完，还有大量养老基金结余，使得在同一省份由于统筹层次低而无法在不同城市间进行调剂。养老保险基金的结余和短缺差别巨大同样发生在省际，1996 年底，广东省结余滚存养老保险基金 41 亿元，可支付 10 个月养老金；而天津市结余滚存养老保险基金只有 0.192 亿元，仅够支付 1.2 个月养老金。[①] 到 2008 年底，养老保险实行省级统筹的有 21 个省份，以县级为统筹单位的高达上千个。[②] 近几年，上海社保每年亏损额都在百亿元以上的消息更是提示决策者，养老保险社会统筹层次低带来的负面后果是多么严重。[③] 失业保险也面临同样的问题，由于失业保险在绝大多数地区实行县级统筹，地区之间的调剂作用很弱。2006 年，广东省失业保险金累计额为 100.1 亿元，为全国最高。河南省累计额 24.6 亿元。而辽宁省由于领取失业保险金人数多，失业保险基金入不敷出，成为全国唯一亏空 3.2 亿元失业保险基金的省份。[④] 由于统筹层次的核心意义在于统筹到哪一级就由相应的那一级政府对基金承担兜底责任，加上养老保险的历史债务，使得社会保险统筹层次提升成为难以

---

① 宋晓梧：《中国社会保障制度改革》，清华大学出版社，2000，第 42 页。
② 胡继晔：《社会保险法与养老保险全国统筹》，《法制日报》2009 年 2 月 11 日。
③ 余丰慧：《上海"社保年亏百亿"警示全国》，《新京报》2011 年 2 月 16 日。
④ 邓大松等：《改革开放 30 年中国社会保障制度改革回顾、评估与展望》，中国社会科学出版社，2009，第 141 页。

解决的问题。社会保险统筹层次低，损害的是社会保险制度实现社会公平的主旨，由此对经济社会发展的负面影响也是显而易见的。

最后，偏低的退休金对离退休人员基本生活需要保障不充分。国际劳工组织1952年通过的最低社会保障标准公约规定，有30年工龄职工的退休金替代率在40%—50%之间是可以接受的，而各国对退休金替代率的规定是不一样的，例如，美国是40%、瑞典是20%—25%、俄罗斯是36%、日本是68%。相比之下，我国58%的退休金替代率是比较合理的（实际上，我国退休金的替代率在30%—60%之间，平均为50%左右）。[①] 我国退休人员退休金标准低的问题在于养老金征缴基数不合理。职工在退休之前，除了领取基本工资以外，各种劳务费、补贴数额可观，甚至高于基本工资。然而，退休金的缴费基数是基本工资而不包括其他收入，使得退休人员领取到的退休金只有基本工资的一半左右，大大降低了退休人员尤其是那些退休早、退休金水平低的老职工的生活水平，相当数量的退休职工甚至陷入贫困境地。虽然国家连续七次提高养老金水平，[②] 但是，退休职工与在职职工的收入差距依然很大，引起退休人员的不满，这无疑是社会不和谐因素。

（2）医疗保险制度

老年是人一生中最被动的阶段，需要未雨绸缪，将老年风险分摊到老年之前的青壮年阶段，人们能够通过参加养老保险、购买人寿保险、储蓄存款等方式为养老作准备。然而，疾病对于人来说，则是一个不可预测的风险：一个人一生生不生病、经常生病还是偶尔生病、生小病还是生大病、什么时候生病，都是无法预计的事情。养老金的高低影响的是老年人的生活质量，而疾病威胁的则是人的健康和生命。所以，从某种意义上说，医疗保险是比养老保险更为重要的生活风险防范措施。

①医疗保险制度的改革

经济体制改革以后，因国有企业在各种经济成分中的主导地位，国有企业医疗保险制度改革也成为改革的重心。1998年12月14日，国务院召

[①] 社会保障研究中心主编《社会保障知识读本》，中国致公出版社，2008，第22页。
[②] 按照国务院部署，从2011年1月1日起，为2010年12月31日前已退休的企业职工调整基本养老金，调整幅度为2010年企业退休人员月人均基本养老金的10%，参见任宝宣《五千多万企业退休人员领到新增养老金》，《中国劳动保障报》2011年2月11日。

开全国医疗保险制度改革工作会议,并发布了《关于建立城镇职工基本医疗保险制度的决定》,决定规定了以下内容:一是建立了责任分担的医疗保险制度;二是规定以地级为统筹单位;三是实行社会统筹与个人账户相结合的筹资模式;四是规定了医疗费用的支付标准,即社会统筹的起付标准原则上为当地职工年平均工资的10%,最高支付限额为当地职工年平均工资的4倍。起付标准以下的医疗费用,从个人账户中支付或由个人支付。

②改革后的医疗保险制度对经济社会发展的影响

决定自1998年颁布实施以来十多年间,在保障和提高劳动者的健康水平和身体素质、抑制医疗费用的浪费等方面发挥了积极的促进作用。然而,医疗保险制度改革的结果与养老保险制度相比,可以说是不成功的。表现在以下三个方面。

首先,覆盖范围的规定缺乏规范性。"决定"将医疗保险的覆盖范围规定为"所有城镇职工",与养老保险规定一样,过于宽泛而不具体的覆盖范围规定,由于约束力差而不能有效发挥它的规范作用,使得许多企业(主要是私营企业)不为职工办理医疗保险。

其次,医疗保险筹资和支付模式选择有违医疗保险制度的固有功能。疾病是一种不可预测的风险,国家设立医疗保险制度旨在通过这种带有强制性的共同承担责任的联盟,使所有参加医疗保险的人参与风险调剂。医疗保险之所以是能够从经济上承担风险的联盟,是因为在有人生病的时候,大多数人是健康的和缴纳医疗保险费的。[①] 医疗保险制度改革为"个人账户与社会统筹相结合"的模式,不仅没有有效发挥医疗保险的调剂功能,而且加重了健康状况差的人的经济负担。以至于2005年国务院发展研究中心发表报告时作出"医改基本不成功"的判断。[②]

最后,政府对医疗卫生投入的下降以及医疗费用上涨,使得"看病难、看病贵"成为老百姓普遍面对的问题。政府预算卫生支出1990年占卫生总费用(包括政府预算卫生支出、社会卫生支出和居民个人卫生支出三项)的25%,2002年下降到了15.21%,与此相应,居民个人卫生支出

---

① 〔德〕霍尔斯特·杰格尔:《社会保险入门》,刘翠霄译,中国法制出版社,2000,第7页、第23页。

② 雷顺莉等:《"高级幕僚"朱幼棣的医改梦》,《作家文摘》2011年1月28日。

从 1990 年的 38% 上升至 2002 年的 60.60%。① 据卫生部统计，2003 年患病人数比 10 年以前的 1993 年增加了 7.1 亿，而就诊人数却减少了 5.4 亿。病床使用率城市由 81% 下降到 61%，农村由 44% 下降到 33%。城市居民有 48% 有病不去看病，有 29.6% 的人应住院未去住院。形成这种情形的原因是医疗费用迅猛上升，从 1998 年到 2003 年，每年的上升幅度都在 30% 以上，大大超过人均收入年增长率为 7% 的速度。② 在这双重原因下，老百姓看病难以及因生病导致贫困就成为自然的事情了。在全国省会城市中，贫困人口的患病比例在 50% 以上，其中 50%—70% 的低保对象生病时不去医院看病。③ 疾病以及由此造成的贫穷被贝弗里奇称作"必须消除的社会顽疾"，不减少和消除它们，经济社会发展就会受到影响。

2. 社会福利制度

传统福利制度直接对企业的发展，最终也对整个经济的发展产生不利影响。在经济体制改革过程中，在将原有的绝大多数企业福利进行了社会化改革以后，国家着重对计划经济时代建立的住房福利制度和教育福利制度进行了改革。

（1）住房制度的改革

一是实行经济适用住房制度。1998 年 7 月 3 日，国务院发布《关于进一步深化城镇住房制度改革加快住房建设的通知》，这个后来被看作房改纲领的"23 号文件"，正式开启了以"取消福利分房，实现居民住宅货币化、私有化"为核心的住房制度改革，在中华人民共和国延续了半个世纪的福利分房制度寿终正寝。2007 年 11 月 30 日，建设部、国家发改委、财政部、国土资源部等七部委联合发布了新修订的《经济适用房管理办法》，同时废止 2004 年发布的《经济适用房管理办法》。新修订的《经济适用房管理办法》对经济适用房的功能定位、开发建设、销售管理等作出了更加合理的规定，强调了经济适用房的保障"居者有其屋"功能，为城镇中低收入群体住房权的实现提供了法律保障。

二是实行住房公积金制度。1999 年 3 月 17 日，国务院第十五次常务

---

① 陈之楚等：《提升中国医疗保障水平与公平性研究》，《现代财经》（天津财经大学学报）2007 年第 1 期。
② 代英姿：《论我国医疗体制改革的路径》，《沈阳师范大学学报》2006 年第 6 期。
③ 蒋积伟：《当前城市低保家庭的医疗困境》，《哈尔滨工业大学学报》2007 年第 2 期。

会议通过、自1999年4月3日起实施的《住房公积金管理条例》颁布实施以来，住房公积金比较充分地发挥了它所具有的互助性和保障性的特征，在职职工及其所在单位通过缴纳住房公积金、筹集资金，职工在出现条例第24条规定的情形时，通过提取个人住房公积金账户内的存储额，达到改善住房环境和满足住房需求的目的。2005年1月7日，建设部、财政部和中国人民银行联合发布了《关于住房公积金管理若干具体问题的指导意见》，在这一规章的规范下，住房公积金制度的适用范围逐步扩大、缴纳的公积金规模也在不断扩大、资金的使用率随之提高，住房公积金在改善职工家庭住房条件中发挥着越来越大的作用。

三是实行廉租房制度。2003年12月31日，建设部、财政部等五部委联合发布《城镇最低收入家庭廉租住房管理办法》、2005年3月14日国家发改委和建设部联合下发了《廉租住房租金管理办法》、2005年7月7日建设部和民政部联合下发了《城镇最低收入家庭廉租住房申请、审核及退出管理办法》、2005年7月28日建设部发布《关于开展城镇最低收入家庭住房情况调查的通知》，这一系列规章的颁布和实施有效地改善了城镇最低收入家庭住房条件，提升了他们的生活质量。

②改革后的住房制度对社会和谐的影响

在国际范围，建立经济适用房制度的初衷和立足点是社会保障性的，因而经济适用房制度是社会保障法律制度而不是经济制度。在这样的定性下，经济适用房实行的是退出机制，退出的条件：一是家庭收入增加，不再是没有购房能力的中低收入者；二是家庭收入下降，无力承担所住经济适用房的日常开销，必须退出经济适用房而转为申请政府廉租房；三是因工作调动举家迁徙或其他原因而自愿退出所住经济适用房。经济适用房退出机制使在以上三种情况下退出的经济适用房回流到政府手中，再由政府分配给急需住房的中低收入者。退出机制的意义在于它不仅能够有效解决经济适用房的产权问题，从制度上保证经济适用房的社会保障功能，而且有利于政府应对住房领域日益复杂化的社会问题。[①]

1997年发生在东南亚的金融危机严重影响到我国出口贸易，于是政府将经济发展的重点转向扩大内需，其中的一项政策是推动住房商品化。国

---

① 王宏新：《经适房为什么需要有退出机制》，《中国社会科学院报》2009年2月10日。

务院在1998年颁布的《国务院关于进一步深化城镇住房制度改革加快住房建设的通知》中指出,"停止住房实物分配,逐步实行住房分配货币化;建立和完善以经济适用住房为主的多层次城镇住房供应体系"。此后,经济适用住房成为住房供应体系中的主体,经济适用住房制度也从社会保障制度角色转变为经济制度的角色。2004年建设部等四部门下发的《经济适用住房管理办法》第26条规定:"经济适用住房在取得房屋所有权证和土地使用证一定年限后,方可按市场价上市出售;出售时,应当按照届时同地段普通商品住房与经济适用住房差价的一定比例向政府交纳收益。"这一规定使得经济适用住房具有了社会保障性和经济性双重属性。

经济适用住房的双重性决定了制度实施的结果必然背离制度设计时的初衷:在政府主管部门监管审查不力的情况下,一些不具备购买经济适用房资格,但是具有一定的经济实力和社会关系的人购买了经济适用房。他们将买到的经济适用房出租或者在上市期限届满以后出售获取利益,经济适用房蜕变为这些人的投资工具。导致经济适用房减少和流失的另外一种情形是,购买了经济适用房的人,在他们的经济条件好转以后,将经济适用房出租或者出售。经济适用房一旦被出租或出售,就流向了商品市场,经济适用房数量在逐渐减少。

在住房制度改革以后,经济适用房和廉租房严重供不应求,[①] 许多急需购买住房的人只得购买商品住房或者租房。日益攀升的商品房价格和暴涨的房租,在不断加重人们的经济负担和心理负担,加重人们的焦虑心情,被房贷和租金压得喘不过气来的购房者戏称自己是"房奴"。近年来,在召开的全国人民代表大会和政协会议上,住房问题成为代表和委员反映最强烈的问题之一。

(2) 教育制度

1986年国家颁布了《中华人民共和国义务教育法》,义务教育法以及其他一些义务教育法规和政策的颁布和实施,有力地推进了我国的义务教育事业。到2005年底,全国实现"两基"的地区人口覆盖率达到95%以

---

① 据报道,截至2010年第三季度,各省年内保障房投资计划完成率平均不足50%,《新京报》2011年1月4日。

上。① 2006年6月29日,十届全国人大常委会第22次会议对10年前的《义务教育法》进行了修订,并审议通过。新旧《义务教育法》相比,条文由18条扩充为8章63条,新法对义务教育的经费投入(第2、42条)、引入问责制以强化政府在义务教育中的责任(第9条第2款)、义务教育的均衡发展(第22条)等的明确规定,为儿童少年的义务教育权利实现提供了更有力的法律保障。尤其是政府对农村义务教育财政投入大幅增加,使所有学校都能够得到由政府按学生人数和标准拨付的经费,然而,教育经费投入城乡之间的不均衡、办学条件的不均衡、师资力量的不均衡,仍然是导致义务教育阶段学生辍学,尤其是农村学生辍学的主要原因。据东北师范大学农村教育研究所2001—2003年对全国17所农村初中的调查,农村初中最高辍学率为74.3%,平均辍学率为43%。② 大量没有完成义务教育阶段学业的少年辍学,意味着未来几年或十几年将有相当数量低文化水平、低技能、低收入、低素质的青年人进入社会,他们有可能为经济社会发展贡献少而因为贫穷、犯罪等给社会制造麻烦多。

在教育领域,20世纪80年代以来,高等教育改革措施之一是将原来高等院校完全福利性质的助学金制度改为贷学金和奖学金制度,并由此给一些家庭带来沉重的经济负担。但是,社会发展对于知识的需求让家长和学生对于高校的渴望愈加强烈。随着高等院校扩招,高校数量和在校学生人数在逐年上升,为国家培养了大批适应时代要求的高素质人才,极大地推动了我国现代化进程。与此同时,我们必须看到,高等教育在改革中带来的最大问题是:由于经济体制改革以后,相当一部分城乡居民进入低收入阶层;近几年,虽然国家采取各种措施逐步提高城乡居民的收入,然而,收入增长的速度远远跟不上学费增长的速度,昂贵的学费和生活费成了家长和学生沉重的经济负担和思想压力来源。据统计,1998年至2002年,北京师范大学月生活费低于150元的贫困生由14%激增至41%。月生活费低于90元的特困生由6.2%增至12.3%。③ 官方统计,到2003年底,贫困生占高校在校生总数的20%,有240万人,其中特困生占到5%—

---

① 杨东平主编《2006年:中国教育的转型与发展》,社会科学文献出版社,2007,第352页。
② 顾明远主编《改革开放30年中国教育纪实》,人民出版社,2008,第342页。
③ 《高校贫困生:贫穷艰难而努力地生存者》,《新京报》2005年1月10日。

10%，有160万。①

3. 农村社会保障制度

半个多世纪以来，由二元经济社会结构所决定，我国社会保障制度的制定和财政投入也一直呈现城乡二元态势。据统计，1999年全国社会保障支出1103亿元，其中城市社会保障支出977亿元，占88.6%，农村社会保障支出126亿元，占11.4%②（而这11.4%主要是提供给农村的优抚安置人员），城市人均413元，农村人均14元，相差29.5倍。③农民收入少，但支出比城镇居民多，而且农村居民多支出的部分主要是国家为城镇居民提供的社会保障部分，例如养老保险、医疗保险、子女教育费用等。在中国确立市场经济体制的过程中，如何抵御市场经济对农村人口造成的经济风险，成为建立和完善农村社会保障制度的内在动力。在这里，我们仅就在构建和谐社会中影响力较强的农村养老保险制度、新型农村合作医疗制度、农民工和失地农民的社会保障制度的建设和改革进行探讨。

（1）农民养老保险制度

1992年1月3日民政部颁发的《县级农村社会养老保险基本方案》，是中国政府从中国实际国情出发制定的、鼓励农民自愿参加、养老保险费由农民自己支付的政策性文件。由于文件不具有强制性，所以，到2006年底，全国1900多个开展养老保险的县区，仅有5374万人参加保险，不到应当参加养老保险人数的10%，④而且绝大多数农民选择每月2元的最低缴费额，这么低的缴费额在60岁退休时领到的养老金显然是不够养老的。

（2）农村合作医疗制度

1982年农村实行经济体制改革以后，以公益金为一部分资金来源的合作医疗制度受到严重影响，到1985年全国实行合作医疗的行政村由过去的90%下降到5%。⑤农民看病难且因病致贫人数在增加，成为当时严重的社

---

① 周文菁：《代表、委员建议完善高校贫困生资助体系》，《解放日报》2005年3月8日。
② 邓大松主编《社会保险》，中国劳动社会保障出版社，2002，第362页。
③ 李培林主编《农民工——中国进城农民工的经济社会分析》，社会科学文献出版社，2003，第152页。
④ 周晖：《统筹城乡成为完善社保体系的主线》，《中国劳动保障报》2007年12月20日。
⑤ 蔡仁华主编《中国医疗保障制度改革实用全书》，中国人事出版社，1998，第346页。

会问题。2003年1月，国务院办公厅转发了卫生部、财政部、农业部《关于建立新型农村合作医疗制度的意见》，明确从2003年下半年开展新型农村合作医疗试点工作。2008年3月，卫生部、财政部又联合发出《关于做好2008年新型农村合作医疗工作的通知》，提出新型农村合作医疗覆盖所有农村居民的任务，并且规定，从2008年开始，各级财政对参加新型农村合作医疗的农民的补助标准由每人每年40元提高到80元，农民个人缴费标准由10元增加到20元。2009年7月12日，卫生部、财政部等5部门下发《关于巩固和发展新农合制度的意见》，意见要求从2010年起，新农合筹资水平达到每人每年150元，其中中央政府为中西部地区每人每年补助60元，对东部地区按中西部的一定比例补助，地方政府的补助额提高到每人每年60元，农民缴费额由20元提高到30元。

从2003年到2008年6年多的时间里，"新型农村合作医疗制度"建设取得了巨大进展和成就，到2007年9月30日，全国开展新农合的县为2448个，覆盖率为85.96%。[1] 农民住院费用报销比例从24%上升到30%左右。[2] 新农合虽然在一定程度上解决了农民"看病难"的问题，但是，报销比例偏低，使得通过新农合实现帮助患病农民摆脱贫困的目标难以达到。[3] 因病致贫仍然困扰着农民。

3. 农民工和失地农民的社会保障制度

在我国二元的经济社会结构下，农民工和失地农民是游离于城乡之间的弱势群体，他们的社会保障权益得不到有效的保障，并由此产生一系列比较棘手的社会问题，影响到国家经济社会发展。

（1）农民工的社会保障问题

农民工工作在城市，面临着与城市职工一样的生活风险，但是，当生活风险发生在他们身上以后，他们中的绝大多数人基本上得不到像城镇职工那样的社会保障待遇。与所有的人一样，疾病是对农民工的一大威胁，由于多数企业没有为农民工办理医疗保险，在他们生病以后，只能自己支

---

[1] 邓大松：《改革开放30年中国社会保障制度改革回顾、评估与展望》，中国社会科学出版社，2009，第353页。
[2] 王鹏权：《"新农合"：农民得到更多实惠》，《中国社会科学院报》2008年12月23日。
[3] 邓大松：《改革开放30年中国社会保障制度改革回顾、评估与展望》，中国社会科学出版社，2009，第353页。

付医疗费用。工伤事故和职业病是农民工遭遇最多的生活风险。2006年有关统计显示，每年因工致残人员有70多万人，他们中绝大多数是农民工。乡镇企业中，83%的企业存在不同程度的职业危害。① 据卫生部的统计，到2009年底，全国累计报告职业病722730例，其中尘肺病患者就有65.3万余人。② 事实表明，职业病不仅是伤害农民工身体的问题，而是已经成为我国重大的公共卫生和社会问题：职业病对劳动力资源的损害，将对经济可持续发展造成重大影响，也影响到人们对于社会公正的信心。农民工被边缘化的生存状态，使得他们在丧失原有文化价值和组织归属地——农村的同时，陷入了一种游民化状态。农民的相对剥夺感和社会不满情绪的增长和蔓延，直接妨碍社会的正常运转和健康发展，甚至对社会安全造成威胁。他们中许多人是高考落榜者，有一定的知识、理想和抱负，虽然在城市中他们居于社会下层，但他们是农村中的精英。正如意大利社会学家帕累托所指出的，如果统治者精英不设法去吸收平民阶层中的卓越人才，如果精英的流通被阻塞，那么，就会出现国家和社会的失衡，就会使社会秩序混乱。③

（2）失地农民的社会保障

在我国，加快城镇化建设速度的方式就是将农民从土地上剥离出来。目前，我国失地农民约5000万人，预计10年以后将接近1亿人。农民失地以后，不再耕种土地，也就不能被看作农民，但是，城市又没有接纳他们，他们不能像城市人那样享受各种社会保障待遇，他们成了既非农民也非城市人的失地农民。政府在农民失去土地的这一关键时刻，没有立即引导农民建立长久的生活基础，严格监管征地补偿款的分配和使用，是近年来因征地导致群体事件发生的主要原因。为失地农民建立社会保障制度，是推动经济发展、促进社会和谐的重要措施。④

改革开放30年来，虽然国家在不断完善社会保障立法，加大城乡尤其

---

① 《每年因工致残逾70万人》，《人民日报》2006年6月15日。
② 王羚：《佛山皓昕尘肺病反思》，《第一财经日报》2011年2月23日。
③ 刘易斯·A.科瑟：《社会学思想名家》，转引自李强《农民工与中国社会分层》，社会科学文献出版社，2004，第123页。
④ 孟繁丽：《城市化进程中应健全失地农民的社会保障模式》，《中国社会科学报》2010年12月16日。

是农村的社会保障投入，但是，投入幅度小①仍然是贫困人口数量庞大的主要原因之一。我国城市的绝对贫困人口还有2000万；②按照目前确定的年收入低于1300元的贫困标准，农村的绝对贫困人口还有4000万。③按照每人每天1美元收入的联合国标准，我国的贫困人口高达1.5亿。④在2011年两会召开之际，人民网就民众最关心的十大问题的调查显示，老百姓对获得社会保障制度保护的诉求位居榜首。⑤事实证明，不断地建立和完善覆盖城乡居民、体现社会公平的社会保障制度，就能够为经济社会同步协调发展奠定坚实的法治基础。

三　完善社会保障制度，促进经济社会协调发展

从单纯追求经济增长到确立以人为本的全面发展战略，是许多发展中国家走过的道路。第二次世界大战以后，许多发展中国家从殖民统治下解放和独立出来以后，面临的首要问题就是尽快提高生产力水平，改善民生，消除贫困，增强国力。多数发展中国家都确立了以GDP增长为目标的发展战略。联合国第一个和第二个发展10年规划报告也倾向于把GDP增长等同于社会发展。这种只要是经济的就是合理的观念下的发展政策，导致许多发展中国家出现了资源浪费、贫富悬殊、产业畸形、生态环境恶化、债台高筑等问题。很多诸如贫民教育、劳动保护、社会福利、卫生保健、城乡协调等与人民生活息息相关的社会进步因素，都被作为经济快速

---

① 我国财政收入连续多年呈两位数增长，2010年已达到7.7万亿元（参见周琳等《7.7万亿税收如何用之于民》，《半月谈》2011年第3期），仅次于美国，但在民生方面的开支上升很慢，仅占财政开支的28.8%（参见汪伟《收入差距是如何拉大的？》，《新民周刊》2010年第32期），美国的GDP总量相当于中国的4.5倍，但人均医疗支出是中国的17倍，人均教育支出是中国的38倍（参见潘滨等《幸福在哪里……》，《瞭望东方周刊》2010年第50期）。2008年，中国社会保障和就业支出占GDP的比重仅为2.2%，而日本、美国、瑞典的这一数据分别为13.7%、16.8%、32.14%（参见王克忠《一项最重要的扩大内需举措》，《中国劳动保障报》2009年5月5日）。
② 李培林：《慈善事业在我国社会发展中的地位和作用》，《新华文摘》2005年第10期。
③ 邓聿文等：《商务部回应GDP总量超日本》，《京华时报》2010年8月18日。
④ 刘铮等：《"第二大"并不等于"第二强"》，《新华每日电讯》2011年2月15日。
⑤ 全国人大农委副主任、民盟中央副主席索丽生在2011年2月28日召开的"中国社会保障改革与发展战略研讨会"上语重心长地提到这一信息。

增长的代价牺牲掉了,造成所谓"拉美化的"有增长而无发展的困境。在以牺牲社会发展来谋求经济发展导致没有发展的情况下,各国从单纯追求经济增长转而追求全面的社会发展。"社会发展"的概念逐渐在人们头脑中清晰起来,它是指就业、收入分配、社会保障、生态环境等的全面、协调发展。例如,在巴西,政府一直认为,解决巴西贫困和收入分配两极化问题的根本途径在于发展经济。二战后,经过历届政府的努力,巴西成为世界上第11位经济大国。然而,社会发展始终滞后于经济发展,从而导致了两者的严重不平衡,形成经济迅速发展和贫困、收入分配两极分化现象并存的局面。尤其是农村的贫困人口依然是贫困人口的主体,占全国贫困人口的60%。为了改变贫困和贫富两极分化的局面,巴西政府采取了一系列措施,其中就有增加教育投资、扩大住房基金、建立统一医疗制度等一系列社会保障措施。经过政府努力,巴西的农村贫困人口1990年从1222.7万下降为728.9万,即由占农村人口的39.26%下降为24.5%。[①]巴西的事实说明,经济的发展并不意味着社会领域的必然发展,也不意味着贫困人口的自然减少和收入分配两极分化程度的缓解。政府需要实施缩小贫富差距、体现社会公平的社会保障法律制度,经济发展才能推动社会领域的发展,经济社会才能协调同步发展。

(一) 完善社会保障制度需体现社会公平和社会连带理念

经济发展水平不是社会保障制度完善与否的唯一决定性因素,立法的社会理念在社会保障制度的建设中发挥着同样重要的作用。国际经验证明,在建立和完善社会保障制度的过程中,应力求贯穿社会公平和社会连带的立法理念。

1. 完善社会保障制度需体现社会公平的理念

马克思指出:"一切人,或至少是一个国家的一切公民,或一个社会的一切成员,都应当有平等的政治地位和社会地位。"[②] 平等就意味着一国之内的所有公民应当享受最基本的权利和受到最基本的保护,国家不应根据人们的出身、职业、居住地等在政策和制度上区别对待公民,而应当对

[①] 吕银春:《经济发展与社会公正——巴西实例研究报告》,世界知识出版社,2003,第151、163、186、201页;李培林:《合理调整社会结构》,《新华文摘》2005年第4期。
[②] 《马克思恩格斯选集》第3卷,人民出版社,1995,第444页。

所有的公民一视同仁。美国的著名哲学家罗尔斯将公平具体化为两个不同的原则：第一个原则要求平等地分配基本的权利和义务；第二个原则则认为社会和经济的不平等（例如财富和权力的不平等）只要其结果能给每一个人，尤其是那些最少受惠的社会成员带来补偿利益，它们就是正义的。①罗尔斯认为，第一个原则适用于社会的政治方面，是处理公民政治权利义务的原则；第二个原则主要适用于经济方面，是处理社会和经济问题的原则，它包括两个分原则，即差别原则和机会平等原则或地位开放原则。差别原则承认人们之间在地位和才能方面的差别，为了发挥人们的才能，调动其积极性和鼓励储蓄，社会在经济分配中对才能高的人予以照顾，但这要以能同时改善该社会中最少受益者的状况为前提，而不能扩大这一差别，更不能损害弱小者的利益。②法国法学家狄骥认为："一种法律规则永远是建立在一种社会需要之上，建立在一定时期人们自觉意识上所存在的公平感之上，不符合公平的一种规则，永远也不是一种法律规则。"③只要存在社会公平，富有者获得财富才会被认为是正当，贫穷者才能够得到社会的尊重。没有差别，会造成激励不足，但差别过大甚至不断扩大，将导致社会矛盾丛生，使经济发展受阻，甚至导致社会崩溃。实践证明，给予所有公民以公平待遇，是构建和谐社会的基础。

我国在完善社会保障制度的过程中，已经开始注重社会公平理念在立法中的体现，例如：在总结国务院一系列社会保险行政法规实施经验的基础上，2010年10月28日第十一届全国人民代表大会常务委员会第十七次会议通过、自2011年7月1日起施行的《中华人民共和国社会保险法》（以下简称社会保险法）第10条，将养老保险的覆盖范围规定为职工、无雇主的个体工商户、非全日制从业人员、灵活就业人员；在第20条规定，"国家建立和完善新型农村社会养老保险制度"；第22条规定，"国家建立和完善城镇居民社会养老保险制度"。这些规定表明，社会养老保险将覆盖几乎所有城乡居民，使城乡居民能够比较公平地分享到经济社会发展成

---

① 〔美〕约翰·罗尔斯：《正义论》，何怀宏等译，中国社会科学出版社，2003，第14、302页。
② 〔美〕约翰·罗尔斯：《正义论》，何怀宏等译，中国社会科学出版社，2003，第73、4—5页。
③ 严存生：《论法与正义》，陕西人民出版社，1997，第101—105页。

果。再如,《社会保险法》第 64 条第 3 款规定:"基本养老保险基金逐步实行全国统筹,其他社会保险基金逐步实行省级统筹,具体时间、步骤由国务院规定。"这样的规定对于通过在越来越大范围的社会保险基金的调剂,达到逐步缩小城乡和地区之间收入差距的目的,具有重要意义。

诚然,通过社会保障制度的实施达到实现社会公平的目的是一个渐进的过程,不是一蹴而就的事情。但是,如果颁布实施的法律只具有政策取向的性质,而不具有强制施行的效力,不仅对社会公平的实现不会发生太大的作用,而且会极大地影响到法律的权威性。为此,社会保险法在适当时候进行修订时,首先应当参照 1951 年《劳动保险条例》的规定,对参加社会保险企业的规模及行业作出明确规定,凡是符合社会保险法规定的参保条件的企业,必须参加社会保险,否则给予严厉的处罚;同时参照 1953 年对劳动保险条例修订时扩大覆盖范围的做法,逐步扩大社会保险覆盖范围,最后达到全覆盖的目标。其次,社会保险法规定养老保险逐步实行全国统筹,意即在一段时间仍实行省级统筹。而在 2008 年 12 月 23 日,国务院就提出了到 2009 年底在全国范围内全面实现养老保险基金省级统筹,到 2012 年实现全国统筹的目标。毫无疑问,社会保险法有关养老保险实现全国统筹的时间规定,应当与国务院设定的时间目标相一致,才能立信于民,使人们对养老保险全国统筹时间有一个明确预期。最后,我国急需建立社会护理保险制度,这是因为:我国老龄化呈加快增长趋势,到 2009 年底,60 岁以上的老人已达 1.67 亿人,到 2020 年将达到 2.48 亿;高龄老人、空巢老人、生活不能自理老人数量庞大,2007 年全国第二次残疾人抽样调查数据显示,从 1987 年到 2007 年的 20 年间,我国新增残疾人 2000 余万,其中 75% 是老年人;公共服务不能满足老年人的需求,2008 年,每千名老年人拥有养老机构床位为 11.6 张,说明 98.84% 的老人只能居家养老。[①] 而农村只有几十元养老金收入的老年农民,压根就没有在生活不能自理时去住养老院的希望。我国未富先老的现状,增加了社会赡养的负担,国家必须尽快建立社会护理保险制度以及完善养老保险和医疗保险制度,才能够保证人们在进入老年阶段以后体面而有尊严地生活。

此外,在完善社会保障制度的其他规定时,同样需要力求体现社会公

[①] 阎青春:《我国城市居家养老服务研究》,2008 年 2 月 21 日新闻发布稿。

平的立法理念。一是需尽快制定住房保障法。为了加速保障性住房建设，2009年国家下达了保障性住房建设计划，预计投入1676亿元资金，其中中央投入493亿元，地方配套1183亿元。然而，截至2009年8月底，投资额仅为394.9亿元，投资率为23.6%。对此，全国人大2009年10月28日公布的《关于保障性住房建设项目实施情况的调研报告》认为，"各级政府间的责任划分得不够清楚，影响中央决策落实"是完成率低的原因之一。为此需要尽快制定住房保障法。[①] 国家通过立法，根据经济整体发展水平以及居民的收入水平，合理确定经济适用房在房地产投资中所占的比重，加大经济适用房的投资力度，并强制实施，就能够基本满足绝大多数中低收入者的住房需求。二是对不严格执行义务教育法规定的政府部门加大处罚力度。2006年，新修订的义务教育法规定，义务教育经费占国民生产总值的4%，2007年，《国家教育事业发展"十一五"规划纲要》也明确表示，财政性教育经费支出占GDP的比例为4%，但由于各种原因我国的教育投入与经济发展水平严重失衡。1994年，世界平均水平达5.2%，发展中国家平均水平也达到了4.2%，而在10年以后的2006年，我国财政性教育经费占GDP的比重仅为3.01%，同年，韩国、以色列、美国、德国的教育投入对GDP的占比分别为7.5%、8.5%、7.5%、5.3%，[②] 我国的人均教育公共支出在世界153个国家和地区中名列第145位。[③] 教育经费不足首先影响到的是农村中小学学生不能与城市的学生一样公平地接受义务教育，导致农村学生输在起跑线上的结果。为此，在修订义务教育法时，应当对不按法律规定拨付教育经费的政府有关部门采取严厉的处罚措施，以保证义务教育法的切实实施。

2. 完善社会保障制度须体现社会连带的理念

法国著名的法学家狄骥创立了社会连带主义法学，这种理论认为，人在社会中结成一种既分工又合作的关系，它叫"社会连带关系"，它是人类社会的基础，随着社会的发展而发展。著名的美国法学家德沃金指出，连带社会使全体公民的责任特殊化：每个公民尊重他所处社会的现有政治安排中的公平和正义的原则；它使这些责任充满个人性质，规定不得抛弃

---

① 陈霄：《无法可依成为住房保障制度的软肋》，《中国社会科学报》2009年11月19日。
② 顾明远主编《改革开放30年中国教育纪实》，人民出版社，2008，第269、283页。
③ 江静等：《公共职能缺失致中国经济逆服务化》，《中国社会科学报》2011年2月17日。

任何人，不论是好人还是坏人都共同生活在政治社会中；连带关注的基本原理是，人人都有价值，人人都必须得到平等的关注。① 哈耶克也指出，由于每个人都依赖于一种合作体系，没有这种合作，所有人都不会有一种满意的生活，因此利益的划分就应当能够导致每个人自愿地加入合作体系中来，包括那些处境较差的人们。② 这里所说的社会合作体系，主要体现为国家。国家通过政府对社会成员承担一定的义务和责任。因为在市场经济下，任何人都可能陷入无助的地步，而且责任完全不在他们自己，这是个人解决不了的问题，家庭由于规模太小，也难以照顾和养活患病、残疾、年老体弱和失业的家人，生活风险的抵御必须社会化。③ 由此，在现代社会，为社会成员提供旨在抵御各种生活风险的社会保障待遇，保障社会稳定和谐运行，则是国家的主要义务和责任。

社会连带的理念对于社会公平的体现影响重大，即社会连带的理念为社会公平提供了坚实的基础。例如，在法国，建立社会保障制度的目的之一，是在一个连带关系更为突出的社会里促使每个成员的成长。通过对领薪者的劳动报酬的义务性预先扣除（社会保险费，无论是雇主的还是领薪者的），并以给付的形式对这些扣除进行分配，就会在两个群体（有职者与无职者）之间建立一种连带关系。在农业社会保障领域，由于缴纳的社会保险费只能支付农业社会保障制度中的极小一部分开支，因而需要外来资金。在此，外来资金有两个途径：一是在农业领薪者（农业雇员）社会保障方面，人们求助于领薪者的普通连带，即一般制度（工人、雇员的社会保险制度）应该对农业领薪者的社会保障的财政赤字进行补贴；二是在农业经营者（农场主）方面，人们诉诸国民连带，即国家财政预算中包括农业社会保障预算，国家财政要对农业经营者的社会保障投入资金。④

我国在完善社会保障立法中已在逐步体现社会连带理念。例如，《社会保险法》第15条第1款规定："基本养老金由统筹养老金和个人账户养老金组成。"仍在适用的《国务院关于完善企业职工基本养老保险制度的

---

① 〔美〕德沃金：《法律帝国》，李常青译，中国大百科全书出版社，1996，第189—191页。
② 〔英〕哈耶克：《自由秩序原理》，邓正来译，三联书店，1997，第104页。
③ 胡鞍钢等主编《第二次转型国家制度建设》，清华大学出版社，2003，第282页。
④ 〔法〕让-雅克·迪贝卢等：《社会保障法》，蒋将元译，法律出版社，2002，第29、64、189页。

决定》规定，统筹养老金月标准以当地上年度在岗职工月平均工资和本人指数化月平均缴费工资的平均值为基数。在此，社会连带理念体现在将"本人退休时上一年度的本市职工月平均工资"作为计算统筹养老金的基数之一。在一个统筹地区，参加基本养老保险职工的工资水平是不一样的，以统筹地区职工的平均工资作为计算统筹养老金的基数，就将高收入职工与低收入职工连带了起来，即通过对统筹地区职工月工资的"平均"，使得高收入职工的统筹养老金水平有所下降，低收入职工的统筹养老金水平有所上升，这一降一升缩小了不同收入者之间的养老金待遇差距，人们感觉受到公平对待，由于养老金待遇差距过大而产生的不平衡心理得到了舒缓，由此社会和谐的氛围逐步形成。

又如，社会保险法中关于医疗保险的有关规定体现的社会连带理念更为明显，一是第23、24、25条的规定体现了全覆盖的目标，二是将1998年《国务院关于建立城镇职工基本医疗保险制度的决定》中的"社会统筹和个人账户相结合"的失败的筹资和支付模式改为符合医疗保险固有的互济功能的"现收现付"模式，这一修改在体现健康的人与生病的人、生小病的人与生大病的人的连带关系的同时，减少和降低了人们对于因病致贫、因病返贫的担心和恐惧，人们的安全感增加了，社会也因此更加和谐了。还有，2009年9月4日国务院发布的《农村社会养老保险试点意见》指出，2009年在全国10%的县（市、区、旗）进行农民社会养老保险试点，2020年之前达到全覆盖。农民养老金由基础养老金和个人账户养老金构成，其中最低标准基础养老金为每人每月55元，中央财政对中西部地区的基础养老金给予全额补助，对东部地区补助中西部标准的5%，以确保同一地区农民领取到的养老金水平基本相同。2009年7月12日，卫生部、民政部、财政部等5部门下发的《关于巩固和发展新农合制度的意见》提出，从2010年开始，全国新农合筹资水平提高到每人每年150元，其中中央政府为中西部地区每个参合农民补助60元，对东部地区按照中西部地区一定比例给予补助；地方财政的补助额相应提高到每人每年60元。这些社会保障立法就将我国城乡之间、地区之间、代际通过中央财政提供补助连带了起来，即将城市对为国家工业化一直在作贡献的农村进行的反哺，东部对西气东输、西油东输、西电东输以及西部劳动力东移的西部人的回报，在职纳税人对已经退出劳动领域但曾为国家的建设和发展作出过贡献的老年人的供养,通过社会保障制度的实施连在一起,使这个大家庭中的所有成员没有一人被放弃、没有一人被抛弃。这无疑是促进经济社会协调发展的有力措施。

早在春秋战国时期,孔子就发表过"使老有所终,壮有所用,幼有所长,矜寡孤独废疾者,皆有所养"的言论,这是两千年前孔子所梦想的理想社会。孔子的言论表述为今天的语言即"使老年人的归宿有妥善的安排,壮年人的才干有发挥的机会,幼年人的成长有良好的条件。独身的人,孤弱的人,没有子女照顾的人,有残疾的人,都能够得到社会的供养"。可见,孔子设想的理想社会实际上就是一个有完善社会保障制度的社会。理想社会是人类普遍向往和不懈追求的社会状态,它既是近期目标,也是长远目标①,甚至是一个永无止境的目标。所以,国家在大力发展经济、为人们的福祉创造充足物质保障的同时,还要通过社会保障制度的不断完善和切实实施,真正造福于人民,实现经济社会同步协调发展的目的。

(本文原载于《法学研究》2011年第3期)

---

① 李步云:《"和谐社会"论纲》,载李林主编《依法治国与和谐社会建设》,中国法制出版社,2007,第3—4页。

社会保障权的起源和历史发展

刘翠霄[*]

在原始公有制时期,生产力极为低下,人们为了繁衍生息过着共同劳动、相依为命的群体生活,一切生活保障都由氏族或群体内部解决。在前资本主义很长时期内,社会保障制度主要依靠家庭养老、慈善、济贫和邻里互助、互济等,欧洲中世纪的慈善事业主要由宗教团体和私人捐赠基金举办或资助孤儿院、贫民院等,具有浓厚的宗教色彩。工业革命时期,随着生产力的发展,人类从农业社会向工业社会的转变,原来主要由家庭承担的生活保障职能逐渐被削弱,因为仅凭个人和家庭的力量已很难抵御和防范工业革命带来的各种社会风险。特别是工业化早期,经济自由主义的观点风行一时,贫富分化和各种社会问题越来越明显,要求保障社会弱势群体生活的呼声不断出现,社会保障权也应运而生。

一 社会保障权的起源

由于社会保障权是法定权利,因而社会保障权的起源在一定意义上与社会保障制度的起源互为表里。目前学界就社会保障制度起源问题有以下三种观点。

(一) 社会保障制度与人类社会相伴而生

有学者认为,自人类社会产生之日起,社会保障制度也随之产生:第

---

[*] 刘翠霄,中国社会科学院法学研究所社会法研究室原副主任,研究员(退休),主要研究方向为社会保障法、社会保护法。

一，原始社会具有高度的不确定性，保障是第一需要，制度的主要功能是保障；第二，原始社会的组织制度具有同一性，即家庭＝社会国家；第三，组织内的规则是非正式的，这些非正式规则的目标指向，就是劳动成果的平均分配，以满足部落群体大部分成员的基本生存需要。

（二）社会保障制度肇始于英国《济贫法》

英国的学者把1834年英国新济贫法看作社会保障制度起始，认为它代表着国家干预社会问题的转折点。而有些学者甚至将社会保障制度的起始追溯到1601年的旧济贫法，认为它体现着国家对贫困问题的制度化介入。持此观点的主要原因是中世纪末期至资本主义早期相当长一段时间内，西方初创的各民族国家并未立即干预人们的经济生活，而是由家庭和互助组织提供保障。

（三）社会保障制度是工业化的产物

多数学者认为，在资本主义进入工业化社会的早期，传统的家庭、民间慈善机构以及工人们自发成立的互助组织在预防和保障生活风险中已经不能起到根本和普遍的保障作用；英国旧济贫法的颁布表明，在从传统的农业社会向工业化社会转型的过程中，英国统治阶级意识到贫困和失业对其统治的威胁，并且采取某些措施来缓和这些社会矛盾，然而，政府介入的有限性，使得救济措施不是贫困者应当获得救助的权利；而新济贫法也没有像德国19世纪末颁布的几种社会保险法那样对世界范围的社会保障立法产生那么巨大的影响。因此，现代社会保障制度始于1883年德国颁布的《疾病保险法》，它用社会保险立法的形式，建立起强制性的由国家为劳动者提供生活风险保障的制度，并为其他国家起了示范作用。在以后的几十年中，欧洲国家纷纷建立以社会保险为核心的社会保障制度，在人类解决不平等问题的努力上，显示出一个新时代的来临。在目前建立了社会保障制度的160多个国家中，没有一个国家的社会保险立法早于德国，因此，把德国社会保险立法看作现代社会保障制度的开端，依据是很充分的。

二　社会保障权的历史发展

学术界一般将社会保障权发展分为两个阶段，以第二次世界大战为分水岭，将二战之前的社会保障制度视为早期社会保障制度，将二战之后的社会保障制度视为现代社会保障制度。

（一）作为应急措施的早期社会保障制度

1. 作为维护社会稳定工具使用的德国社会保险法

19世纪中叶的德国，由于工业的迅速发展，创造了一个新的社会阶层——工人阶级。由于工人的劳动条件极其恶劣，房荒严重，工伤事故和职业病猛增，而工人因事故、疾病造成伤残、丧失劳动能力时，或者因衰老等不能工作时，他们的收入丧失，他们本人以及家庭的生活失去保障，工人阶级的命运相当悲惨。

在工人生存受到威胁、生活没有保障的情况下，工人罢工活动此起彼伏。面对不断深化和激烈的阶级矛盾和斗争，俾斯麦政府一方面通过颁布镇压社会民主党的法令，对工人运动及其政党进行血腥镇压；另一方面积极促进工人的福利，改革社会弊端。这就是闻名于世的俾斯麦的"胡萝卜加大棒"的社会政策。在"社会改革"的旗号下，德国于1883年、1884年、1889年先后颁布了世界上第一部《疾病保险法》、《工伤事故保险法》和《老年和残疾社会保险法》。在阶级矛盾尖锐、劳资关系紧张的社会背景下，社会保险制度成为调和劳资矛盾、维护社会稳定的政治工具。

2. 作为政府反经济危机工具使用的美国社会保障法

1929年到1933年世界性经济大危机给美国经济造成了严重的创伤，大批工厂倒闭，工人失业，1933年失业率达33%。由于美国的社会保障制度是以职业福利为核心的，在企业倒闭、工人失业、工资下降的情况下，美国基本上成了一个没有保障的社会了。在罗斯福总统上台的时候，美国的经济已经处于崩溃的状态。严重的经济危机和尖锐的劳资矛盾，极大地影响着美国的社会稳定。当时的美国城市随时可能发生暴动。1933年罗斯福一上台，就制定并实施旨在摆脱危机、重振经济、缓和阶级矛盾的"罗斯福新政"。在罗斯福确立的政策目标下，美国1935年颁布了旨在提高人们的消费能力,刺激总需求的社会保障法,以适应当时生产过剩的情况。在经济危机的社会背景下,社会保障法成为政府反经济危机和需求管理的工具。

3. 作为消除和减少贫困工具使用的英国济贫法

1601年,英国颁布济贫法,通过强迫那些在进行土地制度改革中被迫离开土地、成为不受法律保护的无业游民从事苦役性劳动,来解决贫民的生活问题。1796年,英国议会通过的《斯品汉姆莱法》规定,"当每加仑面粉做成的面包——价值1先令时,每个勤勉的穷人每周应有3先令收入","其妻及其他家庭成员每周则应有1先令6便士"。如果劳动者及其家庭成员的所有收入没有达到此项标准,则应从济贫税中予以补足,而且补贴随面包价格上涨而浮动。《斯品汉姆莱法》把济贫的范围扩大到有人就业的贫穷家庭,使低工资收入者能够获得某种最低限度的生活保障。1834年,英国颁布实施新济贫法,规定济贫资金主要由各地区的地方税(原称济贫税)承担。可见,英国的社会立法是作为消除和减少贫困的工具来使用的。

(二)作为长期战略措施的现代社会保障制度

早期建立起来的社会保障制度,旨在通过国家直接干预和调节社会再分配,来消除广泛发生的社会问题,缓和社会矛盾。当资本主义进入垄断阶段,垄断资本开始与资产阶级国家相结合时,出现了国家干预经济的各种形式。尤其是第二次世界大战以后,新科技革命兴起,使资本主义经济得到迅速发展,国家垄断资本主义也达到高度发达阶段。在这种情况下,以往建立的"保障每个人都能维持一般生活水平"的目标已经不能适应时代的需要,社会保障向着内容日益包罗万象、规模空前扩大、制度日臻完善的方向发展。一些公共事务机构也随之出现,它们通过对国民收入公平、合理的再分配,达到保障绝大部分国民经济安全的目标。

1. 英国建立起福利国家

第二次世界大战期间,伦敦经济学院院长、自由党人贝弗里奇,受政府之托,出任英国社会福利事业调查委员会主席,负责制定战后实行社会保障的计划。1942年底,轰动英国的著名"贝弗里奇报告"发表,它的观念和理论被首相丘吉尔所接纳。贝弗里奇报告被称作"贝弗里奇革命",

它的革命性主要表现在：它把社会福利作为社会责任确定下来；它把救济贫困的概念由原来的救济贫民改变为保障国民的最低生活标准。他认为，实现这些目标的办法是建立以社会保险为核心的社会保障制度。1946年，执政的工党以贝弗里奇报告为基础，颁布了一系列社会保障法：1946年颁布了国民保险法、国民医疗保健法、住房法和房租管理法，1948年颁布了国民救济法。以后，经过多次的修改和补充，到了20世纪80年代，英国建立起了真正的"从摇篮到坟墓"的社会保障制度。

第二次世界大战以后，英国的经济迅速发展，不仅19世纪末大量存在，20世纪30年代依然存在的赤贫现象基本不复存在，而且人们对于"贫困"有了新的理解和解释，进一步提出了生活的质量问题。在这些观念的影响下，国家通过制定和完善社会保障法，使社会福利能够覆盖全社会公民基本生活需求的方方面面，人们生活的基本需求实现了社会化保障。战后40年来，虽然也有罢工和冲突，但总的来说，社会是稳定的，这与社会保障制度的实施是分不开的。

2. 德国建立起福利国家

德国在1949年制定了德意志联邦共和国基本法。基本法将公民基本权利的条文以及国家尊重和保护人的尊严的职责放在首要位置，同时规定了国家制度的5项原则，即共和原则、民主制原则、联邦制原则、法治原则和社会福利原则。其中社会福利原则是对传统的法治国家思想的一个现代化补充。它责成国家保护社会上的较弱者，并不断谋求社会公正。社会福利国家表现在为老年、伤残、疾病以及失业者提供福利金，为穷人提供社会救济、住房津贴、家庭补贴以及通过劳动保护法和工作时间法为劳工提供基本的保护。

依据基本法所确立的社会福利原则，德国通过建立和实施健全完善的社会保障制度，已建立起享誉世界的福利国家。国家的每一个公民都能够享受到从娘胎到坟墓的福利保障，尤其是雇员，他们无论遭遇什么生活风险，甚至在受企业破产影响或希望改行的情况下，社会保障制度都能够使他们在经济方面没有后顾之忧。而且，社会保障惠及雇员以外的其他群体，它提供子女补贴、教育补贴、住房补贴、为贫困者提供社会救济等，这些支出在1997年占国民生产总值的34.9%，90%的公民能够享受到社会保障的各种待遇。

3. 美国具有市场化特点的社会保障制度

二战以后，在西欧各国开始建立福利国家的时候，美国的民主党也进行了建立福利国家的尝试。1949 年，杜鲁门总统连任以后，提出了一个"公平施政"的纲领，此外，他还提出了"国民医疗保险方案"。杜鲁门的这些政策实际上也是肯尼迪总统的"新边疆计划"和约翰逊总统的"伟大社会"计划的主要内容。可以说，在这三位民主党总统的治国纲领中体现出与西欧福利国家政策相似的思路。然而，杜鲁门的"公平施政"纲领在国会受到坚决抵制，他的"国民医疗保险"方案也受到以"美国医师协会"为代表的利益集团的反对，最终被议会否决。在 20 世纪 50 年代，美国的社会保障基本上没有进展。尽管政策的制定者和部分国会议员强调，美国社会保障是自我维持、自我发展的事业，但是，在社会保险收不抵支时，政府仍要承担最终的财政责任。与西欧国家不同的是，政府拨款的目的不是为了增加国民的福利，而是为了保持现行制度的继续与稳定，从而为经济和社会的发展提供稳定的社会环境。

现代社会保障制度与早期社会保障制度相比，其特征表现在：福利国家的关键是政府保证所有公民享有最低标准的收入、营养、健康、住房、教育和就业机会。这些保障表现为公民的政治权利而不以慈善形式出现。"这时，社会保障制度已经从单纯的社会救济发展成公民的一种社会权利，从而过渡到主动地针对社会弊端制定防范措施的新阶段"。"这个宽泛的社会保障网是联邦共和国所有公民的巨大协作成果。对于每一个公民来说，他有权利得到社会保障制度的待遇，反过来说，这也意味着，公民不是国家施舍的领取者，而是制度的积极合伙人。"在福利国家，在运用保险原则的同时，国家也没有放弃救济原则，然而，这时人的尊严和价值要求被放在首要位置，认为只有在充分社会保障的基础上，人的尊严和人的价值才能得到保障，人的人格才能得到公平发展，这不仅成为全社会的共识，而且社会也为此承担起了责任。健全完善的社会保障制度虽然使福利国家背上沉重的财政包袱，各国历届政府也试图改革，然而，社会保障制度对于社会稳定和经济发展的重要作用，使得执政党对社会保障待遇只能作适当的调整，而不敢大幅度削减。社会保障制度确是一条"只能进不能退的单行道"，一旦建立就必须义无反顾地走下去。

三 新中国社会保障制度的建立和发展

我国社会保障法律制度也包括社会保险制度、社会优抚制度、社会福利制度、社会救济制度四大项目，其中社会保险制度是体系中的核心项目。由于我国实行城乡分离的二元经济社会结构，因而，城乡社会保障实行不同的制度安排。

（一）社会保障制度的建立

1. 社会保险制度

第一，企业职工劳动保险制度。1951 年 2 月 26 日，政务院颁布了《中华人民共和国劳动保险条例》，标志着新中国社会保险制度的建立。1953 年政务院对劳动保险条例进行了修订并扩大了覆盖范围。劳动保险待遇主要包括养老、疾病、伤残、生育、死亡及供养直系亲属几个项目；劳动保险基金由企业缴纳，费率为企业职工工资总额的 3%，并且规定不得在工人与职员工资内扣除。截至 1956 年底，参加劳动保险的职工人数占国营、公私合营、私营企业职工总数的 94%。1969 年 2 月，财政部发布了《关于国营企业财务工作中几项制度的改革意见（草案）》，将过去养老保险社会统筹调剂改为企业保险的制度。

第二，国家机关工作人员社会保险制度。1950 年 12 月 11 日，经政务院批准，内务部颁发《革命工作人员伤亡褒恤暂行条例》，对工作人员伤残、死亡有关待遇作了规定；1952 年 6 月 27 日，政务院又颁布了《关于全国各级人民政府、党派、团体及所属事业单位的国家工作人员实行公费医疗预防措施的指示》，由此确立了我国的公费医疗制度；1955 年 4 月 26 日，国务院颁布了《关于女工作人员生育假期的通知》，规定了国家机关工作人员的生育待遇；1955 年 12 月 29 日，国务院发布了《国家机关工作人员退休处理暂行办法》等法规，确立了我国国家机关、事业单位职工的退休制度。

2. 社会优抚安置制度

1950 年，经政务院批准，内务部公布了《革命残废军人优待抚恤暂行条例》等一系列法规，确立了我国优抚安置制度，其内容主要有以下三点。第一,优待制度。对优待对象应当享受的优待待遇作了明确规定。第二,抚恤制度。抚恤制度包括伤残抚恤和死亡抚恤两类。第三,安置制度。安置制度主要包括对复员退伍军人、军队转业干部的安置以及对军队离退休干部的安置。

3. 社会福利制度

第一,民政福利。1951年8月15日,内务部全国城市救济福利工作会议文件《关于城市救济福利工作报告》经政务院政治法律委员会批准后,作为城市救济福利工作的原则指示发布。保障对象主要是无依无靠的城镇孤寡老人、孤儿或弃婴、残疾人等。

第二,企业职工福利。1957年1月,国务院发布《关于职工生活方面若干问题的指示》,对职工住宅、上下班交通、困难补助等问题作出了明确规定。到1957年底,全国职工的医疗费、住房费、教育费、离退休费年度支出达1800亿元,占全国财政收入的36%。职工的各种补贴相当于职工平均工资的81.71%。职工福利覆盖的城镇劳动者及其家属,占城镇居民的95%,占全国人口的25%以上。

第三,国家机关、事业单位职工福利。1954年3月政务院发布了《关于各级人民政府工作人员福利费掌管使用办法的通知》,对机关事业单位工作人员的福利待遇及经费来源、管理与使用作出规定。1957年1月国务院发布了《关于职工生活方面若干问题的指示》。这些法规对国家机关、事业单位职工的冬季取暖、生活困难补助、职工住宅、上下班交通、职工家属医疗补助、生活必需品供应等问题作了全面的规定。

4. 社会救济制度

1956年,我国开始进入全面建设社会主义时期以后,在城市形成了就业与保障一体化的保障制度,社会救济主要面向城乡没有劳动能力、没有收入来源、没有法定赡养人或抚养人的社会成员,社会救济费由国家承担。

5. 农村社会保障制度

第一,农村合作医疗制度。1968年11月毛泽东批发了湖北长阳县乐园公社办合作医疗的经验后,全国绝大多数生产大队办起了合作医疗。1978年五届人大通过的《中华人民共和国宪法》将"合作医疗"写了进去。1979年卫生部在总结合作医疗经验的基础上,与农业部、财政部联合下发了《农村合作医疗章程（试行草案）》，对合作医疗进行了规范。到了20世纪70年代末，全国约有90%的行政村实行了合作医疗。

第二，农村社会救济制度。1958年实行了人民公社化以后，国家规定，对生活有困难的社员，经群众讨论同意以后，给予补助。享受补助的条件是，全年收入不能满足基本生活需要。补助的方式有工分补助、粮食补助和现金补助三种。在经济不发达地区，集体经济没有能力为贫困户提供补助的，由国家提供适当救济。据统计，从1955年至1978年20余年间，国家为农村贫困户提供的社会救济款达22亿元。1956年6月，一届人大三次会议通过的《高级农业合作社示范章程》规定："农业生产合作社对于缺乏劳动能力或完全丧失劳动能力、生活没有依靠的老弱孤寡、残疾社员，在生产和生活上给予适当的安排和照顾，保证他们吃、穿和烧柴的供应，保证年幼的受到教育和年老的死后安葬，使他们的生养死葬都有指靠。"由此确立了我国农村"五保"制度。1960年4月10日，二届人大通过的《1956—1976年全国农业发展纲要》第30条又增加了"保住"、"保医"等内容，使得"五保"制度更加完善。

（二）社会保障制度的改革和发展

20世纪80年代我国开始进行经济体制改革，整个社会的经济结构发生巨大变化，原来的社会保障制度不但不能发挥它促进经济发展、维护社会稳定的功能和作用，相反成为经济体制改革的羁绊和障碍，所以，必须进行改革。

1. 社会保险制度

第一，养老保险制度。1986年7月12日，国务院发布了《国营企业实行劳动合同制暂行规定》，建立了国家、企业和职工个人共同承担养老保险责任的制度；1991年6月26日国务院下发了《国务院关于城镇企业职工养老保险制度改革的决定》，建立养老保险基金社会统筹制度；1995年3月，国务院发布了《关于深化企业职工养老保险制度改革的通知》，建立统账结合的养老保险制度；1997年7月16日国务院发布了《关于建立统一的企业职工基本养老保险制度的决定》，决定规定了三个"统一"：一是统一企业和个人的缴费比例；二是统一个人账户规模；三是统一基本养老金计发办法。

2000年12月25日，国务院发布的《关于印发完善城镇社会保障体系试点方案的通知》将个人账户的缴费率由本人工资的11%降到8%，个人缴费全部记入个人账户，企业缴费全部记入统筹基金，个人缴费不满15年的，不享受基础养老金，个人账户储存额一次支付。2005年12月《国务院关于完善企业职工基本养老保险制度的决定》进一步完善养老保险制度。有统计表明，参加基本养老保险的在职职工从1989年的4800余万人扩大到了2007年的13690.6万人；离退休、退职人员从1989年的890余万人扩大到了2007年的4544.0万人[①]。对于国家机关、事业单位工作人员的养老保险，1978年5月，第五届全国人大常委会批准了《国务院关于安置老弱病残干部的暂行办法》和《国务院关于工人退休、退职的暂行办法》，一直沿用到2010年代。2015年起，国务院决定对机关事业单位养老保险制度进行改革。随着《关于机关事业单位工作人员养老保险制度改革的决定》（2015年1月3日）和《机关事业单位职业年金办法》（2015年4月6日）出台，机关事业单位养老保险制度开始了新一轮改革。改革的主要内容是，机关事业单位在参加基本养老保险的基础上，为其工作人员建立职业年金等。

第二，医疗保险制度。关于劳保医疗，1998年12月14日，国务院发布了《关于建立城镇职工基本医疗保险制度的决定》，决定对覆盖范围、属地化管理原则、统筹层次、医疗保险基金筹措方式、待遇标准等作出了规定。到2007年，参加城镇职工基本医疗保险人数为18020万，比2006年增加了2288万人。关于城镇居民基本医疗保险，2007年9月国务院发布《关于开展城镇居民基本医疗保险试点实施方案》，规定城镇居民基本医疗保险以家庭缴费为主，政府提供适当补助。政府每年按不低于人均40元的标准给予补助，其中中央政府从2007年起，每年通过专项转移支付，对中西部地区按人均20元给予补助。城镇居民基本医疗保险基金重点用于参加基本医疗保险的居民的住院和门诊大病医疗支出。到2007年底，参加城镇居民基本医疗保险的人数为4291万。

关于公费医疗，1989年卫生部、财政部发布《关于公费医疗管理办法的通知》，文件的内容涉及公费医疗制度两个方面的改革：一是将原来完

---

① 参见 http://www.iolaw.org.cn/showarticle.asp?id=2874。

由国家财政承担医疗费用改为以国家财政为主，国家、单位和个人三方分担医疗费用；二是一些单位由于政府拨款不足而使公费医疗出现赤字时，还需自己筹措资金予以弥补。这项改革没有从根本上改变财政预算拨款是公费医疗唯一的筹资渠道的性质。

第三，失业保险制度的建立。1993年4月12日，国务院颁发《国有企业职工待业保险规定》，1999年1月22日，国务院颁布《失业保险条例》，标志着我国失业保险制度发展到了一个新的阶段：一是正式用法规的形式以"失业保险"代替"待业保险"；二是把失业保险的覆盖范围从国营企业职工扩大到城镇各类企业、事业单位；三是建立了单位和职工共同承担缴纳失业保险费责任的制度；四是提高失业保险基金统筹层次；五是明确了失业保险金的发放标准。由于失业保险金结存较大，近年来失业保险费率有所下调，《失业保险条例》为了适应"经济新常态"也在修改过程中。

第四，工伤保险制度。2003年4月27日，国务院颁布了自2004年1月1日起实施的《工伤保险条例》，这是我国第一部专门规范工伤保险的法规。与以往的规定相比，不仅扩大了工伤保险的适用范围，规定了工伤保险缴费的责任主体是用人单位，并明确了工伤的认定标准，而且规定了医疗卫生专家参与劳动能力鉴定，同时还规定了工伤争议中用人单位的举证责任。到2007年底，全国参加工伤保险人数增加到12173万、享受待遇的人数增加到96万、基金收入增加到166亿元、支出上升为88亿元、基金滚存额达到262亿元。

第五，生育保险制度。1994年12月，劳动部发布了《企业职工生育保险试行办法》，其主要内容有：生育保险适用于所有企业；生育保险费实行社会统筹；女职工生育的检查费、接生费、手术费、住院费和药费由生育保险支付。因生育引起疾病的医疗费，由生育保险基金支付。据悉，生育保险可能与医疗保险合并，有关部门正在进一步研究过程中。

2. 优抚安置制度

1988年7月18日，国务院颁布了《军人抚恤优待条例》，全面地对军人的抚恤优待问题作了具体规定，同时废除了1950年颁布的5个条例。为了有效保障广大官兵和优抚对象的利益，国家对1988年颁布的《军人抚恤优待条例》进行了修订，并于2004年由国务院、中央军委发布，自

2004年10月1日起施行。新条例有以下突破：明确规定了优抚对象，扩大了条例适用范围；提高了优抚待遇标准；增加了批准烈士的条件和程序；增加了"法律责任"一章。

3. 社会福利制度

第一，企业职工福利制度。20世纪90年代，在大力发展第三产业的社会背景下，在承包责任制的基础上，绝大多数企业和单位打破过去封闭运行的模式，成立了面向社会、有偿服务的劳动服务公司，并逐渐与原单位脱钩，成为独立的经济实体并参与市场竞争。

第二，住房福利制度。首先是经济适用住房制度。2007年11月，建设部等七部委联合发布了新修订的《经济适用房管理办法》，强调了经济适用房的保障"居者有其屋"功能。到2006年底，全国经济适用房已竣工的建筑面积达13亿平方米，解决了1650万户的住房问题。其次是住房公积金制度。由国务院发布的《住房公积金管理条例》自1999年4月3日起实施。住房公积金用于职工购买、建造、翻建、大修自住住房。条例颁布以来，住房公积金比较充分地发挥了它所具有的互助性和保障性的特征。最后是廉租房制度。2003年12月31日，建设部等五部委联合发布《城镇最低收入家庭廉租住房管理办法》，并自2004年3月1日起实施。截至2005年底，全国累计用于最低收入家庭住房保障的资金为47.4亿元，为32.9万户最低收入家庭提供了住房保障[①]。

第三，教育福利制度。首先是义务教育。2001年，国家出台了"两免一补"政策，政策规定，由中央财政免费提供教科书，地方财政负责免杂费和补助住宿生的生活费。2006年6月29日，十届全国人大常委会第22次会议对实施了20年的义务教育法进行了修订，新义务教育法的规定为义务教育经费投入提供了保障。2007年实现了农村义务教育阶段免收学杂费的目标。其次是高等教育。1993年，中共中央、国务院发布的《中国教育改革和发展纲要》明确指出："改革上大学由国家包下来的做法，逐步实行收费制度。"高等教育制度由此从福利制转向责任分担制。为了使那些家庭贫困的学生能够顺利完成高等教育，体现教育的公平性，国家及

---

① 参见网站：http://www.mohurd.gov.cn/1swj/01/xw2010102602.htm，访问时间：2013年1月6日。

时建立了一系列资助贫困大学生的制度，如高校助学贷款制度、国家助学奖学金制度，以及绿色通道的开设等。

4. 社会救济制度

第一，城市居民最低生活保障制度的建立。1999年9月28日，国务院颁布了《城市居民最低生活保障条例》，条例内容包括保障范围、保障标准、保障资金来源等问题。2000年各级财政投入最低生活保障资金达29.6亿元，其中中央财政投入8亿元，地方财政投入21.6亿元。截至2015年第三季度，全国城镇居民最低生活保障人数为1755.5万，农村居民最低生活保障人数为4972.4万。

第二，城市医疗救助制度的建立。2005年2月26日，民政部、卫生部、劳动和社会保障部、财政部发布了《关于建立城市医疗救助试点工作的意见》。意见规定，政府财政投入是医疗救助资金的主要来源；以低保户为主要救助对象，兼顾低保边缘群体；大病救助为主，门诊救助为辅。到2015年，由民政部门资助参加医疗保险人数达88.5万，资助参加合作医疗人数2288.0万。

5. 农村社会保障制度的建立和改革

第一，农民养老保险制度的建立。1992年1月3日，民政部颁布了《县级农村社会养老保险基本方案（试行）》。由于农村养老保险制度符合广大农民的愿望以及地方政府对农村养老保险工作的重视，方案实施的头几年，农村养老保险工作呈现良好的发展势头。2015年，我国统一提高全国城乡居民养老保险基础养老金最低标准，在原每人每月55元的基础上增加至每人每月70元。

第二，新型农村合作医疗制度的建立。2003年1月，国务院办公厅转发了卫生部、财政部、农业部《关于建立新型农村合作医疗制度的意见》，明确从2003年下半年开展新型农村合作医疗试点工作。在试点地区，中央财政对中西部地区农民每年按人均10元的标准提供补助金，地方财政提供每年人均不低于10元的配套补助，农民个人每年缴纳不低于10元的合作医疗费用，由此形成新型农村合作医疗基金。2015年，各级财政对新农合的人均补助标准达到380元，同时积极探索建立与经济发展水平和农民收入状况相适应的筹资机制，逐步缩小城乡基本医保制度筹资水平差距。

第三，农村社会救济制度。1994年1月23日，国务院颁布《农村五保供养工作条例》，首次将农村五保供养用行政法规的形式规定了下来。2006年1月11日，国务院发布了新修订的《农村五保供养工作条例》，规定"五保户"供养是政府的责任。2007年7月11日，国务院发布《关于在全国建立农村最低生活保障制度的通知》。各地在建立适合本地经济发展水平的低保制度时，对享受低保待遇的对象作出具体规定。2008年，中央财政将农村低保月人均补助标准由30元提高到50元。2015年，全国农村最低生活保障人数为4972.4万，保障金累计支出6376367.4万元。

四 结语

社会保障制度不是划分不同国家社会性质的主要标志，而是各个国家国民财富再分配的辅助手段。现代社会保障制度是现代化大生产的必然产物和客观要求，设计一套系统而完备的社会保障制度，是现代政府必须承担的重要职能。这项职能履行得如何，政府如何在有限的可支配的资源约束下合理安排社会保障制度下的资金筹集和待遇发放，直接关系到政府的合法性与权威性。本文只是对赋予社会保障权的庞大复杂社会保障法律体系的一个概括描述，其中丰富的内容和思想还需要在了解概况的基础上作深入探究。尤其是我国社会保障制度的发展和变革具有不同于西方国家的特殊的时代背景和社会环境，如何建立具有中国特色的社会保障法律体系，更好地保障人们社会保障权的实现，是国家和社会生活的重要问题。

[本文原载于《温州大学学报》（社会科学版）2016年第5期]

《社会保险法（草案）》修订应关注的几个问题

常纪文[*]

社会保险包括养老保险、医疗保险、工伤保险、失业保险、生育保险等，[①]涉及每个公民和每个家庭的切身利益，因此，《社会保险法（草案）》公布之后，引起了社会各界的热议《社会保险法（草案）》征求意见工作截止后，全国人大法制工作委员会共收到意见70501条。[②] 目前，社会各界对《社会保险法（草案）》的修订仍在提出各种建议。那么，应当如何对待和处理这些修订意见呢？笔者认为，修订应当首先把握《社会保险法》的基本问题即本质特点和关键要求，在此基础上，针对不符合这些特点和要求的方面和环节，通过创新和完善体制、机制，予以针对性的解决。一部法律至少包括法律属性、目的价值、立法本位、基本方针和法律体系五个方面的基本问题。体现在《社会保险法（草案）》上，它在被修订时，立法机关应当把握以下五个基本问题：一是维护社会保险的广覆盖性和广受益性即社会性；二是维护社会保险的公平性和受益者的人格尊严；三是在维护社会利益的前提下，保障个人的社会保险权利；四是既应继续发挥传统部门法的制度和机制在社会和家庭帮助方面的作用，也要从发展的角度来创设新的制度和机制，使公民享受社会发展的成果；五是妥

---

[*] 常纪文，法学博士，原为中国社会科学院法学研究所社会法研究室主任，研究员，现为国务院政策研究中心资源与环境政策研究所研究员。
[①] 在一些国家，如德国，社会保险还包括护理保险。
[②] 张华杰：《社会保险法草案公开征集意见7万多条》，http://www.cnr.cn/gundong/200902/t20090219_505240465.html，访问时间：2009年8月3日。

善处理好社会保险法和其他社会法之间的关系,使社会保险的规范制度化、衔接化。本文下面予以分述。

一 法律属性的维护问题

从基本特征上判断,社会保险法应当充分体现社会保险的社会性,即制度覆盖的社会性、资金来源的社会性[①]和受益群体的社会性。《社会保险法(草案)》如只是使部分对象受益而忽视其他主体社会福利保障的保险法,严格意义上讲,就不属于社会保险法。

在总则部分,《社会保险法(草案)》对社会保险的覆盖范围作了基本的规定,第1条规定:"维护社会保险参加人的合法权益。"第3条规定:"社会保险制度坚持广覆盖、保基本、多层次、可持续的方针。"第4条规定:"中华人民共和国境内的用人单位和个人依法缴纳社会保险费;个人依法享受社会保险待遇。"从表面上看,"广覆盖"、"中华人民共和国境内的用人单位和个人"的措辞,好像体现了社会保险覆盖的社会性和受益的社会性,但是这三条都未对所有的社会保险险种规定强制性参加,这为分则中缺憾的形成奠定了基础。

在分则部分,《社会保险法(草案)》对各险种的覆盖范围作了具体规定。关于基本养老保险的覆盖范围,《社会保险法(草案)》第9条规定:"职工应当参加基本养老保险。"可见,基本养老保险对于职工是强制性的但对于广大的农民和城镇无业人员,该章没有规定相应的养老保险措施。也就是说,基本养老保险不适用于广大的农民和城镇无业人员。关于基本医疗保险的覆盖范围,《社会保险法(草案)》第19条规定:"基本医疗保险包括职工基本医疗保险、城镇居民基本医疗保险和新型农村合作医疗。"职工的基本医疗保险,按照第20条的规定,属于强制性社会保险;城镇居民基本医疗保险和新型农村合作医疗,按照第21条和第24条的规定,却不属于强制性的保险。关于工伤保险、失业保险、生育保险的覆盖范围,按照《社会保险法(草案)》第四章、第五章、第六章的规定,均只适用

[①] 包括国家的补助资金、被保险人缴纳的资金、用人单位缴纳的资金,体现了国家责任、雇主责任和个人责任的三结合。

于职工,即有劳动关系的劳动者,对于农民、城镇无业人员和自由职业者,都不适用,他们都不属于受益群体。因此,覆盖和受益群体的社会性体现不足。

通过以上规定,我们可以看出,除了自愿性的城镇居民基本医疗保险和新型农村合作医疗外,《社会保险法(草案)》关于养老保险、医疗保险、工伤保险、失业保险、生育保险的规定,都是围绕"职工"来展开的。也就是说,《社会保险法(草案)》实质上演变成了劳动保险法。劳动保险法和社会保险法是不同的,劳动保险法所针对的是劳动者,而社会保险法所针对的是全体社会成员。如果中国的社会保险法把重心移到劳动者身上来,那么,就忽视了占中国人口比例80%左右的农民阶层[1]的社会福利,忽视了城镇无业人员和自由职业者的基本社会福利,这对维护社会的稳定,是非常不利的。《社会保险法(草案)》在下一步修订时,应当重视农民和城镇无业人员的基本社会福利保护。这种保护,可以沿用现有的二元化模式来处理,即把被保险人分为职工和非职工来处理,把非职工分为农村无劳动关系者和城镇无劳动关系者来处理。二元化的保护模式,有利于管理,只要制度设计得合理,既可体现广覆盖的要求,还可避免人群歧视的问题。

在个人责任社会化的法治国家,通过以下三个途径来保证国家和社会帮助的广覆盖性即社会性。一是用商业保险形式来实现。如在德国等欧盟国家,富裕阶层的一些人士嫌社会保险的层次低,不能满足他们更高要求的养老、医疗、工伤、失业、生育待遇,于是选择性地和有资质的商业性保险公司签订商业保险合同。[2] 如果商业保险合同能够覆盖国家强制性社会保险待遇所覆盖的范围,且待遇不低于国家的社会保险待遇,政府不再给被保险人强加社会保险的义务。商业保险的发展,丰富了保险产品的市场供给,满足了投保人的消费偏好,促进了社会的稳定和发展,提高了整个国家的福利水平。[3] 二是用国家强制性社会保险的形式来实现,即国家

---

[1] 处于劳动用工关系之中的农民除外,下同。
[2] 德国保险协会将商业保险定义为不属于社会保险领域的其他所有保险。参见许闲《德国保险的两大分支:社会保险与商业保险》,《中国保险报》2007年12月24日。
[3] 很多德国人既是社会保险的强制投保人,同时也是商业保险的自愿投保人。参见许闲《德国保险的两大分支:社会保险与商业保险》,《中国保险报》2007年12月24日。

要求,如果被保险人没有充分的商业性保险,或者根本没有参加商业保险,就应当加入国家统筹的相应社会保险。① 三是对于少数既没有参加商业保险,也没有参加社会保险的人,如对难民、流民或者其他贫困人群,一般采取国家救助的形式实现。1935 年美国通过了历史上第一部社会保障法典——《社会保障法》,社会救助被列为社会保障的三大部门之一。② 但这种救助属于国家或者社会救助,而不属于社会保险,是社会保险的补充。这种三结合的制度建设模式,值得我国学习。《社会保险法(草案)》在下一步修订时,为了满足该法社会性的本质属性,应当考虑商业性保险和社会救助的辅助作用。当然,基于立法的"社会保险"宗旨,商业性保险和社会救助不应当是该法的主要内容。

二 目的价值的追求问题

从目的价值的追求来看,《社会保险法(草案)》应通过养老、医疗、工伤、失业、生育的个人责任、家庭责任社会化③来体现社会的公平、正义,通过个人责任、家庭责任、国家责任和社会责任的结合来促进社会的稳定和和谐。更重要的是,社会保险法还应体现维护公民社会尊严的目的价值。这种尊严不仅包括代内的社会尊严,也包括代际的社会尊严。众所周知,每个人从出生到死亡,法律地位虽然平等,但是其所占有的经济和社会资源不一定均等,而这个社会的和谐、国家政局的稳定、经济的增长,是需要所有的社会成员贡献自己的利益的,因此,每个人都在为这个社会分担风险,为社会的和谐和发展作出自己的贡献。从这一点看,在主权在民的国家,每个人都可以要求所有的社会成员分担一定的社会责任,都可体面地享有从国家和社会得到利益回馈的权利。而且这种回馈,可以保证受益者得到与社会经济发展程度及其缴费水平相适应的体面生活、医

---

① 参见许闲《德国保险的两大分支:社会保险与商业保险》,《中国保险报》2007 年 12 月 24 日。
② 廖鸿:《美国的社会救助》,《中国民政》2002 年第 9 期。
③ 社会化的手段包括建立国家的保障和监督责任、明确单位的责任立社会保险基金等。

疗、生育等保障。① 在中国，农村和城镇居民的社会保险虽然采取城乡二元化的机制来实施，但这种二元机制的设计应当保障农民和城镇无业居民在有尊严的前提下享受相对公平的社会回馈。这种回馈，对于所有的社会成员来说，除了可以得到国家和社会提供的社会安全保障和公共设施利用等待遇以外，还包括基本的社会保险。

关于社会保险的法律性质，我国《宪法》第45条规定："中华人民共和国公民在年老、疾病或者丧失劳动能力的情况下，有从国家和社会获得物质帮助的权利。国家发展为公民享受这些权利所需要的社会保险、社会救济和医疗卫生事业。"按照该规定，社会保险属于一种国家和社会的帮助制度和机制。这种帮助，不是一个群体对另外一个群体的单向施舍，而是代内不同的人之间及不同年龄层的人群之间相互帮助或者反哺的作用过程。② 如年轻的群体在年轻的时候贡献资源，在其年老的时候，就会享受更年轻群体所贡献的社会资源。这个资源的贡献和索取，都是在法律所确认的有尊严的秩序和环境之下进行的。虽然社会保险会牺牲或者损害一些特殊群体（如高收入者）的利益，但是从维护整个社会的公平、正义、稳定、和谐等维护公民社会尊严的价值来看，是必需的。

那么，《社会保险法（草案）》是如何规定的呢？该法第1条规定："为了规范社会保险关系，维护社会保险参加人的合法权益，使公民共享发展成果，促进社会和谐稳定，根据宪法，制定本法。""使公民共享发展成果"的措辞体现了已有资源共享的意思，却未体现共享资源的来源渠道和机制问题，没有体现共同享受与共同贡献的动态关系，没有体现代际公平和代内公平的价值，因此并没有体现社会保险的实质。另外，公民的社会尊严保护，还应避免因职业、身份、地区的不同导致社会保险待遇差距过大。如按照有些地方出台的农民工养老保险规定，农民工养老保险缴费基数远低于城镇职工的标准，这使得农民工的社会保险待遇低于城镇职工的待遇；有的地方对于本地户口和外地户口施行了二元化的社会保险制

---

① 这种体面性，既不是保证被保障人高水平的生活，也不是保证其最低水平的生活，而是为了保障其基本的生活、医疗和生育护理。
② 德国称当代人为上一代人买单的行为为代际互助，称代内不同收入群体之间调剂社会福利待遇的行为为代内互助或者同代人互助。

度，外地户口就业人员不能领取失业保险金，不能享受生育保险待遇。[①]对于这些现象，《社会保险法（草案）》在修订时应予以解决。

三 立法本位的选择问题

从立法本位的追求来看，世界各民主法治国家的社会立法已经表明，义务本位和纯粹的权利本位应让位于符合社会利益的权利本位。从这点看，《社会保险法（草案）》既应规定单位和个人的义务及单位和个人的权利，还应规定国家的基本权力和基本职责。无论是权利还是权力，为了维护社会的稳定与和谐，促进社会的进步，还是应当接受法律所额外施加的公法义务。由于这种公法义务所指向的对象是社会利益，我们可称之为社会保护的义务。同样的，无论是义务还是职责，为了社会整体的利益，也会受到法律特殊的对待。我国《社会保险法（草案）》第2条规定："国家建立基本养老保险、基本医疗保险、工伤保险、失业保险、生育保险等社会保险制度，保障公民在年老、患病、工伤、失业、生育等情况下依法获得物质帮助的权利。"该条和第1条规定的"促进社会和谐稳定"一起证明，我国的社会保险制度，从形式上看，还是属于符合社会利益的权利本位的。

但是，立法本位的判断光从形式上观察还不够，还必须从制度的设计上来深入分析。我国的《社会保险法（草案）》对社会保险费的征缴、保障和监督在一些章节作了基本的规定，如第4条规定："中华人民共和国境内的用人单位和个人依法缴纳社会保险费；个人依法享受社会保险待遇。"该条不仅体现了公民的社会化权利和社会化义务，还体现了用人单位的社会化责任。第5条规定："县级以上人民政府应当将社会保险事业纳入国民经济和社会发展规划。国家多渠道筹集社会保险资金。县级以上人民政府应当对社会保险事业给予必要的经费支持。国家通过税收优惠政策支持社会保险事业。"该条充分地体现了国家的社会责任。但是，《社会保险法（草案）》对社会保险纠纷的处理还存在一些欠缺，如第88条规

---

① 刘宏：《社会保险法草案：聚焦九大方面内容》，http://www.2008red.com/member_Pic_516/files/qhsxnsjcymxo/html/article_6673_1.html，访问时间：2009年8月3日。

定："用人单位或者个人认为社会保险费征收机构的行为侵害自己合法权益的，可以依法申请行政复议或者提起行政诉讼。个人对社会保险经办机构不依法支付社会保险待遇或者侵害其他社会保险权益的行为，可以依法申请行政复议或者提起行政诉讼。个人与所在用人单位发生社会保险争议的，可以依法申请仲裁、提起诉讼。用人单位侵害个人社会保险权益的，个人也可以要求社会保险行政部门或者社会保险费征收机构依法处理。"四个排列式的"依法"措辞，值得深究。目前对这些纠纷的处理，所依据的法律要么缺失，要么很不充分，这说明"依法"措辞在该条中已经虚化了。要弥补这一缺陷，必须建立完善的社会保险纠纷解决法律、法规和规章体系。否则，虚化的"依法"将使公民符合社会利益的权利本位流于形式。流于形式的权利本位，其实质是义务本位，这是和现代法治精神相违背的。

此外，《社会保险法（草案）》设置了一些授权性条款，如缴费费率的确定与养老金计算标准的建立等，可操作性不强，使公民难以及时得到法律所授予的社会保险权利和利益。建议修订时予以明确和细化，或者要求国务院同时制定有关的配套法规，与《社会保险法》同时实施。

四　基本方针的确立问题

从基本方针的确立来看，《社会保险法（草案）》的修订应当符合两个要求，一是充分借鉴国外社会保险法的经验；二是立足于中国的基本国情、社会风俗和现实立法。《社会保险法（草案）》第 3 条规定："社会保险制度坚持广覆盖、保基本、多层次、可持续的方针，社会保险水平应当与经济社会发展水平相适应。"从表面看，该规定符合这两个要求，但实际上该条视野狭窄，且缺乏前瞻性，妨碍了制度设计的展开与创新。具体体现在以下三个方面。

一是中国具有家庭养老、家庭供养、家庭扶养的传统，该传统经过几千年的历史积淀，已经作为中国特色巩固下来，并成为维系家庭团结、家庭发展和促进社会和谐稳定的重要力量。如果一味地强调社会保险，忽视家庭的抚养、供养、扶养和赡养作用及亲友的互助作用，那么，一旦家庭责任和亲友的互助资源被法律强制性地转移到社会保险上去，社会保险将无法承受由家庭责任所转移的压力,或者无法持续地满足社会保险资金供给的需求,社会将因缺乏供养资源、医疗卫生资源及其他社会资源出现动荡与不安。也就是说,我们不要盲目地全盘否定由《民法通则》和《婚姻法》所确认的家庭权利义务,还应继续发挥家庭养老、供养与扶养的作用。如果可能,我们可以把传统的家庭抚养、供养、扶养和赡养制度和现代的商业保险结合起来,即由家庭购买保险来保障家庭成员养老、医疗、工伤、失业、生育等方面的资金需要。

二是虽然《社会保险法(草案)》要强调社会保险的"广覆盖",但是一些自愿性的机制或者选择性的机制却妨碍了这一点的实现。如农业合作医疗加入具有自愿性,一些外地打工的农民既没有加入家乡的合作医疗,也未参加打工地的医疗保险,一旦他们生病,将给法律救济体制之外的家庭养老、供养与扶养主体造成巨大的经济压力,这对于保障宪法规定的公民基本社会性权益是不利的。为此,笔者建议,国家应当实行全民性的强制社会保险,不分公务员还是企事业单位职工、农民、自由职业者,只要符合条件,就应加入社会保险。

三是"保基本"仅考虑了"广覆盖"、"多层次"等要求,但未从发展的角度考虑人民群众不断增长的社会保障需求。由于部分人需要得到比基本社会保障标准更高的保障,这就需要建立护理保险等新的社会保险,[①]需要发挥商业保险的作用。虽然立法的名称为"社会保险法",但是,该法应当留下与商业保险立法衔接的接口。

基于以上三点,笔者建议,该条可以加上一段内容作为第 1 款:"社会保障应坚持社会保险与商业保险、家庭责任、社会互助相结合的方针。商业性养老、医疗、工伤、失业、生育保险的法律问题,由法律法规另行规定。"

五 立法体系的协调问题

按照现在的立法规划,《社会保险法(草案)》将由全国人大常委会通过,这意味着,《社会保险法》属于一般的法律。我们知道,《社会保险法

---

① 在德国等一些欧盟国家,护理保险属于社会保险的范畴。

(草案)》要规范养老保险、医疗保险、工伤保险、失业保险、生育保险,因此和《劳动法》、《劳动合同法》、《就业促进法》、《老年人权益保障法》、《妇女儿童权益保障法》、《残疾人保障法》等社会保障法、社会促进法及即将制定的《慈善法》、《社会救助法》等法律有着密切的关系。按照法律制度和机制设计的体系化、相关化要求,《社会保险法(草案)》必须留有与《劳动法》、《劳动合同法》、《就业促进法》、《老年人权益保障法》、《妇女儿童权益保障法》、《残疾人保障法》等相关性社会法律衔接和协调的接口。但是,在我国,目前所有的民事法律由《民法通则》和《物权法》两部基本法律来协调;所有的刑事法律由《刑法》和《刑事诉讼法》两部基本的法律来协调;所有的行政法律,虽然目前无《行政程序法》的协调,但是有《行政诉讼法》和《国务院组织法》等基本的法律来衔接和协调。也就是说,在公法和私法领域,目前都有了基本法律的协调。而在社会法包括社会保险法、劳动法、社会促进法、社会救助法、社会校正法等领域,目前由于缺乏由全国人大通过的基本法律的协调,因此给人的印象是:这些社会性法律虽然具备了一定数量,但是很零散,强调应用性,含有"头痛医头、脚痛医脚"的色彩,体系性、相关性差。这与中国的基本法加专门法的立法传统模式是不相符的。上述专门法律均由全国人大常委会通过,因此效力等级都相同。那么,在法律适用时,如何以科学的立法模式来处理这些法律之间的规则援引、衔接和协调呢?目前的社会立法体系建设没有解决这个问题,值得进一步研究。虽然《社会保险法(草案)》第1条规定"根据宪法,制定本法",体现了宪法的根据地位,但是它和其他单行社会法律的关系,不是母子或上下位法关系,仍然是平行的关系。基于此,建议在今后由全国人大制定一部综合性的社会法基本法——《社会保障和促进法》,对社会保险作出基本的规定。在此之前,可以修订《社会保险法(草案)》,明确不同法律之间与社会保险有关的法律规则适用关系。

(本文原载于《法学杂志》2009年第11期)

论我国医保服务管理参与权的二元社会化配置
——以制度效能为视角的分析

董文勇[*]

自20世纪80年代末以来，我国开始推行社会医疗保险（下文除特别强调外，均简称之为"医保"。）的全面社会化改革，借以解决医保的公平和效率问题。然而，这一改革并不彻底，除保险筹资制度实现了完全社会化以外，医保的服务体制和管理体制的社会化改革并不充分，其国家一元化的体制特征没有发生本质变化。为提升服务和管理的效率，国家在既定制度框架内采取了细部制度改进的技术主义路线，各种针对医疗服务的管理性政策法规层出不穷，而对医疗保险服务和管理体制的改革则少有触及。然而，这种重外部开源而轻内部挖潜的规则创制格局出现严重的内卷化（involution）趋势[①]，改革的边际效益逐渐降低。从医疗保险经办机构（以下简称"经办机构"）与合同医事服务机构（以下简称"服务机构"）

---

[*] 董文勇，法学博士，中国社会科学院法学研究所社会法研究室副研究员，主要研究方向为卫生福利法、社会法基础理论。

[①] "内卷化"（Involution）是美国文化人类学家克利福德·格尔茨（Clifford Geertz）在其名著《农业的内卷化》（*Agricultural Involution*）一书中创制的概念。根据格尔茨的定义，"内卷化"是指一种社会或文化模式在发展到某一阶段之后便形成一种定式，其演进停滞不前或难以跃升为另一种高级形态的现象。参见 Clifford Geertz, *Agricultural Involution: The Process of Ecological Change in Indonesia*, Berkeley and Los Angeles: University of California Press, 1963. pp. 80 - 82。在格尔茨之后，"内卷化"这一概念被其他学科所广泛借用，用以描述某一事物在其外扩条件被严格限制的条件下，其内部不断精细化、复杂化的情形。参见刘世定、邱泽奇《"内卷化"概念辨析》，《社会学研究》2004年第5期。

的长期博弈结果来看[①]，前者总体上一直处于被动局面，管理能效难以继续提高；覆盖全国的经办机构和规模庞大的服务管理队伍格局也面临进一步提高效率的问题。既然既定制度框架之下的细部制度改进收效甚微，那么是否需要另辟蹊径、重启搁置已久的社会化改革和医保服务管理体制改革？从国外医保制度改革和我国公共服务体制改革经验来看，在诸多制度改进选项中，不应排除体制性的改革路径。社会医疗保险顾名思义应当社会化，有关医保服务管理的体制即基本制度也不应例外。为此，本文拟在分析现行医保服务和管理基本制度社会化改革留存问题的基础上，以管理和服务效能为标准评估其再社会化之可能性与必要性，提出服务和管理基本制度社会化的制度方案假设并施以理论推导验证。笔者认为，服务和管理制度再社会化改革以向社会赋予对医保服务和管理的参与权为必要前提，通过在法律上赋予社会组织和个人以医保事务参与权的方式动员全社会优质服务管理资源，为形成医保服务和政府办医保机构内部治理两个方面的社会化良性运行机制创造条件，进而提升医保服务和管理的整体能效。

一　医疗保险运行能效与服务和管理的社会化

社会医疗保险固有其社会性本质特征。社会性乃相对于行政性之称谓，具体言之：第一，医保关系的主体具有泛社会性，其类别包括个人、相关社会组织和必要的国家机关；第二，医保关系指向的客体是全社会最广泛参保人的医疗保障利益，此种利益乃属于社会公共利益，而非国家利益；第三，医保关系的内容是在全社会场域之内的公共医疗保险基金筹集、管理、监督和保险待遇给付，医保基金亦属于社会公共财产，而非国家财产。总而言之，社会医疗保险即由社会主办、为社会公益、由社会管理的医疗保险制度形式，从1881年德国首创社会医疗保险制度至此后该制度风行于全球，其制度的基本特征未有多大改变。而第二次世界大战后个

---

① 我国有关医保的现行规范性文件和政策文件均称提供医疗服务和医药服务的机构为"定点医疗机构"和"定点零售药店"，这些直观、具象的概念不能周延，且不能充分体现所指机构的法律地位和法律性质。笔者更倾向于使用"合同医事服务机构"之概念，借以指称二者。

别国家出现的国家医疗保障体制，本质上属于基于国家财政筹资的国民医疗福利制度，而非社会医疗保险制度。

我国医保改革的重要成功经验是实现了一定程度上的社会化，城镇职工基本医疗保险、城镇居民基本医疗保险和新型农村合作医疗（以下简称"新农合"）实现了保障对象的社会化、多元筹资渠道的社会化、属地统筹管理的社会化、经办管理权的社会化。与以城乡、行业或单位为保障单元、以国家财政或公有制集体公益金为保障资金来源、以政经合一的或纯行政性的单位为主要管理主体的行政化医保制度相比，经由社会化改革的医保制度充分地展示出了其运行能效，即在效率和公平两方面实现了兼顾且取得了良好的效果，主要体现在：医保实现全民覆盖仅仅用了短短的十年时间，基金支付能力和偿付比例不断提高，之前受保障水平参差不齐的城镇职工、事实上缺乏保障的城镇无业人员、长期被排斥在医疗保障体制之外的农村居民对新医保的满意度明显提升。[①] 改革实践证明，社会化导向对于医保改革具有路径正确性。然而，医保社会化改革并未完成，社会组织和个人对医保服务和管理事务的参与程度较低，且无法律保障。从制度应然角度而言，我国医保服务管理体制存在再社会化的必要性。

（一）医保服务管理参与权的社会化配置问题

我国医保的社会化改革具有不彻底性，至少表现在医保事务参与权的社会化配置不足，具体而言：一是法律未向社会组织或个人赋予医保服务事务和管理事务的参与权，具体医保事务的服务权和管理权由准政府机构

[①] 将全社会中最具经济强势和自我保障能力的群体作为主要保障对象，这是旧有医保制度最大的不公。新医保全覆盖是对选择性覆盖的纠正，破除了参保权利按身份配置、按所在单位经济能力配置的局面，实现了不同经济能力的公民在全社会范围内的互助共济，这是新医保具有制度平等性的有力证明。同时，在实现医保全覆盖之前实施的相关法律仅对一小部分公民和单位实行强制保险原则，对占人口多数的农村居民、城镇自由职业者、无业人员明确实行自愿参保原则，然而占社会绝大多数的自愿参保人员积极选择了新医保制度，这在一定程度上证明现行医保制度具有效率。根据北京大学健康与社会发展研究中心多阶段分层随机抽样调查结果显示，93.5%的调查对象对现行医保制度"满意"，且98.0%的受访者"愿意"继续参保。参见王红漫《京基本医保满意度调查》，《中国医院院长》2013年第24期，第69页。另有研究对去行政化的医药卫生体制改革进行了调查研究，调查对象对医改的总体满意度达到71.8%。参见杨雅琪《重庆市非主城区患者对医药卫生体制改革满意度调查和印象因素研究》，硕士学位论文，重庆医科大学，2012。

行使，呈现医保服务权和管理权配置体制的总体一元化特征；二是经办机构的内部管理权高度集中且封闭运行，由于法律亦未向社会组织或个人赋予管理参与权，因而公立医保经办机构内部治理的社会参与程度较低。

在有关医保服务及相应管理的基本制度层面，基本医疗保险事务（以下简称"基本医保"）与商业医疗保险活动各自独立运行。基本医保虽然属于"社会"医疗保险，但是医保的服务权和相应的管理权由作为政府附属机构的医保经办机构所专有，在法律未向其他组织或个人配置医保事务参与权的情况下，服务权和管理权的配置体制具有浓厚的行政垄断色彩，因而不存在社会举办的基本医保服务管理体系。[①] 医保业务的经办方式单一，完全由医保经办机构办理，不存在委托办理形式。商业保险机构的经营范围主要限于商业健康保险服务，而基本医保的补充保险业务虽有商业保险机构介入，但其并不参与基本医保事务。此外，更无非营利性社会组织独立提供基本医保服务。

在医疗保险机构（以下简称"保险机构"）组织制度方面，[②] 我国在改革过程中并未制定"经办机构组织法"，《中华人民共和国社会保险法》虽然就"社会保险经办"作出了专章规定，但是没有详细规定组织制度。在无法可依的情况下，改革实践延续了政府主导社会改革和建设的体制，各地由政府设立了相应经办机构。经办机构均系附属于各级政府的"工作机构"，[③] 在人事制度和财务制度两个最核心的方面都是国家化的。在此情况下，我国社会医疗保险的组织管理体制仅形成了"有限外部社会化"的监督体制，即行政机关以外的利益相关人基本无权进入经办机构

[①] 《中华人民共和国社会保险法》第 8 条规定，由社会保险经办机构提供社会保险服务管理；《国务院关于建立城镇职工基本医疗保险制度的决定》规定，社会保险经办机构负责基本医疗保险基金的筹集、管理和支付，经办机构的事业经费由各级财政预算解决。从各地实践来看，所有社会保险经办机构均是由政府设立的，若以此为标准，那么这些法律和政策性文件均排除了其他机构介入基本医保服务管理的可能性。

[②] 笔者在本文中将"保险机构"和"经办机构"两概念作区分使用，因为医疗保险经办机构不是独立、完整的保险人，我国目前尚无法律意义上的保险人。为方便表述，本文将理论模型中法律意义上的保险人称之为"医疗保险机构"，以区分"医疗保险经办机构"的称谓。

[③] 《社会保险争议处理办法》第 2 条第 2 款规定："本办法所称的经办机构，是指法律、法规授权的劳动保障行政部门所属的专门办理养老保险、医疗保险、失业保险、工伤保险、生育保险等社会保险事务的工作机构。"

内部以参与管理和运营，仅有权参与对服务和管理事务的外部监督；①对服务和管理的监督以行政监督和审计监督为主，以社会组织对保险基金的监督为辅。② 由此观之，社会化监督组织还没有在国家制度层面完全内化为经办机构的应有组成部分。我国医疗保险机构的社会化程度仍然不足。

医保服务管理事务之参与权的社会化配置不足乃整体而言，而作为制度局部的新农合制度则有较大突破。在国家层面上，新农合经办机构组织制度允许参合农民代表参与管理，③ 也许可商业保险机构经办新农合业务，并依申请和遴选程序进一步获得服务权和管理权。④ 然而，鉴于参与主体类别的有限性，新农合制度的社会化还有待进一步提升。

（二）服务管理参与权社会化配置的能效关联

如同其他社会事业领域一样，政府主导下的改革使得整个社会医疗保险制度同样具有浓重的国家主义色彩。社会医疗保险制度内在应有的"社会性"和服务管理上的行政性存在错位，因此而预埋下了体制机制上的缺陷，并进而对医保服务和管理的效益产生消极影响。

在我国现阶段，政府将一部分社会服务和公共管理职能分离出来并交由部分事业单位承担，这些事业单位实际上发挥了行政执行功能。在这个意义上，医保机构变异为医保"经办"机构、政府"工作机构"，即执行和落实行政机关服务管理任务之机构，其行政性和附属性决定了职能的被动性、消极性，管理职能强于服务职能，因而难以完全发挥作为保险人而

---

① 例如《国务院关于开展城镇居民基本医疗保险试点的指导意见》（国发〔2007〕20号）规定："要探索建立健全由政府机构、参保居民、社会团体、医药服务机构等方面代表参加的医疗保险社会监督组织，加强对城镇居民基本医疗保险管理、服务、运行的监督。"同时该文件也规定了"建立医疗保险专业技术标准组织和专家咨询组织"，但是其作用仅限于"完善医疗保险服务管理专业技术标准和业务规范"，而非参与管理、监督。
② 《国务院关于建立城镇职工基本医疗保险制度的决定》就建立"保险基金社会监督组织"作出了规定，但没有赋予其对其他服务管理事务的参与权利。
③ 《国务院办公厅转发卫生部等部门关于建立新型农村合作医疗制度意见的通知》，《中华人民共和国国务院公报》2003年第6号。
④ 卫生部、保监会、财政部等：《关于商业保险机构参与新型农村合作医疗经办服务的指导意见》，《中华人民共和国国务院公报》2012年第4号。

应当具备的职能,① 对被保险人的利益诉求也难以作出足够的响应。②

具体而言,一方面,经办机构作为政府的"工作机构",经法律授权可行使部分以社会管理为内容的行政权力,同时代政府"经办"以医保事务为内容的公共服务。③ 在单方体制下,服务管理的改进主要取决于政府的政治自觉,并多将公民依其宪法权利而应当取得的医保待遇归结为居高临下的"惠民",④ 因而保险给付水平具有不确定性;政策制定者和管理者对公民医保诉求的反应相对迟缓,且还须经受其价值判断、知识背景和个人意愿的筛选,难以保证决策和管理的科学性。而作为准行政机构,组织制度对工作人员的专业技术要求不可能太高,因此而制约了经办机构的服

---

① 我国社会医疗保险立法和法学理论中没有"保险人"的概念,仅有"社会保险经办机构"的概念。从立法本意上看,似意在以之指称保险人。然而"社会保险经办机构"这一概念无从准确体现该机构在社会保险法律关系中的地位、职能和作用,且所指机构与保险人相去甚远。再者,"社会保险经办机构"是个具象的概念,外延单一,难以概括社会发展中可能出现的其他医保服务管理机构。因此,我国社会医疗保险法应引入"保险人"的概念。

② 我国社会医疗保险立法和法学理论中没有"被保险人"的概念,仅有"参保人员"、"个人"等概念。然而在理论上,"被保险人"与"参保人"、"投保人"是法律意义不同、不可相互替代的三个概念,而"个人"、"用人单位"等具象名词根本就不是法学概念。"参保人"这一概念在法律上缺乏准确性和确定性:第一,在法律上,"人"既包括自然人,也包括法人和其他组织。实际上,参加保险的并非仅仅指自然人,用人单位、社会保险给付提供机构等法人和其他组织也可能是社会保险法律关系的主体,"参保人"的概念失之笼统、模糊。第二,参保的自然人在不同保险关系中具有不同的法律身份和地位,如在申请参加保险或进行保险登记阶段为参保人,在缴费关系中是投保人,在保险关系存续期间是被保险人,"参保人"概念难以准确描述之。第三,参保人并不必然等于投保人或被保险人,对于实行家庭缴费的城镇居民医保和新农合而言,这种情形则更为明显。第四,"参保人"的概念无法准确反映出用人单位、家庭、劳动者、城乡居民与经办机构之间不同的法律关系。第五,作为法学概念的"参保人"与作为社会保险管理学、福利经济学、社会学等学科中所使用的"参保人"概念,在内涵上有很大差别,法学意义上的"参保人"着眼于公民是否能够享有参保权利、能否进入社会保险制度之内,主要体现于一种公民与社会保险制度之间的关系状态,而非其他学科意义上的人群类别。总之,"参保人"与"投保人"、"被保险人"应当区别使用。

③ 医疗保险经办机构的组织规则和职权、职责的配置与其他政府工作机构并无实质性的区别。相关规定参见《关于印发加强社会保险经办能力建设意见的通知》(劳社部发〔2006〕10号)。

④ 在法理上,医保的各种物质资源皆来自公民的纳税和缴费,公民依其公民身份和被保险人身份,仅仅是通过基于公意和税收建立起来的国家之手、依照特定规则取回属于自己的劳动成果。因此,基于所有权理论,不存在具有独立财产权利的施惠者,因而也谈不上所谓"惠民",社会保险在本质上是参保人的互惠机制。

务能力和监督能力。① 行政性、垄断性的经办机构组织制度决定了，经办机构与被保险人和服务机构之间缺乏平等对话权，从政府相关政策的制定到经办机构具体决策和执行均存在错误风险和有效性风险。例如，即时结算信息系统是经办机构的服务工具，然而一些地方的经办机构单方强行将该系统的维护费用转移给服务机构。② 又如，经办机构一般以简单定额的方式对医院发生的费用进行管理，缺乏协商谈判机制。③

另一方面，在行政化条件下，经办机构的职能容易发生异化，容易偏离其作为保险人的天然本职，故与其说经办机构是被保险人的"代理人"，毋宁说是政府保险事务的"管家"。经办机构业务上以被动的保险基金管理为主，而主动、积极地进行服务、监督的职能不足。例如，销制费用结算制度体现的是管理上的便宜性而非保障效果，该制度以向被保险人分配费用报销风险的方式，将保险人对服务机构的监督责任、与服务机构谈判的责任转移给被保险人。又如，尽管我国医保待遇水平还不很高，④ 但是同时结余率却很高，⑤ 在此情况下经办机构既做不到医保低费率，也做不到提高医保待遇，因而损害了被保险人的期待利益。此外，有关经办机构工作制度的规范性文件也没有专门就经办机构对被保险人承担的责任、医保工作绩效责任等作出规定。

行政化的经办机构天然与医保行政部门关系紧密，并很容易因此而形成外部医保服务权和内部管理治理权的行政垄断格局，进而倾向于排斥社会对基本医保服务事务和管理事务的介入，形成医保服务权和管理权对政府办医保经办机构的一元化配置。这种权利（权力）配置体制存在诸多问题。一是经办机构在内有行政授权、外无竞争压力的情况下，改进服务和管理的动力大为降低；经办机构的服务管理绩效缺乏外部参照，从而提高

---

① 屈万祥：《关于我国医保基金使用和监管问题——在全国政协小组讨论会上的发言》，《中国纪检监察报》2009年3月18日。
② 谭啸：《医保实时结算的实际问题》，《计算机世界》2010年5月3日。
③ 刘虹：《医疗费用实时结算：新方法带来新挑战》，《健康报》2009年11月12日。
④ 2011年职工医保、新农合、城镇居民医保、城乡居民医保实际报销比例分别为64.10%、49.20%、52.28%和44.87%。参见中华人民共和国审计署《全国社会保障资金审计结果》，《审计结果公告》2012年第34号（总第141号）。
⑤ 职工医保、新农合、城镇居民医保、城乡居民医保分别累计结余5525.52亿元、824.42亿元、413.57亿元和125.79亿元。参见中华人民共和国审计署《全国社会保障资金审计结果》，《审计结果公告》2012年第34号（总第141号）。

了政府和社会的监督成本。二是可能排斥一部分服务和管理能力更强、成本更低的组织机构进入基本医保领域，国家改进医保服务和运行能效的机会成本大为提高。三是参保人缺乏选择权，在医保管理制度、决策制度和经办机构治理制度封闭运行的情况下，被保险人缺乏表达合理利益诉求的渠道，同时又在事实上被剥夺了"用脚投票"的可能性，因而参保人和被保险人的合法权益难以获得切实保障。四是基本医保制度建立起来后，政府设立并不断扩大经办机构的规模，"服务型政府变成新的全能主义"，[①]不仅行政成本随之大增，而且抑制了社会潜在经办资源的发育成长。

（三）服务管理之参与权的再社会化配置

鉴于医保服务和管理体制的社会化程度直接关系制度能效，因而我国仍有诸多必要推动医保再社会化改革。

第一，社会医疗保险是一项社会公共事业，不属于必须由政府直接管办的领域。政府在资源配置、社会治理以及政府管理模式等方面却具有一定局限性，进而容易产生政府失灵问题，[②] 特别是在直接面向基层、量多面广的社会公共服务领域，政府直接提供服务的劣势更容易放大。因此，理性的政府应当是"治理"的政府，而非"实干"和"操办"的政府，[③] 在医保领域尤其如此。过去的改革经验表明，"政府包办"的医保体制具有低效性和不可持续性，"包办"的结果可能是"包而不办"，[④] 政府职能缺位、越位、错位的经典问题难以避免。[⑤] 有鉴于此，《中共中央国务院关于构建社会主义和谐社会若干重大问题的决定》（以下简称《构建和谐社会决定》）提出了完善社会管理需要"推进政事分开，支持社会组织参与社会管理和公共服务"的方针；在改革的关键时期，十八届三中全会就转变政府职能作出了部署，《中共中央关于全面深化改革若干重大问题的决

---

① 邹珊珊：《走向服务型政府的地方政府改革》，载杨雪冬、赖海榕编《地方的复兴：地方治理改革30年》，社会科学文献出版社，2009，第268页。
② 马运瑞：《中国政府治理模式研究》，郑州大学出版社，2007，第105页。
③ 〔美〕戴维·奥斯本、特德·盖布勒：《改革政府——企业精神如何改革着公营部门》，周敦仁等译，上海译文出版社，1996，第22页。
④ 周其仁：《宿迁医改的普遍意义》，《经济观察报》2007年9月3日。
⑤ 秦芩、申来津：《政府法治化与政府职能"错位"、"越位"、"缺位"现象的治理》，《行政与法》2006年第3期。

定》(以下简称《深化改革决定》)明确将政府职能定位在"主导"层面,同时提出"简政放权"、"政社分开"、鼓励和支持社会各方面参与社会治理、"公办事业单位与主管部门理顺关系和去行政化"等改革方向。这些方针构成医保服务管理体制再社会化改革的政治基础。

第二,医保服务管理行政化、一元化体制存在行政成本高且效能低的通弊。首先,医保业务具有高度复杂性、专业性、差异性、多变性,而岗位、技术类型、技术层次、编制数量均呈固定化的传统经办组织体制不适应经办业务的需要,[①] 客观上应根据业务的实际需要建立灵活的专业人员遴选和退出机制。其次,单一的经办体制不存在竞争,因而不利于提高服务管理效能。最后,我国地域广阔,人口分布不均,并非所有地域、所有业务均需要由国家建立专门的经办体系和组建行政化的经办队伍,否则会加大管理成本,有鉴于此,相关经办事务完全可以委托给社会机构。

第三,社会化分权和配权改革不仅能改善医保运行的有效性,而且会有助于改善医保、医疗事业的整个面貌。医疗服务关系具有非对称性,非由保险机构代表被保险患者制衡医疗机构,不足以平衡医患关系、保障患者的权益。[②] 在实行社会医疗保险制度的条件下,医疗服务关系的主要形式是医疗与医保的关系,保险机构的支付和监督职能对于医疗服务的方式和效率乃至对卫生资源的配置均起到"指挥棒"的作用。[③] 在社会医保制度范围内,保险机构更是总括、协调各方的核心主体,合理的医保服务管理对医保资源的有效利用起到激励、约束、协调等社会管理作用。服务权和管理权的社会化配置是保险服务管理民主、科学、安全的保障,其溢出效果可扩及医疗和医保事业发展的全局。

第四,服务权和管理权配置的行政一元化以及经办机构内部治理权配置的一元化不足以保障基金安全。医保基金被经办机构及其工作人员挪用、占用、骗取、送人情的现象是一直存在的老问题,[④] 这是关于"对监管者的监管"的经典问题,也暴露出内部监督的有限性和民主化治理的不

---

① 李惠宁:《提高社会保险经办机构服务管理能力问题的探讨》,《科学咨询(科技·管理)》2007年第1期。
② 董文勇:《医疗费用控制法律与政策》,中国方正出版社,2011,第346—348页。
③ 董文勇:《社会法与卫生法新论》,中国方正出版社,2011。
④ 杜清:《医疗保险:原来又是只跳蚤》,《中国改革》2005年第5期。

足。为保障基金安全、保障参保人对基金的所有权，可以通过经办组织机构社会化的方式将外部横向社会监督加以内化、落实所有权人的处理权。

综上，外部服务权和内部管理治理权的行政一元化配置体制不利于保险人职能的发挥。然而，参与权的配置是取得服务权和管理权的先决条件，目前我国社会组织和个人尚缺乏医保事务的参与权，进而阻碍了医保服务权和管理权的社会化配置。有鉴于此，我国医保服务管理体制的再社会化须从参与权的社会化配置角度切入。医保服务管理之参与权的社会化配置主旨有二：一是对医保服务权和附属的管理权作分解并作部分剥离，享有服务参与权的社会机构提出申请的，依法配予，依此建立医保服务及附属管理事务的社会化参与体制；二是将政府办医保经办机构的内部管理治理权作部分拆分，享有参与权的社会组织或个人提出申请的，可依法对其配予，依此建立公立医疗保险人的社会化治理结构和医保事务的社会化管理制度。

二 医保服务参与权的社会化配置进路

对具体医保服务参与权进行社会化配置改革符合执政党和国家对于社会发展战略和医疗卫生体制改革的目标。这一改革方向不仅具有政治和政策基础，也符合我国《宪法》第 2 条第 2 款有关人民以适当形式管理社会事务之权利的规定，且已经体现于新农合的初步改革实践。

（一）医保服务参与权社会化配置的基本理念

《构建和谐社会决定》倡导社会公共事务的社会协同和公众参与，党的十八大报告也明确了"党委领导、政府负责、社会协同、公众参与、法治保障"的社会治理体制建设目标。这些政治纲领性文件中的"社会协同"中的"社会"，宜以广义的"社会"概念来理解，[①] 因而所谓"社会""公众"，不仅包括自然人，也包括法人，而法人的范围则不排除企业法人、民办非企业单位法人和社会团体法人。在国外，荷兰政府为解决原有医疗保险制度存在的体系分散化带来的不公平性、垄断产生的效率低下等

---

① 柴振国、赵新潮：《社会治理视角下的社会组织法制建设》，《河北法学》2015 年第 4 期。

诸多弊端，① 在医疗卫生体制改革中实施了以契约化、市场化为特征的社会化改革，并将改革经验巩固为法律制度。② 荷兰医改实现了政府向社会组织购买医保服务、参保人择一参保的社会化医保服务体制，从而既不放弃政府责任又能实现行政目的，兼顾了公平和效率。这是社会公共服务社会化改革的一种形式。

市场化是社会化的一种主要形式。市场化有其合理性的一面，在行政资源有限、政府治理难以满足社会实际需要的条件下，市场性手段的优势更为明显。通过市场对抗市场，在市场中消化、克服市场弊端，本身就是一种理性的政策工具选择。市场具有客观性，没有主观意志，如果说市场化改革存在不良后果的话，那么在更大程度上是制度设计的问题，即所谓"茶杯也会成为凶器"，关键是如何利用市场，而不是简单否定市场、把市场存在缺陷作为转而把问题交给政府处理的理由。③ 鉴于国家治理不可能在所有层次上具有相同的有效性，公共产品的提供应尽量遵循市场优先的原则。④ 改革开放至今，政府职能逐渐退出微观社会事务领域，市场机制的作用领域不断扩大，《深化改革决定》明确提出，"推广政府购买服务，凡属事务性管理服务，原则上都要引入竞争机制，通过合同、委托等方式向社会购买"。我国历次医药卫生体制改革在增强医疗卫生和医疗保障公益性的同时，也并未排斥市场化改革；在理论上，市场也并不排斥公共服务机构。⑤《中共中央国务院关于深化医药卫生体制改革的意见》（以下称《深化医改意见》）也明确具体要求："积极提倡以政府购买医疗保障服务的方式，探索委托具有资质的商业保险机构经办各类医疗保障服务管理。"如果该项政策着眼于社会组织的管理和服务能力，那么除商业性组织机构外，有管理和服务能力的非营利性社会组织也应当有权参与具体医保的服务管理，许多社会公益事业让非政府组织经营比政府更有效率。⑥ 非营利

---

① 尹莉娟：《从分散到统一：荷兰基本医疗保险制度改革对我国的启示》，《中国卫生事业管理》2008年第2期。
② 孙东雅、范娟娟：《荷兰医疗保险制度改革研究》，《中国医疗保险》2012年第5期。
③ 〔美〕詹姆斯·M. 布坎南：《自由、市场和国家》，吴良健等译，北京经济学院出版社，1988，第3页。
④ 薛澜、张帆：《治理理论与中国政府职能重构》，《人民论坛》2012年第4期。
⑤ 赵晖：《论我国医改中政府职能的归位》，《人民论坛》2010年第25期。
⑥ 徐惠茹、潘敏敏：《中国非政府组织在政府职能转变过程中的角色定位》，《学习与探索》2005年第2期。

性社会组织介入医保服务管理的契约化方式在本质上也是市场化的。

(二) 社会化医保服务参与权的制度实现形式

以往商业保险机构介入医保的形式主要限于提供补充性医疗保险服务产品，无权经办基本医疗保险事务。2012年颁布的《关于商业保险机构参与新型农村合作医疗经办服务的指导意见》则提出了商业保险机构服务管理新农合的制度框架，保险企业从医保终端服务向中间服务扩展，执政党有关文件所倡导的社会参与原则、政府主导与市场机制结合原则得到了具体体现，实现了医保经办体制改革的重大突破。该改革措施的意义有三：第一，体现了对效率价值和效率公平的追求、政府职能转变的改革新成果；第二，践行了《深化医改意见》"创新体制机制，鼓励社会参与"的指导思想、"坚持公平与效率统一，政府主导与发挥市场机制作用相结合"医改基本原则；第三，体现了国家在处理职能与职能实现方式、目的与手段的关系方面取得了显著进步。当然，该指导意见仅仅是政策性文件，且仅确立了一个制度构建的基本方案，尚待作进一步延伸和实现确定化、明细化。

参照国内外医保社会化经办改革的成功经验，在医保服务参与权的社会化配置方面，权利人的类别可以不局限于商业保险机构，还可以包括民办非企业单位等有资质从事社会公共服务性的社会组织。鉴于我国人口基数足够庞大，为提高统筹层次，国家可将服务权及附属的管理权配予省级行政区域范围内的政府办医保机构和至少一家社会办医保机构，各医保机构的法律地位一律平等；剥离政府办医保机构的行政管理权，收归省级医保行政部门。参保人的范围为省级区域范围内的居民及其用人单位、家庭，凡依法投保任何一家保险机构的，保险权利一律平等，适用同样的法律和政策。医保行政部门得以招标或竞争性谈判的方式从享有服务参与权并提出申请的、具备法定资质的社会机构中遴选产生医保机构。社会办医保机构与政府办医保机构拥有同等的基金独立管理权，医保基金结余不得用于分配[1]，人员及业务经费则由医保行政部门以购买服务的形式另行偿付。为实现城乡统筹和提高保障能力，各类医保机构的业务范围覆盖整个

---

[1] 非营利性是由我国基本医疗保险制度的公益性所决定的，这不但与非营利性社会组织介入医保服务管理相契合，且与商业保险机构以收取政府支付的服务管理费的方式营利并不矛盾。此外，基金由投保人和政府共同共有，保险机构并不享有结余所有权。

省级行政区域。鼓励各类医保机构成立跨省行业联合组织，具备条件的行业联合组织可依法获得服务管理权，借此实现各医保机构在服务管理上的各自全国统筹。

三　公立医保机构内部治理管理权的社会化配置进路

经办机构实为国家和社会为参保人谋求福利之公器，故应具备作为保险人的能力。经办机构由"经办人"嬗变为"保险人"的关键在于组织体制和组织制度的社会化，通过组织治理权和内部事务管理权的社会化配置来建立保险人的社会化民主治理机制，依此才能保障其应有效能的发挥。

（一）公立医保机构治理管理权社会化配置的理念

在法理上，医保机构是受托人，接受三重委托：一是全民凭借赋税、主权和凝聚公意的宪法之利，责成国家组建医保机构、雇佣工作人员，建立社会保险组织体系；二是经法律授权和委托，由医保机构代国家履行医保公共服务和社会管理职能；三是受全体参保人委托，由医保机构代为管理受托的医保基金、处理保险事务、保障被保险人的权益。由此观之，利益相关者完全可以凭借所有权人和利益相关人的身份参与对保险机构的治理和对业务的监管。根据现行法律，我国《宪法》第 2 条第 2 款规定："人民依照法律规定，通过各种途径和形式，管理国家事务，管理经济和文化事业，管理社会事务。"该款规定在法律上给予了参保人及其他利益相关人参与医保机构的可能性，使医保机构成为一个能够"凝聚公共价值和公民行动的载体"，体现"多元共治"和"多元互依"的现代社会治理法治秩序。[①] 从经办机构与参保人和服务机构之间的法律关系角度讲，行政化的医保服务管理关系具有单方性，内在缺乏反馈和制约机制。因此，若要保证经办机构的运行效率，则须有凝聚公意和科学理性的外在法律为前提；若缺此前提，则须有能够体现公意性和科学理性的内在组织制度。

---

① 梁平、冯兆蕙：《基层治理的法治秩序与生成路径》，《河北法学》2017 年第 6 期。

无论哪个环节，都需要利益相关人参与管理。从政府和社会的基本关系上看，在现代法治国家，行政权配置出现了"既扩权又削权、放权，既限权、控权又参权、分权、还权的复杂演变"趋势，[1] 鉴于医保事务的复杂性和技术性以及公民医疗诉求的多样性，政府在承担对公民抽象的健康保障责任的同时，主要保留制度政策制定权、组织监管权等基本权力即可，并应将具体的、微观的医保管理权力和医保服务责任还权、授权和转移给社会组织，同时社会组织和个人享有医保机构治理参与权利、医保事务自治权利。

依照所有权人权利和社会权利，公民可通过代议机关经由法律程序完全授权医保行政部门行使对保险机构的组建、监管权力，但是同时也可以根据医保事业的特点和服务管理的实际需要而保留部分所有者权利和治理权力。医保事务具有专业性、繁杂性、高风险性和广泛利益关联性，在公民愿意保留部分参与权利和治理权力的条件下，法律应当予以安排实现，在组织法上体现为应当有利益相关者参与公立经办机构的治理和监管，使之真正成为保险机构。上述理念与我国宪法所规定的以及《构建和谐社会决定》、《深化改革决定》所倡导的保障公民管理社会事务的权利、发挥社会自治功能、实行管办分离等原则和要求相契合。《深化医改意见》也指出："完善内部治理结构，建立合理的用人机制和分配制度，完善激励约束机制，提高医疗保险经办管理能力和管理效率。"

（二）社会化治理管理权的组织制度体现

医保机构社会化治理是许多国家的共同经验。以德国为例，该国有七类业务范围均遍及全国的医保机构[2]，这些平行设立的机构均属于非政府性质的公法法人，各医保机构及其在州和联邦层面上成立的联合会均设有管理委员会和理事会，均由雇主和雇员选出的数量等同的代表组成。[3]

---

[1] 郭道晖：《法治行政与行政权的发展》，《现代法学》1999 年第 1 期。
[2] 七类医保机构分别是：地方医保局、企业医保局、手工业医保局、农民医保局、海员医保局、矿工医保局以及替代医保局。
[3] 中华人民共和国劳动和社会保障部、德国技术合作公司：《德国医疗保险概况》，劳动和社会保障出版社，2000，第 134 页。

我国没有制定医保机构组织法，各地经办机构在组织制度上极为杂乱。[①] 除新农合经办机构外，其他经办机构均未实现社会化。我国充分社会化的医保机构组织制度建设可以借鉴我国台湾地区的相关经验，作如下设置：医保机构内部设立由相关政府部门代表、相关专家、被保险人代表、参保用人单位代表、服务机构代表组成保险事务领导决策委员会，下设保险服务执行委员会、医疗保险基金安全监督委员会、医疗服务监理审查委员会、医疗费用委员会、医疗保险法律政策委员会。

保险事务领导决策委员会负责人事、机构、业务管理和服务事务的领导及重大决策，委员由医保行政部门选聘；保险服务执行委员会负责各项保险服务业务的实施和决策执行；医疗保险基金安全监督委员会负责医保基金的安全运行，由相关政府部门代表、被保险人代表、参保用人单位代表以及保险、金融或财务专家组成；医药服务监理审查委员会负责定点医事药事服务机构的审核、服务监督，由相关政府部门代表、服务机构代表、被保险人代表以及医师和药师组成；医疗费用委员会负责对服务机构费用谈判、费用预支付、费用结算和费用审查，由相关政府部门代表、服务机构代表、被保险人代表以及医师和药师组成；医疗保险法律政策委员会负责医保政策法律咨询、服务管理具体办法的研究、接受申诉处理等，由相关政府部门代表、保险和法律专家组成。

社会化后的政府办经办机构在法律上与社会办医保机构同属于保险机构，即保险人。政府办医保机构属于国家经由政府设立的社会公共服务机构，根据执政党制定的《深化改革决定》，在组织立法方面应取消其行政级别。

四 服务及管理参与权二元社会化配置效果之理论检验

对医保服务及管理事务参与权进行社会化配置的目的不在于行政分权、社会参权本身，也不在于形式意义上的社会民主表意或宣示，而在于

[①] 朱国宝：《当前我国社会保险经办机构面临的难点和采取的对策》，《中国社会保险研究》2007年第1期。

通过形成医保服务体制的社会化、医保机构组织体制的社会化，实现保险人服务管理能效的提高，以确保医保制度能够发挥其应有制度价值、获得最大可能的效益。

通过政府办医保机构分权和利益相关人参权，可实现对公立医保机构的民主治理，以此为医保事务的有效服务和科学管理奠定组织制度保障，能够在一定程度上减少行政体制存在的通弊，从而提升其管理决策的专业性、灵活性、严谨性、务实性，增强其纠错能力和减少决策风险，进而强化其作为保险人的责任意识。能力是效率和效益的保障，社会化的组织制度和内部治理结构能够在最大程度上减少行政机关对社会公共事务的不适当干预，借以摆脱地方利益、部门利益和集团利益对医保基金、被保险人的利益诉求乃至整个医保事业的侵蚀，使医保事业能够用心专一地服务于被保险人。专业、负责的医保机构有能力与医事药事机构进行谈判，有能力监督医疗服务的合理性和必要性，并可以保障医保资金的运营安全和使用效率。

社会化的医保服务参与体制可为形成优胜劣汰的服务管理竞争格局奠定基础。一方面，社会办医保机构特别是商业医保机构具有管理和服务的效率优势；另一方面，通过不同服务管理主体的并立以及并行竞争，可推动各自提高服务管理的效率和质量，特别对政府办医保机构构成外部竞争压力，使其实现从"要我服务和管理"到"我要服务和管理"的转变，在提高服务管理的自主性和效率的同时，也有助于大幅降低医保行政部门对医保机构的监管成本。社会办医保机构不存在行政"包袱"，可将业务范围向城乡两端拓展，其产生的示范效应会有助于整体上推动实现体制上的城乡统筹和服务管理资源的进一步整合。

服务及管理参与权的社会化配置有助于进一步实现服务权和管理权的优化配置，进而有助于改善医保制度的效益，其整体效益实现机理如图1所示。

五　结语

社会医疗保险事务乃全社会之公共事务，并不必然由政府专门执掌，也并不必然需要政府亲力亲为。在本质上，政府也是基于全民意志在全社

图 1

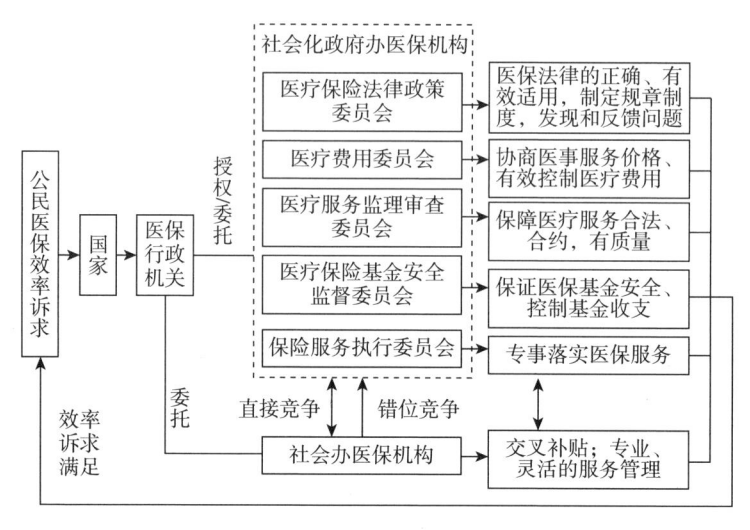

会范围内建立起来的承担一定社会职能的组织。受特定社会条件的影响，我国政府与社会组织之间多表现为产出关系，然而这并不必然意味着"先来"者比"后到"者天然地拥有更多的、永世不变的权力优势。政府是公意执行、实现机构，社会组织的出现为公意的执行和实现方式提供了另外一种可能，使公民拥有了更多的工具选择或搭配组合。无论是行政工具还是社会（包括市场）工具，均是国家干预社会公共服务的两种基本手段，而均非目的。世界各国的社会治理经验表明，行政手段可以在一定层面、特定领域和适合方式来使用，个人和包括企业在内的社会组织的参与甚至自治也不可或缺。至于社会公共服务需要由政府还是由社会提供、需要政府以何种方式提供，有关制度建设的主要原则和标准在于，在现实的社会条件下，何者更能体现、实现公意，何者更能最大限度地保障利益相关人的权益。

在国家主义传统理念影响至深的情况下，推进医保社会化改革需要首先破除"全能政府"思维定式。目前我国已然形成受市场经济推动而形成的平权化和多元化的社会，行政一元化的既有医保体制难以与之契合。政府包办的医保体制不仅容易使政府成为社会矛盾的焦点和唯一的责任人，而且从长远来看，不利于医保事业的稳定和健康发展。社会医疗保险制度的全面社会化改革具有政治正确性和经验正确性，无论是《构建和谐社会决定》、《深化改革决定》还是《深化医改意见》，早已对此提出了要求；自20世纪90年代以来，我国医保改革的成功在很大程度上也得益于其社会化方向，新农合服务管理体制的社会化改革已先行试水。现阶段的医保制度改革需要解决服务和管理方面的能效问题，尽管有必要对具体制度进行技术性改进，但是改革理念的调整和宗旨的转变会异曲同工，甚至可达事半功倍之效。目前医保社会化改革有待于进一步深化和全面拓展至医保服务和管理层面，具体方略是对适格的社会组织或个人进行医保服务参与权和公立医保机构治理参与权的二元社会化配置改革，目标在于提高保险人的服务管理能效。唯享有参与权，社会组织或个人方有服务社会之可能性，因而，参与权之赋予乃整个医保体制社会化的关键环节。在保障社会享有医保服务管理参与权的前提下，社会组织或个人基于自愿申请，可依法定条件和程序取得医保服务权和公立医保机构管理权，并同时承担相应的法律义务。

医保服务管理参与权的社会化配置改革意味着对医保利益格局进行重大调整，兹事体大，须借助立法。《中共中央关于全面推进依法治国若干重大问题的决定》提出，"实现立法和改革决策相衔接，做到重大改革于法有据、立法主动适应改革和经济社会发展需要"，并根据改革的需要进行立、改、废和法律授权。目前我国已经制定了《社会保险法》，医保改革实践决定了，这一框架性的社会保险母法需要进一步细化，其方式是制定单行的"《基本医疗保险法》"，其中应当对保险服务管理基本制度作出规定；视医保再社会化改革和法治建设的需要，也可以制定专门的"《基本医疗保险机构组织法》"，或至少制定"《基本医疗保险机构组织条例》"，以全面实现医保事业法治化。作为参与权配置的结果，医保服务管理权的社会化配置可能形成"多中心治理"或"无中心治理"格局，集体行动机制可能伴随优先次序混乱、行动迟缓和有效性降低等问题。有鉴于此，立法仍应保障国家在社会化医保体制中的领导权、决策权、监督管理权和最高处分权，同时也令其担负最主要的和最终的职责。

(本文原载于《河北法学》2017年第10期)

我国个人储蓄性保险的现状、问题与展望

余少祥[*]

20世纪80年代以后,很多国家都谋求对退休金制度进行改革,改革的措施之一,就是在维持社会养老保险制度的同时,加大个人储蓄养老的比重。中国内地在1995年开始确立社会统筹与个人账户相结合的基本养老保险制度,香港地区在2000年实施的强制性公积金制度中,也可以看到个人储蓄性保险的影子。尽管个人储蓄性养老在当今世界不具有普遍性,但由此确立的自我负责的精神与基金制已成为世界各国关注的一个焦点。实行养老保险和个人储蓄性养老相结合,有利于缓和代际矛盾。目前,除新加坡、智利等实行完全储蓄性养老金制度外,在很多发达国家如美国、日本、德国和一些东南亚、拉丁美洲国家都实行了基本养老保险与个人储蓄性保险相结合的制度。

一 何谓个人储蓄性保险

(一)个人储蓄性保险的概念及类型

根据资金负担主体以及在养老保险体系中的作用等因素的不同,个人储蓄性保险可以分为完全型个人储蓄性保险和补充型个人储蓄性保险两种

---

[*] 余少祥,法学博士,原为中国社会科学院法学研究所社会法研究室副主任、副研究员,现为中国社会科学院社会发展战略研究院副研究员,主要研究方向为社会法基础理论、社会保险法。

类型。

1. 完全型个人储蓄性保险

完全型个人储蓄性保险是由国家强制建立个人公积金账户，由劳动者于在职期间与其雇主共同缴纳养老保险费，劳动者在退休后完全从个人账户领取养老金，国家不再以任何形式支付养老金。这一模式主要是建立在前英国殖民地的一些国家，其中新加坡最具代表性。其主要特点是，强调自我保障，个人账户的基金在劳动者退休后可以一次性连本带息领取，也可以分期分批领取。政府设立公积金局及相应的机构负责对个人账户资金进行统一管理和投资运营，是一种完全积细小的筹资模式。在新加坡，每个个人账户由三部分组成，一是普通账户，二是医疗账户，三是特殊账户。后两个账户一般不动，公积金局的相应机构可以运作，雇员则可用普通账户购买证券或委托投资基金操作，自担风险。与新加坡不同，智利等一些南美洲国家对个人账户实行的是完全私有化管理，即将个人账户交由自负盈亏的私营养老保险公司运营，同时规定了最大化回报率，并实行养老金最低保险制度。智利的这一做法于20世纪80年代推出后，被拉美一些国家仿效。这种以储蓄基金为主体的养老保障制度，节省了大量的财政开支，抑制了消费膨胀，增加了社会积累，有利于增强国家的经济实力，有利于企业开展平等竞争和调动职工的生产积极性。从实践中看，这一制度不仅解决了新加坡的养老难题，而且为其社会经济稳定发展提供了重要的保证，被认为是东南亚乃至世界范围内养老保险制度成功运行的典范。其最大特点是强调效率，但有一个明显的缺陷是，忽视社会公平，很难体现社会保险的保障功能。

2. 补充型个人储蓄性保险

补充型个人储蓄性保险是由劳动者个人根据其收入单独或与雇主共同参加的一种养老保险形式，是社会基本养老保险的补充。补充型个人储蓄性保险由国家举办，不同于商业性个人储蓄。从实践中看，有的国家可以由劳动者单独参加，有的国家是由雇主和劳动者共同参加，经办机构可以是国家举办，也可以由国家委托私人举办。[①] 从我国的情况看，是由劳动

[①] 本文所述"个人储蓄性保险"，仅指国家举办或委托私人机构经营的具有储蓄性质的社会保险，不包括商业机构以盈利为目的举办的商业性储蓄保险。

者个人自愿参加，自愿选择经办机构。具体办法是，劳动者根据自己的收入情况，按规定缴纳个人储蓄性保险费，记入当地社会保险机构在银行开设的养老保险个人账户，并按不低于或高于同期城乡居民储蓄存款利率计息，所得利息记入个人账户，本息一并归劳动者个人所有。劳动者达到法定退休年龄经批准退休后，个人账户的储蓄性养老保险金将一次总付或分次支付给本人。劳动者跨地区流动，个人账户的储蓄性养老保险金随之转移，如果其未到退休年龄就已死亡，记入个人账户的储蓄性养老保险金由其指定人或法定继承人继承。实行补充型个人储蓄性保险的目的，在于扩大保险经费来源，多渠道筹集保险基金。该制度的实施，有利于消除保险费完全由国家"包下来"的观念，增强劳动者的自我保障意识和参与社会保险的主动性，提高其退休后的生活水平。

（二）个人储蓄性保险在社会保险中的地位

个人储蓄性保险主要是一种社会养老保险，要考察其在社会保险中的地位和作用，首先要了解世界各国社会养老保险的类型和模式。目前，全世界实行社会保险的国家有160余个，其中建立社会养老保障制度的有130多个。从这些国家的情况来看，养老保险的资金来源主要有四种类型：一是由企业、个人和国家三者负担，例如美国、德国和日本等国；二是由个人和企业负担，例如新加坡、智利和东南亚、拉美其他一些国家。三是由国家和企业负担，个人不负担任何费用，例如苏联和东欧一些前社会主义国家；四是主要由国家负担，例如英国、加拿大和北欧一些福利国家。从实践中看，这四种模式各有利弊，但目前运行最好的是第一、第二种模式，而这两种模式都与个人储蓄性保险有关，或者说都建立了个人储蓄性保险制度。

目前，采用第一种模式的主要是德、法、美、日、韩等工业化国家，巴西和墨西哥等市场经济发达国家也实行这种模式。其主要特征是：社会保险具有一定的强制性，以自我保险为主，国家资助为辅，公民个人和企业交纳基本养老保险金，并可以自主交纳个人储蓄性养老保险金，劳动者退休后，由政府福利机构或社会养老保险机构依法拨款和发放。这种模式强调养老保险是个人的事，国家只给予部分资助，其实施范围主要是劳动者，但是劳动者缴费多少与退休后的养老金水平无关，养老待遇水平主要取决于本人在职时的工资水平和国家规定的养老金替代率水平，此外还取决于企业年金和个人储蓄性保险水平。在这种模式中，个人储蓄性保险只是多层次养老保险体系的一个组成部分，对基本养老保险起补充作用，将个人储蓄性保险与保险待遇挂钩，体现社会保险的公平原则和贡献原则。采用第二种模式的主要是新加坡、智利和东南亚、拉美其他一些国家，这是一种完全积累型的社会养老保险模式，个人储蓄具有国家强制性，并在养老保险体系中起支柱性作用。1955年7月，新加坡开始为受薪人员设立个人养老储蓄基金，这是一种强制性的储蓄计划。经过40年的发展，它已成为一种全面的，可以满足人们退休、购房、医疗保健及教育等需要的社会保障制度。这是一种独特的、有效的养老保障制度，得到了其国民和社会的普遍认可。采用第三种模式的主要是苏联、东欧一些前社会主义国家以及蒙古、朝鲜等国，其最大特点是：一切保险费用由国家和企业负担，个人不交纳任何费用。这是一种以生产资料公有制为基础的社会养老保障制度，随着各国政治、经济制度的变化和市场经济的发展，已越来越不适应现实的要求，因此各国都在探索改革的途径，引进激励机制，逐步实行个人和单位缴费制度。采用第四种模式的主要是瑞典、英国、加拿大、澳大利亚、新西兰等福利国家，其主要特点是：雇员不需缴纳保险税，雇主则需缴纳47%的工资税，政府再将税收用于国民的基本养老保险金等。在第三、第四种模式中，有一些其他的补充养老保险方式如部分职务补贴和附加养老金等，但从社会保障角度看，个人储蓄并非一种社会保险或者说制度化的社会保险途径。

二 我国个人储蓄性保险的现状与问题

（一）我国个人储蓄性保险的发展现状

1991年，国务院《关于企业职工养老保险制度改革的决定》（国发〔1991〕33号）指出："随着经济的发展，逐步建立起基本养老保险与企业补充养老保险和职工个人储蓄性养老保险相结合的制度。"该决定首创建立个人储蓄性社会养老保险的先河。1995年，国务院《关于深化企业职工养老保险制度改革的通知》（国发〔1995〕6号）规定，国家在建立基本养老保险制度、保障离退休人员基本生活的同时，鼓励建立企业补充养老保险和个人储蓄性养老保险制度，并提出企业补充养老保险和个人储蓄性养老保险由企业和个人自主选择经办机构。《劳动法》第75条规定："国家鼓励用人单位根据本单位实际情况为劳动者建立补充保险。国家提倡劳动者个人进行储蓄性保险。"《企业职工养老保险基金管理规定》第8条明确提出："个人储蓄性养老保险由职工个人自愿参加。"此后，国务院2000年《关于印发完善城镇社会保障体系试点方案的通知》（国发〔2000〕42号）和2005年《关于完善企业职工基本养老保险制度的决定》（国发〔2005〕38号）也先后明确了建立个人储蓄性社会养老保险的目标。到20世纪前10年，个人储蓄性保险制度已基本建立，有关内容不断细化，有力地促进了我国养老保险制度的发展。

目前，我国的养老保险制度根据不同经济条件下的不同要求分为三个层次。①基本养老保险，即由国家统一立法，强制实施。该制度适用于城镇所有企业，其费用由国家、用人单位和个人三方负担，并由政府专设的非营利性机构经办，实行现收现付、略有结余、留有部分积累的原则。这一层次的待遇水平一般不是很高。②企业补充保险，是在基本养老保险基础上，由企业根据自身经济能力和条件，为本企业职工建立的一种追加的养老保险。该项保险通常实行半强制式，企业可选择社会保险机构，也可选择商业保险机构，但必须按规定记入职工个人账户，所存款项及利息归个人所有。③个人储蓄性养老保险，即在国家政策鼓励和指导下，职工在职时自愿实行储蓄，到退休时全部归个人支取、使用。根据相关政策法令，个人参加储蓄性保险不是一种强制性社会保险，劳动者可以根据自身收入情况自行决定是否参加。至于投保多少和在哪家保险机构投保，也完全由劳动者个人决定，任何单位不得干涉。实际上，企业补充保险和个人储蓄性保险都是基本养老保险的补充形式，是我国多层次社会养老保险制度的重要组成部分，既体现了社会保险保障职工基本生活的目的，又能兼顾不同企业和个人的经济状况和要求，因此既能体现公平，又能兼顾效率。

（二）我国个人储蓄性保险存在的主要问题

一直以来，我国劳动与社会保障部门都在鼓励职工参加个人储蓄性养老保险，但由于职工工资收入有限，对个人储蓄性养老保险缺乏了解，而且国内 CPI 和恩格尔系数持续走高，尽管很多地方已经启动了该项保险，但参保的人数并不多。不仅如此，从个人储蓄性保险不断完善的过程和制度设计来看，还存在一些亟待解决的重要问题，这些问题在一定程度上制约和限制了个人储蓄性保险的进一步发展。

（1）由社会保险经办机构管理个人储蓄性保险账户，既不符合基金性质的要求，也难以避免代理风险。根据有关规定，劳动者缴纳的个人储蓄性保险费，将记入当地社会保险机构在银行开设的养老保险个人账户，由保险机构按不低于或高于同期城乡居民储蓄存款利率计息，在劳动者达到法定退休年龄经批准退休后，养老保险金将一次总付或分次支付给本人。从理论上看，个人储蓄性养老保险金是企业职工工资收入的一部分，它的支出是职工的一种自主行为，因此其积累的基金从性质上来说应该是完全个人所有的产权性质，与国家福利没有关系。也就是说，个人储蓄性养老金没有国家和社会的投入，不是国家和社会福利的组成部分，而是完全性质的私有财产。但是，在对个人储蓄性保险金的管理和使用上，职工没有应有的话语权。在实践中，这些资金怎么使用完全由当地的社会保险经办机构掌握，有的甚至将其与国家举办的强制性个人账户"一并管理"，模糊了职工基本养老保险个人账户与个人储蓄性保险账户的界限，不利于分清私有财产和社会福利，有损个人储蓄性保险基金的完整性。这与很多国家的做法有很大的不同。在新加坡，尽管退休之前养老账户里的钱不能提取，但允许会员在政府推荐的项目范围内自主进行投资，即会员可动用80%的公积金存款或普通账户中的余额投资于股票、基金、黄金、政府债券、储蓄人寿保险等，或购买一些大型国营机构私营化后所出售的股票，长期持有政府控股上市公司的蓝筹股票，单独或合伙用公积金储蓄投资写字楼、商店、工厂和仓库等非住宅房地产，以实现资产的保值增值。[①] 在中国，完全由政府部门掌握个人储蓄性保险的"钱袋子"，在治理结构不完善的情况下，很可能造成基金挪用或违规投资，产生代理风险。2006 年上海社保大案正是由于缺乏权力制衡的治理结构，从而导致行政权力对社保基金的违规操作。

---

① 李满：《新加坡：存钱有方，赚钱有道》，《经济日报》2007 年 11 月 28 日。

（2）在个人储蓄性保险政策法规中，没有关于个人储蓄性保险资金安全最后责任人的规定，这是很大的问题。1997年，中国正式确立"社会统筹与个人账户相结合"的社会养老保险制度，对这种新型的养老保险制度，不论在理论上或政策制定中如何争论，在实践中，其执行者实际上是默许了现收现付统筹账户基金负担"转制成本"的职责，由此导致统筹账户对个人账户的透支。事实上，一些地方的个人储蓄账户同样是空账运行，对当事人的养老保险权益构成了极大的潜在威胁。1969年美国斯图特贝克汽车制造厂关闭、2001年美国安然事件等事例表明，即便在具备成熟的资本市场、审慎的监管、严格的市场准入条件下，个人储蓄性保险金和企业年金资产仍难以避免遭受各类风险而引起重大损失。在我国，社会保险政策法规没有涉及个人储蓄性保险资金安全的最后负责人问题，以及没有规定在何种情况下引起的损失应由谁来承担。由于参保人在领取之前没有投资权等自主权益，在法律法规未明晰责任的情况下，如果个人储蓄性保险金遭受重大损失，作为私有性质的基金，最后风险只能由参加人集体承担。[①]

（3）对个人储蓄性保险运行的管理方式和管理绩效的分析和研究不足。实际上，对一个制度运行效率的理解，仅仅分析外部因素而忽视对组织系统内部的分析是难以全面看到整个组织系统的运行效率的。有学者提出，中国社会养老保险管理面临许多问题，根源之一是没有系统地理解治理结构与组织的关系，即它仍处于一种组织治理结构的无序状态，没有充分运用组织的系统协同能力，如部门设置随意、职能边界不清、业务流程不畅、责权关系重叠等，使部门之间缺乏系统协调，难以达到理想的组织目标。不仅如此，中国社会养老保险的管理组织大多数不是战略导向型结构，组织管理的理念淡漠，不能按照有效性整体实施架构，形成基于战略的组织治理结构，无法按照战略目标和未来发展方向形成稳定的核心业务和有效的管理模式。因此，一旦环境发生变化，缺乏内在自我更新能力的治理结构将无法适时进行调整和变革，最终导致整个组织管理的低效甚至失效。[②] 就个人储蓄性保险基金而言，参加人只能得到不低于或略高于银

[①] 尹莉娟：《企业年金制度与我国基本养老保险个人账户关联性研究》，《中国养老金网》2009年8月3日。
[②] 陈喜强：《中国与新加坡养老保险制度的分析》，《社会保障制度》2004年第2期。

行同期存款的利息，这是典型的低效率的表现。因为运营管理部门可以直接进行投资，与银行借贷给投资人再行投资有明显的不同。在新加坡，个人公积金尽管不能提前支取，但会员可以使用其绝大部分进行自主投资。在智利，个人储蓄性保险金很多是委托私人机构从事投资运营，其投资回报率远远高于银行存款利息。如果个人储蓄性保险收益仅仅是银行同期存款利息，则该项保险既无价值，也无必要。实践中，还有一些地方存在强制员工参加储蓄性保险的现象。据报道，孙某在一家食品厂工作，该厂在没有和他协商的情况下，擅自从其工资中每月扣除30元作为参加储蓄性保险的费用。孙某得知此事后，表示不想参加储蓄性保险，要求该厂退还所扣的工资。后来，在当地劳动与社会保障部门的干预下，该厂认识到强迫职工参加储蓄性保险是违规的，并退还了孙某被扣发的工资。[1] 类似的报道在媒体上并不鲜见，它反映了我国个人储蓄性保险在交纳、运营和管理中的混乱现象，缺乏制度化的组织保证。

三 大力发展我国个人储蓄性保险制度

（一）理论层面的分析

（1）养老保险个人责任论。这种理论认为，养老保险不同于一般公共产品，它是一种具有一定私人性质的公共产品，其"公共性"为政府责任提供了依据，其"私人性"则内在地要求以个人责任的方式解决社会成员的养老问题，而这种"私人性"也使个人储蓄保险成为可能。在福利经济学和公共政策的一般理论分析中，养老保险被理所当然地作为一种准公共产品，并以此为依据，论述政府介入养老领域的合理性和必然性。这种分析客观上强调和突出了养老保险中的政府责任，弱化甚至否认了个人责任与市场机制在养老保险领域的基础作用，这与养老保险在本质上所具有的私人特征是不相符的。根据经济学家莫迪利亚尼等人的理论，一个理性的消费者，追求的是生命周期内一生效用的最大化，由此产生的消费行为会导致个人收入和储蓄在一生中的"驼形分布"，即收入最高的时候储蓄达

---

[1] 巴东卫等：《用人单位不得强迫职工参加储蓄性保险》，《大连日报》2010年12月6日。

到最高水平。之后,他的收入的储蓄部分将在其生命余年中按均匀的速度进行消费,即"消费的平滑"(consumption smoothing)。这种"消费的平滑"本质上是收入的延迟支付或延迟消费,在其实现方式上可以采用个人或市场的形式如个人养老计划或商业保险,也可以通过制度化养老安排来表现,如基金制的个人账户养老计划。当个人以"储蓄性保险"的方式,在生命周期内实现消费的平滑时,就是一种个人生命周期内的再分配,这种生命周期内的再分配具有明显的"个人保险"性质,体现出来的乃是个人理性与个人责任,即由个体的社会成员以保险形式通过收入延迟支付解决自己的年老风险,保证老年期的基本生活。

  根据上述理论,我国学者刘玮将养老保险作为一种纯公共产品或服务,并依据公共产品理论对之进行分析,得出如下结论:①养老保险本身并非不具有竞争性,而是有明显的竞争特征和稀缺性质;②养老保险不具有公共产品所指的非排他性,其所具有的"非排他性"并非公共产品理论所定义的技术原因或经济原因,而是源于"某种社会公民权利",具有政治的或社会的人为主观目的。由此,他推断说,养老保险并非灯塔类的公共产品,甚至不同于一般意义上的准公共物品,其本身具有明显的"私人特征",养老保险之所以被普遍认为是一种准公共物品,完全是基于社会的和主观目的的原因。[①] 艾斯平·安德森在《福利资本主义的三个世界》一书中,对非商品化的完全政府责任论提出了批评。他说:"当一种服务是作为权利的结果而可以获得或当一个人可以不依赖于市场而维持其生计时,非商品化便出现了。"根据艾斯平的观点,从作用机制分析,解决年老风险可以有不同的机制——市场机制和政府机制,分别对应于个人责任和政府责任。就养老保险而言,既然存在解决风险的两种机制,如何在两者之间合理选择或组合以使社会福利最大化,就值得人们理性思考。他认为,当市场机制解决养老保险更具优势时,应倾向于市场和个人责任,反之则倾向于非商品化和政府责任。在艾斯平看来,福利国家和社会主义国家的养老保险模式具有显著的"非商品化"特征,个人责任被减到最小甚至被忽略,其根源在于以笼统意义的社会福利完全取代了养老保险的个人

[①] 刘玮:《个人责任:养老保险的一种理论分析》,《云南社会科学》2006 年第 3 期。

责任，这种做法必然走向穷途。①

（2）完全"现收现付制"的不利因素。20世纪70年代，伴随着福利危机的出现，很多学者对社会保险的"现收现付"制度提出了批评，如费尔德斯坦以20世纪70年代以前的美国为研究对象，开创性地提出现收现付制对储蓄产生了"挤出效应"，并阻碍经济增长。他主张放弃现收现付制度，实施强制性个人储蓄账户制度，以增加储蓄。费尔德斯坦认为，社会保障通过两个相反的力量影响个人储蓄，一个是"资产替代效应"，另一个是"退休效应"，个人储蓄的净效取决于这两个方向相反效应的力量对比：如果前者大于后者，个人储蓄就要减少；如果后者强于前者，则个人储蓄可以增加。费尔德斯坦引入生命周期模型（Extended Life - cycle Model）概念，利用美国1929—1971年（不包括1941—1946年）的时间序列资料分析社会保障总给付，进而研究社会保障对储蓄的影响。他发现，社会保障使私人储蓄降低了30%—50%，几乎所有的估计值都意味着，在没有社会保障的条件下，私人储蓄至少比现在高50%甚至到100%。② 费尔德斯坦的研究带动了学术界对社会保障对储蓄影响的实证分析，此后有许多学者涉足该领域。如弗里德曼认为，将社会养老金看作一种资产，对储蓄具有资产替代效应，从而降低了私人储蓄。③ 金（King）和迪克斯密罗（Dicks Mireaux）将私人储蓄率作为被解释变量，通过对1977年1万多个加拿大家庭的调查数据所作的研究认为，养老金资产的增加会降低家庭的金融资产。胡巴德（Hubbard）利用美国养老金政策总统委员会的调查数据，分析了社会保障养老金和私人养老金对非养老金财富的影响，其结论是：社会保障养老金和私人养老金的增加确实减少个人非养老金财富。阿达拉休（Attanasio）和罗韦德（Rohwedder）构建了一个储蓄率模型，利用1974—1987年的英国家庭支出调查（U. K. Family Expenditure Survey, FES）的微观数据研究了养老金对私人储蓄的影响，最后发现，社会保障降低储蓄的结论是成立的。④ 由于储蓄对经济发展有一定影响，完全现收

---

① 刘玮：《个人责任：养老保险的一种理论分析》，《云南社会科学》2006年第3期。
② Martin Feldstein, "Social Security, Induced Retirement, and Aggregate Capital Accumulation," *Journal of Political Economy*, 1974, 182 (5): pp. 905 - 926.
③ Friedman, M. *A Theory of the Consumption Function*, Princeton, N. J.: Princeton University Press, 1957, p. 123.
④ 张翠珍：《中国社会养老保险对城镇居民储蓄的影响》，中国社会保障论坛首届年会论文。

现付制在一定程度上会对经济发展和运行产生影响。

（3）基金制和个人账户制的优势分析。萨谬尔森在1958年发表的论述养老问题的著名论文中提出，倘若经济中不存在资本存量，实行现收现付的养老模式是最优政策选择。但实际经济中确实存在资本存量，这使得一个国家可以通过基金的形式购买退休人员的收入。从长远来看，基金制的运行成本低于现收现付制的运行成本，即在收益水平相同的条件下，基金制所需要的储蓄额小于现收现付制所需要的税收额。① 世界银行通过美国职业年金方案、澳大利亚的职业年金方案和智利、新加坡的例证，认为基金制有增加居民储蓄、促成资本形成的潜力。而且，个人账户可以克服人口老龄化给制度带来的财务问题。由于资本市场的长期收益率高于工资增长率，现收现付制很难取得优势。② 也有学者提出，基金制和个人账户制可以克服现收现付制的问题，并将个人账户的作用表述为三个方面：①因为多缴多得，可以避免逃税（费）现象，提升覆盖率；②可以增加储蓄，产生对资本市场和经济增长的积极作用；③个人账户是个人收入在一生中的平滑制度，因此老年收入的保障不受人口结构变动的影响。不仅如此，个人账户具有更高的效率，可以避免效率的损失。③ 从实践中看，新加坡的个人账户模式取得了一定的成功。1980年，智利建立的个人账户模式在市场化管理上也取得了一定的成功。事实上，在基金制保障体系下，政府投资养老保险的承诺可信度更高，基金及账目公开义务是约束政府严格预算的一条途径，而且由于保险基金存在，总的私人和公共储蓄承担着较少的、被减低的风险。④ 当然，现收现付的优势不应该被忽视，个人账户的优势及补充作用也不应被人为夸大。

（二）实践层面的借鉴

在很多国家，个人储蓄性保险制度得到了充分发展，并在社会保障体系中发挥了重要作用。根据储蓄要求方式的不同，这些国家的个人储蓄性

---

① 柏杰：《养老保险制度安排对经济增长和帕累托有效性的影响》，《经济科学》2000年第1期。
② 李珍：《社会保障理论》，中国劳动社会保障出版社，2001，第123页。
③ 潘莉：《社会保障与经济增长相关性的理论分析》，《社会保障制度》2005年第6期。
④ 潘莉：《社会保障与经济增长相关性的理论分析》，《社会保障制度》2005年第6期。

保险制度分为两种类型。

（1）强制储蓄型模式。以新加坡和智利为代表。两者的共同之处是，国家依据法律规定，推行强制储蓄性保险，而且实行完全积累制。不同之处在于，新加坡的国民养老基金完全由政府运营和管理，而智利和其他一些南美国家的养老金实行市场化和私营管理，只有基本养老保险金或最低养老保险金由政府管理。在新加坡，养老公积金由雇主和雇员共同缴纳。公积金实施之初缴费率为雇员月薪的10%，其中，雇主和雇员各负担5%。随着经济的发展，公积金缴费率逐渐提高。在行政管理上，由中央公积金局统一负责，这是隶属于劳工部的一个独立的、半官方性质的机构。公积金的具体运营则由新加坡政府投资公司投资运营。公积金会员可动用80%的公积金存款或普通账户。根据规定，55岁以下会员的个人账户分普通账户、医疗账户和特别账户三种。普通账户的储蓄可用于住房、保险、获准的投资和教育支出；医疗账户用于住院费支出和获准情况下的医疗项目支出；特殊账户中的储蓄用于养老和紧急支出。55岁以后，个人账户变更为退休账户和医疗账户两个，成员在公积金计划账户内的数额达到最低规定后，可提取部分积蓄中的余额投资于股票、基金、黄金、政府债券、储蓄人寿保险等，以实现资产的保值增值。[①] 在退休金领取方面，个人账户的资金在雇员退休后可一次性连本带息领取，也可分期分批领取。如果退休者死亡，公积金账户内的余额将转给其受益人，即作为遗产继承。此外，年资越长，所得养老金越高，对因执行职务伤残而致退休者，待遇更为优厚，不仅按规定给予养老金或恩俸金，还可按规定标准给予津贴。

智利在1981年就彻底放弃了现收现付制度，建立了强制性个人账户制度。1981年，智利政府决定对现收现付式养老保险制度进行改革，在国内建立了一定数量的养老保险基金管理公司，负责经营管理全国养老保险业务，出现了显著的效果，一是养老保险基金投资实际收益率较高，从1981年7月至1994年实际收益率在3.6%—29.7%之间波动，该期间的平均年收益率是14%，大大高于同时期政府统一管理养老金的新加坡（3.0%）和马来西亚（4.6%），二是养老金积累总额较高，截至1996年8月，智利养老基金积累额已达273.09亿美元，相当于国内生产总值的40%，到

[①] 陈喜强：《中国与新加坡养老保险制度的分析》，《社会保障制度》2004年第2期。

21 世纪初,智利养老基金总额将与其国内年生产总值持平。①

(2) 自愿储蓄型模式。这一模式主要存在于国家、雇主和雇员三者负担保险费用的养老保障体系之中,是基本养老保险的一种补充形式。目前,世界上几乎所有建立了社会养老保险制度的国家都规定了基本养老保险的强制性,只有补充养老保险和商业保险才采取自愿储蓄或自愿参加的形式。在美国,养老保险模式是政府、个人和企业三方参与,强调权利与义务对称,强制保险与自愿保险结合,其养老保障金主要有四种形式:政府退休金、基本养老金、福利养老金和储蓄养老金。其中,政府退休金只向各级政府退休人员提供,他们约占美国 65 岁以上老年人口的 8%,数额较为丰厚,领取者大致可维持退休前的生活水准。基本养老金由政府向剩下的 92% 的 65 岁以上的老人提供,其发放标准是:如果退休者退休前的收入在平均水平以上,退休后每月领取的基本养老金约为原收入的 42%,可维持中低生活水平。福利养老金是大企业的雇主向雇员提供的,完全由雇主出资。储蓄养老金是中小企业雇主向雇员提供的,其原则是自愿参加,资金由雇主和雇员各出一半。② 在四种形式的养老金中,基本养老保险是最重要的保障项目。这一制度以政府为主体,国家立法,公营管理。美国的基本养老金来源于社会保障税,税率为雇员工资额的 15.3%,其中雇员和雇主各缴纳 7.65%,私营业主和农民则要缴纳其收入的 15.3%。美国的福利养老金是一种补充养老保险,由大企业自愿建立,旨在为其职工提供一定程度的退休收入保障,是一种用以吸引人才和保证忠实服务的机制。美国的储蓄养老金是一种个人储蓄计划,主要是为小企业和个体劳动者设置,以自愿为原则,鼓励个人储蓄保险,提高退休的自我保障能力。

在德国,养老保险金来源主要是投保者及其所在的企业交纳的保险金,小部分来自政府提供的财政补贴。德国养老保险实行"多交费,多受益"的原则,即在职时交纳保险费越多,退休后领取养老金越多。因此,有两个重要因素影响养老金数额:工资高低和投保时间的长短。1992 年改革后,德国养老金的支取较以前灵活,除了允许提前支取外,还允许部分

---

① 曹信邦:《建立我国养老保险基金管理公司的研究》,《税务与经济》2001 年第 3 期。
② 张颖:《谁来拯救全球养老金危机? 延迟退休能解燃眉之急》,《国际金融报》2004 年 9 月 15 日。另参阅吕学静《可供借鉴的外国养老保险模式》,《金融与科技》2007 年第 8 期。

支取。但支取养老金越少，其本人被允许参加工作的程度越大，目的是鼓励人们延长工作时间，少领取养老金。在日本，养老保险制度是社会保障制度的核心，其养老金主要有三方面内容：退休金、伤病养老金和家属抚恤金。在现行的养老保险体系中，既有政府承办的公共养老金，也有企业主办的企业养老金，还有个人自行投保的个人养老金。公共养老金根据加入者的职业分为厚生养老金、国民养老金和共济养老金。厚生养老金建立于 1942 年，与国民养老金一起构成日本公共养老保险制度的重要组成部分。共济养老金是以国家公务员、地方公务员、私立学校教职员和农林渔业团体职员等工资收入者为参加对象的共济组合养老金。[①] 根据法律规定，日本的养老基金必须全部委托给大藏省基金运用部，纳入国家财政投融资计划统一管理使用。在瑞士，社会养老保险由三大部分组成，即联邦社会保险、职业互助金和个人保险储金。联邦社会保险亦称公共保险，即政府直接经营的全体成员必须参加的一种强制性社会保险，其责任主体是联邦政府、雇主、雇员和州政府。联邦社会保险的收支方式为现收现付式，在收不抵支时，由联邦政府用财政收入（约 20%）来抵补。职业互助金是联邦社会保险的补充，这是所有雇主与雇员都必须遵守的一种强制性社会保险，其发放对象是雇员，保险金则由雇主和雇员共同承担。个人保险储金是根据个人的经济能力和意愿采取的自愿的、非强制性的保险措施，是联邦社会保险和职业互助金的补充，其目的是提升个人退休以后的生活水平和质量。瑞士的社会养老保险模式具有鲜明的特色：一是强化个人责任，将个人作为保险的最大主体；二是多方集资，多层次保障。

（三）世界银行推荐的制度模式

世界银行认为，一个国家的养老金体系应包括再分配、储蓄和保险三项功能，并通过筹资方式、管理模式各不相同的多个支柱来提供。世界银行建议第一支柱是公共管理的非供款养老金计划，并提出了该支柱的三种形式（财富审查型的社会救助养老金、最低养老金担保和等额养老金）。第一支柱的主要功能是收入再分配，第二、第三支柱的功能是储蓄。三个支柱都具有保险功能。1994 年，世界银行在其政策报告《防止老龄化危

[①] 钟添生：《社会养老保障体系的国际比较及其启迪》，《经济研究导刊》2008 年第 17 期。

机》中，建议降低现收现付制度的权重，建立现收现付制度、强制性个人储蓄制度和自愿性个人储蓄制度三支柱养老保险制度。对于现收现付模式特别是公共现收现付模式，世界银行归纳出如下几个缺点：①难以抵御人口老化带来的危机，即不能在人口老化高峰到来时满足老年人巨大的养老金支出需要；②相当高且日益增长的工薪税可能增加失业；③为抵制缴纳不公平的税（费），工人逃逸到非正规部门就业，而这些部门的生产率不高；④提前退休普遍，造成熟练劳动力供给减少，特别是养老基金收入减少，支出增加；⑤公共资源配置失当，即有限的税收用于补贴养老金支出而不是用于教育、保健或基础设施；⑥失去了增加长期储蓄的机会，很多国家长期储蓄额都不足；⑦由于政治势力的压力和富有阶层往往寿命更长等原因，养老基金等社会财富反而向高收入阶层转移，而不是更多地转向低收入阶层；⑧庞大而不断增长的隐性债务连同对养老基金管理的不善，导致很多国家基金出现困难，难以为继。世界银行专家还指出，这些问题无论是在发达国家还是在发展中国家都普遍存在，只是各国的程度有所差别。对于基金积累模式，世界银行认为有如下优点：①有助于抵御人口老化带来的危机，增加养老保险制度的财务可持续性；②待遇与缴费挂钩，减少职工向非正规部门逃逸，即减少劳动力市场扭曲；③防止提前退休，延长退休年龄；④使成本显性化，防止国家因盲目许愿而导致的被动；⑤防止无意造成财富向老一辈的富人转移；⑥有助于增加长期国民储蓄；⑦养老金进行竞争性营运管理，公开、透明，有助于降低管理成本和基金保值增值，并促进金融市场的发展。

目前，世界银行力推的三支柱养老保险模式包括以下三种模式。①强制性基本养老金。目的是保障退休人员的最低生活标准，以减少老年贫困的现象与程度。该保险的筹资方式主要是强制性由企业和员工缴纳工资税，每年工资税的一部分发放给退休人士，余下的部分则用于投资一些低风险的项目。强制性基本养老金由政府管理，相应的投资运营可由私人金融机构负责。②强制性企业补充养老金。目的是补充基本养老金的不足。该保险的筹资方式是强制性由雇主和雇员分摊缴款，资金由私营机构管理，政府只起监控作用。③个人自愿储蓄加私人保险。这一模式对非正规部门就业的员工以及个体劳动者尤为重要，其筹资方式是个人自愿储蓄，私人保险。世界银行认为，上述任何单一模式都存在弊端和不足，只有把三种模式有机结合，才能最终形成较为完善、成熟的养老保障体系。对于第三种模式，世界银行认为其优点是不影响劳动力市场的流动性，其缺点是个人行为对市场信息的反应一般不对称，容易导致投资选择失误，特别是经济衰退时，投保者的风险增大。基于现收现付制的不足和基金积累制的优点，世界银行在后来的改革实践中并没有过多地关注非供款的第一支柱，仅将第一支柱当作一种公共养老金计划，甚至包括了收入相关型的养老金计划。在实践中，很多发展中国家都把精力放在了供款型的第二支柱，有些国家还同时降低了现收现付制度的权重，在社会养老保险中引入了强制性个人账户制度，如中国、阿根廷、墨西哥等十几个国家。在一些经济发达的高收入国家，受世界银行建议的影响较小，但也有少数国家放弃了公共年金制度，建立了个人账户制度，如瑞典。

四 我国个人储蓄性保险发展的对策建议

基于我国个人储蓄性保险制度存在的问题，结合上述理论观点和其他国家的经验，本文认为，我国在发展和完善个人储蓄性保险制度时应注意以下问题。

（一）建立有中国特色的多层次养老保险体制

多层次养老保险模式是综合各种养老保险形式形成的养老保险制度。分析各种养老保险形式的优点和局限性，是实现多层次养老保险模式正常运转的基础，尤其是将考虑问题的视野联系到经济影响的诸多方面时，有利于制定正确的发展策略。

（1）国家举办的以现收现付为基础、以收入再分配为特征的养老保险制度有很多优点。这是很多发达国家和一些发展中国家盛行的养老保险制度，其优点是通过国家强制力，在保障的普遍性方面优于自愿的商业保险和个人储蓄性保险，有助于克服商业保险中客观存在的逆向选择。在提供保险保障的可靠性方面，它通过建立反通货膨胀的指数调节机制，比其他模式更有效，并可借助国家财政支持，确保被保险人的最基本收入。而且，这一养老保险形式具有明显的收入再分配与调剂功能，有利于实现社会公平目标。

(2) 以基金制为基础、以强制储蓄为特征的养老保险形式也有一定的优越性。这种保险形式有利于克服人们普遍存在的在退休储蓄问题上的短视病，可以有效处置老年经济风险问题。如果实行商业经营性管理，有助于提高经营效率和实现投资效益的最优化目标，而且可以促进资本形成，促进金融市场发展和刺激经常增长。在基金制基础上建立企业补充养老保险，可以促进企业自身的发展，有利于提高劳动生产率，减轻国家养老保障的负担。

(3) 个人储蓄性养老保险有助于提供补充性退休收入，也可以为尚未纳入社会保险计划的劳动群体提供一定程度的老年经济保障，而且易于实施和管理。但"寸有所长，尺有所短"，各种保险形式也有其自身不可避免的缺点，比如：现收现付制容易限制资本积累与合理分配，抑制劳动力市场供求，并且加重老年保障制度的财务负担和政府因管理不善而导致社会资源的浪费；基金积累制及企业补充养老保险不具备收入再分配职能，不利于抵御通货膨胀对养老保险金的不利影响，如果经营不善则直接影响保险金支付能力；个人储蓄性保险容易使人们高估收入贴现率而低估未来消费的需要，从而使自愿储蓄受到抑制；等等。

可见，各种养老保险形式都具有独特优点，又有不同程度的局限性。面对日益复杂的老年经济保障问题，应将各种养老保险形式综合在国家养老保障的总体构想中，使之相互取长补短，实现养老保障的帕累托效应。这是建立我国多层次养老保险体系的关键环节，也是理论和实践中需要解决的重要决策基础。

(二) 做实个人账户，进行市场化运营

个人账户资金具有完全私有产权性质，由于大量个人账户资金被用于统筹支付缺口，做实个人账户表明国家将承担个人账户基金的风险。随着个人账户逐渐做实并市场化运营，在建立有效的监管和权力制衡机制的基础上，明确个人账户资金最终安全责任是不可回避的问题。目前，我国社会保险政策中没有这方面的规定。从国际上的经验看，很多国家如日本、荷兰、瑞典、美国都设有公共养老金担保机构，如美国的养老金担保公司 PBGC 就是这种机构。对个人账户"空账"问题，学界提出了将"统筹账户"与"个人账户"分账管理的解决思路。从目前来看，研究中国社会养老保险管理问题的文献主要集中在关注保障覆盖面窄、基金来源不足、企业负担较重、保

障功能低下等问题上。由于养老保险分账管理已提上日程，对养老保险个人账户实账化管理研究渐成理论界和实务界研究的热点问题。从现有文献看，研究的重点集中在如何做实个人账户、个人账户基金如何管理和运营、个人账户基金的投资策略与保值增值等问题上。实际上，做实个人账户并进行市场化运营势在必行。从我国养老保险三支柱的发展情况看，人口红利依然存在，适龄劳动力在总人口中仍占很大比例，就业形势严峻。尽管中国人有储蓄习惯，由于收入水平有限，加上CPI持续走高，通过提高储蓄性保险总量以增加养老金供给的可能性不大。从企业年金发展的经验看，将个人账户资金和储蓄性保险金投资于资本市场不仅可以避免通货膨胀的侵蚀，而且能够获得较好收益。我国企业年金从2006年5月入市到现在，投资回报率达到9%，为个人账户进入资本市场提供了范本。[1] 因此，在目前基础养老金替代率较低的情况下，逐步做实个人账户并进行市场化运营是保障基金安全性、抵御通货膨胀、顺利度过老龄化危机的关键所在。

(三) 创新社会保险基金组织管理模式

现代政府的一个重要特征是，为社会提供公共产品，不再直接干预经济活动。社会养老保险虽具有公共产品的某些特征，但不同时具备不可分割性、非竞争性和排他性，因此不是纯粹的公共产品。有鉴于此，养老保险基金不需要也不应该完全由政府垄断经营，而是可以授权一些特定的私营机构如养老基金管理公司来经营管理。事实上，政府部门在基金的管理和运营中不一定比私营机构更有道德或更有效率，智利在这方面提供了成功的借鉴。因此，我们可以借鉴智利社会养老保险改革的经验，将现行统账结合的基本养老保险制度调整为强制储蓄型的养老保险个人账户计划，并辅之以基于财产和收入状况调查的社会救助计划。其方法是，将企业和个人缴费完全记入个人账户，个人账户积累的基金由私营养老基金管理公司按市场化的原则管理运作，政府对其市场准入与退出、市场行为、风险控制等进行严格的监管。职工退休后，养老金待遇完全来自个人账户积累及投资收益，对个人账户积累不足的低收入群体，由政府实施社会救助计

---

[1] 尹莉娟：《企业年金制度与我国基本养老保险个人账户关联性研究》，中国养老金网，2009年8月3日。

划，为其提供基本的退休收入保障。[1] 当然，基金能否安全运营并保值增值，仅仅靠养老基金管理公司的运作是远远不够的，还取决于金融市场、法律监管体系等诸多因素，比如储蓄能否有效地转化为投资是重要因素之一。因此，政府需要运用政策和法律手段，营造基金运营的经济和法律环境。

关于养老保险制度对经济增长的影响，目前有两种研究思路：一种是以储蓄作为中间变量，考察现收现付制和基金制对储蓄的影响；另一种是不考虑储蓄这一变量，仅仅基于经济增长的"黄金律"理论。所谓"黄金律"增长，是指在一个封闭型经济中，只要资本收益的递减保持在一定水平之上，经济的稳定增长与储蓄率无关。已有研究表明，现收现付制或基金制中任何单独的一种制度安排都不能保证实现"黄金律"所需的条件[2]，因此，在设计社会保险基金管理模式时，可以不用过多考虑对经济增长的影响。在组织管理模式和监管模式方面，有学者提出可以设计基于市场化调节的组织管理模式和监管模式，也有学者从非营利组织的角度提出建立与企业法人治理结构相对应的"非营利法人治理"结构的设想，这些都值得进一步研究。在筹资模式和发放形式上，我国现行制度尚不规范，覆盖面窄，统筹范围小，社会化程度低，负担不公平，不利于国家对社会经济的宏观调控。如果这种情况继续下去，无法实现个人账户的积累和转制成本的合理消化，更无法应对未来人口老年化问题，因此应增加养老保险金积累的比重，同时可将个人储蓄性保险与企业补充养老保险挂钩，以促进和提高职工参与的积极性。总之，未来社会保险理论研究的领域将更为宽泛，呈现出跨学科、多元化的特点，研究也将更加专业和深入。特别是在对外开放和经济全球化的背景下，保险理论研究应注意学习和吸收国外的研究成果，并结合我国历史文化和现实国情和进行创新，这对我国社会保险事业将会有更高的指导价值。[3]

[本文原载于《温州大学学报》（社会科学版）2016 年第 5 期]

---

① 吴道锦：《浅谈中国养老保险制度的改革方向》，经济学家网，2010 年 6 月 11 日。
② 柏杰：《养老保险制度安排对经济增长和帕累托有效性的影响》，《经济科学》2000 年第 1 期。
③ 周道许：《保险理论研究的历史沿革与最新发展》，《金融与保险》2006 年第 12 期。

日本《社会保险劳务士法》及其对中国的启示

肖 京[*]

一 引论

2010年10月28日，十一届全国人大常委会第十七次会议审议通过了《中华人民共和国社会保险法》（以下简称《社会保险法》），该法的颁布与实施，是我国社会保险法制建设中具有里程碑意义的大事，有力推动了我国社会保险事业的发展。然而，这一关系到千家万户的重要法律，在实际运行过程中却存在诸多问题。这些问题的存在，严重影响了《社会保险法》的有效实施。

这些问题的出现，除了立法方面的因素，例如《社会保险法》在整体上过于笼统，在具体的制度上仍有待细化等原因以外，一个非常重要的问题就在于社会保险相关配套制度不健全。在这些相关配套制度中，社会保险服务的专业化和社会化是影响《社会保险法》顺利运行的一个重要方面。在当前社会保险事业日益复杂化的背景下，社会保险服务的专业性和社会性要求越来越高，但实际情况恰恰相反，我国当前社会保险服务相关制度在整体上极不完善，缺乏统一的规范，远远落后于社会保险服务社会

---

[*] 肖京，法学博士，中国社会科学院法学研究所经济法研究室助理研究员，主要研究方向为经济法与社会法理论、财税法。

化、专业化实践的需要。这一现状的存在,在一定程度上影响了我国《社会保险法》的顺利实施,成为我国社会保险事业发展进程中的重要障碍。因此,探索我国社会保险服务社会化、专业化的有效路径已经成为当前我们需要解决的重要问题。

2011年11月6日,日本全国社会保险劳务士会联合会会长金田修先生一行访问北京大学法学院,访问团成员包括日本全国社会保险劳务士会联合会最高顾问大槻哲也先生、日本全国社会保险劳务士会联合会副会长大西健造先生、日本全国社会保险劳务士会联合会常务理事泽江慎一先生、日本全国社会保险劳务士会联合会总务部次长早川裕之先生、青山学院大学法学院教授藤川久昭先生、青山学院大学法学院助理教授杨林凯先生,访问团成员对日本社会保险劳务士相关法律制度进行了较为详细的介绍,其中包括日本《社会保险劳务士法》的相关内容。在这一交流过程中,笔者开始对日本《社会保险劳务士法》对中国社会保险服务社会化、专业化问题的借鉴作用进行了初步思考。日本与我国同属于东方国家,在政治、经济、文化等各个方面有着诸多相似之处。笔者直觉上认为,日本的《社会保险劳务士法》对我国当前社会保险服务社会化与专业化建设具有十分重要的借鉴和参考意义。

后来,通过实际调研,笔者了解到,在我国社会保险法律制度运行的实务中,一些地方(如上海市)在事实上存在与日本社会保险劳务士角色和职能类似的劳动社会保险师,这一方面说明社会保险劳务士的角色在我国劳动与社会保险实践中是客观需要的,同时也从一个侧面进一步印证了我国借鉴日本《社会保险劳务士法》的必要性与可行性。鉴于此,笔者对日本《社会保险劳务士法》的发展历程、职业资格准入制度、主要业务等方面的内容作了进一步的研究,并对该法对中国的借鉴意义和启示进行了初步思考,以期对中国社会保险社会化、专业化进程有所帮助。

二 日本《社会保险劳务士法》基本情况[①]

"社会保险士,就是基于社会保险劳务士法,参加每年一次的由福利

---

① 笔者对有关日本《社会保险劳务士法》的相关内容的阐释,受到了日本全国社会保险劳务士会联合会会长金田修先生为首的访问团的帮助,特此说明。

劳动机构实施的社会保险劳务士考试合格的人，并且须有2年以上实际工作经验，并登录到全国社会保险劳务士联合会的名单中的人员"①。日本在1968年颁布了《社会保险劳务士法》，初步建立了完善的社会保险劳务士相关法律制度，有力地推动和促进了日本社会保险事业的发展，保障了日本社会的和谐与稳定，为日本经济的快速发展提供了重要的条件。

（一）日本《社会保险劳务士法》产生的历史背景与发展历程

研究日本的《社会保险劳务士法》，需要从该法产生的历史背景与发展历程谈起。这是因为，只有了解其历史背景与发展历程，才有可能真正把握日本《社会保险劳务士法》的实质和内涵，充分认识到该法对中国的借鉴意义和价值，也才能更好地结合中国国情借鉴其中的有益内容。

日本社会保险劳务士制度建立于1968年，这与日本当时的经济形势和社会保险制度发展密切相关。"从20世纪60年代中期开始，日本经济飞速发展，进入了战后经济发展的黄金时期，由此推动日本的社会保险事业也进入了发展的黄金时期。1961年国民健康保险制度和国民年金（养老金）制度全面实行，实现了'国民皆保险、国民皆年金'的目标"②。在经济不断发展，企业规模不断扩大的过程中，社会保险制度取得了长足发展。随着社会保险需求多样化的发展，社会保险制度也变得更加复杂，迫切需要一批专门从事社会保险服务的专业人士应对这一社会现实。

为了适应这一变化的需求，有力保护社会保险当事人的合法权益，日本最终于1968年通过了《社会保险劳务士法》，有力推动了日本社会保险服务的专业化和规范化。日本《社会保险劳务士法》颁布之后，依据该法建立了一支专业化的社会保险服务队伍，广泛深入地参加到各项社会保险服务之中。由此可见，日本《社会保险劳务士法》的出台可以说是社会保险社会化发展的必然结果，但该法的出台同时又反过来推动了日本社会保险社会化、专业化的进一步发展，这对保障日本社会的稳定和经济的发展起到了积极的促进作用。

日本通过《社会保险劳务士法》创建社会保险劳务士制度以来，至今

---

① 王洪春：《日本劳动与社会保障专业的职业资格考试及其启示》，《中国社会保障》2004年第9期。
② 穆怀中主编《国际社会保障制度教程》，中国人民大学出版社，2009，第152页。

已有40多年的历史。其间，为了适应日本社会经济生活尤其是社会保险事业发展的需求，日本《社会保险劳务士法》曾经经历了7次修改，大大拓展了社会保险劳务士的业务范围，已经广泛涉及劳动和社会保险事务的方方面面。与此同时，随着日本社会保险劳务士业务的不断扩展，日本社会保险劳务士的队伍也在不断扩充，据日本全国社会保险劳务士会联合会统计，当前日本的社会保险劳务士已有3.5万人左右。[1] 这些活跃在日本各地社会保险服务行业的专业人士，已经成为日本社会保险事业发展不可或缺的力量。

（二）日本社会保险劳务士的资格取得与管理

在日本，要成为一名社会保险劳务士，必须要经过两个环节。只有通过这两个环节，才能正式成为社会保险劳务士，从事社会保险服务相关业务。

第一个环节为专业技能考试。申请人要通过每年一次的社会保险劳务士考试，这是实质性的环节，主要考核申请人对社会保险相关业务技能的掌握程度。按照规定，日本的社会保险劳务士考试，由厚生省委托社会保险劳务士会管理。[2] 近些年来，日本社会保险劳务士考试竞争非常激烈，据日本全国社会保险劳务士会联合会提供的数字，2009年日本报名参加社会保险劳务士考试的人数已经超过67000，而最终通过该项考试的合格人员只有4019，通过率不足6%。[3] 由此可以看出，日本通过严格的资格考试，保证了日本社会保险劳务士队伍的专业化水平。

第二个环节是入会登记程序。通过日本社会保险劳务士考试的申请人还要在其所在地的都、道、府、县的社会保险劳务士会联合会办理相应的登记入会手续，参加当地的社会保险劳务士联合会并接受其业务管理，并且被记载于全国社会保险劳务士会联合会名册。这一环节虽然是程序性的环节，但却是必不可少的重要环节。通过这一环节，可以加强对社会保险劳务士的管理，同时有助于社会保险劳务士的业务交流和能力提高。

经过以上两个环节，申请人才能成为正式的社会保险劳务士，被允许

---

[1] 数据由日本全国社会保险劳务士联合会会长金田修先生为首的访问团提供。
[2] 李葱葱：《日本、韩国资格考试制度考察报告》，《中国人力资源开发》2001年第7期。
[3] 数据由日本全国社会保险劳务士联合会会长金田修先生为首的访问团提供。

从事社会保险服务相关业务。需要注意的是，在第二个环节，也就是入会登记环节，原则上还要求申请人要有两年以上的劳动和社会保险方面的实务经验，同时还需要参加指定的讲座并取得结业证书。申请人成为正式社会保险劳务士之后，要接受全国社会保险劳务士会联合会和地方社会保险劳务士会的管理。由此可见，日本的社会保险劳务士队伍体系建设是非常严格和完备的。

（三）日本社会保险劳务士的主要业务

日本早期社会保险劳务士的业务相对来讲比较单一，但随着社会经济的不断发展，日本《社会保险劳务士法》也在不断扩展社会保险劳务士的业务内容。依据当前的《社会保险劳务士法》，其业务内容十分广泛，不仅包括劳动社会保险手续业务、劳动管理咨询指导业务，同时还有劳动与保险争议解决程序代理业务、年金咨询业务等方面的内容。此外，从服务的对象来看，日本社会保险劳务士不仅为企业管理者和劳动者服务，同时也为劳动者的家属提供社会保险服务。作为日本社会保险服务的专业人士，他们每天活跃在民众从出生到死亡中所有社会保险事务的全过程中。

1. 提供劳动与社会保险相关手续业务

劳动与社会保险相关手续服务是社会保险劳务士服务业务中最基本、最核心的内容。劳动与社会保险相关手续涉及从企业录用到员工离职的全过程，包括劳动社会保险的适用、劳动保险的年度更新、社会保险的计算基础报表、各种补助的申请、劳动者名册与工资账簿的调整制作等相关手续。从社会保险的项目内容上看，劳动社会保险相关手续不仅包括养老金手续，包括因生育、受伤及疾病而无法工作时的各种社会保险手续。

随着日本社会经济的发展，劳动社会保险相关手续对于企业的重要性也在不断提高，其原因是多方面的。首先，对于企业来讲，依法加入劳动社会保险是增强企业凝聚力、构建和谐劳动关系不可或缺的条件，这一点从企业的社会责任和合法经营的视角来讲是十分重要的。其次，随着劳动社会保险制度的不断复杂化，劳动社会保险的各种手续对于用人单位来说是一个很大的负担，需要专业人士予以提供服务以提高工资。最后，如果企业因为繁忙或者不了解制度而未能及时履行上述手续，可能会给雇员在工伤、失业、疾病及受伤或者退休年金待遇方面，造成无法弥补的重大经济损失。因此，企业对这方面业务的需求非常强烈。

2. 劳务管理咨询指导业务

劳动管理咨询指导业务也是社会保险劳务士的重要业务。劳务管理咨询指导业务包括四个方面，即就业规则的制定及变更咨询，用工管理、人才培养等相关咨询，人事、工资、劳动时间咨询，劳动监察咨询等方面的咨询。劳务管理咨询指导业务对企业而言同样非常重要。当代企业管理需要以人为本，重视和谐劳动关系，这为劳务管理咨询指导业务提供了广阔的应用空间。而且通过提供劳务管理咨询来促进日本劳动关系的和谐稳定也是日本社会保险劳务士制度设立的重要目的之一。《社会保险劳务士法》第1条明确规定，社会保险劳务士制度的目的是"为促进企业的健康发展与劳动者等的福祉提高"。

3. 争议解决程序代理业务

争议解决程序代理业务是社会保险劳务士提供的又一业务。争议解决程序代理业务包括斡旋申请相关咨询及手续、代理人意见的陈述、与争议相对人的和解交涉及和解协议签署的代理等内容。在市场经济条件下，发生劳动与社会保险相关争议已经在所难免。尤其是在社会保险领域，由于社会保险涉及的险种众多，而且其计算方法也十分复杂，因此很容易发生各种纠纷。当这些纠纷发生的时候，社会保险劳务士作为社会保险服务的专业人士，更熟悉这些纠纷发生的关键点和矛盾点，对社会保险相关制度也更加了解，因此在处理此类纠纷时也更有优势，可以高效、快捷、准确地处理纠纷。当前，这类业务已经成为社会保险劳务士的重要业务之一。

4. 年金咨询业务

年金咨询业务也是社会保险劳务士的重要业务。在日本，年金咨询业务包括年金的加入期间、领受资格等的核实业务，裁定请求书的制作与提交业务。随着日本社会经济的不断发展，劳动社会保险的各项具体制度日益复杂，特别是在年金制度方面，相关制度的每一次的修改，都会使其计算异常的复杂化。普通公民很难有时间和精力去关注年金制度的每一次变化以及由此带来的复杂计算，因此很有必要就年金问题向社会保险劳务士进行咨询。这直接导致了社会保险劳务士年金咨询业务的快速增加。

以上大致介绍了日本社会保险劳务士四个方面的主要业务。这些业务虽然在具体项目方面与中国有较大差别，但这些业务的种类与中国社会保险实务的相关内容却是基本一致的。

三 日本《社会保险劳务士法》对我国的启示

日本《社会保险劳务士法》对日本社会保险制度乃至整个社会保障制度的顺畅运行起到了重要的作用。同时，日本《社会保险劳务士法》及其实际运行效果，对于当前我国的社会保险制度的完善，也具有十分重要的参考价值和意义。

（一）日本《社会保险劳务士法》对我国的特殊意义

《社会保险劳务士法》作为日本独创和特有的法律制度，不仅从总体上体现了东方国家社会保障的文化传统，同时还体现了特定经济发展阶段的客观需求。因此，作为东方国家在经济发展中的宝贵经验，日本的《社会保险劳务士法》对我国具有十分特殊的意义。

首先，从地缘关系的角度来看，日本《社会保险劳务士法》对我国具有特殊的借鉴意义。较之于欧美其他各国，中国与日本同属亚洲国家，在很多方面都具有高度相似之处。这种地缘关系在法律制度的移植和借鉴中具有十分重要的意义，"橘生淮南则为橘，生于淮北则为枳"，缺少了地缘关系层面的契合点，国外的相关法律制度很难在国内得到有效对接。而日本的许多法律制度由于地缘关系的原因，在社会文化层面上与我国比较契合。

其次，从法律文化传统的角度来看，日本《社会保险劳务士法》对我国具有特殊的借鉴意义。由于日本对中国古代法律文化非常推崇，[①] 其法律制度中也吸收了中国古代法律的内涵，与中国法律文化理念相当接近。日本作为东方国家，虽然在其法律现代化进程中融入了许多西方的因素，但其相关法律制度仍然保留不少的东方文明特色，因此也更加容易为我国社会所接受。

最后，从经济发展阶段和劳动用工制度现状来看，日本《社会保险劳务士法》对中国具有特殊的借鉴意义。随着我国社会主义市场经济体制的

---

① 刘志松、于语和：《日本人中国法律观的历史考察》，《日本问题研究》2011年第1期。

建立与完善，社会保障社会化水平的不断提高，我国的经济社会整体实力已经与日本接近。但从经济发展阶段的角度来看，当前我国经济发展阶段与日本20世纪六七十年代比较接近。因此，日本在这个阶段建立的相关经济与社会保障制度对我国当前相关制度的完善也有十分重要的意义。

2011年3月的《中华人民共和国国民经济和社会发展第十二个五年规划纲要》也明确指出，"以科学发展为主题，以加快转变经济发展方式为主线，深化改革开放，保障和改善民生"，这充分体现了我国经济社会未来的发展方向。在当前我国经济发展方式转变和民生改善的双重背景下，社会保障社会化的进程必将加快，社会公众对社会保险服务的要求也会进一步提高，因此，更有必要深入研究日本相关制度，并结合我国国情对其合理之处进行充分借鉴。

（二）日本《社会保险劳务士法》发展历程对我国的启示

日本的《社会保险劳务士法》产生和发展的历史背景告诉我们，建立社会保险劳务士制度是实现日本社会保险服务专业化和职业化的客观需要。同样道理，在当前社会保险社会化的中国，建立社会保险师（社会保障师）法律制度也具有其客观必然性。

从国际化的视角来看，在现代社会，社会保险服务具有高度的专业性和技术性，很有必要通过建立完善的社会保险师制度予以保障。"目前，世界上绝大多数国家都建立了自己的职业资格制度，尤其是在欧美日等发达国家，已经形成了比较完善的职业资格制度，建立了专业化水平很高的资格认证机构，职业资格证书已成为各个行业上岗工作的一个最重要的标准和依据。"[①] "在日本，社会保障人才的培养已经细化到每一项工作，如分为社区、青少年、老年等多个细分专业，而且都要进行考核认证，在对人才培养上也注重实践"[②]。由此可以看出，社会保险服务专业化和职业化已经成为世界的普遍趋势。

从中国现实情况来看，近些年来，随着我国经济、社会的进一步发展，社会保障公共服务的专业化也显得越来越重要。然而，当前社会保障

---

① 张爱：《国外职业资格体系研究》，《世界标准化与质量管理》2005年第3期。
② 王洪春：《日本劳动与社会保障专业的职业资格考试及其启示》，《中国社会保障》2004年第9期。

服务的现实情况却让人不容乐观,在社会公众对社会保障服务需求量日益增加的背景下,无论是公共社会保险服务机构还是社会化的社会保险服务机构中,都未能提供充分专业的社会保障服务,各种社会保险服务机构的社会保障服务的专业化水平都很低。

从公共社会保障服务机构的性质、职能和定位来看,"相关立法对于社会保险经办机构的法律定位尤其是社会保险经办机构性质和职能的法律定位并不明确,《社会保险法》中也并未完全解决这一问题,现实生活中人们对于社会保险经办机构性质和职能的理解和看法也并不统一"[①]。因此,从目前情况来看,社会保险公共服务职能的机构由于其本身性质和职能的模糊混乱状态,很难在短期内实现清晰化,更难以提供有效的社会保障专业化服务。

从各类社会保障相关从业人员的人数和专业水平来看,"目前,我国在各行各业从事劳动保障工作人员大约有100多万人,而且大部分是'半路出家',劳动与社会保障科班毕业的不到百分之一,目前在岗的从事劳动保障工作的人员大部分是以前从事劳动、人事等方面工作转行的,虽然不少人也经过培训,但仍缺乏专业化的素质"[②]。因此,在当前情况下,社会上相关社会保障机构也很难为社会公众提供有效的社会保障专业化服务。

由以上分析可以看出,社会保险服务专业化的滞后将会成为制约我国社会保险制度进一步发展的瓶颈。在社会保险服务专业化已经成为世界潮流与国内社会公众对社会保险服务专业化水平要求不断提高的背景下,这一问题的解决更加具有紧迫性。从日本《社会保险劳务士法》出台的历史背景来看,20世纪60年代,日本通过建立社会保险劳务士法律制度的方式有效解决了这一问题。日本《社会劳务士法》的发展历程启示我们,在我国当前面临类似问题的时候,也必须认真对待社会保险服务专业化和职业化这一客观趋势。由此可见,在当前形势下,建立社会保险师制度,充分发挥社会保险师的重要作用,是实现我国社会保险服务专业化的重要途径。一方面,建立社会保险师制度,有助于提高社会保险服务的水平和质

[①] 叶静漪、肖京:《社会保险经办机构的法律定位》,《法学杂志》2012年第5期。
[②] 安华、张笑会:《劳动与社会保障专业人才培养模式研究》,《人才开发》2007年第7期。

量;另一方面,完善的社会保险师制度也有助于吸引更多的人才进入到社会保险服务职业之中,规范社会保险服务人员的管理。

(三) 日本《社会保险劳务士法》资格管理制度对我国的启示

日本的《社会保险劳务士法》中有关资格管理制度的相关内容启示我们,建立我国社会保险师制度需要准确定位我国社会保险师的性质和职能,完善社会保险师资格考试制度至关重要。

在整个社会保险师制度中,对社会保险师的性质和职能进行准确定位至关重要,在此前提下,严格规范的考试制度是保证社会保险师制度顺利运行的必要条件。日本的社会保险劳务士考试十分正规,通过这些严格的考试和认定程序,充分保证了社会保险劳务士的专业化和职业化,推动了日本经济社会的繁荣和可持续发展。

我国当前存在的劳动和社会保障岗位资格证书考试(CLSSEP)虽然具有社会保险师资格考试的初步功能,但在性质和职能定位方面是很不准确的,在资格考试方面也是很不完善的。根据官方考试网站介绍,"劳动和社会保障岗位资格证书考试(CLSSEP)是根据劳动和社会保障实际工作需要,为了促进劳动和社会保障系统业务培训,提高劳动和社会保障工作人员的业务素质、管理水平和职业能力,推进劳动和社会保障岗位用人制度改革,由(原)劳动和社会保障部人事教育司、教育培训中心与全国高等教育自学考试办公室共同推出并组织实施的岗位资格证书"①。

由此可见,这种资格考试名义上是一种资格考试,但实际上却与自学考试学位相联系,不仅混淆了劳动与社会保障学位与资格证书的界限,致使该资格证书定位与职能不明,同时也降低了该资格证书的层次和门槛,不利于真正实现劳动和社会保障服务的专业化。因此,很有必要借鉴日本《社会保险劳务士法》的做法,把我国社会保险师定位为提供社会保险服务的专业人士,并真正把社会保险师的考试纳入国家职业资格考试体系之中。

---

① 中国教育考试网,网址:http://www.neea.edu.cn/hzrz/ldshbz/show_sort_ldshbz3.jsp?class_id=02_22_03_01,访问时间:2012年9月1日。

(四) 日本《社会保险劳务士法》中有关业务内容相关规定对我国的启示

日本《社会保险劳务士法》中关于社会保险劳务士业务内容的相关规定同样启示我们，社会保险劳务士除了提供相关社会化服务之外，还能起到预防社会保险争议发生、缓和劳动关系的重要作用。

在日本，这种作用主要体现在三个方面。第一，随着劳动社会保险制度的不断复杂化，非专业人士办理社会保险相关事务很容易出现失误，而社会保险劳务士通过专业化服务为客户办理社会保险事务，减少了社会保险业务办理中的失误概率，起到了降低社会保险争议发生率的重要作用。第二，社会保险劳务士通过企业咨询服务，使得各项社会保险事务处理依法进行，有效预防了社会保险争议发生的可能性。第三，社会保险劳务士通过代理社会保险相关争议业务，可以准确高效地解决相关争议。

在我国，随着社会保障制度社会化进程的不断推进，劳动和社会保险相关争议不断增多。相关争议的不断增多，使得争议的预防和高效处理意义重大。这是因为，一方面，争议的预防和高效处理可以减少司法部门的压力，有效节约司法资源；另一方面，相关争议的专业化处理可以减少劳资纠纷，缓和社会矛盾。

从劳动争议的角度来看，《劳动合同法》实施之后的第一年，我国劳动争议案件大幅度增长。据官方统计，2008年我国劳动争议当期案件受理数达到了693465件，比起2007年劳动争议当期案件受理数350182件，几乎增长了一倍，呈现出了井喷式的爆发性增长。[1] 这种情况使得劳动争议的预防和高效处理非常迫切。

从社会保险争议的角度来看，按照现行《社会保险法》之规定，社会保险争议有可能发生在社会保险缴费、待遇支付、账户管理（信息披露、权益记录、社会保险关系转移等）等社会保险体系运行的过程中的各个环节，已经呈现出复杂化趋势。如何有效化解社会保险争议、缓和社会矛盾已经成为我国迫切需要面对的问题。

面对这一现状，日本的《社会保险劳务士法》为我国劳动和社会保险

---

[1] 《2010年中国劳动统计年鉴》，中国统计出版社，2010，第418页。

争议的解决提供了有益的思路。通过专业化的劳动和社会保险服务，可以有效预防和化解相关争议，促进社会的和谐与稳定。

四　小结

《社会保险劳务士法》作为日本在劳动和社会保障方面独具特色的法律制度，带给我们的启示是多方面的。《社会保险劳务士法》启示我们，从社会保障服务专业化的发展趋势来看，我国需要通过相应立法对社会保障服务予以规范；从职业资格完善的角度来看，我国亟待建立与社会保障服务相适应的职业资格制度；从提前预防和有效化解劳动和社会保障争议的角度来看，我国需要建立一支高效专业的社会保险师（社会保障师）队伍。这些都是我们可以通过日本《社会保险劳务士法》直接得到的启示。但遗憾的是，长期以来，学界对于这方面的研究相当匮乏。本文从日本《社会保险劳务士法》的基本内容出发，探讨该法对我国的启示和借鉴意义，以期引起学界和政府有关部门的关注和重视，从而推动我国社会保障法制建设进程。

此外需要说明的是，从我国社会保障服务体系建设的宏观架构来看，社会保障服务社会化服务体系建设不仅应当包括社会保险师制度建设，同时还涉及社会保险经办机构职能的准确定位、社会保障行政机关公共服务水平的提高等其他内容和配套制度。但这些方面的问题虽然与日本《社会保险劳务士法》也有一定的联系，却并不能直接从《社会保险劳务士法》中找到答案。同时，由于这些方面的内容也更具有中国特色，因而更需要对中国国情进行研究分析和实践把握。基于上述考虑，对于其他相关内容，则另行成文予以分析，此处不再赘述。

（本文原载于《日本问题研究》2013年第3期）

专题三 劳动法

论劳动立法与人权保障

史探径[*]

西方国家的劳动立法开始于产业革命以后。中国在 19 世纪中叶出现现代工业,到 20 世纪 20 年代,才开始制定劳动法律。中外各国的劳动立法都是经过工人阶级的激烈斗争以后才得以产生并且逐步得到发展的。

我们在探讨劳动法产生和发展的历史条件及其性质和作用时可以发现,劳动立法与人权保障存在着密切关系。一方面,西方国家劳动立法的兴起和发展曾经受到各种进步的经济、政治学说包括人权学说的重要影响,另一方面,劳动法所保障的劳动者的各项基本权利构成了人权内容的重要部分,所以劳动立法的发展大大丰富了人权保障的内容。由于国际劳动立法的发展,各国在劳动者某些权利的保障方面存在着相同、相似或相互可以理解的国际标准,这在人权概念范围内是一个颇具特色的方面。本文并非着重研究人权理论,只是通过对中华人民共和国劳动立法成就的扼要介绍,从一个侧面反映中华人民共和国人权保障的伟大成就。文中对劳动立法与人权保障关系中一些问题的探讨,或许可望能为人权理论研究提供一点思考的线索,同时希望引起人们更多地关注和重视劳动立法,从而推动我国劳动法治建设和人权保障法治建设获得更大发展并更趋完善。

---

[*] 史探径,中国社会科学院法学研究所特聘研究员、中国社会科学院老年科学研究中心理事,主要研究方向为劳动法、社会保障法和社会法。

一

在介绍新中国劳动立法成就之前，有必要先回顾一下旧中国劳动者的悲惨状况。在旧中国，由于帝国主义的侵略和反动政府的统治，战祸频仍，经济衰败，民生凋敝，失业现象十分严重。工人工资低微，缺少工时和休假制度，有些工厂的工时为每天12—14小时，商业店铺中最高达每天18—20小时。工矿企业中缺少必要的安全卫生设备，工伤事故频繁发生，职业病比比皆是。廉价雇用童工、女工现象十分普遍，尤以纺织业等轻工业中为甚。旧中国没有实行过统一的劳动保险制度。职工组织工会受到严格限制，更无权参与企业管理。在许多企业里，还存在特殊的对劳工的剥削和人身控制制度，例如养成工制、包身工制、与封建把头制相结合的包工制等等。毛泽东同志曾经指出，"中国无产阶级身受三种压迫（帝国主义的压迫、资产阶级的压迫、封建势力的压迫），而这些压迫的严重性和残酷性，是世界各民族中少见的"。[1]

中华人民共和国的劳动立法，正是在这样一片满目疮痍的残败废墟上，开始自己的艰苦工作并且逐步获得发展的。中华人民共和国重视通过法律手段，保障劳动者的劳动、社会权利以及在企业中的主人翁权利。近十余年来，除宪法外，我国共颁布过劳动法律、法规、规章以及地方性法规等共计700余件。

我国宪法规定"中华人民共和国公民有劳动的权利和义务"，"国家通过各种途径，创造劳动就业条件"。中华人民共和国成立初期，旧中国遗留下来严重的失业问题，1949年的失业率高达23.6%。人民政府及时开展救济和劳动就业的工作，随着国民经济的迅速恢复和发展，到1957年底即解决了这个问题。此后在极左思想影响下，我国的经济建设一再遭受挫折。同时，人口政策、就业政策、教育政策又出现失误，待业问题一度突出，1979年城镇待业率曾经达到5.4%。许多城镇青年在家待业，给社会造成很大压力。党的十一届三中全会以后，由于发展经济建设和改革开放政策的成功实施，同时实行了灵活的劳动就业方针，从1979年到1990年，

---

[1]《毛泽东著作选读》（上册），人民出版社，1988，第336页。

我国共安排 9000 余万人就业。1990 年的城镇待业率为 2.6%。农村中乡镇企业和第三产业十余年来共安置了种植业剩余的劳动力近 1 亿人。国际劳工组织于 1987 年发表的《国际劳工状况报告》中说："中国树立了最引人注目的榜样，它实行农业和工业改革，使收入和就业机会都大大增加。"这个评价是公允的。

我国立法禁止在招工和报酬方面歧视妇女，规定实行男女同工同酬。1990 年全年城镇中有女职工 5000 多万人，占职工总数的 37%。乡镇企业中女职工近 5000 万人，约占职工总数的一半。我国法律规定只能招用年满 16 周岁的公民，禁止使用童工。国务院为此于 1991 年 4 月发出了《禁止使用童工规定》。

加强劳动保护，实现安全生产和文明生产，是我国一贯坚持的方针。《宪法》第 42 条规定，"加强劳动保护，改善劳动条件"。我国还颁布了几十个重要的有关劳动保护的法律、法规。为监督劳动保护法律得到切实贯彻执行，我国已经建立起矿山安全监察制度、锅炉和压力容器安全监察制度以及其他一些专项安全监察制度。伤亡事故和职业病发生的严重状况在许多行业和企业，已得到一定控制。我国法律对职工的工作时间和休假制度、探亲假、年休假、限制加班加点等均作了规定。

我国十分重视保障职工组织工会和参加工会活动的权利，这方面的立法开展得比较早。1950 年 6 月，中央人民政府公布了《中华人民共和国工会法》，规定凡在中国境内的一切职工，"均有组织工会之权"，工会组织有代表和维护职工利益、参加生产管理、与行政或资方签订集体合同等权利。1988 年通过的《全民所有制工业企业法》规定，企业工会"依法独立自主地开展工作"。工会法的执行情况比较好，现在全国已建立基层工会组织 60.6 万个，其中包括外商投资企业工会 2294 个，全国共有工会会员 10135.6 万人。工会的法律地位得到了较好的保障。

我国宪法规定，国营企业和集体经济组织均应依法"实行民主管理"。为此，国家发布了《全民所有制工业企业职工代表大会条例》和其他法律规定。职工代表大会是企业实行民主管理的基本形式。1990 年底，全国基层已建立职工代表大会的企业有 37.4 万个，占应建单位的 85%。其中 17.5 万个基层建立了厂、车间、班组三级民主管理制度。职工代表总数为 1172 万人。

我国重视对由于某种特殊原因而处于困难境况的社会成员提供物质帮助，重视建立社会保障制度。我国的社会保障包括社会保险、社会福利、社会救济和优抚安置四个方面。劳动保险是社会保险的基本内容。我国从1951年起开始执行《中华人民共和国劳动保险条例》，到1986年，又建立起待业保险制度。对于行政机关和事业单位职工的劳动保险制度，国家也作出了一系列规定。到1990年，全国享受劳动保险和福利待遇的职工约为1.5亿人，其中退休、离休职工2200多万人。我国有残疾人5164万人。国家重视保障残疾人的权利。城镇有劳动能力的残疾人中已有70%的人得到就业安置。1988年9月，我国制定了《中国残疾人事业五年工作纲要》。《中华人民共和国残疾人保障法》从1991年5月15日开始实施。对于社会救济、优抚安置以及其他社会福利事业，我国也都发布过法律、法规。

从上可知，我国在保障劳动者权利方面已经取得了举世瞩目的成就。毋庸置疑，这些成就属于我国人权保障光辉成就的一个重要方面。

二

劳动立法与人权保障有着很密切的关系，值得引起人们的重视。

中华人民共和国的劳动立法之所以取得很大成绩，与中国共产党一贯重视保护劳动者的权利是分不开的。开展争取劳动立法的运动，是中国共产党在成立初期所领导的重要斗争活动之一。正是由于革命斗争的压力，北洋政府在1923年发布了中国的第一个工厂法。以后在各个革命根据地，在保护人权和劳动者权利方面制定了许多法律、法规，包括《中华苏维埃共和国宪法》、《中华苏维埃共和国劳动法》等重要法律。在中国的革命历史上，劳动立法与革命运动、人权保障从来都是紧密地联系在一起的。

资本主义国家的劳动立法开始于19世纪之初。英国议会于1802年通过的《学徒健康与道德法》是世界上第一个工厂法，也是现代劳动立法的开端。随后法国、比利时、瑞士、意大利等许多国家相继制定了工厂法。劳动立法产生的原因，除了工人们不堪忍受机器生产下的恶劣劳动条件，不断展开斗争，以及资本家从稳定劳资关系秩序和劳动力再生产需要出发，有必要也有可能适当改善劳动者的生活和劳动状况这两点以外，不能不考虑到19世纪开始流行的主张自由竞争的经济理论和经济政策，对于促进人们在社会、政治权利上提出平等要求，对于促进劳动关系的合理调整所产生的直接的影响。在社会政治思想方面，自由、平等、人权与生俱来等观念逐渐盛行并获得广泛的社会基础。

资产阶级进步理论，包括人权学说对劳动立法产生重要影响。古典政治经济学从商品的价值取决于劳动这一理论出发，必然引申出一般地对劳动和对劳动者适当保护的重视。西斯蒙第甚至提出了多项保护劳动的具体主张，例如缩短劳动日，禁止雇用童工，保护女工，实行劳动保险，增加工资等等。总之，他认为国家应该保护弱者——处于雇佣奴隶地位的工人。法国启蒙运动领袖伏尔泰所积极主张的"自由"的含义中即包括了劳动的自由，因为他认为"劳动"是没有财产的人的财产。

在调整劳资关系方面，也出现了许多进步学说和主张。许多人主张劳动和职业自由，不得干预劳动和资本之间的关系，认为人生而平等，工人做工不得加以强迫，他们可以自愿地和雇主订立契约，强迫从事雇佣劳动，过度延长工时和压低工资，被认为是不道德的，违反人权的。被马克思称为空想社会主义者的圣西门、傅立叶和空想共产主义者的欧文，曾经对未来社会的劳动立法提出过具体主张。圣西门提出应规定劳动权和按照工作分配报酬（按劳分配），傅立叶提出妇女应和男子平等从事公共劳动，欧文则提出8小时工作制和按需分配的理想。这些进步主张和理想，得到了马克思本人和许多马克思主义者的极力推崇和支持。

劳动立法正是在各种进步学说的浪潮冲击下开始并获得发展的。如果说法国大革命中出现的《人权与公民权宣言》是以宪法形式，使人权得到了法律保障，1804年颁布的《法国民法典》首次确立了私有财产神圣、契约自由、权利能力平等三大原则，从民事立法上贯彻了资产阶级人权保障思想，那么，以工厂法为初期规范形式的劳动立法，则是在保障劳动者权利方面，落实了人权保障学说。劳动立法的内容不断增多，适用的对象和范围不断扩大。一国的劳动立法成就，迅即成为他国仿效的楷模。英国在1871年公布了世界最早的《工会法》并产生了重要影响。1883年德国制定的《劳工疾病保险法》，1896年澳大利亚公布的《最低工资法》，1900年比利时公布的《劳动契约法》，在世界上均属首次。这些法律所保障的劳动者的权利，后来均被纳入人权概念范围。法国在第一次世界大战前着手编纂劳动法典。苏俄在1918年制定了世界上第一部劳动法典，意义尤为重要。许多进步学说和主张，包括空想社会主义者和空想共产主义者的理想和主张，在它们被提出几十年以后甚或一二百年以后，在许多国家的宪法和劳动法律里得到了反映和落实。劳动立法的发展，是人类社会发展的文明结晶。劳动立法大大丰富了人权的内容，在各国人权保障立法中，占据着重要地位。

三

保护劳动者权利已在国际劳工组织和联合国所通过的宣言、公约等等国际约法中被确认为人权保障的重要内容。国际劳动立法的理想产生于18世纪的末期，到19世纪末始付诸实现。1900年成立了国际劳动立法协会，并起草了几个关于保护女工、未成年工等内容的公约。第一次世界大战之后，1919年6月成立了国际劳工组织，国际劳动立法步入一个新的阶段。

被编入《凡尔赛和平条约》第13篇的《国际劳工组织章程》和宣言，被称为"国际劳动宪章"。宣言部分所包括的9项原则，以及第二次世界大战结束前于1944年5月在美国费城召开的第二十六届国际劳工大会上通过的《费城宣言》中所包括的10项原则，对于应该得到保护的劳动者权利的内容作了高度的集中和概括，成为国际劳动立法的主要依据。国际劳工组织的主要活动是通过国际劳工公约和建议书。从1919年第一届国际劳工大会开始到1991年第七十八届国际劳工大会为止，共通过国际劳工公约172个，建议书179个。公约和建议书的内容涉及劳动者享受民主和组织工会的权利、就业权利、工作时间和休息时间，保护女工、童工、未成年工，职业安全与卫生、工资、社会保障、职业培养等方面。既包括经济性权利，又包括社会性权利。

联合国大会于1948年12月10日通过了《世界人权宣言》，宣言的第22条到第26条，规定公民应该享有社会保障权利、工作权利、同工同酬权利、公正和合适的报酬权利、组织和参加工会的权利、休息权利、享受教育（包括技术和职业教育）的权利。联合国大会于1966年12月16日通过的《经济、社会和文化权利国际公约》第6条至第9条、第13条，对于《世界人权宣言》中所规定的劳动者应享有的各项权利作了进一步详细规定，并明确提出所有工人应享有"安全和卫生的工作条件"、工人应享有定期给薪休假等内容。此外，国际劳工组织还制定了许多供各国立法参考之用的劳动标准。许多区域性国际组织所通过的多项约法中，也包括了保护劳动者的权利的重要内容。

从上可知，保护劳动者各项基本权利应包括在人权内容之中，这是国际社会已经达到的共识。中华人民共和国成立后直到1971年11月16日，国际劳工组织理事会作出决定恢复我国在该组织的席位。从1983年第六十九届国际劳工大会起，我国正式恢复参加该组织的活动。我国政府在1984年承认了旧中国政府对14个国际劳工公约的批准，并于1984年和1990年两次批准了另外3个国际劳工公约。实际上，我国劳动立法所规定的标准已经达到或超过大多数国际劳工公约所规定的标准。我国劳动立法所企求的目标，在相当多的方面是与国际约法中的目标相一致的。

四

我们应从人权保障的高度来评价我国的劳动立法，宣传成绩，认识不足，吸取教训。

我国在劳动立法的某些方面成绩突出，例如劳动就业、工会组织、企业民主管理制度等，以之与任何国家相比，均足可使我们感到自豪。如果说在公民权利和政治权利的某些方面，例如对民主和自由的理解等，我国与西方国家存在着差异，那么，在劳动者的基本权利方面，我国与西方国家却有着可以相互沟通的相近或相同的理解内容和衡量标准（这里姑且不论权利所依附的经济、政治、社会制度方面的本质区别）。例如工作权、同工同酬权、安全卫生权、休息权、社会保障权、职业培训权等等。我们应该更多地宣传我国的伟大成就，尤其是关于保护劳动者权利等中外有着可比标准的人权保障方面的伟大成就。

但是，我们也要看到，我国的劳动立法还落后于现实需要，对于劳动者权利的保护还存在不少问题。劳动报酬制度很不完善，社会分配不公现象严重存在，这是引起职工产生失落情绪的一个重要原因。8小时工作制在六七十年前已被许多国家所推行。一些工业发达国家在50多年前即开始实行每周5日、40小时的工作制度，现在多数发展中国家的工作制为每周40—44小时，少数仍为48小时。而我国至今连一个实行8小时工作制的统一法律规定都没有，以致有些非社会主义性质的劳动关系中的雇主，为增加剥削而任意延长工时，明目张胆地钻我们立法不全的空子。

我国从20世纪50年代中期到80年代中期停止实行劳动争议处理制度达30年之久！许多劳动者权益受到侵害却申诉无门。这种长期不存在劳动争议处理制度的例子，在当今世界各国中可谓绝无仅有！这一制度从1987年恢复，但至今仍很不健全。

在大力发展有计划商品经济的形势下，社会竞争机制日趋活跃，而社会安全机制——社会保障制度的建立和完善尚很不够。我国的社会保障覆盖率比起许多经济发达国家要小得多。城镇还有小集体所有制、私营企业、个体工商户中的职工以及个体劳动者等共几千万人没有纳入社会保险之中。

劳动保护的状况令人担忧。安全生产方针没有很好贯彻，工伤事故仍然严重。矿山企业的伤亡事故次数和人数近几年呈上升趋势。我国百万吨煤死亡率仍然很高。矿山企业中尘肺病死亡人数已超过工伤死亡人数。

在一些个体工商户和包工队中，过度剥削雇工的现象仍然存在。工人死伤责任自负的"生死合同"还随处可见。极少数个体工商户甚至对雇工施行野蛮的人身控制和压迫。

一部分企业中的民主管理制度仍不健全。一方面是由于有些人对民主管理的意义和作用了解不够，重视不够；另一方面是由于有关职工代表大会和实行承包经营责任制等法律规定本身存在不完善之处。职工在企业中的主人翁地位没有完全得到保证，这是职工劳动积极性受到影响和产生失落情绪的又一个重要原因。

劳动立法速度不快。例如劳动法典，近十余年来曾易稿27次，至今仍未出台。我国还缺少有关最低工资、工资支付、劳动就业、职工安全卫生、劳动保险、劳动争议处理等方面的法律和法规。有法不依、执法不严的现象更是相当严重。可见，我国关于保护劳动者权利的法制建设状况并非尽善尽美，至少从劳动立法的角度来看，我国对人权的保障还存在不够完善之处。究其原因是：有些人对劳动立法重视不够，对保护劳动者权利的意义认识不足；有些人在改革中急于求成，甚至硬搬西方国家的企业管理经验，在重视产量、效益、利税的同时，对于劳动者没有给予应有的重视。几年前一度相当严重存在的至今仍未肃清的淡化工人阶级的思想，是阻碍劳动立法发展的根本原因。

党的十三届四中全会以来，党中央一再重申和强调要全心全意依靠工人阶级，要更好地确立和发挥工人阶级的领导地位和作用。笔者认为，对于我国劳动立法和人权保障立法的重要性应该有进一步的认识。很难设想，当职工在企业中的民主管理权利还得不到完全保证和某些基本权利还得不到妥善保护的情况下，职工群众能够保持高涨的劳动热情和产生主人翁的荣誉感和责任感。同样很难设想，当职工群众的某些合理的基本权利要求尚不能满足的情况下，职工以外的人的权利能够得到完善的保护。实现人的全面解放是马克思主义人权观的核心，也是工人阶级革命的最终目标。无论从理论上还是从事实上说，工人阶级的权利要求与人权的普遍性、彻底性要求是完全一致的。因此，完善劳动法律制度，完善人权保障法律制度，完善确立工人阶级领导地位的法律制度，可谓三位一体，它们的任务、目标和作用是相同的。

我们要坚决贯彻党的一个中心、两个基本点的基本路线，大力发展社会主义有计划商品经济，为更好地保护劳动者和其他人的权利创造雄厚的物质基础。同时又不能讳疾忌医，故步自封，放松当前对劳动立法和人权保障立法应做和可能做到的各项努力。继续进行人权保障意义的普及宣传，亦属当务之急中的重要一项。

（本文原载于《法学研究》1991年第5期）

论社会主义市场经济与劳动立法

史探径[*]

在市场经济法律体系中，民法和经济法的重要性是毋庸置疑的。至于劳动法，很长时间内似乎没有得到人们对它的足够重视。我国的劳动立法虽已取得不少成绩，但劳动法典尚未制定出来，近十余年来易稿即已近30次之多，历程可谓艰难。其他一些急需的劳动法律、法规，也因法典迟误而付阙如。客观上的原因是经济体制改革中情况不断有所发展变化；主要还是主观上的原因，人们对劳动法的作用、地位、特点等认识不一致，影响了立法进程。经过几年来的认真讨论探索，对以上一些问题的认识才较为趋于一致，尤其是近一年来，劳动法典的起草工作已取得可喜进展。本文仅就劳动立法中的几个问题再作些探讨。

劳动法的初期形式工厂法产生于19世纪初的英、法等欧洲经济发达国家。当时这些国家已经完成或者正在进行产业革命，生产力空前发展，提倡自由竞争的经济学说和经济政策开始占据主导地位。一些国家为适应市场经济发展的需要，对民法、商法给予了特殊的重视，制定出民法典、商法典或者其他成文和不成文的民、商法律。同时，它们注意到工厂劳动关系发展中的新情况、新问题，开始制定工厂法。所以，劳动法同民法、商法一样，都是市场经济发展过程中的产物。

作为一个部门法，劳动法的调整对象是劳动关系。劳动关系发生在市场主体——企业法人和其他各式用工单位的内部，即职工与其招用者之

---

[*] 史探径，中国社会科学院法学研究所特聘研究员、中国社会科学院老年科学研究中心理事，主要研究方向为劳动法、社会保障法和社会法。

间。调整劳动关系的目的是协调、巩固和发展劳动关系，把当事人双方联结在公平、合理的权利义务关系之中。在现代社会里，劳动关系普遍存在，所以劳动法的调整对象是很广泛的。一个市场主体如果其内部劳动关系不稳定、不和谐，当事人之间因权利义务问题纷争不息，这个主体自然就不可能具有自我发展、自我完善并适应市场变化、积极参与竞争的能力。由于劳动争议不能及时解决，常常可能出现激烈的对抗行为，劳动者为维护自身权益而举行罢工，甚至发展为总罢工；用工单位一方则可能集体解雇职工或者关厂歇业。在我国，近些年来随着市场经济的发展，劳动关系在部分企业里转趋尖锐，非公有制用工单位尤其是外商投资企业里的劳动争议更是数量猛增，罢工事件亦非鲜见。许多争议的发生是由于劳动法制不健全。现实生活要求加快劳动立法，呼唤劳动法典尽早出台。

笔者认为，我国的市场经济法律体系应该包括三个方面的法律：一是民法；二是经济法；三是劳动法、社会保障法等法律，可统称为劳动及社会法律。劳动法包括劳动法典以及工会法、矿山安全法等劳动法律以及众多的劳动法规。劳动及社会法律的重要特点是，兼顾效率与公平，主张在建立市场竞争机制的同时，建立社会稳定机制。它们从不同角度，对市场经济运行所起到的促进、引导、保障、约束和扼制不良倾向发展等作用，非其他法律所能取代，应该予以足够的重视。

二 劳动法的保护性特点

所谓保护性特点，是指劳动法是以保护劳动者权利为其主要宗旨的法律。劳动法包括对义务的设定，它和许多法律一样，权利和义务构成了它的基本内容。但是，劳动法是以设定劳动者权利为本位的法律，而不是以设定劳动者义务为本位的法律。在劳动者的权利和义务的关系中，权利占优先地位、主导地位、决定性地位；义务服从于权利，它的合理性和必要性来源于权利。因此，劳动法是权利保障法，而不是劳动管理法。

对于劳动法律关系的主要主体职工和用工单位这双方来说，为什么劳动法要以保护劳动者权利为其主旨，而不是像民法那样，平等地保护双方主体呢？笔者认为这主要是基于劳动关系的现实状况。从有利于劳动关系稳定和发展的客观需要出发，不论在中国或外国，也不论在哪种形式的劳动关系中，相对于掌握着生产资料的用人一方来说，劳动者总是处于弱者的地位。强弱不均衡状态，极易引起劳动纠纷。劳动立法重视校正这种不均衡状态，力求维护公平和合理。劳动法律表面看来是偏向劳动者一方，而实际上恰恰是兼顾了劳动关系双方当事人的利益，对双方同样有利。

西方国家工厂法之所以产生，正是为了适应保护劳动者的需要。工厂法最初以保护童工、女工为对象，而后扩及男工，适用范围也推广至工厂以外的矿山、运输等各种企业。由于劳动法的产生和发展，是与社会生产力的发展状况密切相联系的，所以不论在英美法系国家还是在大陆法系国家，劳动法的形式可以有这样那样的不同，其构成内容却基本趋于一致，它们均涉及对劳动者各项权利的保护，保护性是各国劳动法的共同特点。当然，各国同样主张，这种保护性不能走向抑制或损害用工一方权益的另一极端。损害了用工一方主体的权益，其结果必然造成对劳动者自身权益的损害。

还要提及的是，劳动法对于人权保障的重要意义。劳动法所保障的劳动权利，如劳动权、劳动报酬权、职业安全卫生权、社会保障权、职业培训权、组织和参加工会的权利等，都是人权概念的重要内容。

三　借鉴西方国家的劳动立法经验

我们对西方国家的劳动立法经验，要重视借鉴。借鉴要合理，不能生搬硬套。劳动立法与民事立法在如何借鉴这一点上，可能有所不同。民法所调整的平等主体之间的关系尤其是商事关系，常常跨国界存在，民法规范应力求国家间共通适用，尽量避免和减少法律冲突。劳动法所保障的劳动者权利的内容尽管各国间相同，有些且已由国际劳工组织通过公约和建议书制定为国际劳动标准，但劳动关系的具体调整方式、方法以及劳动标准实施的保障措施等，各国可有自己的特点。例如，在我国国有企业中职工的地位不能等同于西方国家企业中的受雇人，工资支付应贯彻按劳动分配原则，对劳动争议处理应以预防为主、调解为主，职工的物质待遇标准目前还不能与发达国家相比，等等。

西方国家的劳动立法经验，至少有三个方面值得我们重视。

1. 劳动立法体现劳动合同自由与政府监督干预相结合的原则

劳动关系的双方当事人享有用工自由和择业自由，可以自愿地订立劳动合同，选择订约方式，议定条款内容。这就是劳动合同自由。民事合同自由要受到限制，劳动合同所受到的限制又较民事合同为甚。签约人的资格和选择受到限制，一定年龄以下的少年儿童不许被雇用为童工，妇女和残疾人有时不得被拒绝雇用。合同内容也受到限制，议定的工资额不得低于法定的最低工资标准，工时不得高于法定最高工时标准，不得议定降低或取消强制性的职业安全卫生条件。有些合同必须采用书面方式。政府增加对劳动合同监督干预的目的在于加强对受雇人权益的保护。劳动法之所以发展成为一个独立部门法，其主要标志是劳动合同法脱离民法规范后的独立出现。劳动法之所以被称为私法趋于公法化的典型法律部门，其原因即在于政府监督干预内容的增多。

我国应彻底改变产品经济下处处限制劳动关系双方当事人行为能力的不合理状况，尽量维护当事人的自主权利，但政府不能放弃监督管理。尤其在市场经济尚未完全步入正常运行轨道的形势下，这种监督管理尤为必要。当然，政府的监督干预均须通过法律手段，不能随便行事，更不能回到统管、统包、统配的老路上去。

2. 社会保障制度得到不断发展和完善

在有些国家，社会保障又称为社会保护，我国台湾地区的著作中常称之为社会安全。当代一些发达国家的社会保障已逐渐覆盖至社会全体成员。社会保障是以维护社会稳定与公平为目的而进行的国民收入分配与再分配的制度。从德国1883年制定劳工疾病保险法开始，主要资本主义国家均建立起由劳动保险而扩大为社会保险的制度。美国于1935年颁布《社会保障法》，为罗斯福总统推行的新政中的重要举措之一，开各国建立系统社会保障制度之先河。英国于1946—1948年由国会通过《贝弗里奇报告书》，随后制定了相应的法律和措施，由是自诩建立起"福利国家"。西欧其他国家和北欧国家仿效英国，相继建立起"福利国家"。这些国家均实行"由摇篮至坟墓"的社会福利政策，改变了个人自担风险的观念，树立起社会风险共担原则，把济贫救弱由慈善施舍行为转变为社会的共同责任。社会福利政策的实施，把社会保障制度推到了一个新的发展阶段。这项政策虽然存在着这样那样的不足，但应承认它对于保护劳动者权益十分有利。西方国家的经济在第二次世界大战后获得高速发展，社会保障所起到的稳定社会、稳定人心的强有力作用，是功不可没的。

若十年来，我们对西方的社会保障制度了解和研究很不够，相反，还常有人加以批判和嘲讽，甚至著文预言社会福利政策末日之将临。坐井观天或杞人忧天，都是错误的态度。近些年来，已开始重视借鉴西方有益经验，这对于我国社会保障制度的改革和发展，以至促进社会主义市场经济的发展，具有至关重要的意义。

3. 保障劳动者的自助自卫权利

西方国家对劳动关系中权利义务内容的确定一般采用三种办法。一是法律作出强制性规定，例如对职业安全卫生的要求，各单位应一体遵行，不得违反。二是规定最低劳动标准，例如规定最低工资标准和最高工时标准。三是在不违背法律的前提下，由劳资双方协商议定劳动关系的内容。为防止雇佣人以强凌弱，苛待受雇人，法律赋予劳动者享有自助自卫权利，并且特别保障工会作为代表和维护受雇人利益的强有力地位。

自助自卫权利的实现主要有三种方式。一是订立集体合同，即团体协约。它是由个别雇主或雇主团体与代表职工的团体或职工代表所缔结的关于工作条件和雇佣条件的书面契约。一般由工会代表职工订立。团体协约可作为订立劳动合同的依据，受雇人借此可避免单个人订立合同时遭受不公正对待的可能。二是集体谈判和职工参与管理制。除团体协约外，职工可选派代表或径由工会作为代表就劳动关系中其他问题与雇主谈判。参与管理的形式有：职工代表参加董事会或监督委员会，职工代表组成或参加工厂委员会，设立监督性的企业工人委员会或企业职工大会，设立定期劳资协商会。三是规定罢工权，受雇人可依法享受在劳动争议不能解决时的特殊情况下采用罢工方式以为对抗的权利。西方国家一般均由宪法或劳动法等法律，规定罢工权。罢工权须依法律规定行使。有些行业和岗位的受雇人不许罢工。

设立自助自卫权利，可弥补法律规定之不足。我们可从中获得启示。

四　我国劳动法制中的一些具体问题

1. 劳动法的调整对象和适用范围

劳动法调整的劳动关系，其范围小于经济学中所说的劳动关系。后者包括劳动力与生产资料结合的方式、劳动分工与协作的形式、劳动者消费品的分配形式等三种含义。劳动法调整的仅指用工单位因录用劳动者而与职工之间发生的关系。录用职工时均存在书面的或口头的劳动合同关系，所以劳动法所调整的实际上就是劳动合同关系，不宜把一些并非劳动合同关系的劳动关系并入进去，以致造成执法中的混乱和被动。

劳动法的适用范围实际上是指劳动法典的适用范围，它是由立法者依据必要与可能的条件加以规定的。它不可能大于而且一般均小于劳动法调整对象的范围。世界上除朝鲜以外，各国劳动法典或劳动标准法的适用均限于劳动合同关系中的劳动者。《朝鲜民主主义人民共和国社会主义劳动法》适用于全体劳动者包括农民，在世界上是唯一的。从我国情况看，劳动法典绝不能适用于全体劳动者，实行家庭联产承包责任制的农民，并不与谁之间存在劳动合同关系，其情况与职工完全不同，不可能适用劳动法的规定。

还须指出，劳动法典的适用范围与劳动行政部门的职责范围并非一回事。劳动法典、法律、法规的贯彻执行，需要得到许多政府部门和工会组织的共同协作努力。

2. 劳动权和劳动力市场

劳动权是公民依法享有的获得就业机会的权利，在各项劳动权利中居于首要地位，是劳动者赖以生存的权利。第二次世界大战以后，许多国家在宪法中规定公民有劳动的权利。我国《宪法》规定："中华人民共和国公民有劳动的权利和义务"，"国家通过各种途径，创造劳动就业条件"。中华人民共和国成立几十年来，特别是20世纪70年代末以来，国家通过大规模发展经济和执行灵活的劳动就业方针，解决了大量劳动者的就业问题。实行社会主义市场经济之后，国家一方面要从宏观上加强劳动力资源的利用和配置，继续努力促使各种所有制形式和经营形式的经济成分的发展，尤其是第三产业的发展，扩大就业规模；另一方面要实行更为灵活的劳动就业方针，主要通过劳动力市场的机制，在保障用工自主权利和择业自由的前提下，满足市场经济发展中的用工需求和保证公民劳动权的实现。

培育和发展劳动力市场，并非意味着劳动力是商品。我们不能把我国社会主义制度下的职工尤其是公有制企业、单位中的职工等同于资本主义制度下的受雇人看待。我国劳动制度能否搞活,主要取决于经济制度能否搞活,是否实行市场经济,而并不取决于劳动力是不是商品的理论判断。西方国家的绝大多数经济学者并不认为劳动力是商品,政府文件中不仅从未有肯定劳动力是商品的说法,相反,却有否定劳动力是商品的说法。[①] 我们还应特别注意到国际劳工立法的态度。国际劳工组织于1919年6月成立时通过了《国际劳工组织章程》和宣言,宣言中提出的9项原则中的第1项宣称:"无论在法律上和事实上,劳动力都不被视为商品。"1944年5月召开的第二十六届国际劳工大会上通过的《费城宣言》中重申"劳动力不是商品"。

3. 劳动合同和劳动合同制

劳动合同是用工的双方当事人之间为明确相互的权利义务关系而订立的协议。一切用工均须订立劳动合同。国务院于1986年发布的《国营企业实行劳动合同制暂行规定》,由于适用范围窄并仅限于工人,目前已不能适应发展需要。需要依据劳动法典制定《劳动合同法》,规定劳动合同的订立、变更、解除、终止等程序,合同的有效和无效条件,以及违反合同的责任等条款。

劳动合同制是指用工双方当事人通过订立劳动合同,以便建立起期限可长可短、稳定性与灵活性相结合的劳动关系的制度。实行劳动合同制主要是针对国有企业中的固定工制度,新发展起来的非公有制企业实行的本来就是劳动合同制。国有企业自1986年10月开始,对新招工人实行劳动合同制。80年代末期起,一些地方的国有企业在全体职工中实行劳动合同制,这就是全员劳动合同制。有些企业结合全员劳动合同制的推行,按照优化原则改革劳动组织,同时处理富余职工。国务院于1993年4月20日发布了《国有企业富余职工安置规定》。这项规定强调对富余职工要"妥善安置",应当遵循企业自行安置为主、社会帮助安置为辅,保障富余职工基本生活的原则。

值得注意的是,有些企业的工作较为粗糙,劳动组合未必按照生产需要和优化原则,任意性很大。女职工尤其是怀孕女职工,以及年龄较大职工,常被迫退出岗位而蒙受损失。现在有些国家的退休年龄在逐步提高。而上述《安置规定》中规定,职工距退休年龄不到5年的,可以退出岗位

---

① 任扶善:《劳动经济与劳动法文集》,北京经济学院出版社,1989,第152页。

休养，休养期间发给生活费。原来规定的退休年龄本就较低，女工为50岁，女职员为55岁。一大批刚满50岁的技术人员或熟练劳动者退出岗位，不能不给生产和工作造成损失。而且从保障公民的劳动权利来说，这种规定也未必妥当。

4. 劳动报酬

劳动报酬是劳动合同的基本内容。我国宪法规定实行按劳分配原则，这是我国社会主义市场经济有别于资本主义市场经济的重要标志之一。为了督促全民所有制企业贯彻执行按劳分配原则，建立健全工资总量调节机制，国家必须加强宏观调控，规范工资管理。劳动部等部门1993年下发《国有企业工资总额同经济效益挂钩规定》、《全民所有制企业工资总额管理暂行规定》，即属调控管理手段之一。对非公有制企业，要进行必要的监督和指导，促使其建立起合理的劳动报酬制度。

为完善劳动报酬法律制度，克服一些企业主要是非公有制企业中出现的压低工资、克扣工资、拖欠工资、加班加点不发工资等过度剥削劳动者的现象，我国需要制定"最低工资法"和"工资法"。西方国家从19世纪末开始制定最低工资法，现在所有发达国家和许多发展中国家都制定了这项法律。国际劳工组织曾经制定了几个有关最低工资的公约和建议书，其中1928年的公约，民国政府已批准，中华人民共和国政府承认了这项批准。最低工资立法是在市场经济条件下保障劳动者最低收入，适当体现社会公平原则的重要立法。深圳、上海等地已就各自辖区内的最低工资标准作出了规定。全国性的最低工资法规正在起草之中。"工资法"的内容包括：在国有和非国有企业中工资标准确定的方式和依据，工资支付的时间和地点，加班加点和其他特殊情况下的工资支付，劳动报酬权的保障，等等。

5. 劳动保护

我国对劳动保护历来十分重视，宪法中规定"加强劳动保护，改善劳动条件"，还制定了许多劳动保护法律和法规。"安全第一，预防为主"，是劳动保护的方针。1993年5月1日起施行的《中华人民共和国矿山安全法》是一项重要法律。但是，我们必须注意到，由于法制不健全，违反劳动保护方针的现象仍很普遍。一些私营企业、个体工商户以及外商投资企业，钻国家没有统一工时规定的空子，任意延长工时和加班加点，有的一天工时长达 16—18 小时。对女职工和未成年工在许多企业中未给予特殊保护。国有矿山以及乡村企业尤其是小煤窑伤亡事故状况并未好转。有些地方自 1992 年开始实行市场经济以来，工伤事故次数和人数呈上升趋势。加强劳动保护立法，并认真执法，已属迫切需要。

在劳动保护法律关系中，国家是权利人，企业是第一位义务人，劳动者是第二位义务人又是直接受益人。劳动关系当事人双方无权通过合同约定改变自身应承担的劳动保护义务。我们绝不能误以为实行市场经济之后，国家就可以放松贯彻劳动保护方针的责任，企业就可以自行其是，不履行劳动保护义务。

为加强劳动保护法治建设，有三个方面的工作要做。一是立法。急需制定"工时法"（包括工时限制和休息制度等内容）和"劳动保护法"等法律。二是督促实施。近十余年来建立起来的某些专项劳动保护监察制度不仅不能削弱和取消，而且应该得到巩固和加强，并推行于各行各业。三是赋予劳动者以维护自身安全卫生利益的自我保护权利。1984 年 7 月发布的《国务院关于加强防尘防毒工作的决定》中规定："当生产中出现影响工人生命安全的情况时，工会可支持工人拒绝操作，工资照发。" 1985 年 5 月劳动人事部等转发的关于工会劳动保护监督检查的 3 个条例中，同样规定工会应支持或组织职工拒绝操作，撤离危险现场。然而，《中华人民共和国工会法》（1992 年 4 月）和《中华人民共和国矿山安全法》却规定：发现危及职工安全的情况时，工会有权向企业行政方面建议组织职工撤离危险现场，企业行政方面必须及时作出处理决定。有些本来可以避免的伤亡事故，或许恰恰就在对"建议"的处理过程中发生了！这种所谓为了维护企业经营指挥权的条款，造成了对劳动者职业安全卫生权的损害，其结果必然使企业利益同时蒙受损失。保障劳动者的自我劳动保护权利，是一项有益经验，劳动立法应该吸纳有益经验，摈弃不当做法。

6. 企业职工的地位

在市场经济条件下，企业职工的地位问题引起了争论。有人认为，既然实行市场经济，就应向西方国家学习，企业职工只能单纯保持受雇人身份："主人翁"一词是政治上的概念，只能反映在国家政治生活中，不能反映在企业经济生活中。

笔者认为确立"企业职工主体地位"有利于加重职工的责任，促使我们自觉地树立起与企业共存共荣的责任感;有利于政府在实施宏观调控中可更多地依靠职工,使之承担起一定的监督法律、法规执行的使命,而且也符合我国企业坚持公有制和以按劳动分配为主体的发展现状和历史传统。

如何保障企业职工主体地位,目前主要有三种主张:一是企业实行股份制,职工参股,与企业共担风险;二是企业实行全员承包经营,职工人人各尽其责,各得其利;三是通过职工代表大会和其他形式,实行民主管理。股份制已在一些企业中试行。西方国家有些中小私营企业也在试行股份制办法。全员承包经营曾被部分企业采用,并且取得效果。在实行市场经济的浪潮中,这一办法似乎没有引起人们的更多重视。对民主管理,有人曾有过误解,以为它仅是产品经济下的产物,今天已不适用。其实,西方国家在第二次世界大战前即有人倡导产业民主化运动。这些国家实行职工参与管理等制度,目的就是多听意见,改进管理,协调劳动关系。按照宪法规定,我国社会主义所有制企业必须实行民主管理。不仅非股份制企业应该实行民主管理,全员承包本身即是民主管理的一种形式,股份制企业同样可以而且应该实行民主管理。有些股份制企业在股东大会和职代会并存发展,各自独立发挥作用方面,已经取得了宝贵经验。非公有制企业中职工参与管理制度的建立和发展,也须受到重视。

企业工会担负着代表和维护职工权益的重大责任,在市场经济条件下尤其如此。有些企业在转型经营机制过程中,削弱了工会的地位和权利,这是错误的,也是违反法律规定的。

7. 劳动争议处理

我国的劳动争议处理制度,在中断30年之后,1987年首先于国营企业中得到恢复。1993年7月6日,国务院发布了《中华人民共和国企业劳动争议处理条例》。该条例适用于我国境内的一切企业,并且扩大了争议的受理范围。它规定对劳动争议应着重调解,及时处理;处理程序为协商、调解、仲裁、起诉,其中协商、调解为非必经程序。这个条例的颁布,标志着我国劳动争议处理制度迈出了重要的一步。

由于现实生活中已经出现了由劳动争议而引起的罢工问题,就有必要探讨我国法律要不要规定劳动者享有罢工权利。这是一个难点问题。这里所说罢工权,是劳动法范围内的权利,它不是完全等同于我国1975年宪法和1978年宪法所规定的罢工自由，那时并未规定罢工自由仅限于在劳动法范围内行使。1982年宪法取消了关于罢工自由的规定。1992年颁布的《工会法》规定："企业发生停工、怠工事件，工会应当会同企业行政方面或者有关方面，协商解决职工提出的可以解决的合理的要求，尽快恢复正常生产秩序。"这条规定内容是审慎的、稳妥的。罢工权就其性质说，它是国家通过立法赋予劳动者在特殊情况下为维护自身权益而与用工一方当事人相对抗的权利。依照法律规定条件正确行使罢工权，有利于促使劳动关系在正常、合理的权利义务联结中得到协调和发展。罢工权立法是人权立法的内容之一。随着市场经济的发展，人们对罢工权立法的认识将会改变，笔者相信在不久的将来，我国法律中将会对此作出规定。不过有人也存有一种担心：目前我国法律对罢工虽未规定保护，也未规定禁止，自然不能简单地把罢工视为违法；如果今后立法在规定罢工权的同时又设置苛刻的限制条件以致事实上难以行使罢工权，即无异于禁止罢工；这样，有罢工立法还不如没有罢工立法为好。这种担心并非多余。笔者希望并且相信，我们将会积极、慎重、正确地总结和参照国内、国外的立法经验教训，摒弃不合时代潮流的落后立法主张，而对罢工权作出合理规定，这对于促进我国的经济发展和社会进步，具有重要意义。

（本文原载于《法学研究》1994年第1期）

我国劳动关系法律调整模式的转变

谢增毅[*]

目前，我国对劳动关系的法律调整总体上实行整齐划一的"单一调整"模式，对所有劳动者和用人单位，不区分类型或性质，统一实行"一体适用、同等对待"的处理方式。现行劳动法规则中，除了《劳动合同法》设立专节对"非全日制用工"提供了相应的特殊规则外，[①] 几乎没有针对特殊劳动者或者特殊用人单位的条款，所有劳动者和用人单位都适用同样的劳动法规则。[②]

随着劳动关系的复杂化、法律调整的精细化，目前，我国劳动关系及其法律调整的单一化模式已越来越不适应劳动关系实践的需要以及特殊劳动者和用人单位对特殊规则的需求。当前，我国存在数亿劳动者、数千万的企业和个体工商户。截至2014年末，全国就业人员77253万人；其中城镇就业人员39310万人。[③] 截至2014年12月底，全国实有各类市场主体

---

[*] 谢增毅，博士生导师，中国社会科学院法学研究所科研处处长，社会法研究室研究员，主要研究方向为劳动法、社会法基础理论。

[①] 《劳动合同法》第五章第三节"非全日制用工"，第68—72条。

[②] 我国《劳动法》和《劳动合同法》将劳动关系中的受雇人称为"劳动者"（日本《劳动契约法》也使用"劳动者"的概念），与大部分国家通常使用的概念——"雇员（employee）"的含义大致一致。本文根据不同语境，使用"劳动者"和"雇员"两个概念，如无特别说明，二者内涵相同。与此相对应，我国《劳动法》和《劳动合同法》将劳动者的相对方称为"用人单位"，国外一般称为"雇主（employer）"，两者外延稍有不同。本文根据语境分别使用"用人单位"和"雇主"，但二者均指与劳动者（雇员）建立劳动关系的合同相对方。

[③] 人力资源和社会保障部：《2014年度人力资源和社会保障事业发展统计公报》。

6932.22万户，企业达1819.28万户。① 面对数量如此庞大、类型各式各样的用人单位和劳动者，继续采取整齐划一的单一调整模式显然不合时宜，将给劳动法的适用性及实施效果带来不利影响。

笔者曾经从用人单位（雇主）的角度，提出了劳动法应当区分不同类型的用人单位，给予不同的待遇，尤其是应充分考虑小企业和个体工商户的自身特点、特殊要求以及劳动法的实施状况，对它们在劳动法上实行一定的优惠待遇。② 但是，学界却一直鲜有人从劳动者（雇员）角度研究劳动法区别对待和分类调整问题。近年来，有针对家政工的研究触及该话题。例如，有研究认为"应当重新定位劳动法所调整的劳动关系的范围，构建多元的调整方式，制定专门的家务服务员劳动权益法"。③ 另有论文指出，家政工与雇主之间是一种特殊的雇佣关系，应建立超越一般雇佣合同和劳动合同规则的制度安排，为家政工提供有别于一般雇佣合同和劳动合同的特殊规则。④ 上述论文主要从家政工的法律保护中引出特殊劳动者应当区别对待的问题。也有其他论文触及雇员分类调整的话题，认为，应当顺应就业形式多样化，劳动关系复杂化、灵活化的发展态势，探索对不同的群体适用不同的、多样化的劳动权利义务。⑤ 但总体上看，目前对劳动关系的分类调整尚缺乏全面、深入的研究。对劳动者进行分类调整的背景和理由，分类调整如何实现，如何为特殊劳动者提供特殊规则，需要进行系统和深入的分析。

本文拟主要从劳动者角度，分析劳动法对劳动者进行分类调整的问题，并从中探索劳动法如何打破一体调整模式，实现向分类调整和区别对待的模式转变。

---

① 国家工商总局：《2014年度全国市场主体发展、工商行政管理市场监管和消费维权有关情况》，http://www.saic.gov.cn/zwgk/tjzl/zhtj/xxzx/201501/t20150123_151591.html，访问时间：2015年11月4日。
② 谢增毅：《劳动法与小企业的优惠待遇》，《法学研究》2010年第2期。
③ 黎建飞、石娟：《论我国劳动法律调整方式从一元化向多元化的转变——以家务服务员的劳动保护为视角》，《河南财经政法大学学报》2012年第2期。
④ 谢增毅：《超越雇佣合同与劳动合同规则——家政工保护的立法理念与制度建构》，《清华法学》2012年第6期。
⑤ 周国良：《劳动法律关系的调整与完善——从一个案件谈起》，《中国劳动》2015年第5期。

一　现行劳动关系一体调整模式产生的问题

当前我国劳动法对劳动关系采用的是"一体调整"模式。即，按照我国现行劳动关系的认定标准，判断某类务工群体是否是劳动法上的"劳动者"；如是，则受到劳动法保护，劳动法所有规则均对其适用；反之，则不受劳动法保护，劳动法所有规则均对其不适用。随着用工形式多样化和劳动关系复杂化，这种要么"全部适用"要么"全不适用"的调整模式带来诸多问题。

（一）劳动法保护范围受到限制

一体调整模式的采用，意味着某类群体如果被认定为"劳动者"，劳动法的所有规则将对其适用，其用人单位的义务责任以及相应的用工成本将大幅增加，这导致在立法和实践中，对"劳动者"和劳动关系的认定十分谨慎，从而将许多务工人员排除在劳动法之外，对此类群体的权益保护极为不利。

以家政工为例，有统计指出，2010年，全国从事家政工服务的劳动者已经达到约1500万人。[1] 家政工不仅人数众多，还是一个脆弱的群体。2011年国际劳工大会通过的《家政工人体面劳动公约》指出，家政工作继续被低估和外界忽视，而且，大部分家政工是女性，她们当中许多是移民或者弱势群体成员，容易遭受雇佣和工作中的歧视以及人权方面的其他侵害。[2] 但根据我国现行规则，受雇于家庭或个人的家政服务人员不属于劳动法上的"劳动者"，不受劳动法保护。[3] 同时，由于劳动法采取规则全部适用于所有劳动者的模式，如果某类群体具有特殊性，而劳动法的某些规则对其难以适用时，这些群体就容易被劳动法所漠视。例如，家政工具有

---

[1] 马丹：《北京市家政工的现状与问题》，《法制与社会》2011年第1期。
[2] 《家政工人体面劳动公约》前言，2011年。
[3] 1994年，劳动部制定的《关于〈劳动法〉若干条文的说明》第2条明确指出，《劳动法》的适用范围排除"家庭保姆"，因此，家庭保姆或家政工不适用《劳动法》。最高人民法院的司法解释也明文规定，"家庭或者个人与家政服务人员之间的纠纷"不属于劳动争议，参见《关于审理劳动争议案件适用法律若干问题的解释（二）》（2006年）第7条。

许多特点：工作地点主要为家庭空间，具有私人性和封闭性；工作内容主要是与家庭有关的事务，而不是职业化的劳动，工作内容和工作时间具有较大不确定性；家政工的雇主是家庭或个人而不是企业，没有登记，不易被外界识别和接受监管；等等。家政工这些特殊性使劳动法的许多一般性规则难以适用，政府部门也难以对雇用家政工的家庭或个人进行监管，因此，家政工难以被纳入劳动法之中。

实践中，其他群体被排除在劳动法之外，也与劳动法的调整模式有关。例如，在实务中，在校实习生的"劳动者"身份也长期不被认可，不受劳动法保护。其中原因，除了固有观念认为在校生的身份是学生，不应成为劳动关系的主体外，[①] 劳动法的诸多规则难以适用于实习生也是重要原因。因为实习生还要接受学校管理，实习生的工作内容和工作目的与一般劳动者不同，接受实习生的单位与一般用人单位的义务也有所不同。甚至我国自1994年《劳动法》制定以来，一直将雇主限定为"用人单位"，而不包括个人，也和我国劳动法的调整模式缺乏灵活性有很大关系。因为个人和"单位"存在较大差异，在现行一体调整模式下，适用于用人单位的许多劳动法规则难以适用于"个人"，个人自然就难以被纳入"雇主"范围。可见，当前劳动法律采取的是"非此即彼"的机械式做法：劳动关系确立，在法覆盖范围内的，适用所有劳动权利义务；劳动关系无法确立，在法覆盖范围外的，不适用所有劳动权利义务，也就几乎没有任何强制性保障。这种机械化、两分化的劳动保障管理模式，已无法适应劳动关系复杂化、多样化态势，将使得大量的行为游离在就业管理和社会保障以外。[②]

（二）劳动者权利义务配置不合理

劳动法围绕劳动关系和劳动者，提供了一套系统的法律规则，内容包括合同订立、履行和变更、解雇保护、工作时间、工资、休息休假、安全

[①] 1995年劳动部《关于贯彻执行〈中华人民共和国劳动法〉若干问题的意见》第12条规定，在校生利用业余时间勤工助学，不视为就业，未建立劳动关系，可以不签订劳动合同。

[②] 周国良：《劳动法律关系的调整与完善——从一个案件谈起》，《中国劳动》2015年第5期。

卫生、职业培训、社会保险等方面，为劳动者提供了全方位的保护，涉及工作过程的不同环节以及不同方面的权利义务。在现行一体调整模式下，劳动法缺乏针对特定类型主体的权利义务的区别对待。由于许多务工人员具有特殊性，平等赋予所有劳动者相同的权利并不合理，可能造成某些特殊群体的待遇畸高畸低。例如，许多公司高管也符合劳动者定义，具有劳动者身份，但公司高管往往处于管理或控制其他劳动者的地位，对公司的影响不同于普通劳动者。现实中，公司高管很可能利用职权和特殊地位为自己谋取天价薪酬、恶意不签订劳动合同谋求两倍工资差额、签订巨额解约赔偿金等，并产生劳动争议。但是，劳动法对公司高管的特殊地位未给予足够关注，没有提供公司高管的特殊规则，以致司法实务中机械地适用法律而常常导致极度的不公。[①] 例如，某公司董事长（法定代表人）在任职期间，公司一直未与其签订书面劳动合同，后其董事长职务被公司股东会免去，其便以公司未与其签订书面劳动合同、违法解除劳动合同等为由申请劳动仲裁，要求公司支付未签订书面劳动合同期间的两倍工资、任职期间的加班工资以及公司违法解除劳动合同的赔偿金等。[②] 在劳动法上，公司董事长和其他公司高管，应否与普通劳动者享有相同权利，受到同等保护，值得深思。

可见，对于一些特殊群体如果完全照搬劳动法关于劳动者权利义务的一般规则，可能造成不公，并违反劳动法的立法意图。现实中，劳动者的类型多样，不同劳动者在与用人单位的紧密关系程度、在用人单位中的地位和影响、工作目的、工作内容、工作方式、合同期限、工作年限等方面存在差别，不同类型劳动者享有相同权利、承担相同义务并不妥当。而且，目前劳动法所采取的无差别的一体调整模式，一方面使许多非典型或者新兴劳动方式无法受劳动法保护；另一方面，又因一旦劳动关系被纳入劳动法调整范围就适用劳动法所有规则，缺乏灵活性，导致许多学者认为中国的劳动保护程度过高。例如，有学者认为，借鉴经济合作与发展组织（OECD）的标准，中国现行的劳动力市场在就业保护上处于较高的水平。

---

① 李颖、宋纯峰：《涉及公司高管人员劳动争议案件探析》，《人民司法》2010 年第 23 期。
② 马君、刘岳庆：《公司高管人员劳动法保护的边与界》，《中国劳动》2012 年第 10 期。

如果以同样的标准评价 OECD 国家和中国的就业保护严格程度，中国目前的劳动力市场规制的总体严格程度仅仅低于荷兰和比利时，而高于其他发达国家的水平。[1] 虽然各国劳动法对劳工的保护程度难以量化和排序，但上述比较也从一定程度上反映了我国劳动法灵活性不足。因此，现行劳动法一体调整模式容易造成劳动者权利义务内容不合理，影响劳动者和用人单位之间权利义务的合理配置，降低劳动力市场的灵活性。

（三）用人单位差异性受到漠视

在现行一体调整模式下，劳动法不仅忽视了不同类型雇员的差异，也没有对雇主（用人单位）的差异给予关注。现行劳动法一体适用于不同规模企业的体制，使部分小企业负担过重，规则难以得到切实遵守，影响了劳动法的有效性和权威性。具体而言：第一，小企业规模小，资金少，和其他企业适用相同的劳动标准可能增加其财务负担，导致企业经营困难，影响企业和经济发展。第二，小企业由于规模小，工作岗位少，需要在用工特别是在解雇雇员上享有更大的灵活性，为适应市场变化和自身经营状况可随时增减雇员。小企业和其他企业适用同样的规则尤其是解雇保护规则，可能对其经营管理造成较大负担。第三，劳动法的许多一般规则是针对具备一定规模的用人单位制定的，难以适用于小企业。例如，有关解雇保护及劳动合同解除的规则由于小企业工作岗位少、调整雇员岗位和培训雇员的能力弱，且往往缺乏内容全面、规范的规章制度，小企业有效履行现有劳动合同解除规则的义务难度较大。[2]特别是，我国劳动法对数量庞大的个体工商户和企业也不作区别对待，而个体工商户的规模、实力以及经营与用工形式和一般企业有显著不同，这种做法的缺陷也是显而易见的。截至 2013 年底，全国各类企业总数为 1527.84 万户。其中，小型微型企业 1169.87 万户，占到企业总数的 76.57%。如果将 4436.29 万户个体工商户纳入统计后，小型微型企业所占

---

[1] 都阳：《"十三五"时期就业发展战略研究》，载蔡昉、张车伟主编《中国人口与劳动问题报告 NO.16："十二五"回顾与"十三五"展望》，社会科学文献出版社，2015，第 178—179 页。

[2] 《劳动合同法》第 39 条第 2 款、第 40 条第 2 款。

比重达到94.15%。① 小企业在经济生活中的比重不容忽视。因此，如何根据小企业（包括个体工商户）的特点，给予小企业在劳动法上更大的灵活性，提高劳动法规则对小企业的适用性，促进劳动法的实施，也是当前劳动法面临的一个巨大挑战。

综上，现行劳动法"一体适用、同等对待"的调整模式不仅在理论上存在重大缺陷，也给劳动立法和实践带来诸多问题，导致劳动法覆盖范围受限，劳动者权利义务配置僵化，不合理、不同用人单位的个性诉求受到抑制，影响了劳动法的实施。因此，现行的一体调整模式应向分类调整和区别对待的模式转变。这种模式的转变具有深刻的背景和原因，需要更新立法理念与立法技术，并通过科学的原则和方法，以及具体制度的建构加以实现。

二 劳动关系法律调整模式转变的背景和原因

（一）用工形式的多样化

随着经济的发展，新的用工形式不断出现，尤其是非正规就业十分流行。在许多低收入国家，非正规就业广泛存在甚至在用工形式中占据主导地位。根据国际劳工组织的数据，非正规就业在非农就业中占重要比例，从南非的33%到撒哈拉以南非洲马里的82%；在南亚和东亚的大部分地区，非正规就业的比例超过60%。在中国，根据6个地区的数据测算，非正规就业的比例约为33%。农业部门非正规就业的比例甚至更高。② 而非正规就业在很大程度上仍然游离于劳动和社会保护制度之外。不仅在发展中国家，发达国家也是如此。根据日本厚生劳动省2004年发表的《关于2003年就业形态多样化综合实态调查结果》，从2003年就业形态的劳动者比例来看，正式职工占65.4%，非正式职工占34.6%，其中非全日制工占

---

① 国家工商总局全国小型微型企业发展报告课题组：《全国小型微型企业发展情况报告（摘要）》，参见国家工商总局网站 http://www.saic.gov.cn/zwgk/tjzl/zxtjzl/xxzx/201403/t20140331_143497.html，访问时间：2016年3月7日。
② International Labor Organization (ILO), "World of Work Report 2014: Developing with jobs," 2014, p. 97, http://www.ilo.org/wcmsp5/groups/public/—dgreports/—dcomm/documents/publication/wcms_243961.pdf.

全部职工数的23%，占非正式职工的66.7%。① 用工形式的多样化以及各种灵活就业形式的出现，使劳动关系更为复杂，涌现出更多不同类型的"雇员"。例如，即便在以传统的终身雇佣制为主要特征的日本，其非正式的（non‐regular）用工形式也日益丰富，包括非全日制工、日工、派遣工、合同工、短期工等。② 在作为英美法系国家典型代表的英国，在过去50年里，劳动力结构发生了变化，由全职雇佣工作是劳动力市场核心的模式转向新的多元模式，即兼职工、临时工作和家庭工作广泛存在，自营的人数以及处于受雇与自营之间模糊状态的人数日益增多。③ 新的用工形式在雇主和雇员之间关系、工作时间、地点和方式等方面与传统的用工形式有显著不同，不同就业群体对法律规则的需求也更加多样化，相应的，传统的法律调整方式也面临挑战。

网络技术的发展也对传统法律调整方式提出了新的挑战。在互联网时代，许多公司和从业人员的关系往往通过网络建立，双方关系较为松散，由于公司对从业人员的指挥管理通常也通过网络进行，其"指挥管理"较为隐蔽，从业人员的"从属性"容易被掩盖，加上从业人员享有较高的自由度，双方关系往往难以被认定为劳动关系，从业者也难以受劳动法保护，从而产生了诸多法律纠纷，目前我国发展迅速的"专车司机"群体就是前述现象的典型。④ 这类就业群体显然难以用传统的典型劳动者权利义务规则加以调整和保护。因此，网络技术发展带来的劳动关系复杂性和多样性也迫切要求转变劳动关系法律调整模式，积极应对因网络技术发展而产生的灵活就业方式带来的挑战，为新型灵活就业方式和就业人员提供有别于传统一般规则的适当制度安排。

（二）劳动者（雇员）认定的弹性

用工形式的多样性只是一个表象，从法律实质看，雇员（劳动者）认定的弹性是各类特殊务工群体以及不同类型雇员出现的重要原因。

---

① 田野：《日本〈部分工时劳动法〉的修正——以均等待遇原则为中心》，《日本问题研究》2013年第4期。
② Tadashi A., "Hanami and Fumito Komiya," *Labour Law in Japan*, Wolters Kluwer, 2011, p. 71.
③〔英〕史蒂芬·哈迪：《英国劳动法与劳资关系》，陈融译，商务印书馆，2012，第90页。
④ 参见王阳、彭博《专车运营下的劳动用工法律分析》，《中国劳动》2015年第9期。

通常认为，从属性是劳动法所调整的劳动关系以及保护对象——劳动者（雇员）的基本特征。史尚宽先生认为："劳动法（亦称劳工法）上之劳动契约谓当事人之一方对于他方在从属的关系，提供其职业上之劳动力，而他方给付报酬之契约乃为特种之雇佣契约，可称为从属的雇佣契约。"① 根据该定义，劳动契约的本质属性在于雇员的从属性。国外对劳动关系以及雇员性质和地位的认识也大体一致。例如，德国学者认为，"雇员是指基于私人合同，处于'人身从属'关系中，而有义务为他人工作的人"，"这一准则的核心要素是人身从属性"。② 英国的劳动上诉法庭也指出："雇员之所以被认为需要劳动法保护的原因在于他们和雇主相比处于从属和依赖的地位。"③ 我国在劳动法、劳动合同法等重要法律中，并没有涉及劳动关系的定义和判断标准。不过，从行政部门的文件可知，我国基本上也采纳"从属性"的理论及其相应的判断标准。④ 可见，雇员的从属地位是劳动关系的应有之义。倘若不存在从属性，双方建立的便是一般的民事合同关系，双方关系适用合同法或民法规则即可，无须劳动法予以特殊调整和保护。

从属性作为雇员和劳动关系的基本属性几乎没有争议，然而如何判断从属性则较为困难。从不同国家和地区的实践和理论看，从属性主要包含人格从属性、经济从属性和组织从属性三项内容。而人格从属性、经济从属性和组织从属性都是弹性极大的概念，尤其是经济从属性的判断标准也存在争议。⑤ 因此，实践中，从属性的判断并不容易，需要综合考虑各种复杂因素。例如，在英国，早期的判决强调劳动关系中的命令和服从因素，由此确立的标准以雇主对工作完成方式的控制为基础。但是上诉法院拒绝认为单独的标准就是基本标准。于是，在任何案件中，所有因素都必须考察，包括控制的程度，遭受损失的风险以及获利的概率，设备的提

---

① 史尚宽：《债法各论》，中国政法大学出版社，2000，第294页。
② Manfred Weiss and Marlene Schmidt, *Labour Law and Industrial Relations in Germany*, Kluwer Law International, 2008, p. 45.
③ A. C. L. Davies, *Perspectives on Labour Law*, Cambridge University Press, 2004, p. 88.
④ 我国原劳动和社会保障部于2005年颁布《关于确立劳动关系有关事项的通知》，明确了劳动关系判断的基本方法。通知主要采用从属性理论，劳动者必须具备人格从属性和组织从属性等因素。
⑤ 黄越钦：《劳动法新论》（修订三版），翰芦图书出版有限公司，2006，第123页。

供，纳税的方式以及国家保险的支付和当事人的意图等。[1]

由于从属性是一个综合而弹性的概念，包含诸多因素，因此一些雇佣关系是否具有从属性不易判断，劳动关系和雇佣、承揽、委任等民事关系也非泾渭分明。[2] 一些主体可能具备从属性的某些因素，但不具备从属性的所有因素。同时，从属性也存在强弱的程度问题，在符合从属性标准的雇员中，因地位和职责不同，不同雇员从属性程度也不相同。现实中许多从表象上看是新兴的灵活就业方式，从实质上看，其从属性往往与经典劳动关系不同。例如家政工、家庭工作者、"专车"司机等。由于劳动法的初衷在于为具有从属性的雇员提供保护，因此，对于不完全具备从属性的主体，以及虽具备从属性但从属程度不同的雇员自然有必要加以区别对待，而不应简单适用同样的规则。

（三）劳动权利的系统性和层次性

随着经济社会发展以及人权保障的不断推进，劳动法的体系日益复杂，劳动者的权利内容不断增多，劳动者权利日益成为内容丰富多样的"权利群"或"权利体系"。有学者从宪法角度，将劳动权的内容概括为十个方面。[3] 还有学者指出，劳动权是一个复合的权利，主要由个体劳动权和集体劳动权组成，个体劳动权还可以分为就业前、就业中和失业后三个阶段享有的权利。[4] 从我国《劳动法》的内容看，劳动者享有平等就业和选择职业的权利、取得劳动报酬的权利、休息休假的权利、获得劳动安全卫生保护的权利、接受职业技能培训的权利、享受社会保险和福利的权利、提请劳动争议处理的权利以及法律规定的其他劳动权利（第3条），参加和组织工会、民主管理以及集体协商的权利（第7、8条）。从国际和国外经验看，劳动法体系和劳动权的内容也日益膨胀，权利内容复杂多

---

[1] 〔英〕史蒂芬·哈迪：《英国劳动法与劳资关系》，陈融译，商务印书馆，2012，第90—92页。

[2] 郭玲慧：《劳动契约法论》，三民书局，2011，第23—30页。

[3] 这十个方面的权利包括：工作权，休息权，获得报酬权，劳动环境和劳动保护，同工同酬、提职和晋升，职业训练权，结社权、谈判权和罢工权，禁止童工，社会保险、社会福利与社会救助，知情权和协商权。参见郑贤君、韩冬冬《论宪法上的劳动权》，《金陵法律评论》2009年春季卷，第55—59页。

[4] 王锴：《论我国宪法上的劳动权与劳动义务》，《法学家》2008年第4期。

样。以国际劳工组织（ILO）为例，迄今其已通过有关劳动标准的公约189个，内容涉及十多个主题，足见劳动标准以及劳动权利内容的丰富多样。[1] 国际劳工组织还出台劳动标准建议书204个。这些公约和建议书涉及劳工各方面的权利以及不同群体。具体到国别，以法国为例，法国在民法之外，将主要的劳动法律和法规汇编在《劳动法典》中，法典的内容涉及8个方面，即个人劳动关系，集体劳动关系，工时、工资、分享与参与，劳动安全卫生，就业，终身职业培训，某些职业的特别规定，劳动法的监督检查，条款数量达9964条，[2] 足见法国劳动法内容及体系之庞杂。从上可见，随着劳动法调整的精细化，劳动法体系日益扩大，劳动者权利体系也不断膨胀。在此背景下，不同类型劳动者享有的权利自然可以有所差别，不同类型劳动者对应的雇主的义务也应有所差别。质言之，劳动者权利体系的扩张和权利内容的多样性为劳动者的分类调整奠定了基础。

同时，在劳动标准和劳动者权利体系内部，也存在一定的层次性，这也对劳动法的调整方式产生影响。例如，许多国家都在宪法中规定了劳动基本权。以日本为例，日本《宪法》第27、28条直接并且明示确立劳动法基本体系和劳动基本权。[3] 我国《宪法》第42、43条也规定了公民和劳动者的劳动权利。[4] 宪法规定的这些权利应当受到严格保护，并且劳动者应普遍享有。[5] 国际上也是如此，国际劳工组织将其制定的8个公约确立为基本公约，[6] 这些公约所覆盖的主题被认为是工作中的基本原则和权利，包括：自由结社和对集体协商权利的有效承认，消除各种形式的强迫劳

---

[1] 参见 http://www.ilo.org/dyn/normlex/en/f? p = 1000：12000：1541817585378420：：：：P12000_INSTRUMENT_SORT：2，访问时间：2016年12月15日。
[2] 郑爱青：《法国劳动合同法概要》，光明日报出版社，2010年，第3页。
[3] 田思路、贾秀芬：《日本劳动法研究》，中国社会科学出版社，2013，第12—15页。
[4] 我国《宪法》第42条规定，"中华人民共和国公民有劳动的权利和义务。国家通过各种途径，创造劳动就业条件，加强劳动保护，改善劳动条件，并在发展生产的基础上，提高劳动报酬和福利待遇。劳动是一切有劳动能力的公民的光荣职责。国有企业和城乡集体经济组织的劳动者都应当以国家主人翁的态度对待自己的劳动。国家提倡社会主义劳动竞赛，奖励劳动模范和先进工作者。国家提倡公民从事义务劳动。国家对就业前的公民进行必要的劳动就业训练。"第43条规定，"中华人民共和国劳动者有休息的权利。国家发展劳动者休息和休养的设施，规定职工的工作时间和休假制度"。
[5] 何为"劳动基本权"，各国规定和理解不一，我国宪法的规定并不完整，值得进一步研究。
[6] 这8个公约包括国际劳工组织第87、98、29、105、138、182、100、111号公约。

动,童工的有效废除,有关就业和职业歧视的消除。① 这些公约包含的权利被认为是基本权利,应受普遍保护,劳动者也应普遍享有。

从上可知,无论是国内法还是国际劳动标准,由于劳动权利日益复杂和丰富,需要通过宪法和其他方式确立基本或核心劳动权利,这些权利应该得到更加严格的保护,享受此类权利的主体应该更加广泛。对于基本或核心权利之外的权利,可根据雇员的特殊性或者雇主的特殊性,进行更灵活的处理,给予不同群体不同待遇。换言之,劳动权利的丰富性和层次性为雇员分类调整和区别对待提供了可能。

(四) 分类调整模式已被许多国家采纳

对雇员实行"分类调整、区别对待"不仅在理论上是必要的,也被许多国家采纳,并体现在其立法当中。意大利、瑞士、德国、英国、日本和荷兰等国,通过民法典或债法典以及其他制度安排,贯彻"分类调整、区别对待"的原则,其中最为典型的是意大利民法典和瑞士债法有关雇佣和劳动的规定。

《意大利民法典》(1942年)第五编"劳动"前4章有关雇佣和劳动的规定充分体现了分类调整和区别对待的理念和做法。意大利民法典不仅从雇员"从属性"的角度,将雇佣和劳动关系分为经典的劳动关系、传统的雇佣关系以及特殊的劳动关系并给予区别对待;还从雇主角度,根据不同标准,将企业分为"一般企业"和"农业企业"、"企业主"和"小企业主",并加以区别对待;同时,还考虑到特定群体的特殊性,直接在民法典中规定"实习生"、"家政工"等特殊群体的规则。② 《意大利民法典》之所以具有独特体例,将劳动独立成编,并且显示出了很高的立法技术,原因在于其制定年代相比法国民法典、德国民法典晚,劳动立法的理念和技术已更加成熟,且意大利民法典是一部对民法社会化有突出贡献的民法典,对民法与劳动法关系作出了有关键意义的创新。③

---

① 参见 http://www.ilo.org/global/standards/introduction-to-international-labour-standards/conventions-and-recommendations/lang—en/index.htm,访问时间:2016年12月15日。
② 《意大利民法典》,第2094、2130—2134、2222、2239、2240—2246条,费安玲等译,中国政法大学出版社,2004年,第490、499—500、519、523—524页。
③ 粟瑜、王全兴:《〈意大利民法典〉劳动编及其启示》,《法学》2015年第10期。

瑞士债法也体现了"分类调整、区别对待"的理念，对特殊雇员提供有别于一般雇员的特殊规则。瑞士在1911年规定了雇佣合同。1971年瑞士债法进行了重大修正，将其原规定的"雇佣合同"改为"劳动合同"。[①] "劳动合同"规则区分个体劳动合同，即一般劳动合同和特殊劳动合同，后者包括学徒合同、商业推销者合同、家庭工作合同（homeworker's contract），立法对学徒、推销者、家庭工作者等特殊群体建立的劳动关系进行特别规定。

欧陆学者一般认为，欧陆民法典中，法国、德国、瑞士和意大利分别代表了四种典型模式，[②] 意大利民法典和瑞士债法中关于劳动法的立法模式无疑具有代表性和典型意义。由于意大利民法典制定和瑞士债法修订的年代为20世纪中下叶，当时劳动关系发育已较为成熟，因此，立法者更能清楚认识到劳动关系的复杂性和差异性，对劳动关系的调整也更加精细化，从雇主和雇员两个角度，为不同类型或特殊的雇员以及不同类型雇主的雇员提供了不同规则。欧陆其他一些国家由于民法典制定的年代较早，对劳动关系的规定相对简单，于是采取在民法典之外或者一般劳动法之外，针对特定类型劳动者，例如家政工、家庭工作者等进行专门立法，这种做法与意大利和瑞士是殊途同归。可见，对劳动者进行类型化处理是劳动法因应劳动关系发展的必然结果，也是许多国家劳动法调整方式不断发展完善的普遍做法。当然，虽然许多国家的劳动立法和实践均体现了"分类调整、区别对待"的理念，但各国如何科学、系统地体现这一理念和原则，仍需不断探索。

（五）我国劳动关系法律调整模式转变已具备条件

劳动关系法律调整模式的转变有赖于各方面条件，其中最重要者包括两方面：一是劳动关系的发达以及劳动关系的多样性，二是劳动法律框架的建立。具体而言，只有劳动力市场发育较为成熟，劳动关系复杂多样，劳动关系实行分类调整才有客观的基础；同时，只有当调整劳动关系的法

[①] 黄越钦：《从雇佣契约到劳动契约》，《政大法学评论》第24期（1981年）。

[②] 〔匈〕伽波·汉扎：《民法典编纂的历史回顾及其在匈牙利的最新发展》，载张礼洪、高富平等主编《民法法典化、解法典化和反法典化》，中国政法大学出版社，2008，第255页。

律框架已经建立,劳动者的权利得到法律的认可和保护,劳动关系法律调整向类型化、精细化的模式转变才有法治的基础。

从劳动关系看,改革开放以来,我国劳动力市场发展迅速,劳动力市场规模不断扩大,而且劳动关系的结构和类型日益复杂。《中共中央国务院关于构建和谐劳动关系的意见》(2015年3月21日)指出,"我国正处于经济社会转型时期,劳动关系的主体及其利益诉求越来越多元化"。截至2014年末,全国就业人员中,第一产业就业人员占29.5%;第二产业就业人员占29.9%;第三产业就业人员占40.6%。2014年全国农民工总量达到27395万人。而且,我国非正规就业的比重也日益增多,根据学者2008年的一项研究,被调查者中非正规就业数量占全部非农就业人数的49.8%。[1] 同时,随着网络技术的发展,我国灵活就业的形式和人数也不断增多。2015年,人力资源和社会保障部部长尹蔚民指出:"从就业形式看,就业渠道更加多元,就业形式更加灵活,特别是伴随着电子商务的迅速发展,带动了网络就业创业,新业态、新模式就业不断扩大。"[2] 调研报告显示,截至2014年底,全国网店直接带动就业人数累计逾1000万,其中大学生创业的网店带动就业人数约为618万。[3] 而网店的业主和劳动者往往兼具自雇人和劳动者的双重属性,全职和兼职皆有,用工形式极为灵活。可见,劳动力市场的发育,以及就业人员的多样性,使劳动关系的类型化法律调整不仅变得可能而且必要。

值得关注的是,我国中央政府大力推行"大众创业、万众创新"战略并出台了大量具体政策,一方面促进经济增长和就业增加,另一方面也使劳动关系更为复杂多样。例如,为了加强就业创业,2015年人社部和财政部就联合出台了《企业新型学徒制试点工作方案》,[4] 该方案中"新型学徒"与企业建立的劳动关系与一般劳动关系有何异同,"学徒"和典型"劳动者"是否存在差异,都对我国现有劳动关系一体调整模式提出了现

---

[1] 李培林等:《当代中国民生》,社会科学文献出版社,2010,第59页。
[2] 《尹蔚民部长介绍"十二五"以来就业和社会保障工作成就》,央视网,http://news.cntv.cn/zhibo/tuwen/sewldbz/index.shtml,访问时间:2016年1月3日。
[3] 《大学生网店创业带动就业618万人》,《人民日报》2015年7月28日,http://edu.people.com.cn/n/2015/0728/c1006-27369405.html,访问时间:2016年11月4日。
[4] 人社部办公厅、财政部办公厅:《关于开展企业新型学徒制试点工作的通知》,人社厅发〔2015〕127号,2015年7月24日。

实的挑战。因此,一方面我国劳动关系的复杂化和多样性,使现有劳动关系法律调整模式转变具备了客观条件,另一方面,通过劳动关系法律调整模式的转变,才能保护各类灵活就业人员,促进各类灵活就业形式的发展,为"大众创业、万众创新"提供有力的劳动法支撑。

从劳动法治角度看,随着《劳动法》、《劳动合同法》等一系列劳动法律的颁布,我国在立法上已经全面规定了劳动者的权利,一般劳动者各方面的权利在法律上已有依据。虽然目前劳动法的体系还不完善,劳动法的配套法律法规还不健全,劳动者的部分权利还难以落实,但劳动关系法律调整模式向类型化、精细化、灵活化方向的发展已具备了初步的法治基础。通过劳动关系法律调整模式的转变,对雇员和雇主的权利义务进行类型化处理,才能进一步促进劳动法治的完善。

三 劳动关系法律调整模式转变与立法理念和立法技术的更新

(一) 立法理念的更新

上述分析表明,劳动关系复杂多样,"劳动者"群体类型繁多,彼此存在差异。这对如何认识劳动者的地位以及劳动关系法律调整的理论基础提出了新的要求。从理论渊源看,劳动法的产生以及制度建构是建立在雇主的强势地位以及劳动者弱势地位的经典理论之上的。19世纪末和20世纪初,在法律上,劳动合同的缔结和内容取决于自由合意,但事实上,雇主相对于劳动者在经济上的优势地位导致劳动条件在很大程度上由雇主单方决定,[①] 这一现象导致了劳动法的出现和发展。时至今日,劳动法学者仍然将劳动者是弱者作为劳动法存在的理论基础。诚如有学者指出的,"从社会化的角度出发,劳动者就是弱者,劳动法必须突破民法视域下雇佣契约平等保护的做法,进而实现单方面倾斜性保护劳动者的神圣使命。"[②] 国外学者也认为,劳动法的"主要目的在于保护劳资关系中处于弱

[①] 〔德〕雷蒙德·瓦尔特曼:《德国劳动法》,沈建峰译,法律出版社,2014,第43—44页。
[②] 黎建飞:《从雇佣契约到劳动契约的法理和制度变迁》,《中国法学》2012年第3期。

势地位的工人权利"。[①] 将劳动者视为相对于雇主的弱者,并将保护劳动者作为劳动法的基本使命是正确的。相比雇主,雇员在求职阶段面临信息不对称,在工作过程中受制于雇主的指挥和支配,雇员的工作对雇主和雇员的影响存在差异;且作为个体的雇员和组织化的雇主相比,在各方面均处于不利地位。

但是,劳动关系的复杂性以及劳动者类型的多样性,要求我们认识到劳动者这一弱势群体内部依然存在不同类型的劳动者。他们虽然都是"弱势群体"的成员,但相对于对应雇主的"强弱"程度不同,甚至在"弱势群体"中也存在像公司高管这样的"强势"劳动者。美国学者 Paul Weiler 教授指出,"具有讽刺意味的是,法官创设的保护那些在劳动力市场上貌似无法保护自己的雇员的法律规则,实践的结果却是向上层(upper level)雇员输送了市场上大多数的福利。"[②] 可见,并非所有劳动者都是"弱者",强弱是相对而具体的,应视具体场景而定。因此,劳动者这一广泛的群体并非铁板一块,对劳动关系的法律调整不应简单化、一刀切。在劳动者群体内部,有必要进行类型化,区分一般雇员和其他类型雇员,并进行相应分层,认清不同层次和不同类型劳动者和雇主的关系和彼此地位。同时,劳动者群体内部的强弱之别,以及雇主群体自身的多样性,也意味着雇主在许多方面可能不具备"强势"地位,或者其"强势"程度存在差异,也应考虑雇主的合理诉求。例如,理论上,家政工是非常脆弱的群体,但在中国现实中,不少案例的事实是家政工侵害其受雇的家庭或个人的权利,因此,对家政工不仅应赋予其应有的权利,也应当严格设定其义务和责任,并合理配置家政工雇主的义务和责任。

近年来,随着劳动力市场的发展,许多国家和地区都提出了劳动法应追求灵活与安全的双重目标,且二者不可偏废。在德国,从一开始,在劳动法中就涉及有利于企业的弹性与有利于雇员的安全之间"恰当"的平衡,在当代人们称为"灵活兼安全"(flexicurity)。2007 年欧盟委员会发

---

① 〔意〕T. 特雷乌:《意大利劳动法与劳资关系》,刘艺工、刘吉明译,商务印书馆,2012年,第 12 页。
② Paul C. Weiler, *Governing the Workplace: the Future of Labor and Employment Law*, Harvard University Press, 1993, p.159.

布《应对21世纪挑战的现代劳动法》，提出将灵活与安全相结合的理念。[①]《中共中央国务院关于构建和谐劳动关系的意见》也明确指出，"坚持共建共享。统筹处理好促进企业发展和维护职工权益的关系。"只有协调好灵活与安全，才能实现雇主和雇员的合作双赢。这一理念不仅要求合理配置一般企业和一般雇员的权利义务，既照顾企业灵活性的需求，也考虑雇员安全性的诉求。同时，这一理念也应体现在对不同层次、不同类型劳动者的立法上，以提高劳动法的灵活性。例如，英国从20世纪70年代末开始了增强劳动力市场灵活性和去管制化的改革，其中的一项内容就是减少对特定群体的法律保护，特别是针对年轻劳动者以及低收入者。[②] 针对特定群体进行劳动立法或改革，不仅针对性强，而且可以避免波及所有雇员，立法、改革难度更小，操作性更强。概言之，劳动者是弱势群体的命题本身无误，但对此命题不能简单理解与运用，劳动者"弱势"的程度及如何保护，需要区别不同类型的劳动者，在此基础上合理设定劳动者和雇主的权利义务，这是劳动关系法律调整模式转变应有的立法理念。

（二）立法技术的更新

劳动关系法律调整模式的转变，不仅需要更新立法理念，也需要提升立法技术，完善劳动立法的内容结构和外部形式。从我国劳动立法实践看，目前，我国劳动用工领域仅有4部实体性法律，即《劳动法》（1994）、《劳动合同法》（2007）、《就业促进法》（2007）和《工会法》（2009年修订）。我国劳动法律数量极少，一方面与我国实行市场经济体制时间较短、劳动力市场发达程度不高有关，另一方面也与我国的立法理念和法律调整模式落后不无关系。由于缺乏对劳动者群体内部差异性和类型多样性的考虑，我国在劳动立法上都针对所有劳动者，希望通过综合性的覆盖所有劳动者的立法调整劳动关系。这种针对所有劳动者进行立法的模式显然已无法适应劳动关系复杂化和劳动者主体多样性的需求了。从国外看，许多国家早已冲破针对所有劳动者进行立法的传统套路，而是针对特定群体、特定对象进行大量专门立法。例如，日本除了综合性的《劳动基

[①] 〔德〕雷蒙德·瓦尔特曼：《德国劳动法》，沈建峰译，法律出版社，2014，第40页。
[②] Simon Deakin and Gillian S. Morris, *Labour Law* (*Fourth Edition*), Hart Publishing, Oxford and Portland, Oregon, 2005, p. 33.

准法》、《劳动契约法》外，还针对特定对象制定了《船员法》、《家内劳动法》、《短时间劳动法》、《高龄者雇用安定法》、《劳动者派遣法》等。德国也是如此，除了大量的针对一般劳动者的立法，德国还针对特定群体和对象制定了《老年人非全日制法》、《劳务派遣规制法》、《家庭劳动法》、《青少年劳动者保护法》、《非全日制以及有期限劳动合同法》等。因此，我国应该打破传统的立法思维定式，在《劳动法》、《劳动合同法》等综合性、一般性法律已出台后，应从传统的"大而全"向"小而精"的立法思路转变，针对特定主体制定专门的法律，以适应劳动关系精细化调整的需要，增强劳动法的灵活性和针对性。

推而广之，除了应针对不同类型劳动者和不同主体制定专门劳动法律外，我国在劳动法的立法内容上也应从"内容全面"向针对特定内容和事项进行立法转变。针对特定事项进行专门立法也是国外立法早已形成的潮流。例如，德国劳动立法体系主要包括劳动关系法、劳动保护法和集体劳动法。劳动关系法包括《解雇保护法》、《非全日制及固定期限劳动合同法》、《工资继续支付法》、《联邦休假法》、《一般平等对待法》等[1]。劳动保护法主要体现了国家对劳动者的强制保护，包括技术性劳动保护（危险保护）、劳动时间和劳动合同保护的立法。[2] 主要立法包括《劳动保护法》、《劳动时间法》、《青少年劳动者保护法》、《最低劳动条件法》、《最低工资法》、《母亲保护法》、《生产安全法》等。集体劳动法包括《团体协议法》、《工厂组织法》、《参与决定法》等。日本则形成了劳动市场法、雇佣关系法和劳资关系法三大劳动法体系，包括数十部法律，内容涉及不同类型主体和广泛领域。[3] 国外劳动立法体系对我国不无启发意义。尽管2011年我国宣布中国特色社会主义法律体系已经形成，但劳动法如何构建自身体系仍是一个需要长期努力的任务。由于我国实践对劳动关系和劳动

---

[1] 〔德〕雷蒙德·瓦尔特曼：《德国劳动法》，沈建峰译，法律出版社，2014，第21页。
[2] 〔德〕雷蒙德·瓦尔特曼：《德国劳动法》，沈建峰译，法律出版社，2014，第337页。
[3] 劳动市场法包括《职业安定法》、《船员职业安定法》、《劳动者派遣法》、《职业能力开发促进法》、《雇用对策法》、《雇用保险法》等，雇佣关系法包括《劳动基准法》、《劳动契约法》、《最低工资法》、《工资确保法》、《劳动安全卫生法》、《尘肺法》、《船员法》、《家内劳动法》、《短时间工作法》、《劳动者灾害补偿保险法》、《劳动时间缩短促进法》、《男女雇用机会均等法》、《高龄者雇用安定法》、《劳动者派遣法》，劳资关系法包括《劳动组合法》、《劳动关系调整法》、《罢工规制法》等。参见田思路、贾秀芬《日本劳动法研究》，中国社会科学出版社，2013，第10—11页。

保护需求较大，且有关劳动市场法可归入劳动关系法或劳动保护法之中，加上集体劳动法是劳动法不可或缺的组成部分，我国宜借鉴德国的劳动法体系，通过加强针对特定事项或特定内容的立法，努力构建包括劳动关系法、劳动保护法和集体劳动法在内的劳动法律体系。这既是劳动关系法律调整模式转变的重要内容，也是构建中国特色劳动法律体系，完善中国特色社会主义法律体系的重要课题。

四 对劳动者实行"分类调整、区别对待"的标准

在劳动立法理念和立法技术更新的基础上，我国必须通过科学的标准和方法，实现劳动关系调整模式的转变。由于劳动关系是劳动者和用人单位之间的关系，因此，可以从劳动者和用人单位两个角度寻求相应的标准和方法。

（一）劳动者角度：以"从属性"为主要标准

尽管劳动者（雇员）的判断因素复杂丰富，但从大部分国家的理论和实践看，"从属性"仍是其基本标准。从属性的强弱必然导致雇员地位、职责以及雇员和雇主之间关系的差异，而劳动法规则主要建立在雇员从属性基础之上，以从属性为标准对雇员进行类型化和区别对待，建构相应的制度规则，最符合劳动法的本质和目标。

欧洲许多国家也主要根据雇员从属性的差异，对雇员进行分类调整。例如，在德国，自雇人（self-employed）被完全排除在劳动法之外，而雇员则可受劳动法的完全保护，这种一分为二的做法难以令人满意。因此，第三种类型的主体——"类似雇员的人（employee-likeperson）"被引入劳动法理论，"类似雇员的人"指那些虽然是自雇人，但其经济地位却更像雇员而不是自雇人的群体。其主要特征是经济依赖性，而人格从属性和组织从属性较弱。① 英国使用"准依赖劳动者（quasi-dependent labor）"的概念，来指代那些具备一定从属性却又不完全符合经典雇员从属性的群

---

① Manfred Weiss and Marlene Schmidt, *Labour Law and Industrial Relations in Germany*, Kluwer Law International, 2008, p. 47.

体。这类群体包括学徒和受训者、在经济上依赖于其他商业组织的自雇工人、家庭工作者以及派遣工。这些群体因其不完全具备经典雇员的从属性，只受到劳动法的部分保护，并不完全适用劳动法的所有规则。[①] 可见，以从属性作为标准，根据从属性的强弱和其他特征对雇员进行区别对待是一个普遍做法。

对雇员进行类型化和区别对待可以从不同角度，采取不同标准。从属性主要依据雇员和雇主的实质关系以及雇员的地位，从雇员的其他特征或雇员和雇主的法律关系也可以对雇员进行分类调整。例如，从雇员的生理特征和自然因素角度，可以将雇员分为一般雇员，以及未成年、女性、高龄、残疾雇员等，并分别构建针对前述特定劳动者的特别保护规则。又如，从法律关系角度看，可以将雇员分为单一雇主的雇员以及存在多种法律关系的雇员，后者包括存在派遣单位和用工单位的派遣工、同时受雇于多个雇主的非全日制工等，对后者给予特别关注尤其是明确不同雇主的责任很有必要。再如，从合同期限看，可以将雇员分为固定期限雇员和无固定期限雇员，并在适用范围以及解雇规则上给予区别对待。[②] 根据上述标准对雇员进行类型化，并建立相应规则都是必要和可行的。需要指出的是，上述类型化标准由于其外在特征明显，例如，生理因素、雇主数量、合同期限容易被立法者和外界识别，加上我国劳动法从总体上已根据这些标准建立了相应的制度安排，例如我国已针对未成年、女性、残疾劳动者建立了特殊制度安排，为派遣工和非全日制工也提供了特殊规则，在立法上也根据合同期限对合同类型作了划分，因此，本文对以此类标准对雇员进行类型化的处理就不再赘述了。

值得注意的是，对雇员进行类型化以及区别对待应建立在科学的标准以及正确的法理基础上，不当的分类和差别对待，不仅在法理上是有缺陷的，在制度实践上也是有害的。目前我国对非全日制工的制度安排就存在明显缺陷。

[①] Simon Deakin and Gillian S. Morris, *Labour Law (Fourth Edition)*, Hart Publishing, Oxford and Portland, Oregon, 2005, pp. 161 – 162.
[②] 我国《劳动合同法》虽然将劳动合同区分为固定期限合同、无固定期限合同和以完成一定工作任务为期限的劳动合同，但在规则设计上未体现足够的差异性，参见《劳动合同法》第12条。

在全球范围内，随着经济社会的发展，非全日制工作为一种相对灵活的就业形式，就业人数不断增加。例如，根据日本厚生劳动省2007年1月公布的《部分工时劳工的现状》，2005年部分工时劳工的人数达到非农业受雇劳工的24%，而且女性受雇者中，部分工时劳工比例达40%，男性受雇者为12%。[①] 同时，非全日制工经常面临同工不同酬的不利待遇以及其他福利上的不利待遇。[②] 在荷兰，就业女性中75%从事非全日制工作，每周工作时间在20—35小时之间。[③] 因此，非全日制工的法律保护十分重要。从性质上看，非全日制工与全日制工在从属性上并无不同之处，其特殊仅在于工作时间。因此，在理论上，劳动法的规则应该适用于非全日制工。日本有学者指出，与一般的工人一样，非全日制工受到所有劳动法的调整，除了一些针对特定事项的特殊规定，比如，有关劳动保险、医疗保险、养老保险和所得税。[④] 这主要是因为非全日制工可能存在多个雇主，涉及雇主在社会保险缴费上的责任分担，因此，相关的特殊规则主要体现在社会保险和税收制度中，劳动法一般规则适用于非全日制工在理论上并无障碍。

反观我国立法，《劳动合同法》对非全日制工作了非常特殊的规定，排除部分重要的劳动法规则的适用。其主要规定，一是"非全日制用工双方当事人可以订立口头协议"（第69条）；二是排除解雇保护规则的适用，"非全日制用工双方当事人任何一方都可以随时通知对方终止用工。终止用工，用人单位不向劳动者支付经济补偿"（第71条）。解雇保护，即雇主解雇雇员需具备正当事由并遵守正当程序，是劳动法的核心内容之一，也是保护劳动者的有力措施，非全日制工的雇主可以随时解雇雇员，将使非全日制工处于非常不利的状态。更重要的是，我国关于非全日制工的立法与应然的立法精神和理念——平等待遇相违背。在保障人权的宪法规定

---

① 田野：《日本〈部分工时劳动法〉的修正——以均等待遇原则为中心》，《日本问题研究》2013年第4期。
② Takashi Araki, *Labor and Employment Law in Japan*, the Japan Institute of Labor, 2002, p.37.
③ 谢增毅：《荷兰妇女劳动权的法律保护：经验、挑战及其借鉴意义》，载李西霞等主编《妇女社会权利的保护：国际法和国内法视角》（下），社会科学文献出版社，2013，第838页。
④ Takashi Araki, *Labor and Employment Law in Japan*, the Japan Institute of Labor, 2002, p.38.

下，我国劳动立法的基本理念应该是平等保护，逐步消除、限制劳动实践中种种不合理的差别待遇现象，进一步强化平等待遇的原则。非全日制工的立法宗旨和基本原则应是平等待遇，而不是要排除劳动法某些规则的适用，减少对其保护。我国关于非全日制用工的规则不仅在理论上站不住脚，在实践上对非全日制工的保护也不利。

因此，对雇员的类型化应抓住雇员的从属性这一核心标准，对于那些虽然存在一定特殊性，但在从属性上没有特殊性的雇员不应轻易进行特殊处理，更不应轻易减少劳动法规则的适用，以免造成对其歧视，损害此类型雇员的正当利益。

（二）用人单位角度：不同规模企业劳动者的差别待遇

雇主和雇员同为劳动关系的主体，雇员权利的实现有赖于雇主义务的设定和履行，不同类型雇主特征和相应的履行义务能力存在差异，不可能不对相对应的雇员权利及其保护产生影响，因此，对不同类型雇主相对应的雇员进行区别对待也是雇员分类调整和区别对待的应有之义。2014年国务院《关于扶持小型微型企业健康发展的意见》就规定了若干关于小微企业在劳动社会保障方面的优惠待遇。[①] 可见，对小企业以及相对应的雇员实行特殊的劳动法规则，不仅具有理论上的必要性，也有现实可行性。《中共中央国务院关于构建和谐劳动关系的意见》也指出，加大对中小企业政策扶持力度，特别是推进扶持小微企业发展的各项政策落实落地，进一步减轻企业负担。

用人单位规模的大小以及劳动者人数的多寡，将直接影响用人单位的用工需求以及人力资源管理能力和方式，并对劳动法规则的适用性产生影响。为此，应该对小企业雇用劳动者的劳动法规则给予特别关注。鉴于小企业的特点以及对用工的特殊需求，我国可以雇员人数作为标准，在劳动法中对小企业实行优惠待遇。这也是许多国家的通行做法。[②] 而且，对小企业实行优惠待遇，对促进就业、小企业发展以及大众创业、万众创新具

[①] 《国务院关于扶持小型微型企业健康发展的意见》（国发〔2014〕52号）指出，"自工商登记注册之日起3年内，对安排残疾人就业未达到规定比例、在职职工总数20人以下（含20人）的小型微型企业，免征残疾人就业保障金"。"对小型微型企业吸纳就业困难人员就业的，按照规定给予社会保险补贴"。

[②] 谢增毅：《劳动法与小企业的优惠待遇》，《法学研究》2010年第2期。

有重要意义。

五 劳动关系法律调整模式转变的制度建构

(一) 制度建构的原则与方法

不管从雇员还是雇主角度，分类调整和区别对待是对雇员进行类型化处理，摒弃传统的劳动法规则"全部适用"或"全不适用"于某类主体的陈旧模式，采取对不同类型雇员或特殊雇员"部分适用"或"变通适用"劳动法一般规则的调整方法。对于特定务工群体，可以只适用劳动法的部分规则而不是所有规则，可以只享有一般劳动者的部分权利而不是所有权利；对于特定群体，也可以改变劳动法的一般规则，通过变通或修改劳动法的一般规则，为此类群体提供特殊规则。从基本权利角度看，宪法规定的公民涉及劳动的基本权利，比如生存权、平等权、人格尊严权等，以及宪法规定的和劳动直接相关的重要权利，诸如劳动的权利、有关劳动保护、工资、工作时间、休息的权利，以及劳动者的团结权、集体谈判权以及集体行动权等应普遍赋予所有劳动者，除此之外的权利则可以根据劳动者的类型和特征进行差异化处理。应考虑特定务工群体的主体特征、工作内容、工作方式、受雇人和雇主的关系、双方意愿、雇主的负担能力以及特定的经济社会政策等设定相应务工群体适当的权利义务，并制定特殊而灵活的规则。

具体而言，根据上述标准，从雇员角度看，应识别出从属性与经典雇员不同的雇员或者类似群体，并提供特殊规则。从实践看，现实中存在两类从属性较弱的务工群体。一类是"类似雇员的人"，其从属性较弱的原因在于雇主对雇员的控制较为薄弱，可谓"弱从属性雇员"；另一类是特殊雇员，其典型代表如公司高管，其从属性较弱的原因在于其在企业中的特殊重要地位和影响，可谓"强势雇员"。这两类群体是实现分类调整、区别对待模式应该重点关注的对象。从雇主角度看，则应找寻小企业的特殊性并为其提供有别于一般企业的劳动法规则。

(二) 类似雇员的人的法律保护

1. 类似雇员的人的特征与保护

如前所述，类似雇员的人的主要特征在于经济依赖性，雇主对其控制、指挥和管理较为宽松。在我国这类群体主要包括家政工、家庭工作者、学徒和实习生等。这些群体之所以从属性较弱，原因各有不同。具体而言，家政工的弱从属性主要因其雇主为家庭或个人而非组织化的企业，工作内容和方式较为灵活；家庭工作者的弱从属性主要是因其工作地点和工作方式，雇主难以对其进行现场的管理和控制；实习生的弱从属性在于其还要接受学校管理，雇主的指挥控制受到限制。

需要注意的是，类似雇员的人因不具备完全的"从属性"，只受到劳动法的部分保护而非全面保护。例如，在德国，相比纯粹的自雇人，类似雇员的人主要受到以下保护：与合同相对方的争议由劳动法院解决；在年度假期和公共假日的最低标准上享受与雇员相同的待遇；工作条件可以受集体协议的调整；享受基于种族或民族出身、性别、宗教或信仰、残疾、年龄和性取向的非歧视保护。[1] 他们并不受有关解雇保护立法的完整保护。以"家庭工作者"为例，立法主要为其提供工资、工作时间、安全以及零碎的有关解雇的保护措施。[2] 在英国，"准依赖劳动者"也只受到劳动法的部分保护。特定的自雇工人，可以受到基本的劳动保障，包括最低工资、工资不得随意扣减、工作时间、安全卫生、反歧视规则等保护。[3] 例如，对于家庭工作者，立法提供了一些法定保护，如要求雇主遵守最低安全要求以及国家最低工资标准等。[4]

2. 我国类似雇员的人的法律保护

我国将劳动法上的雇主限制为"用人单位"，即企业、个体经济组织和民办非企业单位[5]，"个人"不得成为雇主。因此，我国劳动关系和"劳动者"的范围大大缩小；相应地，劳动法的适用范围及保护对象比其他国家和地区狭窄。在此背景下，我国劳动法有必要为那些不完全符合"劳动者"定义，但具有一定从属性，且确有必要给予保护的劳务工作者提供相

---

[1] Manfred Weiss and Marlene Schmidt, *Labour Law and Industrial Relations in Germany*, Kluwer Law International, 2008, pp. 47 - 48.

[2] Manfred Weiss and Marlene Schmidt, *Labour Law and Industrial Relations in Germany*, Kluwer Law International, 2008, pp. 48 - 49.

[3] Simon Deakin and Gillian S. Morris, *Labour Law (Fourth Edition)*, Hart Publishing, Oxford and Portland, Oregon, 2005, pp. 164 - 166.

[4] 〔英〕史蒂芬·哈迪：《英国劳动法与劳资关系》，陈融译，商务印书馆，2012，第104页。

[5] 参见《劳动合同法》第2条。

应的保护。对于此类主体，由于其从属性较弱，雇员享有较大的灵活度，雇员和雇主的关系相对松散，因此，立法应侧重于保护其基本权利，不必对其提供与一般劳动者相同的保护，以给雇员和雇主双方留有更大弹性。

从目前我国实践看，对规则需求较大的群体包括家政工、实习生（受训者）以及家庭工作者。

（1）家政工的保护。从家政工的特征看，家政工受雇于家庭或个人，按照雇主的指示为其提供劳务，雇主支付报酬，因此，家政工的地位符合雇佣关系当事人的特征。但家政工和受雇家庭或个人之间的法律关系与经典的劳动关系有所不同。家政工的雇主相比一般企业，对家政工的组织、指挥和管理能力水平较弱。因此，虽然家政工对受雇家庭或个人具有一定的经济依赖性，但相比经典的劳动关系，其人格从属性和组织从属性较弱。加上家政工工作内容的灵活性，以及家政工和雇主人身信任和感情维系等因素，对雇主强加过多的法律监管既无必要，也不现实。因此，不宜简单地将家政工纳入劳动法的调整范围之内，其不完全适用劳动法。[1] 鉴于家政工与典型雇员的相似和差异之处，以及对其提供保护的必要性，我国可在借鉴劳动合同一般规则的基础上，根据家政工的特征和特殊性，参考《家政工人体面劳动公约》的规定，将劳动法的部分规则以及变通后的规则适用于家政工，为家政工人格、工作环境和工作条件、工作时间、休息休假、最低工资、社会保险等提供基本保护。

（2）实习生的保护。长期以来，我国司法实践一般不认可在校实习生与用人单位建立劳动关系，即完全将其排除在劳动法之外，这一做法因对在校实习生保护严重不足，受到诸多诟病。近年来，已有法院判决认可在校实习生与用人单位建立劳动关系，适用劳动法。[2] 虽然认可在校实习生与用人单位的劳动关系有利于保护学生，但也可能存在负面影响。实习生与一般雇员从事的工作并不完全相同，雇主需提供相应的培训和指导，学生工作之目的除了获取工资还在于提高技能和工作机会，而且实习生同时也要接受学校管理，工作往往也具有临时性，因此，如果让接受实习生的

---

[1] 谢增毅：《超越雇佣合同与劳动合同规则——家政工保护的立法理念与制度建构》，《清华法学》2012年第6期。

[2] 王林清、杨心忠：《劳动合同纠纷裁判精要与规则适用》，北京大学出版社，2014，第309页。

雇主和一般雇主承担相同的义务和责任，即让在校实习者完全享有一般劳动者的所有权利，则可能加重接受实习生的机构的负担，反而不利于鼓励雇主为学生提供实习和培训机会，不利于就业。因此，对实习生可以仅提供基本保护，而不是全面保护，例如，不适用解雇保护的有关规则。学徒或受训者的规则可以借鉴实习生规则。

（3）家庭工作者的保护。随着网络技术的发达以及工作方式的多样性和灵活性，工作地点将更为灵活，家庭工作者数量也将日益增多。家庭工作者由于其工作地点的特殊性，加上雇用方对其管理、监督较为宽松，合同双方关系较为自由，其从属性弱于典型雇员，因此，家庭工作者的规则也应和普通雇员有所不同，劳动法只需对其提供基本保护，包括工资保障、工作时间和安全卫生等。

随着实践的发展，类似雇员的人的类型将会不断出现，我国可以发展"类似雇员的人"的理论，根据新出现的务工人员性质以及与典型雇员的相似度和区别度，以及对其保护的必要性，将劳动法的部分规则适用于该类主体，为其提供适当保护，而不是简单采用以往机械的做法，将此部分人群完全排除在劳动法之外。特别是随着"互联网＋"模式的创新创业活动的开展，导致了大量与原有单位就业方式不同的新的就业方式，在工作关系上，也突破了原来的与固定单位形成雇佣就业或完全自雇就业的方式。[①] 应通过"类似雇员的人"等理论和制度安排提供特殊而灵活的规则，促进新型用工形式的发展，保护新型劳动群体。

（三）特殊雇员的法律调整

如上所述，在符合"雇员"特征的雇员内部也存在"强势雇员"，这类雇员在雇主内部具有特殊的地位和作用，甚至在一定程度上代表雇主，公司高管即属此类。目前我国劳动法未对公司高管作出任何特殊规定，导致劳动法实践中，高管与公司纠纷大量发生，同时也暴露出现行劳动法规则的不适应性。公司高管的劳动法规则亟待完善。

1. 公司高管是否具备"雇员"身份

公司高管有狭义和广义两种概念。狭义的公司高管，是指公司的"经

[①] 莫荣、陈云：《2015年中国就业：创新创业促进就业》，载李培林等主编《2016年中国社会形势分析与预测》，社会科学文献出版社，2015，第50页。

理人",不包括公司的董事、监事。广义概念,一般还包括公司的董事、监事等公司决策或监督机构的成员。在大陆法系国家和地区,董事、经理人和公司的关系一般被认为是委任关系。例如,我国台湾地区学者指出,董事与公司之关系,从民法关于委任之规定;经理人与公司之间,系委任契约关系。① 英美法系国家一般认为,董事及其他高级职员和公司之间是信托关系,公司董事和高级职员负有信实义务。② 虽然境外公司法的制度和理论较为定型,董事和经理人的法律地位的争议依然存在。③ 从劳动法角度看,董事、监事和经理人的法律地位也相当复杂。公司的董事、监事一般由股东选举产生,并作为公司机关的成员工作。董事会、监事会作为公司机构,独立行使公司的权力,特别是董事会行使着公司决策、选择管理者以及对管理者进行监督的重要权力。而且,董事会具有独立性,"股东不能直接向董事会发出命令,要求其采取任何特定的行动"。④ 董事会事实上在公司运营中处于中心地位。可见,公司的董事、监事在职务的产生和解除以及在公司中的地位和作用,与一般雇员接受公司的指挥、管理和指示有很大不同,在法律上很难认定其"雇员"身份。

经理等狭义的高级管理人员与董事、监事的地位和作用又有不同。根据《公司法》的规定,我国的高级管理人员主要指由董事会聘任或解聘的公司经理、副经理和财务负责人。⑤ 在美国,狭义的高管一般称为公司高级职员(officer),用来指代由董事会直接任命的公司管理人员,⑥ 负责公司的日常管理。可见,狭义的高管既由董事会聘任或任命,也直接由董事会解聘,向董事会负责,接受董事会的指示和监督。从这点看,经理等高管虽然享有广泛的管理公司日常事务的权力,但仍受制于公司董事会,因此,仍然符合"雇员"从属性的特征。虽然现代公司法认为,经理等高管

---

① 梁宇贤:《公司法论》,三民书局,2006 年,第 117、431 页。
② Charles R. T. O'kelley and Robert B. Thompson, *Corporations and other Business Associations* (5th Edition), Aspen Publishers, 2006, p. 235.
③ 梅慎实:《现代公司机关权力构造论》(修订版),中国政法大学出版社,2000,第 328 页。
④ Steven L. Emanuel, *Corporations* (4th Edition), Aspen Law & Business, 2002, p. 54.
⑤ 《公司法》第 47 条、217 条。
⑥ Steven L. Emanuel, *Corporations* (4th Edition), Aspen Law & Business, 2002, p. 76.

是代理人，公司是委托人，并且由董事会对代理人进行监督，① 但在法律上，一般都将经理等高管也作为公司的雇员。可见，经理人的雇员身份是可以成立的。

2. 公司高管雇员的特殊规则

虽然经理人仍符合雇员的一般含义，但是作为公司的高管，经理人负责公司日常事务，享有广泛的权力和影响。公司经理人理论上受制于公司董事会，但在实际工作中享有很大的自主权和管理权，在很多时候处于管理或控制公司一般雇员的地位。因此，劳动法的一些规则难以适用于经理人，不能简单将劳动法的所有规则适用于公司高管。

许多国家都针对高管提供了有别于一般雇员的特殊规则。美国《公平劳动标准法》对高管等白领雇员豁免了劳动法的一些规则。该法对拥有管理、行政或职业资格的白领职员的雇主豁免有关最低工资和加班补偿的政策。主要理由在于，这些白领通常获得很高的收入，而且他们通常每周的工作时间超过40个小时。② 此外，在解雇保护方面，美国对公司高管也有特殊规定。在美国，董事会可以随时解雇公司高级职员，高级职员有权利起诉公司要求赔偿，但不可要求公司实际履行，即为其复职。③ 德国《不当解雇保护法》对高管人员的解雇也作出与美国类似的规定，④ 其他法律也有关于高管职员的特殊规定。⑤ 在日本，立法对企业"具有监督和管理地位者"的工作时间和休息实行特殊安排。⑥

因此，关于公司高管如何受劳动法调整的问题，可以归纳出如下规律。第一，广义公司高级管理人员的劳动者身份认定应作分类处理，董事等公司代表机构成员一般不具备雇员身份，但经理人并不排除雇员身份。

---

① Charles R. T. O'kelley and Robert B. Thompson, *Corporations and other Business Associations* (5th Edition), Aspen Publishers, 2006, p. 143.
② Mark A. Rothstein, Charles B. Craver, Elinor P. Schroeder, Elaine W. Shoben, *Employment Law*, West, 2005, pp. 342 – 344.
③ Steven L. Emanuel, *Corporations* (4th Edition), Aspen Law & Business, 2002, p. 76.
④ §14, Protection against Unfair Dismissal Act (2001).
⑤ 例如，1972年《企业组织法》规定，高管职员不能作为代表职员的组织——"企业委员会（work councils）"的成员，不能参与企业委员会成员的选举，也不能作为委员会成员的候选人。参见 Manfred Weiss and Marlene Schmidt, *Labour Law and Industrial Relations in Germany*, Kluwer Law International, 2008, pp. 227 – 228。
⑥ 日本《劳动基准法》第四章（劳动时间、休息、休息日及年度带薪休假）第41条。

第二，如果经理人享有管理的权限尤其是单独雇用或解雇他人的权力，并履行重要职责，且实际上处于与普通雇员相对立的地位，则可以被认定为高管"雇员"。由于对高管雇员将排除一些劳动法规则的适用，因此，对高管雇员的认定应该谨慎，防止将一些非高管的雇员认定为"高管"，从而不当减少其劳动法上的权利。第三，经理人等公司高管雇员因其特殊性质和地位，劳动法的部分规则对其难以适用。根据高管雇员的地位和职责以及劳动法规则的设立目的，有关最低工资、加班补偿、解雇保护等一般规则难以适用或完全适用于公司高管，劳动法或者判例应排除这些规则的适用或提供相应的特殊规则。

目前，我国企业数量庞大，相应的公司和企业高管的数量相当可观。如上述，目前我国企业总数超过 1800 万家，由此可以推算，企业公司高管数量以千万计。而且，涉及公司高管及类似人员的劳动纠纷案件在全部劳动争议案件中的占比不容小觑。例如，据北京市海淀区人民法院统计，从 2010 年至 2014 年，公司高管和高级技术人员所涉劳动争议纠纷数量从 449 件上升至 1120 件，占同年劳动争议案件总量的比例从 12.4% 上升至 27.1%。[1] 因此，对数量庞大的高管雇员群体建立科学合理的劳动法规则意义重大。

（四）小微企业劳动者的特殊规则

根据上文分析的标准和方法，考虑我国企业的组织形式，在劳动法中，我国可以将享受优惠的雇主范围限定于个体工商户和雇员人数少于一定数量的小微企业。个体工商户的规模小、雇员人数少、用工难以规范，且大多数个体工商户属于家庭式经营，雇主和雇员的身份难以区分。因此，对个体工商户可实行一定的优惠待遇。特别是个体工商户的雇员人数少，例如，截至 2009 年 3 月，全国实有个体工商户 2948 万户，从业人员 5809.53 万人，[2] 由此推算，平均每户个体工商户的从业人员不足 2 人。对个体工商户实行优惠也符合依据雇员人数确定小企业优惠范围的普遍做

---

[1] 参见北京市海淀区人民法院《海淀区劳动争议审判情况白皮书（2015）》（2015 年 10 月 28 日），http://bjhdfy.chinacourt.org/public/detail.php?id=3824，访问时间：2015 年 11 月 4 日。

[2] 国家工商总局：《统计分析发布：2009 年一季度全国市场主体发展报告》，http://www.saic.gov.cn/zwgk/tjzl/zhtj/bgt/200905/t20090511_47153.html，访问时间：2015 年 11 月 4 日。

法。目前，我国个体工商户数量远超企业数量，截至 2015 年 4 月，全国实有个体工商户 5139.8 万户，① 对其实行一定优惠，将激发大量个体工商户的经营活力。

个体工商户之外的小微企业和个体工商户存在很多相似之处，应对一定范围的小微企业实行优惠待遇。我国存在大量微型企业，截至 2013 年年底，全国小型微型企业占到企业总数的 76.57%。在小型微型企业内部结构中，微型企业又以 85.12% 的比例占据绝对份额。② 因此，借鉴国外经验，根据我国对小微企业的划分标准，③ 我国可考虑对从业人员 10 人以下的微型企业实行一定的劳动法规则优惠。考虑到个体工商户和小微企业对用工自由的特殊需求以及自身规模和能力等特点，我国未来立法可以将优惠待遇的内容限定在劳动合同解除、规章制度制定、合同的订立形式等方面，并制定相应的特殊规则。④

六 结语

随着实践中用工形式的不断丰富，劳动权利体系的不断扩张，加上劳动者从属性的程度差异以及用人单位类型的多样化，我国目前在劳动关系法律调整上实行的整齐划一的"单一调整"模式已经越来越不适应现实的需要。在现行模式下，许多新型的"特殊雇员"无法得到劳动法的保护，权益受到忽视；同时，劳动法规则的一体适用，又使得部分"特殊雇员"受到过度保护。有鉴于此，传统的劳动法调整方式应该被打破。应更新劳动法的立法理念，既要承认劳动者群体是一个弱势群体，也应认识到劳动者类型繁多，且劳动者和雇主的"强弱"关系是相对的、具体的，应根据雇员具体类型给予相应的法律调整。在立法技术上，我国应改革传统的针对所有劳动者进行综合立法的模式，向针对特定类型主体和特定事项进行

---

① 国家工商总局：《2015 年 4 月全国市场主体发展报告》，http://www.saic.gov.cn/zwgk/tjzl/zhtj/xxzx/201505/P020150520619283729167.pdf，访问时间：2016 年 11 月 4 日。
② 国家工商总局全国小型微型企业发展报告课题组：《全国小型微型企业发展情况报告（摘要）》，http://www.saic.gov.cn/zwgk/tjzl/zxtjzl/xxzx/201403/t20140331_143497.html。
③ 参见工业和信息化部、国家统计局、国家发展和改革委员会、财政部《中小企业划型标准规定》（2011 年）。
④ 谢增毅：《劳动法与小企业的优惠待遇》，《法学研究》2010 年第 2 期。

专门立法的模式转变。劳动法是一个综合系统，涉及雇员保护的方方面面。因此，应主要着眼于雇员的从属性，并考虑其他标准，对雇员进行类型化处理，为类似雇员的人、特殊雇员以及特殊雇主的雇员提供特殊规则。

现阶段，我国有必要针对家政工、实习生、家庭工作者、公司高管、小微企业的雇员等群体建立特殊规则。通过雇员类型化和区别对待，转变劳动法的调整模式，一方面可以扩大劳动法的覆盖范围，使劳动法照耀更多群体；另一方面可以提高劳动法规则的灵活性和适应性，合理兼顾雇主和雇员的利益，这也是劳动法经典而永恒的话题。

当前，我国大力推行"大众创业、万众创新"，"双创"必然带来更多的新型就业方式以及更加丰富的就业人员类型，也要求劳动法提供更加灵活多样的规则体系，为"双创"护航。同时，互联网技术的发展使用工形式更加丰富多样，企业和从业者的关系更加微妙复杂，雇员的"从属性"更加模糊和难以识别，工人的工作内容和方式更加灵活多变，这些情况也迫切需要劳动法作出回应。因此，劳动法调整方式的转变，不仅只是劳动法调整范围的扩张以及劳动法规则的修正，也是劳动法实现自身现代化，以应对经济社会发展挑战作出的必要调整。我国劳动法必须顺应这一潮流，才能扩大自身的覆盖范围和影响，提高规则的有效性，为"双创"提供有力的劳动法保障，并有效应对互联网发展带来的挑战。

（本文原载于《中国社会科学》2017年第2期）

劳动法规制灵活化的法律技术

王天玉[*]

一 问题的提出

时值《劳动合同法》颁布十周年，随着劳动法学界对该法实施效果的评估与总结，越来越多的学者在著述中表达了"增强劳动力市场灵活性，促进劳动关系弹性化"的观点。[①] 这一轮成果的产生在很大程度上源自2016年初，时任财政部部长的楼继伟对《劳动合同法》提出公开批评，他认为该法"降低了中国劳动力市场灵活性，不利于提高全要素生产率"。[②] 虽然学界对楼继伟及其他一些经济学家的批评意见多有质疑或反驳，但这并不妨碍学界从自身知识结构出发对《劳动合同法》进行反思，有关增加灵活性的修法建议不断见诸纸面。这种渐趋形成的共识契合了我国宏观发展状况。2016年7月26日，中共中央政治局会议明确提出"增加劳动力

---

[*] 王天玉，法学博士，中国社会科学院法学研究所社会法研究室副研究员，主要研究方向为劳动法、社会保险法。

[①] 参见林嘉《审慎对待〈劳动合同法〉的是与非》，《探索与争鸣》2016年第8期；谢增毅《劳动力市场灵活化与劳动合同法的修改》，《法学研究》2017年第2期；谢增毅《我国劳动关系法律调整模式的转变》，《中国社会科学》2017年第2期；沈同仙《〈劳动合同法〉中劳资利益平衡的再思考》，《法学》2017年第1期；钱叶芳《〈劳动合同法〉修改之争及修法建议》，《法学》2016年第5期；王倩《经济补偿金制度修改的制度替代及方案设计》，《法学》2017年第3期。

[②] 楼继伟：《关于提高劳动力市场灵活性和全要素生产率》，http://finance.ifeng.com/a/20160219/14225648_0.shtml，访问时间：2017年6月23日。

市场灵活性",将其作为"降成本"的三项重点之一,实际上从政策层面指明了劳动法规制方式的灵活化转向。

在此背景下,有待于学理阐释的重要问题有二,一是目标,什么样的规制灵活化是可行的?二是路径,怎样实现规制灵活化?为顺应改革趋势,实现制度供给,必然要在法律技术层面提出解决方案。置于现有制度框架下,讨论规制灵活化的主要关切在于增加劳动力市场灵活性的同时,又要防止过度灵活,损害劳动力市场的基本安全,寻求适合当下国情的灵活性与安全性之平衡。① 鉴于劳动关系的安全性或者说稳定性是《劳动合同法》十年来发挥的主要规制功能之一②,规制灵活化必然会涉及如何评价和修正该法的规制理念和模式。

在这个意义上,规制灵活化可视为对现有以《劳动合同法》为代表的"刚性"规制模式做手术,是进行脱胎换骨式的彻底改造,重新排列灵活与安全的价值位序,还是延续现有的制度理念和模式,只做局部的修补?这是关系到未来一个时期劳动法走向的基础性问题。如果没能在学理上进行充分的反思和阐释,那么劳动法规制灵活化的尺度如何确定、是否会损害劳动者权益等问题必然会引发新一轮的争论。持续的分歧又将减损该法的实施效果,难免主张修订的呼声再起,"灵活"与"安全"这两个相悖的张力可能使该法陷入反复修订的怪圈,透支法的安定性和权威性。质言之,《劳动合同法》十年之际已站在了制度发展的十字路口,未来的走向及推进方式需要在学理上对规制灵活化的本质、目标和路径有全面深入的理解。

---

① 就灵活与安全的关系问题,德国学者雷蒙德·瓦尔特曼指出,从一开始,在劳动法中就涉及有利于企业的弹性与有利于雇员的安全之间(一直有争议的)"恰当"的平衡,在当代人们称为"灵活兼安全"(flexicurity)……它首先涉及的不是对立利益的平衡,而是为劳动法建构指明了从长远视角考虑社会需求这一方向。参见〔德〕雷蒙德·瓦尔特曼《德国劳动法》,沈建峰译,法律出版社,2014,第40页。
② 董保华教授认为,《劳动合同法》确立了以"稳定"求"和谐"的目标,管制是实现"稳定"的重要手段,既压缩了双方当事人的协商自治空间,也对用人单位的自主管理权进行了多方面限制,导致个别劳动关系中管制与自治的系统性失衡。只有彻底反思《劳动合同法》基于管制与自治的失衡问题,才能为我国未来劳动力市场的体制性改革提供正确方向。参见董保华《〈劳动合同法〉的十大失衡问题》,《探索与争鸣》2016年第4期。

二 既有学说及其分歧

梳理学界既有成果，关于劳动法规制灵活化的讨论在三个维度上展开。

（1）在立法模式层面构建灵活规制的基本框架，具有代表性的学说是劳动法分层与分类调整模式。其中，董保华教授提出"劳动者分层保护说"，他认为"随着农民进城务工、国有企业员工下岗，劳动者出现了分层……劳动者分层中处于较为低层的劳动者是那些技能较低、年龄较长、流动性较大、替代性较强、竞争力较弱的普通劳动者"。因此，劳动者人格应当从抽象到具体，只有"根据社会的经济地位以及职业的差异把握更加具体的人"，才能真正实现"对弱者加以保护"的目的。[1] 此外，谢增毅研究员提出了"分类专门立法模式"，即基于用工形式的多样化，在立法技术上打破传统的针对所有劳动者的综合立法模式，向针对特定类型主体和特定事项的专门立法模式转变。[2] 在这两种主要观点之外，亦有其他学者论及劳动法分层与分类调整，但未进行系统阐释。[3]

（2）限缩劳动法的适用范围：在用人单位方面建立小微企业豁免制度，在劳动者方面排除公司高级管理人员。豁免和排除的前提是分层与分类，所以这个维度的研究可视为第一个维度的延伸。例如，董保华教授提出建立"微型企业"劳动法豁免制度，同时明确规定用人单位的法定代表人、

---

[1] 董保华：《锦上添花抑或雪中送炭——析〈中华人民共和国劳动合同法（草案）〉的基本定位》，《法商研究》2006年第3期；董保华：《劳动合同立法的争鸣与思考》，上海人民出版社，2011，第43—47页。

[2] 谢增毅：《我国劳动关系法律调整模式的转变》，《中国社会科学》2017年第2期。

[3] 例如，王全兴教授指出："一般而言，聘用制劳动者素质较高，非正规就业劳动者素质偏低甚至最低……针对这种不一致，或许有必要就某些劳动条件标准的水平对聘用制劳动者和非正规就业劳动者分别作出可有条件地适用的不同于普通劳动者的特别规定。"参见王全兴《劳动合同立法争论中需要澄清的几个基本问题》，《法学》2006年第9期；郑尚元教授亦曾提到，《劳动合同法》在适用主体时，对"用人单位"分门别类，对"劳动者"同样也应"分门别类"。唯如此，才能使劳动合同得到较好的履行，"劳动者"权益才能得到较好的维护。参见郑尚元《劳动合同法的制度与理念》，中国政法大学出版社，2008，第70页。

高级管理人员不属于劳动立法所称的"劳动者"。① 谢增毅研究员主张构建针对小微企业和特殊雇员的特殊规则,包括在劳动合同解除、规章制度、合同订立形式等方面对小微企业实行一定的优惠待遇②,同时针对公司高管在工作时间、最低工资、加班补偿、解雇保护以及合同订立形式等方面豁免劳动法的一般规则或者提供特殊规则。③ 也有学者在具体制度的研究中提出对高管的特别适用,例如王倩博士主张把"高级管理人员"剔除出经济补偿金的适用范围。④

(3)不依托劳动法分层与分类调整的框架,沿袭劳动法对全部劳动者一体适用的传统路径,将重点放在具体制度的调适与修订上,旨在增加规则的弹性,扩大劳资自治空间。例如,林嘉教授在对劳动合同期限、双倍工资、解雇保护等制度进行分析的基础上指出,应当从法律技术层面对《劳动合同法》的具体制度进行修改完善,在劳动法必要的管制基础上开放更多的自治空间,在安全的基础上开放劳动关系的弹性。⑤ 沈同仙教授认为,社会各界对《劳动合同法》削弱劳动力市场灵活性的质疑主要集中在强制缔约和解雇保护两项制度上,为此应适当放宽用人单位在解雇和缔约方面的意思自治空间。⑥

上述三个维度都是在劳动法倾斜保护的基调下展开的,均意图实现更为精准的倾斜保护,或言构建更富有弹性的倾斜保护升级版,但由于技术路线不同,形成了两个研究进路:一是试图将劳动法分层与分类学理植入劳动法体系,作为基础法理重塑制度框架,构建以主体分层与分类为依据的规制体系,得出的技术方案是基于劳动者的弱者性或者说从属性对各项制度内容乃至体系进行修正,包括在微观层面的适用范围上建立小微企业豁免制度并排除公司高管适用,在中观层面的解雇保护、合同形式、规章制度、经济补偿等方面进行差别化制度设计,在宏观层面形成分类立法的格局;二是不作主体分类分层的处理,在现有《劳动合同法》结构下放松

---

① 董保华:《〈劳动合同法〉的十大失衡问题》,《探索与争鸣》2016年第4期。
② 参见谢增毅《我国劳动关系法律调整模式的转变》,《中国社会科学》2017年第2期;谢增毅《劳动法与小企业的优惠待遇》,《法学研究》2010年第2期。
③ 谢增毅:《公司高管的劳动者身份判定及其法律规则》,《法学》2016年第6期。
④ 王倩:《经济补偿金制度修改的制度替代及方案设计》,《法学》2017年第3期。
⑤ 林嘉:《审慎对待〈劳动合同法〉的是与非》,《探索与争鸣》2016年第8期。
⑥ 沈同仙:《〈劳动合同法〉中劳资利益平衡的再思考》,《法学》2017年第1期。

规制，针对刚性过强的缔约、解雇等制度增设概括性规定，通过扩大劳资双方意思自治空间，实现规制的灵活化。

相比较之下，第一种进路对劳动法适用主体的差异性予以充分关照，但如何进行主体的分层与分类，并据此进行制度改造，面临着重重困难，构建分类立法体系亦是任重道远。就目前的研究状况而言，"劳动关系的分类调整尚缺乏全面深入的研究"。[①] 第二种进路的优点是易于操作，能够直接进行制度修订，但仍是将适用主体视为一个统一抽象的概念，未根据差异化的用工现实进行技术处理，实际上是将"管制一刀切"演变为"自治一刀切"，不区分用工主体和劳动者类型予以"一体"放松管制。然而，即便在现有刚性规制模式下，仍有大量低层劳动者难以获得充分的劳动法保护，即所谓劳动法落实的短板。那么，全面放松规制可能会对高端劳动者的调整精度有所助益，但对数量众多的低层劳动者效果如何则难免令人担忧，恐怕其所激发的矛盾不会少于现有模式。

那么，劳动法规制灵活化的法律技术应当如何选择？是沿着分层与分类的路径继续推进，还是着眼于当务之急，在修法方案中沿袭一体适用的思路，暂时忽略分层与分类的需要，作出放松管制的处理？在此二者之外，是否存在一种折中的技术方案，既能够便捷地修改法条，又能够回应劳动者的现实差异，进而提炼一种兼顾二者的法律技术，能够在更长的时间维度内不断调适劳动法的规制模式，使规制灵活化不局限于法律文本，不依赖于频繁修法，而是形成自身动态调整机制，实现劳动法与外部社会经济环境的良性互动与有序平衡。[②]

三　以劳动法分类调整为基础的规制灵活化

（一）规制灵活化不是"一刀切"式的放松管制

台湾地区学者林佳和教授梳理德国自20世纪70年代以来关于劳动市

[①] 谢增毅：《我国劳动关系法律调整模式的转变》，《中国社会科学》2017年第2期。
[②] 对于劳动法与外部社会经济环境的相互关系，阎天博士认为，无论劳动法制如何演变，都应当顺应经济改革的需要，契合劳动者利益的重心，保障市场对劳动力资源的配置起决定性作用，处理好政府"有为"与"无为"的关系。参见阎天《供给侧结构性改革的劳动法内涵》，《法学》2017年第2期。

场弹性化的讨论，概括出劳动市场或说劳动法的去管制包括三个层次：（1）变更或废除具体的法规范，或限制缩减其适用范围；（2）相对化劳资间之集体性法规范，或提供不同的法律环境，以事实上弱化劳工代表组织的实力或谈判地位；（3）限缩法律一般化、普遍化、规范化的象征性作用，相当程度的放开法律区别化、例外化的可能性。①

上文梳理的两个研究进路实际上是在此（1）、（3）层次上进行的，未将我国尚未充分发育的集体劳动关系制度作为讨论重点。从"一体"放松管制的角度观察，《劳动合同法》对劳动力市场灵活性影响最大的制度主要是合同期限、书面形式、解雇保护与灵活用工形式（非全日制用工、劳务派遣）。② 放松管制是覆盖全体劳动法适用主体的，以"一刀切"变更具体的法律规定，概括性地放开意思自治空间。对于由此导致新的失衡问题，相关学说提出的补救措施有二，一是通过司法进行补充或平衡；③ 二是进一步发挥集体合同制度的作用。④ 但是，在司法机关作为法律适用主体的定位下，司法解释可以细化法律的规定，而不能超越法律框架对不同类型的主体创设不同的规则；另外，司法可以在个案中对从属性差异予以平衡，但毕竟无法实现广覆盖的规模化调整。并且，在缺乏明确规范指引的情况下，司法的平衡功能是分散而随机的，依赖于个案的特殊情节及法官个人的素质及判断，不能作为一种体系性的补充机制。再者，我国集体

---

① 林佳和：《劳动与法论文集Ⅰ——劳动法基础理论与法制发展、同盟与集体劳动法》，元照出版公司，2014，第44页。
② 参见林嘉《审慎对待〈劳动合同法〉的是与非》，《探索与争鸣》2016年第8期；谢增毅《劳动力市场灵活化与劳动合同法的修改》，《法学研究》2017年第2期；沈同仙《〈劳动合同法〉中劳资利益平衡的再思考》，《法学》2017年第1期；董保华《〈劳动合同法〉的十大失衡问题》，《探索与争鸣》2016年第4期。
③ 例如，沈同仙教授就完善解雇保护制度提出增加"其他合理的、客观的和正当的解雇事由"，其具体内涵可通过司法解释或司法判例予以明确和补充，这可为我国解雇保护理论的发展以及回应现实经济发展需求预留解释的空间，也为法律适应或者寻求处于动态变化中的雇主利益、雇员利益及社会公共利益三者之间的平衡提供可能。参见沈同仙《〈劳动合同法〉中劳资利益平衡的再思考》，《法学》2017年第1期。
④ 例如，林嘉教授指出，应当在劳动法必要的管制基础上开放更多的自治空间，因此集体劳动关系应当更加发达，应当把劳动关系中更多的内容交由双方协商决定。参见林嘉《审慎对待〈劳动合同法〉的是与非》，《探索与争鸣》2016年第8期；姜颖教授、沈建峰副教授也提出，应通过积极推动集体合同立法和集体协商制度的发展，实现劳动者保护和用工弹性的有机结合。参见姜颖、沈建峰《正确评估〈劳动合同法〉适时修改〈劳动法〉》，《中国劳动关系学院学报》2017年第3期。

劳动关系法制与西方发达市场经济国家的劳资谈判与自治模式不可同日而语。就我国现有的集体协商实践而言,"集体协商的本质从劳资博弈转变成党政联合工会与资方的讨价还价行为",① 似乎难以成为扩大劳资自治的制度平台,其未来当如何发展尚不清晰,恐怕只能视之为"远水近渴"。

劳动法分层与分类调整进路则是突破法律的一般化、普遍化,沿着区别化、例外化的方向探索。随着大工业的退潮和信息技术的发展,劳动用工方式的面貌呈现出日新月异的变化,以往高度组织化的用工模式逐渐被弹性、灵活的工作机制所代替,产业工人已不是劳动法所保障的典型对象,用人单位也早已超越了工厂的范畴。在我国的特定语境下,既有数量众多的进城务工人员,也有大量的管理、技术人员;既存在国有、外资、民营的用工差别,也不能忽视大中小微企业的规模差异,以及由此导致的劳动法实施差异。对此,早在《劳动合同法》颁行之初,梁慧星研究员即指出,我国各种企业在经营形式、劳动管理形式上差别甚大……这就要求规范劳动关系的立法,不能照搬西方发达国家的标准,不能套用规模化、现代化工业生产企业的模式,不能搞"一刀切"。而《劳动合同法》未注意不同行业、规模、不同形式的企业之间的差别,搞"一刀切"。② 笔者在2016年初参与《劳动合同法》讨论时亦认为该法的问题是实行"一刀切",并将分类调整视为终极解决方案,"没有分类调整的立法设计,怎么改都可能最终还是一大堆问题"。③ 即便是反对在现阶段进行修法的观点也认为,劳动关系调整的根本性问题之一是分层治理的缺失,"《劳动合同法》的问题与其说是刚性强,不如说是类型化比较差,针对性比较差……劳动关系协调机制的完善首先要考虑的是类型化处理,精细化立法"。④ 可见,单一的强化或放松规制都只能针对某一类主体实现适当调整,无法形成整体上的平衡协调。因此,劳动法规制灵活化不能用"放松管制"来概括,而应以劳动用工的多样性和差异性为基础,不同程度地"收紧或放

---

① 吴清军:《集体协商与"国家主导"下的劳动关系治理》,《社会学研究》2012年第3期。
② 梁慧星:《劳动合同法:有什么错?为什么错?》,http://www.aisixiang.com/data/29948.html,访问时间:2017年7月19日。
③ 王天玉:《如何看楼继伟讲话背后的〈劳动合同法〉之争》,财新网,http://opinion.caixin.com/2016-02-23/100911636.html,访问时间:2017年6月4日。
④ 姜颖、沈建峰:《正确评估〈劳动合同法〉适时修改〈劳动法〉》,《中国劳动关系学院学报》2017年第3期。

开"规制力度，设计区别化、例外化的法律制度。

（二）无法构建体系化的劳动者分层结构

劳动法分层与分类调整均是提炼主体差异性的学说，二者作为批评《劳动合同法》的视角是有力的，可以得到大量有关小微企业和高管不当适用劳动法的案例支撑。而一旦将立场由批评转向构建，则发现劳动者分层与分类学说在方法论层面并不一致，由此衍生的法律技术和修法方案亦不相同。因此，有必要辨析和反思分层与分类这两种既相似又不同的研究进路，以厘清规制灵活化的技术路线。

讨论劳动法分层首推董保华教授提出的"劳动者分层保护说"，其基本思路是以社会学的十阶层划分为基础，选取其中的四个阶层，包括经理、专业技术人员、产业工人以及无业、失业和半失业人员，由此呈现一个劳动者分层的金字塔结构。[①] 从劳动法学理视角出发，此学说的问题有以下三个。

（1）社会学意义上的十阶层划分方法难以作为劳动者分层的依据。十阶层的社会分层理论只是诸多社会分层理论之一，"利益、地位的差别和不均等是一种客观事实，不同的分层理论家有着不同的研究视角"，除十阶层划分法采用"职业分类"标准外，还有生产资料资源、财产或收入资源、人力资源、社会关系资源等多项可与职业劳动相关联的社会分层标准。[②] 十阶层划分法是"以组织资源、经济资源和文化资源占有状况为根据"，目标是决定每个社会成员"属于哪个阶层、在社会阶层结构中的位置和个人的综合社会经济地位"。[③] 可见，此项社会分层理论关注的是整个社会的阶层结构和流动机制，而劳动者分层要解决的问题是实现更为精准的倾斜保护，其基本考量因素应当是劳动者弱者性的强弱差异。因此，二者的目标、逻辑和方法均存在显著差异，不应直接作为论证依据。

（2）十阶层结构中的职业群体不能与劳动法的适用主体相等同。作为十阶层划分标准的"职业"并不是劳动法意义上的"职业劳动"，而更类似于一种社会身份，远超依靠工资作为生活来源的范畴，如国家和社会管

---

① 董保华：《劳动合同立法的争鸣与思考》，上海人民出版社，2011，第43页。
② 李强：《试析社会分层的十种标准》，《学海》2006年第4期。
③ 陆学艺：《当代中国社会阶层的分化与流动》，《江苏社会科学》2003年第4期。

理阶层、私营企业主阶层。此外,在十阶层的结构中,除了上述"经理"等四个阶层外,专业技术人员、办事人员和商业服务人员阶层中的大多数也应属于劳动法的适用主体,① 但却未纳入"劳动者分层保护说"的体系中。至于这几类人数巨大的群体应归入劳动者分层的哪个层次,似乎难以得出一个明确的论断。即便就"经理"而言,其在社会分层框架下所指的是"大中型企业中非业主身份的中高层管理人员",范围极为有限,显然不可与劳动法意义上的经理同日而语。②

(3)劳动者分层所包含的主体类型无法与现有的劳动法主体分类理论衔接。劳动者分层构想直接从社会学意义上的十阶层中选取了四种类型,而非以劳动法学理为基础,使得该分层方法独立于劳动法上的主体分类理论。劳动法上已有对适用主体进行分类,以便予以特别保护的原则和制度,但是其主旨不是对全体劳动者进行分类,而是发现具有特别保护必要的群体,大致包括三类:第一类是绝对的弱势劳动者,包括妇女、儿童和残疾人,劳动立法的起点就是从此类绝对弱势的劳动群体健康权保障着手,③ 至今此项分类及特别保护已成为世界各国劳动法的必备内容。第二类是特殊工作形态的劳动者,例如德国法上作出特别区分的工商业劳动者、商人职员、船员、公共服务中的劳动者、教会和教会机构的劳动者;④ 中国台湾地区学者举出的类型包括商业外务员、家内劳动者、船员、公务员。⑤ 第三类是中国大陆地区在特定历史发展中形成的劳动者分类,包括职工和工人、正式工和临时工、固定制工和合同制工、城镇合同制工和农

---

① 按照十阶层社会分层理论的划分,专业技术人员阶层是指在国家机关、事业单位和各种经济成分的企业中从事专业性工作和科学技术、人文社会科学工作的人员;办事人员阶层主要是党政机关中的中低层公务员,各种所有制企事业单位中的基层管理人员和非专业性办事人员;商业服务人员阶层是指在商业、服务行业中从事非专业性的体力和非体力劳动的工作人员。参见陆学艺《当代中国社会阶层的分化与流动》,《江苏社会科学》2003年第4期。
② 经理在实践中是泛滥的概念,难以依凭经理头衔判断其与公司间的合同性质。从劳动法角度看,经理因从属性的不同可分为总经理、高级经理和低级经理,其中总经理与公司间是委任关系,不在劳动法调整范围内。参见王天玉《经理雇佣合同与委任合同之分辨》,《中国法学》2016年第3期。
③ 郑尚元:《劳动合同法的制度与理念》,中国政法大学出版社,2008,第16页。
④ 〔德〕雷蒙德·瓦尔特曼:《德国劳动法》,沈建峰译,法律出版社,2014,第60—61页。
⑤ 黄越钦:《劳动法新论》,中国政法大学出版社,2003,第100—114页。

民合同制工、正式工和派遣工、全日制工和非全日制工,[1] 其中明显具有弱势性的群体已有专门制度予以调整,例如派遣工、非全日制工。将上述劳动法上的分类与劳动者分层构想相对照,既无法将经理、专业技术人员、产业工人等归入现有的劳动者类型,也不能将任一劳动者类型置于某一分层位阶。由此,劳动者分层构想缺乏劳动法的学理资源支撑,难以与劳动法制度相联通,以致在劳动法制度中植入分层设计的尝试几乎无法操作。

综上,虽然"劳动法分层保护说"强调保护对象和调整方式的具体化,[2] 但意欲构建劳动者的分层体系不可避免地需要对劳动者差异性进行抽象处理。虽然经理、专业技术人员等相对具体化的概念部分消解了高度抽象的"劳动者"概念,但仍必须借助分层抽象完成对劳动者的差异性排序。然而,如果加入国企与私企、收入差异、地域差异、岗位差异等维度,几乎无法辨识出一个具有高度共性的劳动者阶层。究其原因,当今的劳动用工状况实在过于复杂多变,已然无法通过抽象的方法建构一个封闭性的分层体系。对劳动者进行抽象的基础必然是社会生产方式的单一性,亦即只有在工业社会中,泰勒式的"科学管理"模式在很大程度上促成了劳动者的同一化,基于工业化的大规模生产模式形成特征清晰、边界分明的管理、技术、生产人员。[3] 但随着后工业化及信息化时代的到来,社会生产方式的多样性早已无法简单概括,劳动者的工作方式及阶层也同样难以抽象认识。早期以此抽象方法论为基础的理论和实践因此转型。[4]

---

[1] 王全兴:《劳动法》(第三版),法律出版社,2008,第79页。

[2] 董保华教授指出,劳动法作为社会法,保护对象是具体而非抽象的主体,这种调整对象的特点决定了劳动法的调整方式应当是具体的、经验的,而非抽象的。参见董保华《劳动合同立法的争鸣与思考》,上海人民出版社,2011,第47页。

[3] Robert CASTEL, *Les métamorphoses de la question sociale: une chronique du salariat*, Paris, France: Gallimard, 1999, p. 535.

[4] 法国在20世纪50年代通行一种标准,以收入、学历、社会地位等为依据把劳动者分为四类:高等高级员工、中等高级员工、雇员与工人。用以衡量社会阶层的构成及其流动性。但随着时间推移,上述要素的相关性(比如学历和收入的关系)逐渐发生了变化,分类也渐趋困难。Alain DESROSIERES, Alain GOY et, Laurent THEVENOT, "L'identité sociale dans le travail statistique: la nouvelle nomenclature des professions et catégories socioprofessionnelles," *Economie et statistique*, vol. 152, No 1, 1983, pp. 55–56.

(三) 劳动法分类调整的方案更为可行

劳动法分类调整的逻辑起点是:"并非所有劳动者都是'弱者',强弱是相对而具体的,应视具体场景而定。"① 从劳动法知识体系出发,作为分类标准的是从属性。劳动者区别于其他法律主体的独有特征为"从属性",是劳动者在用人单位指挥监督下给付劳务状态的法律提炼,乃是学界和司法实务均公认的劳动关系认定之实质标准。从属性理论支持劳动者分类调整是基于以下三点认识。

(1) 从属性是一个"射程"的概念。在雇佣劳动过程中,劳动者给付劳务与其人身不可分离,用人单位依据劳动合同使用劳动力的过程也就是对劳动者人身支配的过程,由此形成用人单位对劳动者的指挥监督。在其他类型的劳务给付合同中,也不同程度地存在指挥监督,例如,在委托关系中,针对具体如何办理委托事务、达到何种效果才最符合委托人的利益,委托人有权进行决定,并对受托人发出指示。② 对此,劳动合同与其他类型劳务给付合同的根本区别在于"劳动给付义务人人身依附的不同程度"。③ 只有在人格和经济两个方面符合劳动法上的从属性要求,才能纳入劳动法的保护范围。④ 从属性最强的典型劳动者形象是在工作时间、地点、内容等方面毫无自主权,完全在用人单位指挥监督下劳动。以其典型形态作为原点向外发射,随着劳动者自主性的增强和用人单位拘束程度的降低,从属性逐步减弱,最终在劳务自主超越指挥监督状态下达到从属性"射程"的边缘,此临界状态为劳动关系与委任关系等其他劳务给付关系之间的过渡地带,亦划出了劳动法适用的大致边界。

---

① 谢增毅:《我国劳动关系法律调整模式的转变》,《中国社会科学》2017年第2期。
② 指示是指委托人就某项事务的处理方法、结果等提出的具体要求。指示的表现形式可以有多种,受托人应当根据不同指示的内容办事。参见王利明《合同法研究》第3卷,中国人民大学出版社,2012,第718页。
③ 〔德〕雷蒙德·瓦尔特曼:《德国劳动法》,沈建峰译,法律出版社,2014,第47—48页。
④ 从属性标准的构成包括人格从属性和经济从属性两个方面,其中人格从属性的核心是"受拘束下的服从",包括过程控制、指示频率、拘束强度;经济从属性包括劳动者在积极意义上使用雇主的劳动条件给付劳动,并获得工资;在消极意义上不承担雇主的生产经营风险。参见王天玉《经理雇佣合同与委任合同之分辨》,《中国法学》2016年第3期。

(2) 在从属性的射程之内，不同类型劳动者的从属性强弱差异日趋明显，并且在法律适用上可以识别及归类。受"从工业转向服务业"的产业结构调整冲击，社会分工体系及劳动形态发生重大变化，促使传统的劳动生产方式向"弹性泰勒主义"的"劳动者自主控制"转变。[1] 竞争的全球化以及技术的发展使劳动呈现弹性化的趋势，以典型化、标准化劳动者为规制对象的劳动法制难以符合现代社会的生产组织面貌。[2] 在从属性原点的典型劳动者规模日趋缩减，而在从属性射程之内的各类型劳动者则显著分化，特殊劳动群体及不同类型劳动者之间的从属性强弱差异可以得到辨识。有学者将其称为"从属性弹性",[3] 这一称谓准确概括了这种形态。笔者在经理合同类型化研究中也提出，劳动给付过程虽然具有"受拘束"的共性，但个案中劳动者在工作时间、地点的安排，工作方式受到指示的强度等方面因行业、岗位、职级等不同，可以归类为高级与低级经理。这种思路为德国司法通说，即在从属性程度强弱不同的情况下，程度强者一般是劳动者，而程度弱者也可能是劳动者，应当依据个案的事实予以判断。[4]

(3) 域外法制已有劳动者分类调整的实践经验。在域外劳动法实践中，对从属性差异较大的不同类型劳动者采用"适用除外"和"特别规制"两种方式予以区别对待。"适用除外"是指工作时间、加班报酬等劳动基准法强制性保护措施以及劳动者结社、集体谈判等集体劳动关系法不适用于从属性较低的公司高管。例如日本《劳动基准法》第41条第2款规定，该法中有关劳动时间、休息和休息日的规定不适用于"具有监督和管理者或担任机要事务者"。再者如美国《公平劳动标准法》在最低工资和加班工资保护方面排除了公司运营及管理职位的高级雇员（Executive and Administrative Employee)。[5] 法国《劳动法典》L3111-2条对"高层管理人员"进行了定义，规定高管不受最长工作时间和最短休息时间等方面

---

[1] Leisewit, Pickshaus, Reusch, *Entgrenzung der Arbeit im flexiblen Kapitalismus: Anforderungen an eine Arbeitspolitik*, Hamburg: VAV - Verl., 2001, 298f.
[2] Rupert Scholz, *Wandel der Arbeitswelt als Herausforderung*, Köln, 1988, 15ff.
[3] 谢增毅:《我国劳动关系法律调整模式的转变》，《中国社会科学》2017年第2期。
[4] BAG, NZA 1992, 407, 408.
[5] Ellen C. Kearns, The Fair Labor Standards Act, BNA Books, 1999, pp. 170-174.

的限制。[1] 同样，德国《工作时间法》第18条第1款第1项也排除了高级雇员的适用。特别规制是指对部分特别劳动者或企业采用修正过的法律规则，以实现特定保障的目的。例如德国法上的临界值（Schwellenwert）条款，在不抽象界定中小企业概念的前提下，以临界值为标准确定不同类型企业保障水平的规则。[2] 例如，德国《工厂组织法》规定设立工厂委员会的工厂人数是5人以上。[3] 与之相似，法国集体关系法中的三种代表类型，职工代表（délégué du personnel）、公司委员会（comité d'entreprise）和工会代表制度均以雇员50人作为适用基准值。[4]

综上，分类调整是从属性学理在复杂用工条件下的延伸，契合劳动法规制的基本逻辑和知识体系。不同类型主体的提炼是基于显著的差异性，并且无须在学理上对其进行高度抽象及排序，由此形成的规制体系相对松散和开放，亦更为灵活，能够不断随着社会经济生活的变化调整分类方式，在把握劳动关系的从属性共性要素基础上，凸显不同类型用工方式的特性，以实现差异化的倾斜保护。

四 通过扩张行政、地方立法权构建
劳动法分类调整模式

如果说分类调整是劳动法实现规制灵活化的可行路径，那么如何在制度层面进行主体分类则是不可回避的法律技术难题。回顾现有的观点和文献，基本都是围绕着《劳动合同法》的文本规定讨论修法。但若限定于法

---

[1] 该条第2款规定，高管必须要有重要的职责、高度的自主决定权和与之相适应的薪酬水平。法国最高法院也依照该规定认为以上三个条件是叠加的条件，这类员工必须参与到公司的行政管理工作中。La Cour Supreme, 02. 07. 2014, n° 12 – 19759; 30. 11. 2011, n° 09 – 67798; 13. 01. 2009, n° 06 – 46208.
[2] Vereinfachungen und Ausnahmerregelungen im deutschen Arbeits und Sozialrecht für kleine und mittlere Unternehemen, WD6 – 3000 – 090/16, S4.
[3] Junker, Arbeitsrecht zwischen Markt und gesellschaftspolitischen Herausfoerdungen, Verlag C. H. Beck, 2004, B85.
[4] Leila MARCHAND et Maxime VAUDANO, Loi Rebsamen: comprendre les seuils sociaux en une infographie, Le Monde. fr, 23 avril 2015. URL: http://www.lemonde.fr/les – decodeurs/visuel/2015/04/23/loi – rebsamen – comprendre – les – seuils – sociaux – en – une – infographie_4621525_4355770.html. Consulté le 14 mars 2017.

律文本，劳动法适用主体的分类及具体制度设计几乎难以操作：难以想象《劳动合同法》专设一章规定适用主体的类型，随后的制度章节再根据适用主体设置若干类规则。那样的立法一方面不符合大陆法系之立法传统，诸如日本、韩国以及我国台湾地区在内的东亚劳动立法体例均未在法律中规定具体化的适用主体类型；[1] 另一方面也必然极为复杂且凌乱，执法及司法也会含混不清，亦难以涵盖实践的变化。因此，应当突破法律文本的局限，放眼整个劳动法之制度链条，将行政法规、地方性法规、部门规章、地方规章等其他规范性文件（以下简称"其他规范性文件"）纳入研究视野。如果能在《劳动合同法》以外的其他规范性文件中进行适用主体分类，将劳动者类型予以具体化，并调整法律制度规定，那么就可以在保持《劳动合同法》相对稳定的状态下实现灵活规制。作为其他规范性文件的制定主体，行政机关和地方立法机关能够相对便捷地掌握劳动力市场的动态信息，及时且有针对性地调整规制力度。相对于《劳动合同法》所代表的人大立法权，行政法规、部门规章、地方规章所代表的"行政立法权"[2] 以及地方性法规所代表的"地方立法权"应当在劳动法规制灵活化中发挥更大的作用。在这个意义上说，劳动法规制灵活化须通过立法权的重新配置予以解决，应该通过扩张行政及地方立法权，破解现有法律规定的"刚性"，以富有弹性的规制权力体系实现劳动关系的动态调整。

---

[1] 依据大陆法系立法传统，法律概念须保持抽象性以保证对社会生活的涵盖范围。因此，日本、韩国以及我国台湾地区的劳动法律均对劳动者以抽象概括，以呈现劳动者共性的基本特征。日本《劳动基准法》第9条规定，本法所称"劳动者"，是不论其从事何种职业，被企业或事务所（以下简称"企业"）使用并被支付工资者。韩国《劳动基准法》第14条关于"工人"的定义是：无论从事何种职业，向企业或工厂提供劳动以获得工资者。我国台湾地区"劳动基准法"第2条对"劳工"的定义是"谓受雇主雇用从事工作获致工资者"。

[2] 在行政法学界，行政立法权是约定俗成的概念。郭道晖认为，"我国国务院有权制定行政法规，各部委有权制定行政规章，即享有立法规权、立规章权，这都是由国家立法权这个'源权'派生的权力"（郭道晖：《论国家立法权》，《中外法学》1994年第4期）。应松年认为，国家机关制定行政性法律、行政性地方性法规、规章的权力构成了我国的行政立法权（参见应松年主编《行政行为法——中国行政法制建设的理论与实践》，人民出版社，1993，第94页）。袁明圣认为行政立法权主要指特定的国家行政机关依法制定、发布规范性文件的权力（参见袁明圣《行政立法权扩张的现实批判》，《法商研究》2006年第2期）。黄文艺认为行政立法权是特定行政机关享有的立法权力（参见黄文艺主编《立法学》，高等教育出版社，2008，第64页）。

(一) 行政、地方立法对劳动法律的发展

我国在国家立法层面长期存在着"法律不宜太细"的立法政策,依照六届全国人大常委会委员长彭真同志的阐释是:"我们这样一个大国,各地政治、经济、文化发展很不平衡。因此,法律只能解决最基本的问题,不能规定得太细,太细了就难以适用全国。为了因地制宜地解决问题,一个法律制定出来以后,一般还需要制定实施细则,作出具体规定。全国性的实施细则,有国务院制定;地方性的实施细则,由省、自治区、直辖市的人大和人大常委会制定。"[①] 有学者认为,"法律不宜太细"实际上是"全国人大常委会应对自身的立法能力和信息不足的一项重要政策","从实际情况来看,全国人大常委会一般都授权比自己更有知识、信息优势的国家机关立法。这样,通过授权立法,一方面既满足了社会的立法需求,另一方面又为制定法律积累了经验"。[②] 此项立法政策事实上承认了立法权的再分配,即国家立法规定基本问题,行政及地方立法规定具体操作及实施问题。在该政策的影响下,1994年《劳动法》制定以来已经形成了行政及地方立法权对劳动法律的发展功能。在粗糙的劳动法律留出的大量规则制定空间中,行政及地方立法并不是简单地细化法律的规定,而是不断寻求突破或创设新的规则,以确立适应社会需要的规制标准。行政、地方立法发挥的作用包括以下方面。

(1) 变更劳动法律的规定。最明显的例证是《劳动法》第36条规定的工时制度是每日不超过8小时,平均每周不超过44小时。国务院《关于职工工作时间的规定》(国务院令第174号)第3条规定的是每日8小时,每周40小时工作制。原劳动部确认"《国务院关于职工工作时间的规定》(国务院令第174号)是依据《劳动法》第36条的规定,按照我国经济和社会发展的需要,在标准工时制度方面进一步作出的规定"。[③] 此外,在因退休终止劳动合同的问题上,《劳动合同法》第44条第2款规定"劳动者

---

① 彭真:《彭真文选:一九四一——一九九〇年》,人民出版社,1991,第505页。
② 黄文艺:《信息不充分条件下的立法策略——从信息约束角度看全国人大常委会立法政策的解读》,《中国法学》2009年第3期。
③ 原劳动部发布《关于职工工作时间有关问题的复函》(劳部发〔1997〕271号)。

开始依法享受基本养老保险待遇的",而国务院颁布的《劳动合同法实施条例》第 21 条则规定"劳动者达到法定退休年龄的,劳动合同终止"。以年龄这一法律事件替代了领取养老保险这一法律行为,事实上变更了因退休终止劳动合同的标准。

(2) 创设劳动法律未规定的制度。例如《劳动法》和《劳动合同法》均未规定"劳动合同中止"制度,但原劳动部于 1995 年发布的《关于贯彻执行〈劳动法〉若干问题的意见》(劳部发〔1995〕309 号) 第 28 条规定,劳动者涉嫌违法犯罪被有关机关收容审查、拘留或逮捕的,用人单位在劳动者被限制人身自由期间,可与其暂时停止劳动合同的履行。暂时停止履行劳动合同期间,用人单位不承担劳动合同规定的相应义务。实际上变相规定了劳动合同中止制度。此后,《中华人民共和国劳动合同法实施条例(草案)》第 24 条中曾规定,用人单位与劳动者协商一致,可以中止或者部分中止履行劳动合同。虽然此项草案规定因争议较大而取消,但部分地方立法却明确规定了劳动合同中止制度,例如《江苏省劳动合同条例》第 30 条和《山东省劳动合同条例》第 26 条,均全面规定了劳动合同中止的适用条件、法律效果。[1]

(3) 补充劳动法律的规定。其他规范性文件的主要功能是补充和细化劳动法律的规定。鉴于法律本身相对简略并且国家立法机关慎用立法解释权,[2] 其他规范性文件已经成为劳动法制度体系的重要枝干。例如,在劳动关系认定方面,劳动法律过于强调书面合同形式,由此遗留的无书面合同的劳动关系认定问题、名为劳动合同实为委任合同等合同性质鉴别问题均须依据原劳动和社会保障部发布的《关于确立劳动关系有关事项的通

---

[1] 江苏和山东关于劳动合同中止的规定基本无差别。规定内容如下所述。有下列情形之一的,劳动合同可以中止:(1) 经双方当事人协商一致的;(2) 劳动者因涉嫌违法犯罪被限制人身自由的;(3) 劳动合同因不可抗力暂时不能履行的;(4) 法律、法规规定的其他情形。劳动合同中止期间,劳动关系保留,劳动合同暂停履行,用人单位可以不支付劳动报酬并停止缴纳社会保险费。劳动合同中止期间不计算为劳动者在用人单位的工作年限。劳动合同中止情形消失,除已经无法履行的外,应当恢复履行。

[2] 笔者统计,截至 2017 年 7 月,全国人大常委会共作出立法解释 28 项,其中关于刑法的 15 项、刑事诉讼法 3 项、香港基本法 5 项、澳门基本法 1 项、国籍法 2 项、民法 1 项、经济特区 1 项。

知》（劳社部发〔2005〕12号）。[1] 该通知实际上已成为我国司法审查从属性的基本规范。此外，在劳动法分类调整方面，《劳动法》只规定了标准工时，有关使用除外的情形依其第39条规定，即企业因生产特点不能实行本法第36条、第38条规定的，经劳动行政部门批准，可以实行其他工作和休息方法。实际上，我国特殊工时的法律制度是由原劳动部发布的两部部门规章构成的，即《关于贯彻执行〈劳动法〉若干问题的意见》（劳部发〔1995〕309号）和《关于企业实行不定时工作制和综合计算工时工作制的审批办法》（劳部发〔1994〕503号）。其中，不定时工作制适用于企业高管、外勤、推销等无法按标准工时衡量的职工，长途运输、出租汽车司机和装卸人员等需要机动作业的职工以及其他特殊情形；综合计算工时制适用于交通、铁路、邮电、水运、航空、渔业等行业中因工作性质需要连续作业的职工，地质、勘察、建筑、旅游等行业的部分职工以及其他情形。可见，在标准与特殊工作时间的规制方面，《劳动法》与相关部门规章已经形成了"概括规定"与"分类调整"的搭配，此项规制模式具有充分的灵活性和开放性，并已经过多年实践，是本土值得发掘的实践经验，应为未来修法所重视。

（二）《劳动合同法》的症结在于对行政、地方立法权的压制

当研究的视域从法律文本扩展到行政及地方规范性文件，可以对《劳动合同法》的症结有新的认识。前述所提到该法对适用主体"一刀切"，缺乏分类调整的设计，以及"过度强化管制、限制自治"[2] 等问题均是此项立法弊端所在，却非问题之症结。笔者认为，《劳动合同法》的症结在

---

[1] 《关于确立劳动关系有关事项的通知》（劳社部发〔2005〕12号）第1条规定，用人单位招用劳动者未订立书面劳动合同，但同时具备下列情形的，劳动关系成立。（1）用人单位和劳动者符合法律、法规规定的主体资格；（2）用人单位依法制定的各项劳动规章制度适用于劳动者，劳动者受用人单位的劳动管理，从事用人单位安排的有报酬的劳动；（3）劳动者提供的劳动是用人单位业务的组成部分。对于劳动关系认定这样的基础性问题由部门规章来规定，既反映出立法的粗糙，也显示行政立法的重要地位。并且，该通知以标准化劳动关系为蓝本，确立起"构成要件"式劳动关系认定模式。如果在未来需要促进非标准劳动关系，增强用工灵活性，那么关注点不能只聚焦在《劳动合同法》等法律文本中，更要看到大量行政、地方立法发挥的作用并不弱于法律。

[2] 董保华教授认为，"过度强化管制、限制自治"是《劳动合同法》系统性失衡的症结。参见董保华《〈劳动合同法〉的十大失衡问题》，《探索与争鸣》2016年第4期。

于该法压制了行政、地方立法权的空间，排斥了行政、地方立法在劳动法规范体系中早已形成的诸多功能，以其文本规定作为规制劳动用工安全与灵活的唯一标尺，由此造成了调整机制的刚性和僵化。

(1)《劳动合同法》违背了"法律不宜过细"的立法政策，突破了原有立法权分配格局，过度限制了行政、地方立法权限。"法律不宜过细"看似不符合法律人对"良法"的追求，却是在我国特有国情下的理性选择。就劳动用工领域而言，我国劳动力规模庞大，构成复杂，有极富中国特色的进城务工人员和国有企业用工制度，也有不同规模企业差别极大的劳动管理需求。应当承认，国家立法机关在如此复杂的客观现实面前是处于信息获取不充分状态的。而《劳动合同法》的制定策略是忽视此信息局限，似乎抽象出某一种用工状态，据此制定了细致的规则，实际上违背了"法律只能解决最基本的问题"的政策初衷，从而导致"一刀切"的问题产生。

从法律与其他规范性文件配合的角度看，法律规定的刚性可以通过"法律、行政法规规定的其他情形"或"法律或国务院另有规定的除外"予以变通，借由"例外性规定"的法律技术开放一个通道，使行政法规能够根据具体情形加强或减弱法律的规制力度。而一旦建立起法律与行政法规对接的通道，地方性法规、部门规章、地方规章均可借助此通道，依据行政法规作进一步细化的规定，由此开拓出一个法律刚性外的弹性空间。上文所述的其他规范性文件对劳动法律的发展功能均源于此。梳理《劳动合同法》的文本规定可知，该法正文共规定"法律、行政法规规定的其他情形"4处，分别是第38条"劳动者合同解除权"、第42条"用人单位不得解雇劳动者情形"、第44条"劳动合同终止情形"、第46条"用人单位向劳动者支付经济补偿金情形"，除第44条有关事实性质的规定外，其他几条均旨在强化劳动保障的刚性，进一步限缩用人单位的用工自主权以及劳动关系双方的自治空间。另外，该法第10条"书面合同形式要求"，第14条"无固定期限合同"，第37条"劳动者辞职权"，第39、40、41条"用人单位解雇权"均无例外性规定，严格限定了用人单位的权利范围，以至于行政、地方立法权无法根据行业、地方的特点调整法律的规制力度，消灭了其他规范性文件发挥作用的空间，由此造成了过度管制。

(2)《劳动合同法》对从属性的理解过于刻板，未给予行政、地方立法区分不同类型劳动者从属性差异的空间,因此无法形成分类调整的机制。劳动法律对从属性的理解应当是抽象的,表征"劳动者受用人单位支配"之义,但抽象不等于刻板。所谓刻板是《劳动合同法》理解的"从属性"是单一、静态的,基于这种理解所提炼的劳动者形象是难以与用人单位进行意思自治,需要高强度、全方位保障的,因此才产生书面形式要求、严格限定的解雇条件以及劳动合同长期化的种种规则设置。在这种思维框架下,《劳动合同法》自然不会给行政、地方立法保留分类调整的空间。

但是,从属性并不是单一、静态的,而是变动的,表征"射程"的。该射程内不同类型劳动者的从属性差异需要通过分类加以明确,而分类是在劳动法律对"从属性"抽象规定的挈领下,通过行政、地方立法实现对从属性认识的具体化。从这个角度说,《劳动合同法》通过对行政、地方立法的压制确立了唯一的从属性标准,并将此刻板的认识输出到劳动法的实践环节,因此才会有诸多高管乃至董事长主张适用劳动法的案例,[1] 也不乏法官认定总经理为劳动者的案例。[2]

(3)《劳动合同法》未能体现社会政策立法趋势,压制行政、地方立法权的后果是社会政策立法不足,导致其难以灵活应对外部社会经济环境变化。劳动立法与其他传统法律部门相区别的重要特点是该法具有鲜明的政策属性,如德国学者所言,涉及劳动法的政策领域在实质上属于社会政策。[3] 劳动立法不仅肩负着保障劳动者权益,构建和谐劳动关系的基本使命,同时该法的规制模式对劳动力市场、就业结构、用工成本、产业转型,乃至社会经济发展均有重要影响。[4] 所以,以张五常为代表的诸多经

---

[1] 参见马君、刘岳庆:《公司高管人员劳动法保护的边与界》,载《中国劳动》2010年第10期。

[2] 参见"上海家化联合股份有限公司与王苗劳动合同纠纷二审民事判决书",(2015)沪二中民三(民)终字第747号。

[3] 在一方面受到经济上唯独能成功的市场经济挤压,另一方面受到社会公正和安全挤压的紧张领域,政策(Politik)就会被赋予建构以实现公正社会条件为目的的劳动法的使命。参见〔德〕雷蒙德·瓦尔特曼《德国劳动法》,沈建峰译,法律出版社,2014,第8页。

[4] 参见 Sean Cooney et al., "China's New Labour Contract Law: Responding to the Growing Complexity of Labour Relations in the PRC," 30 *U. N. S. W. L. J.* 788 (2007); Hilary K. Josephs, "Measuring Progress Under China's Labor Law: Goals, Processes, Outcomes," 30 *COMP. LAB. L. & POL'Y J.* 373 (2009); Fan Cui et al., "The Effects of the Labor Contract Law on the Chinese Labor Market," 10 *J. EMPIRICAL LEGAL STUD.* 462 (2013); Virginia E. Harper Ho et al., "The Recursivity of Reform: China's Amended Labor Contract Law," 37 *Fordham International Law Journal* 973 (2014)。

济学者以及企业界人士才持续关注《劳动合同法》，乃至予以激烈批评。从这个意义上说，该法关于合同形式、订立、期限、解雇等规定过于细化，未给社会政策立法留出应有的空间。

基于对当代劳动用工多样性和复杂性的判断，一部综合性劳动立法早已不能有效解决诸多劳动关系问题及其衍生的社会经济问题，需要针对多变的行业、地区利益诉求，通过社会政策立法予以及时有效的回应。[①] 行政法规、地方性法规、部门规章和地方规章是不同层次的社会政策立法形式，作为其制定主体的行政机关或地方立法机关能够便捷地掌握社会经济形势的变化趋势，直接了解具体行业和地区的特征及需求，制定相关规范性文件的程序亦更为简便，由此形成的社会政策立法具有灵活性的优势，能够有效化解法律的僵化。上文列举的国务院《关于职工工作时间的规定》对《劳动法》第36条标准工时的变更，以及原劳动部规章对特殊工时制度的完善都可视为社会政策立法推动劳动法律增加灵活性、适用社会经济发展需要的例证。

(三) 基于扩张行政、地方立法权的修法设想

着眼于《劳动合同法》修订，我们应当意识到"增强劳动力市场的灵活性"对劳动法的要求远远超过放松管制，仅修订部分法律条文无法实现这一目标。随着互联网服务等新型用工模式的兴起，中国未来的劳动关系形态一定会更为丰富、多样、灵活、弹性，劳动法的理念和制度应以此现实为基础，在顺应灵活与弹性的大趋势下，探寻适当的保障机制。基于上文的分析，笔者认为《劳动合同法》的修订思路是扩张行政、地方立法权，在法条中增加"授权立法"的规定，扩大法律适用例外的空间，通过行政、地方立法进行分类调整，将"刚性"的传统综合性劳动立法转变为"弹性"的社会政策立法。

(1) 分类调整并限缩适用范围。《劳动合同法》的定位是规定基本问题，不宜太细，那么有关适用主体分类及排除高管、小微企业适用等内容不应规定于该法，而应在行政法规层面解决。因此，《劳动合同法》第2

[①] 德国学者 Wagner Adelph 认为社会政策是运用立法和行政的手段，以争取公平为目的，清除分配过程中的各种弊害的国家政策。参见曾繁正《西方国家法律制度社会政策及立法》，红旗出版社，1998，第165页。

条关于适用范围的概括性规定应保留。[1] 按现有体例，适用除外的规定是"附则"部分的第96条[2]，排除了事业单位和聘用制人员。延续这一体例，应在"附则"部分增加一条：由国务院对本法适用范围制定实施细则。《劳动合同法实施条例》（简称"实施条例"）第一章"总则"现已有针对《劳动合同法》适用范围的条款，其第2条明确合伙组织和基金会属于用人单位。[3] 那么，可以在该"总则"部分构建主体分类框架，例如针对用人单位的规模、地域、行业等进行分类，针对劳动者的岗位、技能、收入等进行分类。对于具有季节性、周期性的行业以及诸如职业运动、互联网用工等特殊形态用工可由人力资源和社会保障部门（简称"人社部门"）出台部门规章予以细化规范。同时，该总则部分可增加排除适用的规定，一方面以《公司法》对高管的界定为基础排除其适用劳动法[4]，另一方面规定用人单位的雇佣人数门槛，将小微企业排除。

（2）书面合同形式、无固定期限劳动合同、解雇保护的相关条文中增加"法律或国务院另有规定的除外"。此三项制度在实践中争议较为集中，突出反映了《劳动合同法》的规制"刚性"。笔者以此为例，提供一个扩张行政立法权，以实现规制灵活化的思路。

对于书面合同形式，不应当直接删去《劳动合同法》第10条的规定，此项要求具有一定的合理性。[5] "一刀切"地要求书面形式与"一刀切"地废除书面形式都是不妥当的。那么，应由国务院在《实施条例》中或人社部门在部门规章中豁免部分行业用工的书面形式要求，例如实践中签订

---

[1] 《劳动合同法》第2条：中华人民共和国境内的企业、个体经济组织、民办非企业单位等组织（以下称用人单位）与劳动者建立劳动关系，订立、履行、变更、解除或者终止劳动合同，适用本法。国家机关、事业单位、社会团体和与其建立劳动关系的劳动者，订立、履行、变更、解除或者终止劳动合同，依照本法执行。

[2] 《劳动合同法》第96条：事业单位与实行聘用制的工作人员订立、履行、变更、解除或者终止劳动合同，法律、行政法规或者国务院另有规定的，依照其规定；未作规定的，依照本法有关规定执行。

[3] 《劳动合同法实施条例》第2条：依法成立的会计师事务所、律师事务所等合伙组织和基金会，属于劳动合同法规定的用人单位。

[4] 谢增毅：《公司高管的劳动者身份判定及其法律规则》，《法学》2016年第7期。

[5] 我国由于存在大量的底层劳动者，具有明确的从属性，劳动法对其保护最为直接的方式就是书面劳动合同，以此能够减少大量认定劳动关系的争议，以最便捷的途径施予劳动法保护，此时"从属性被劳动合同形式所吸收"不失为一种制度理性的体现。参见王天玉《经理雇佣合同与委任合同之分辨》，《中国法学》2016年第3期。

书面合同率低的低端服务业、建筑业等，辅之以专项行业规定，简化劳动关系证明标准和程序。

对于无固定期限劳动合同，笔者认为其增进劳动关系稳定性的设计初衷是好的，但由于不区分适用范围，导致其成为一些用人单位配置人力资源、提升效率的障碍，典型例证是华为集体辞职事件。[①] 在以人工智能为代表的新科技革命浪潮中，为助力"大众创新、万众创业"，应当允许一部分科技创新企业最大限度发挥人力效率，豁免适用无固定期限劳动合同规定。此类企业可由行政法规或部门规章予以界定。因此，《劳动合同法》第14条可增加"法律或国务院另有规定的除外"规定。

对于解雇保护制度，不应当在《劳动合同法》第39条中增设"其他合理的、客观的和正当的解雇事由"，这样规定相当于脱离了倾斜保护的框架，自动撤出了劳动法规则的保护伞。应当由立法规则解决的问题不应轻易地交由司法。因此，解雇保护制度应由国务院或人社部门根据主体分类、行业特点等因素进行调整，以部分适用现有规则，增加解雇保护的弹性。因此，《劳动合同法》第39、40、41条可增加"法律或国务院另有规定的除外"规定。

（3）扩张地方立法权，给予地方根据自身特点调整劳动法规制力度的权限。我国各地区的产业结构、劳动力构成存在很大差异，沿海发达省份与中西部地区在适用同一部法律的前提下应当能够根据自身特点有所调整。劳动法具有很强的社会政策属性，应通过扩张地方立法权，使各地获得实施本地化劳动政策的制度空间。在这一点上，《劳动法》在"附则"第106条规定，省、自治区、直辖市人民政府根据本法和本地区的实际情况，规定劳动合同制度的实施步骤，报国务院备案。笔者认为，此为良好的立法经验，照顾到了各地的差异，应为《劳动合同法》所继承。按照修法设想，在行政法规层面的《劳动合同法实施条例》构建主体分类的基础上，各省份应当根据本地区实际情况予以补充和细化，贯彻劳动法分类调整机制。鉴于法律对各省份是否制定实施条例或细则没有规定，目前也仅有少数省份制定了《劳动合同条例》，因此为促进地方立法，建议在《劳

---

① 《华为辞职门风波》，http://tech.qq.com/zt/2007/huawei_cizhi/，访问时间：2017年7月21日。

动合同法》附则中增加：省、自治区、直辖市人民代表大会常务委员会根据本法和行政法规，结合本地区实际，制定劳动合同条例；省、自治区、直辖市人民政府根据本法和本地区的实际情况，规定劳动合同制度的实施细则，报国务院备案。

结　语

在《劳动合同法》十周年之际，我们应当认识到"增强劳动力市场的灵活性"并不仅意味着放松管制，不能局限于《劳动合同法》的文本谈修法。劳动法规制灵活化的实质是在分类调整的方向上重新配置立法权，在保证《劳动合同法》基本内容稳定的情况下，通过"授权立法"及"适用除外"的法律技术，扩张行政、地方立法，以便将主体分类纳入劳动法框架，并进行例外化规定，根据主体类型、外部社会经济环境变化等因素排除或部分排除《劳动合同法》规则的适用，从而以行政、地方立法化解其制度刚性，增强劳动法体系的弹性，最终实现传统综合性劳动立法向社会政策劳动立法转型。

（本文原载于《法学》2017 年第 10 期）

集体合同立法模式的悖论及出路

王天玉[*]

一 问题的提出

《劳动合同法》自颁行以来已对中国劳动关系的诸多方面进行了重新塑造[①]，其中尤为引起观察者注意的是《劳动合同法》"通过授予工会新的权利以推行集体协商"[②]、"工人更有能力进行集体协商以获取更多的工资"[③]。这种认识是基于《劳动合同法》关于集体合同的法律条文设计，该法第5章第1节以6个条文的篇幅规定了集体合同的主体、内容、效力以及救济方式，以相对简要的文字建构了集体合同制度的基本框架，将作为

---

[*] 王天玉，法学博士，中国社会科学院法学研究所社会法研究室副研究员，主要研究方向为劳动法、社会保险法。

[①] 参见 Sean Cooney et al., "China's New Labour Contract Law: Responding to the Growing Complexity of Labour Relations in the PRC," 30 *U. N. S. W. L. J.* 788 (2007); Hilary K. Josephs, "Measuring Progress Under China's Labor Law: Goals, Processes, Outcomes," 30 *COMP. LAB. L. & POL'Y J.* 373 (2009); Fan Cui et al., "The Effects of theLabor Contract Law on the Chinese Labor Market," 10 *J. EMPIRICAL LEGAL STUD.* 462 (2013); Virginia E. Harper Ho et al., "The Recursivity of Reform: China's Amended Labor Contract Law," 37 *Fordham International Law Journal* 973 (2014).

[②] Haiyan Wang et al, "China's New Labour Contract Law: is China moving towards increased power for workers?," *Third World Quarterly* Vol. 30, No. 3, 2009, p. 485.

[③] Susan Aaronson, "How China's Employment Problems Became Trade Problems," *Global Economy Journal* Vol. 10 [2010], Iss. 3, Art. 2, p. 20.

劳资之间集体协商成果的集体合同纳入该法体系之中。从整部法律的全局来审视，该法以"劳动合同"命名，并由第1章"总则"第1条明确其立法目的是"完善劳动合同制度"，那么作为第5章"特别规定"的一部分，"集体合同"在该法中的定位应视为一种"特别"劳动合同。[1] 据此，通过将集体合同界定为特别劳动合同的立法逻辑路径，《劳动合同法》完成了对集体合同制度的建构。

但是，《劳动合同法》的此种制度设计存在一个基础性的疑问，即"集体合同是劳动合同吗？"依通行认识，劳动法体系的基本分类是依据调整对象分为个别劳动关系法和集体劳动关系法，在英语文献中对应的概念是雇佣法（employment law）和劳工法（labor law）。[2] 从学理角度说，劳动合同属于个别劳动关系范畴，是劳动者个人与用人单位之间就建立劳动关系所缔结的合同；集体合同则属于集体劳动关系，意指工会与用人单位就工资、工时等劳动条件进行集体协商所达成的合意。《劳动合同法》采纳了劳动合同与集体合同的学理概念界定与分类，该法第1章第2条规定用人单位与劳动者基于劳动合同建立劳动关系[3]，第5章第51条规定集体合同由工会或者劳动者代表与用人单位订立，并应当提交职工代表大会或者全体职工讨论通过。[4] 但是，在此概念差异的基础上，《劳动合同法》并未在体例结构上排除集体合同，而是通过立法技术的"特别化"处理将集体合同纳入劳动合同体系中。可见，《劳动合同法》认同劳动合同与集体合同所存在的差异，但这种差异是否具有根本性？答案有两种可能性：如果二者差异属于非根本性差异，那么集体合同可作为特别劳动合同，则应依

---

[1] 《劳动合同法》第5章"特别规定"包括3个小节，分别是集体合同、劳务派遣和非全日制工作。

[2] Chan K - W., "The Transition from Individual to Collective Labour Relation in China," *Industrial Relations Journal* 44：2，p. 116（2013）.

[3] 《劳动合同法》第1章第2条规定，中华人民共和国境内的企业、个体经济组织、民办非企业单位等组织（以下称用人单位）与劳动者建立劳动关系，订立、履行、变更、解除或者终止劳动合同，适用本法。国家机关、事业单位、社会团体和与其建立劳动关系的劳动者，订立、履行、变更、解除或者终止劳动合同，依照本法执行。

[4] 《劳动合同法》第5章第51条规定，企业职工一方与用人单位通过平等协商，可以就劳动报酬、工作时间、休息休假、劳动安全卫生、保险福利等事项订立集体合同。集体合同草案应当提交职工代表大会或者全体职工讨论通过。集体合同由工会代表企业职工一方与用人单位订立；尚未建立工会的用人单位，由上级工会指导劳动者推举的代表与用人单位订立。

据现有劳动合同机制实施；如果属于根本性差异，那么集体合同不应当作为劳动合同的特别类型，而是另一类独立存在的合同类型，《劳动合同法》构建集体合同制度的尝试应当予以修正。

对于如何判断劳动合同与集体合同是否存在根本性差异的问题，劳动立法并没有给予充分的重视，因而也未形成清晰的认识。从劳动立法的历史脉络来看，《劳动合同法》建构集体合同制度的立法模式并不是没有缘由的。中国在20世纪90年代开启的劳动立法以1994年《劳动法》为肇始，至2008年《劳动合同法》的颁布达到了一个高峰。[①]《劳动法》作为劳动基本法简明但较为全面地列举了劳动者的各项基本权利，该法第3章以"劳动合同和集体合同"为名，将两类合同制度设置在同一章中，显示出彼时立法并未将集体合同作为特别劳动合同，而是将此二者视为并列的两种合同类型。但是，在条文篇幅上，劳动合同有14个条文予以规定，而集体合同仅有3个条文[②]，显示出集体合同并不是立法的重点内容。直至《劳动合同法》制定之时，在《劳动法》关于集体合同的规定之外，已有2001年修订的《工会法》和2004年颁布的《集体合同规定》相继补充完善了集体合同制度。对比上述规范性文件关于集体合同的条文内容可以发现，《劳动合同法》没有对集体合同制度已形成的框架进行实质性的改变，在整体上继受了《劳动法》和《工会法》相关规定的主要内容。[③] 但是，这一继受过程不仅仅是《劳动合同法》将较为分散的集体合同规定予以整合，同时还在立法上重新界定了劳动合同与集体合同的关系。对于这一体例设计，有一种解释是新的劳动立法意图加强对劳动者权利的保护，化解劳资之间不安定的因素[④]，为此需要通过工会在用人单位和劳动者之间进行集体协商，就主要问题达成合意[⑤]，以实现《劳动合同法》"构建和发展

---

① Brown, R., *Understanding Labor and Employment Law in China*, Cambridge: Cambridge University Press, 2010.
② 《劳动法》第3章为"劳动合同与集体合同"，其中第16—30条规定劳动合同，第33—35条规定集体合同。
③ Hilary K. Josephs, "Measuring Progress Under China's Labor Law: Goals, Processes, Outcomes," 30 *COMP. LAB. L. & POL'Y J.* 391 (2009).
④ Chan K-W., "China Labour Laws in Transition," In *Law, Wealth and Power in China: Commercial Law Reforms in Context*, ed. J. Garrick, New York: Routledge, 2011, pp. 163-181.
⑤ Robert Taylor, "China's Labour Legislation: Implication for Competitiveness," *Asia Pacific Business Review* Vol. 17, No. 4, p. 497 (2011).

和谐稳定劳动关系"的宗旨。这种观点虽然从法律功能的角度给出了一种解说，但是并没有在法理上回答集体合同的特殊性所在，亦混淆了个别劳动关系与集体劳动关系在调整机制上的差异，在某种程度上导致外界对于《劳动合同法》是集体劳动关系法（劳工法 labor law）还是个别劳动关系法（雇佣法 employment law）的模糊理解①，无助于集体合同与劳动合同之间关系困惑的澄清。

鉴于集体合同与劳动合同是否具有根本性差异的问题关系到《劳动合同法》体系架构的逻辑统一性，也关系到集体合同制度自身的功能定位与运行机理，继而关系到中国个别劳动关系与集体劳动关系未来法律架构与立法路径的选取，有必要从学理层面考察集体合同的概念内涵、缔约主体、条款效力以及救济方式等要点，以获取充分理由判断其与劳动合同之间的差异为何、差异是否具有根本性，并以此分析为基础反思《劳动合同法》建构集体合同制度的模式是否妥当，未来劳动立法应当如何取舍。

二 集体合同的制度特性：主体、效力与救济方式

集体合同（Collective Contract）是我国劳动立法所独创的法律用词，出现在立法中是始于1994年的《劳动法》，沿用至今已成为约定俗成的基本劳动法概念。从比较法的角度看，集体合同大致可对应英语文献中的 Collective Agreement、日本劳动立法中的"劳働协约"以及我国台湾地区文献中的"团体协约"，表征工会或其他工人团体与雇主或雇主团体就劳动条件及相关问题签订的书面协议。虽然有研究对于"集体合同"这一概

---

① 国务院网站公布的《劳动合同法》英文译名为 *Labor Contract Law*，http://english.gov.cn/archive/laws_regulations/2014/08/23/content_281474983042501.htm，2015年5月27日。大多数文献遵循此中国官方英文版本表述，但也有少部分文献使用 *Employment Contract Law*，参见 Hilary K. Josephs, "Measuring Progress Under China's Labor Law: Goals, Processes, Outcomes," 30 *COMP. LAB. L. & POL'Y J.* 391 (2009); Baker & McKenzie, China Employment Law Guide, http://www.bakermckenzie.com/files/Uploads/Documents/North%20America/DoingBusinessGuide/Dallas/br_china_employmentlawguide_13.pdf，访问时间：2015年5月27日。

念表述存在质疑[①],但本文为保持与立法及相关讨论的话语一致性仍沿用此表述。

劳动立法基于强调主体平等性的考量,将集体合同定位为一种"合同",并在"平等协商"等合同原则方面凸显集体合同与劳动合同所共同具有的基本合同属性,或许正是这种立法意识埋下了《劳动合同法》制度安排的伏笔。《劳动合同法》第3条规定,订立劳动合同,应当遵循合法、公平、平等自愿、协商一致、诚实信用的原则;第51条规定,企业职工一方与用人单位通过平等协商订立集体合同。诚然,对于主体平等性的追求确是集体合同制度生成的动因之一:劳动者与用人单位缔结劳动合同时处于形式平等但实质不平等的地位,因而法律授权劳动者结社组织工会,以集体的力量平衡用人单位的优势地位,实现基于实质平等地位的协商博弈,促进劳资领域的自治与良性秩序。

但是,主体平等性并不是集体合同的唯一特质,平等主体之间缔结的合意也并不仅只有"合同"这一种形式。检视发达市场经济国家劳资实践可以发现,集体合同通常不是工会和雇主或雇主协会之间具有法律强制力的合同(Contract),也不是具有普遍效力的法律规则,其最重要的法律效力是它作为个人劳动合同中的明示的、默示的习惯性条款(Agreement)。[②] 从这个意义上说,集体合同既是一项劳资之间的和平条约,也是劳动条件、工作分配和职业稳定的规范性来源。[③] 由此反思,基于平等主体达成合意的理由而将集体合同定位为"合同"的认识并不严谨,合同必然包含平等主体的合意,但包含平等主义合意的法律关系不一定是合同。[④] 因此,对集体合同的考察应当突破带有私法色彩的"合同"视域局限,聚焦集体

---

① 郑尚元教授曾辨析"集体合同"的词义并提出,从中国集体合同制度创建以来的实践看,所谓的集体合同实质上是集体协议,"集体合同"一词仅仅是取了"合同"之名而无"合同"之实。用概念表述上,"团体协议"较之"集体合同"而言,词义更加确切,含义更加具体。参见郑尚元《"集体协商"与"集体合同"词义辨》,《北京市工会干部学院学报》2005年第3期。
② Stephen Hardy, Labour Law and Industrial Relations in Great Britain, Kluwer Law International, 2007, p. 528.
③ Kahn–Freund. O., Labour and the Law, London: Stevens and Sons, 1983, p. 154.
④ 王利明教授认为,合同是交易的法律形式,凡不以反映交易关系为内容的协议,尽管名称上也称为合同,也并不属于我们所说的合同范畴。参见王利明《合同法研究》第1卷,中国人民大学出版社,2002,第10页。

合同因调整产业关系（Industrial Relationship）所形成的特质，发现此项制度在主体资格、条款效力以及救济方式等方面的内在规定性，发现集体合同特有的制度逻辑和法律功能。

（一）集体合同主体之团体性

劳动合同由个别劳动者与用人单位订立，劳动者本人作为合同主体独立决定合同的订立、履行、变更、解除或者终止，并享有或承担基于劳动合同产生的权利义务以及违约责任，体现了合同相对性。但是，集体合同的主体则更为复杂，既涉及作为团体成员的个体劳动者，又有作为团体代表的工会或者劳动者代表。也就是说，集体合同的主体问题并不仅停留在具有订立合同的资格上，还应当以此确定集体合同对人的效力范围。[1] 由于集体合同必然会对劳动者团体中各个成员的劳动合同约定产生变更效力，但个体劳动者并不直接参与订立集体合同，合同相对性无法适用，由此衍生的问题是，集体合同主体与劳动者团体及成员的关系为何？集体合同借由何种法律途径对作为团体成员的个体劳动者产生法律效力？

集体合同主体资格有三种主要的理论解释。

一是代理理论，认为作为集体合同主体的工会是"劳动者团体"的代理人，作为团体成员的劳动者依据集体合同分别享有各自的权利和义务。又由于代理的法律基础是团体成员的授权，那么作为代理人的工会或者劳动者代表应当由劳动者代表大会选举产生，或者通过大会决议的方式追认缺乏完全授权而订立的集体合同。[2] 根据代理的法律原理，工会作为代理人以自己的名义订立集体合同，但不因合同享有权利和承担义务，合同后果由作为被代理人的劳动者承担，因此集体合同的法律效果仅及于团体中的个体劳动者。

二是团体理论，认为集体合同的主体仅仅是签订该合同的工会，劳动者团体各成员通过工会与集体合同发生法律上的联系，"个体工人的地位

---

[1] 〔日〕菅野和夫：《劳动法》（第7版），弘文堂，2005，第503页。
[2] Philipp Lotmar, Der Arbeitsvertrag nach dem Privatrecht des Deutschen Reiches, 1. Bd, Leipzig 1902, S. 796ff.

与企业中工人团体组织的命运联系在一起，并且这种联系是无法摆脱的"。① 因此，集体合同的主体是工会与雇主。此学说发展成社会自治的立法思想，并为德国劳动立法所吸纳。② 在该理论影响下，史尚宽先生亦曾指出"团体协约之当事人在工人方面以团体为限"。③

三是组合理论，认为集体合同的主体既包括工会，也包括各个团体成员。在实践中工会大部分时候作为成员利益的代表而存在，但也作为独立的主体承担相应的义务。④ 该理论在对代理理论反思的基础上试图确立工会作为集体合同主体所具有的相对独立性，并解决集体合同对劳动者团体成员发生效力的法律依据问题，实际上是上述两种理论的折中。

由于我国《劳动合同法》以个体劳动者与用人单位所订立的劳动合同为主要规范内容，实际采用了"个体主义"的立法模式，以劳动者"个体"作为立法基点，劳动者是权利的享有者和义务的承担者，工会或劳动者代表的合同主体资格来源于劳动者的授权，因而在集体合同的制度设计上遵循了代理理论，体现为《劳动合同法》第51条的规定，即集体合同的主体是劳动者一方，工会或劳动者代表须经劳动者选举或推举，集体合同草案应获得职工代表大会或全体职工的追认。代理理论的优势在于明确地解释了集体合同进入劳动合同的法律路径，但是在解释集体合同法律效力时则遭遇了严重的困境。第一，通过代理方式授权的局限。例如，在集体合同订立后进入企业的劳动者未经过授权工会的程序，那么集体合同应当对其不发生法律效力，其劳动合同约定条件低于集体合同亦属正当；第二，被代理人的权利处分。基于代理理论，劳动者作为被代理人有权处分自身的权利，被代理人不得干涉，那么劳动者即可抛弃集体合同所设定的劳动条件，自主决定其劳动合同内容，工会无权禁止或阻拦。第三，违约

---

① Lord Wedderburn, "Labour Law 2008: 40 Years On," *Industrial Law Journal* 4, 2007, p. 414.
② 该学说创始人德国学者辛茨海默（Sinzheimer）将"社会自治立法"解释为：由社会直接立法实现社会自治是解决社会问题的最好方法，最好的例证就是劳资团体签订的集体合同，应当通过社会组织自治的方式赋予社会力量，即赋予集体合同双方构建的法律关系与国家法同样的效力。"社会直接立法"代表了法治发展的基本方向，而社会自治的目的也是分散国家的集体立法。参见吴文芳《德国集体合同"法规性效力"与"债权性效力"之研究》，《法商研究》2010年第2期。
③ 史尚宽：《劳动法原论》，正大印书馆，1978，第101页。
④ Peter Ullmann, Tarifverträge und Tarifpolitik in Deutschland bis 1914, Lang, 1977, S. 112.

责任的承担。在集体合同有效期内,如果部分劳动者主张重新订立集体合同并就此罢工,此违反集体合同的责任应由每个劳动者承担,工会无权阻止或惩戒此类违约行为。上述问题的存在显然违背集体合同制度存在的法理与运行的实践。可见,代理理论无法调和集体合同内在之"团体性"与劳动合同所依据的"个体主义"的逻辑矛盾,《劳动合同法》将集体合同作为特别劳动合同的体例安排,既导致集体合同制度自身的缺陷与低效,又难以避免两类合同制度的冲突,可谓制度构建之困境。

因此,劳动立法对集体合同主体的认识应当回归团体性,转向团体理论作为制度建构的法理基础。集体合同的主体既不是处于无组织状态的"劳动者一方",也不是基于个体劳动者授权而享有合同权利的工会,[①] 而应当明确为具有团体性的工会,能够形成独立且完整的意思表示,具有独立的缔约能力,亦能够独立承担违约责任。据此形成的集体合同制度具有完备的解释力和自洽的逻辑性,体现为以下三个方面。

首先,能够充分解释集体合同如何对个体劳动者发生法律效力。集体合同的主体是工会与用人单位,工会取得合同权利和义务。同时,工会作为团体以团体规章为其基本准则,在理论上工会订立集体合同的行为与团体规章制定行为相结合。[②] 劳动者加入工会则有义务遵从团体规章,其依凭成员身份获得工会因集体合同取得的权利,亦在团体规章要求下负担不得损害工会履行集体合同之团体义务。集体合同订立后进入企业的劳动者,则因加入工会的行为自动实现上述法律效果。至此,工会的角色已超越"受雇人之意定代理人",而成为一种"社会监护人"。[③]

其次,能够实现集体合同主体的法人化。法人化意味着集体合同主体完成对"劳动者一方"的组织化,其法律效果一方面是作为社团法人的工会在缔约及履约的过程中具有稳定性,能够作出独立意思表示并承担违约

---

① 董保华教授认为,工会作为集体合同主体地位不清的原因之一是工会内部存在一种倾向,就是既希望取得市场经济赋予工会的权利,又不愿意承担相应的义务,体现在集体合同的主体和法律责任的认识上,就是希望成为职工法定的、唯一的代表,并要求集体合同具有高于劳动合同的效力,但它不愿意承认自己是集体合同的当事人,也不愿意承担违约的相应责任。参见董保华《试析集体合同的主体与法律责任》,《工会理论研究》2002年第2期。

② Manfred Rehbinder, Schweizerisches Arbeitsrecht, Verlag Stämpfli & Cie Ag, 1986, 158ff.

③ 黄越钦:《劳动法新论》,中国政法大学出版社,2003,第300页。

责任，使用人单位对合同当事人及协商内容有清晰的认识及合理的预期；另一方面是在合同有效期内，工会有能力保障合同的顺利履行。[1] 对此，我国《工会法》已提供了足够的支持，该法第 14 条规定，中华全国总工会、地方总工会、产业工会具有社会团体法人资格。基层工会组织具备民法通则规定的法人条件的，依法取得社会团体法人资格。最高人民法院在 1997 年 5 月 28 日发布的《关于产业工会、基层工会是否具备社团法人资格和工会经费集中户可否冻结划拨问题的批复》中指出，基层工会只要符合《中华人民共和国民法通则》、《工会法》和《中国工会章程》规定的条件，报上级工会批准成立，即具有社团法人资格。

最后，有利于创建和维护和平的基层产业秩序。集体合同就其本质而言是劳资双方经过集体协商所确立之利益分配格局的法定化，在此基础上能够形成了具有稳定预期的基层产业秩序。劳动者通过加入工会一方面享有结社带来的权利，就此付出的代价是必须服从借由集体合同所确立的劳资秩序。正如德国学者所言，作为集体合同主体的工会"不仅仅是要使其成员的私人自治意志捆在一起发生效力，而且在保护成员法律地位之外，还具有秩序功能"。[2] 正是在这个意义上，集体协商和集体合同制度所支撑的劳资自治方有制度基础。

（二）集体合同效力之契约与法规双重性

《劳动合同法》对劳动合同效力的规定是以民事合同效力体系为基础，仅在劳动合同的书面形式要件、劳动合同无效或部分无效等少数具有劳动关系特殊性的情形下予以规定，有学者称之为对《合同法》的突破。[3] 劳动合同在本质上属于劳动者与用人单位缔结的双务合同，故基本遵循合同之债的效力体系，不是劳动法特有的制度类型。但是，集体合同的效力问

---

[1] 黄越钦教授就此指出，为协约当事人之工会必须具备完整法人要件。如当事人组织不明确，其义务之履行即不可期待，于义务履行之担保更属不能；尚未组织劳动者团体，难免欠缺独立自主之立场，易为雇主利用，透过团体协约所能发生制衡之功能，亦有不能贯彻之虞。参见黄越钦《劳动法新论》，中国政法大学出版社，2003，第 300 页。

[2] 〔德〕雷蒙德·瓦尔特：《德国劳动法》，沈建峰译，法律出版社，2014，第 401 页。

[3] 王全兴教授、黄昆博士认为，劳动合同效力制度所做的"突破"包括：书面劳动合同生效与口头（推定）劳动合同生效的相对分离；劳动合同有效要件与无效事由不尽相同；劳动合同无效后果的分阶段处理。参见王全兴、黄昆《劳动合同效力制度的突破和疑点解析》，《法学论坛》2008 年第 2 期。

题则与之无关。除此作为集体合同主体的工会与用人单位之间具有法律效力之外，还须延伸至作为工会团体成员的个体劳动者，为此集体合同制度形成了自身极具特殊性的效力体系。《劳动合同法》第54条规定，依法订立的集体合同对用人单位和劳动者具有约束力；行业性、区域性集体合同对当地本行业、本区域的用人单位和劳动者具有约束力；第55条规定，用人单位与劳动者订立的劳动合同中的劳动报酬和劳动条件等标准不得低于集体合同规定的标准。显然，集体合同在对成员劳动合同发生效力时已不是遵循私法上合同的效力，具有强制性效力。但是《劳动合同法》对此效力来源并无法理上的解释，如果参照第51条确定集体合同主体的代理理论，则出现一个悖论，那就是个体劳动者作为被代理人订立了集体合同，在其劳动合同约定内容低于集体合同规定时，并没有权利处分合同利益。在此，《劳动合同法》遭遇集体合同效力解释的困境。

集体合同效力问题曾在劳动法学理上造成极大困难，德国学界构造之"债权性效力"（Schuldrechtliche Wirkung）与"法规性效力"（Normative Wirkung）框架已彻底解决了集体合同对劳动合同的效力难题，也因之成为劳动法上最具特色的制度之一。此集体合同的效力框架以团体理论为基础，以工会作为集体合同主体为前提，简言之，工会与雇主作为集体合同主体受债权性效力约束，体现合同相对性之本意；劳动者作为工会团体成员受法规性效力约束，劳动者无权处分集体合同确定的劳动条件。

债权性效力发生于工会与雇主之间，属于集体合同所确定的合同主体之契约义务，主要包括：第一，和平义务（Friedenspflicht），又称不作为义务，即禁止合同主体在集体合同期间采取罢工、闭厂等劳动争议行动；第二，实施义务（Durchführungspflciht），又称作为义务，即合同主体有义务避免一切可能妨害集体合同履行的状况。① 为了实现集体合同所确定的基层产业秩序，工会有义务在其成员违反和平义务时，行使其团体的力量或其他法律方法敦促其履行义务，制裁的方式包括警告、催促、惩戒、罚金直至开除，此为工会团体"敦促义务"（Einwirkungspflicht）。② 此外，合同双方仍负有其他"自身义务"（Selbstpflichten），包括建立和维持仲裁和

---

① Kempen/Zachert, Tarifvertragsgesetz, 6. Aufl. 1997, Grundlagen Rn. 339 ff.
② 黄越钦：《劳动法新论》，中国政法大学出版社，2003，第302页。

调解机构等。① 鉴于此项义务所具有的债权属性，当集体合同主体一方违反相关义务时，相对方有权主张损害赔偿，并据此解除集体合同。

法规性效力，又称规范性效力，是集体合同对劳动合同所发生之效力。为了集体合同所确定之劳动条件使个体劳动者获益，又防止"劳动者在雇主强势地位压力下自动放弃此利益，导致个体劳动合同内容低于集体合同的标准"，② 集体合同必须具有如同法规一样的强制效力，否则"无法通过集体合同来维护劳动者利益并实现劳资和平"。③ 出于这一需要，德国学者辛茨海默（Sinzheimer）提出了"社会自治思想"并为《德国基本法》所吸收，确立集体合同具有强制性法规性效力，其法律渊源来自宪法委托，德国联邦法院就此解释为，"劳资自治"是宪法托付工会与雇主及其组织在同盟自由的范围内以保护和改善劳动、经济条件为目的在劳动生活的范围内享有的管辖权。④

法规性效力关注劳资双方所为劳动给付的主要内容及劳动条件，包括劳动报酬、工作时间、休息休假、劳动安全卫生、社会保险等。此项法规性效力发生的方式与债权性效力明显不同，不依赖合同相对方的对待给付，而是要求集体合同涵盖对象予以服从，具体包括三种原则。第一，不可贬低原则，又称不可排除原则，即集体合同除法律另有规定外，直接对工会团体成员的劳动合同发生效力，对于劳动合同的内容、订立和终止发生直接和强制效力。第二，有利原则，又称优惠原则，当集体合同确定的劳动条件与劳动合同约定的内容发生冲突时，对劳动者适用有利的标准，体现集体合同旨在设定最低劳动条件的功能。而判断何种条件对劳动者更为有利则应遵循客观和整体标准，相关劳动者的主观意愿不起决定作用。⑤ 第三，不可抛弃原则，又称不可削弱原则，即劳动者不得抛弃基于集体合

---

① 〔德〕雷蒙德·瓦尔特：《德国劳动法》，沈建峰译，法律出版社，2014，第425页。
② Hugo Sinzheimer, Der korporative Arbeitsormenvertrag, Teil 2, Leipzig, 1908, S. 146.
③ Adbulkadir Yurtsev, Die Bedeutung des Günstigkeitsprinzips bei der Abanderung von Sozialleistungen durch Tarifvertrag und Be‐triebsvereinbarung, Inaugural‐Dissertation der Rechtswissenschaftlichen Fakult? t der Kiel Universit? t 1996, S. 37.
④ 吴文芳：《德国集体合同"法规性效力"与"债权性效力"之研究》，《法商研究》2010年第2期。
⑤ 如何判断什么是对劳动者有利的并不简单，例如集体合同规定每周工作35小时，而劳动合同约定每周工作37.5小时，更长的工作时间意味着更多的工资收入。参见〔德〕雷蒙德·瓦尔特《德国劳动法》，沈建峰译，法律出版社，2014，第431—435页。

同所享有的劳动条件及权利,也意味着劳动者无权处分低于集体合同标准的相关利益。

(三) 集体合同争议处理机制之独立性

劳动合同争议发生于劳动者与用人单位履行合同过程中,从劳动争议的分类上属于个体争议、权利争议。2008年《劳动争议调解仲裁法》颁布后,此类争议的处理已经形成了由调解、仲裁、诉讼组成的完善体系,在近几年个体劳动争议大幅度增长的情况下发挥了有效作用。

集体合同争议则既可发生在合同订立过程中,也可发生在合同履行过程中,前者为"缔约"之利益争议,后者为"履约"之权利争议。[①] 前一项集体合同到期后,劳资双方重新订立集体合同阶段发生的争议亦属于"缔约"争议。又由于集体合同争议涉及劳动者人数较多,因此又属于集体劳动争议。在劳动争议分类中,集体合同争议处于劳动合同争议相对方,二者的争议内容、方式、影响具有根本性的不同。因此,劳动合同争议处理只需考虑单个劳动者的权利争议,而集体合同劳动争议则需综合考虑复数劳动者的利益争议、权利争议以及可能发生的集体停工等争议行动,乃至由此引发的局部社会影响。

集体合同订立阶段发生的利益争议是集体合同争议的主要类型,劳资双方争议的焦点是利益分配,体现劳动者团体与资本就构建基层产业秩序发生的对抗与博弈,因而也最能体现劳动法调整对象的团体性特色。第一,从缔约的角度看,集体合同的订立过程实际上就是集体协商,而集体协商并不必然能够达成合意结果,当劳资双方利益诉求差异过大并难以妥协的情况下,集体协商进入僵局并易于引发群体性的劳动争议行动,导致集体合同争议。可见,利益争议的发生及处理是与集体协商联系在一起的,集体协商主体、内容及程序等制度设计与集体合同争议处理具有前后承继的衔接关系。第二,集体合同由于涉及劳动者人数较多,易于因利益争议引发团体性的劳资对抗,故争议规模远大于个体劳动合同争议,诸如停工等集体劳动争议行动对劳动关系的和谐稳定有较大影响。第三,利益

---

① 关于权利争议与利益争议的性质,学界有诸多看法和主张,黄越钦教授认为,只要把握"缔约"与"履约"两个观念即能明确分辨。黄越钦:《劳动法新论》,中国政法大学出版社,2003,第319页。

争议无法由法院以判决方式强制解决,且因涉及劳资团体性的社会经济冲突,各国制均以斡旋、调解、仲裁作为利益争议的基本处理手段,相对于劳动合同之权利争议处理程序,具有明显的独立性。[①]

集体合同履行阶段发生的权利争议在法理上属于违约或债务不履行的问题,应由合同主体启动救济程序,以集体合同内容为依据,通过仲裁或诉讼请求违约方承担损害赔偿责任。《劳动合同法》第56条规定了集体合同履行阶段发生争议的救济方式,工会作为主体参与协商、仲裁、诉讼。此项规定基本遵循了劳动合同之权利争议处理程序,但仍存在上文反复提及的法理障碍,即由于《劳动合同法》采纳了"代理理论",工会是劳动者为订立集体合同所授权的代理人,劳动者是实际的合同主体。那么在发生集体合同权利争议情况下,工会只有在取得劳动者集体授权之后,才能够再次以代理人的身份行使争议处理的相关程序性权利,否则不应当以自己的名义独立参加争议处理。

可见,《劳动合同法》只是简略规定了集体合同权利争议,且存有法理障碍,而对利益争议的处理并未涉及,实践中仍依据原劳动和社会保障部(现人力资源和社会保障部)于2004年发布的《集体合同规定》中的"集体协商争议的协调处理"部分规定。究其原因,利益争议处理离不开集体协商制度,而集体协商制度与劳动合同制度的法理与体系完全不同,所以《劳动合同法》无法规定利益争议处理,只能勉强规定权利争议处理。但是,现实中集体合同利益争议是绝大多数,权利争议的数量相对较少。综上,《劳动合同法》规定了集体合同制度,但却无法规定绝大多数集体合同争议类型的处理机制,此亦显露该法所处之困境。

三 集体合同制度立法模式之构想

《劳动合同法》对集体合同制度的建构应当置于劳动法体系之发展进程中予以评价。上文阐释了集体合同与劳动合同之间存在的根本性差异,《劳动合同法》由于在制度建构过程中未对此给予充分的考量,以至于遭

[①] 日本、瑞士、美国、德国的集体合同利益争议处理机制参见黄越钦《劳动法新论》,中国政法大学出版社,2003,第327—340页。

遇了法理障碍和制度困境。但是，从整个劳动法体系发展的历史进程中看，《劳动合同法》对集体合同制度的规定已相对于《劳动法》有了明显的进步，能够以独立小节的形式出现在法律中。任何事物的发展必然有一个逐步生发的过程，制度的生成与发展也同此理。因此，在正视集体合同制度建构于《劳动合同法》中的诸问题的同时，也应当看到此项立法的进步意义。

鉴于集体合同制度自身的特性，未来的集体合同制度建构应当走单独立法之路。反思现有的集体合同制度，离不开《劳动合同法》制定之时的客观条件，简要说，一是对集体劳动关系进行单独立法的时机尚未成熟；二是有关集体合同的学术研究尚有待积累。随着中国经济社会的快速前行，集体合同的制度价值已愈加凸显，建构和谐稳定的基层产业秩序已成为中央决策层的关注要点之一。2015年3月下发的《中共中央国务院关于构建和谐稳定劳动关系的意见》专门指出，推进集体协商和集体合同制度，加强集体协商代表能力建设，提高协商水平。加强集体协商过程的指导，督促企业和职工认真履行集体合同。依托协调劳动关系三方机制完善协调处理集体协商争议的方法，有效调处因签订集体合同发生的争议和集体停工事件。加快完善集体协商和集体合同等方面的制度。可见，此意见从集体劳动关系的特点和调整方式的层面表达了对集体合同制度的系统理解，使未来集体合同制度单独立法得以谋划，笔者就此提出以下建议。

第一，集体合同与集体协商合并立法。集体合同是集体协商成果的法律化，二者在集体劳动关系运行中处于先后衔接的关系。因此，在区分集体合同与劳动合同的根本性差异的基础上，仅就集体合同讨论立法问题，那样视野过于狭隘，也会人为割裂集体合同与集体协商的内在联系。所以，集体合同立法应当纳入整个集体劳动关系调整法之中，沿着劳资协商义务、工会组织、集体协商、集体合同、集体争议处理的制度逻辑建构完备的体系，实现对集体劳动关系的系统调整。集体合同制度在此架构下将得以与工会组织、集体协商以及争议处理前后衔接，达到最佳法律效果。

第二，集体劳动关系立法应当在法理上明确采纳团体理论。法理是制度得以实现逻辑周延的理论基础，上文已在代理理论与团体理论的对比研究中说明了各自的法律解释力，并且团体理论亦已被证明是符合集体劳动关系调整规律的。采纳团体理论能够明确工会组织的法律职能，以此为基础将工会确定为集体协商、集体合同以及争议处理的主体,取消现有立法中"劳动者一方、劳动者代表"等内涵不清的表述,继而能够顺利建构集体合同的责任承担方式,以及工会作为团体对其成员的敦促及惩戒权力。

第三,在团体理论的基础上实现工会的法人化。加强工会建设是一个老话题,如何加强是一个老问题,而新解答则是以团体理论为依据,使工会回归《工会法》所确定的社会团体法人本位。基层工会作为集体协商和集体合同的主体,应当依据法律规定实现法人化,以便形成独立的意思能力、履约能力和责任能力,既使用人单位有长期明确的协商对象和稳定的合同预期,也能够保障劳动者团体的独立性和团结性,以抵御用人单位在协商中对劳动者的干扰,还可防控劳动者在缔约或履约阶段采取过激行为,损害正常的集体劳动关系。而工会法人化的重点之一是团体规章。团体规章是社会团体的基本准则,亦是集体合同效力进入劳动合同的主要依据。但此项工作长期未受重视,应当在未来立法中将其作为加强工会建设的重点内容予以强化。

第四,集体合同争议处理的制度化与法治化。我国劳动立法在条文规定和体例上没有明确采纳权利争议与利益争议的分类方式,但是检视《劳动合同法》与《集体合同规定》对这两类争议的分别规定可以推知立法对此分类基本认可的态度。在未来争议处理程序的设计上,应明确以这两类争议的分类作为制度架构的基础。对权利争议可参照适用《劳动争议调解仲裁法》,对利益争议应当建构独立的争议处理机制,以斡旋、调解、仲裁建构程序体系,将劳资协商中的对抗与争议纳入法治化的轨道中,创建稳固的基层产业秩序。

(本文原载于《社会科学战线》2017 年第 12 期)

生育产假制度发展的国外经验及其启示意义

李西霞[*]

引 言

生育产假（maternity leave）制度最早于1878年在德国建立。[①] 之后，基于不同立法体制的生育产假制度在其他各国陆续建立。在国际层面上，国际劳工组织通过三个生育保护公约建立起生育产假国际标准。生育产假国家立法和国际标准的实施，为保护母亲和新生儿健康以及为新生儿母亲提供工作保障起到了极大的促进作用。目前世界各国大都建立了生育产假制度，其中相当数量国家还基于产假制度创建新生儿父亲陪护假（paternity leave）和父母育儿假（parental leave）制度，对生育产假制度进行创新发展，显著提高了生育保护水平，推动了男女两性在有偿工作中的机会平等和无偿家务劳动中的责任分担。

为应对人口老龄化问题，我国于2015年12月27日通过《人口与计划生育法修正案》，规定从2016年1月1日起在全国统一实施"全面两孩"政策，以鼓励生育。然而，"全面两孩"政策的有效实施，在一定程度上

---

[*] 李西霞，中国社会科学院国际法研究所副研究员，主要研究方向为国际劳工标准、妇女社会权利研究。

[①] Mona L. Schuchmann, "The Family and Medical Leave Act of 1993: A Comparative Analysis with Germany," *Journal of Corporation Law* Vol. 20, Winter 1995, p. 334.

有赖于建立完善的配套制度如新生儿父亲陪护假和父母育儿假制度。因此，研究国外新生儿父亲陪护假和父母育儿假制度，将为我国提供借鉴意义。鉴于德国和瑞典分别首创产假和新生儿父亲陪护假制度，本文以德国、瑞典和中国为例，比较研究这三个国家的相关制度安排。

一 产假制度

产假是指女职工在产前、分娩和产后的一段时间内依法享有的有工作保障的休假，由新生儿母亲专属享有，其目的是保护母亲和新生儿健康，以及为新生儿母亲提供工作保障。截至 2010 年，全球已有 167 个国家实施了产假制度，除澳大利亚[①]、莱索托、巴布亚新几内亚、斯威士兰和美国实行无薪产假制度外，其他国家均实行带薪产假制度。[②] 根据国际劳工组织 2000 年《生育保护公约》（以下简称"第 183 号公约"）规定，生育妇女有权享有不少于 14 周的产假，[③] 产假期间津贴标准不得低于该妇女原先收入或是为计算津贴而加以考虑的收入的 2/3。[④] 以下分别介绍德国、瑞典和中国的产假制度。

（一）德国产假制度

从历史视角看，德国是最早实行产假制度的国家。1878 年德国开始实行无薪产假制度，期限为产后 3 周，[⑤] 其主要目的是为由于工业革命而大量涌入劳动力市场的妇女提供保护，以避免在生育期间过度劳累并确保正常怀孕和生产健康婴儿。[⑥] 其后随着社会经济的发展，德国多次修订相关产假法律，调整产假期限和津贴标准以实现特定的立法目的。如 1927 年德

[①] 2009 年，澳大利亚政府宣布将实行 18 周的带薪产假制度，产假津贴为国家最低工资待遇水平，该制度从 2011 年开始实行。

[②] Ida Öun and Gloria Pardo Trujillo, *Maternity at Work: A Review of National Legislation*, ILO, 2nd edn., 2010, p. 17.

[③] 2000 年《生育保护公约》（第 183 号）第 4 条。

[④] 2000 年《生育保护公约》（第 183 号）第 6 条。

[⑤] Mona L. Schuchmann, "The Family and Medical Leave Act of 1993: A Comparative Analysis with Germany," *Journal of Corporation Law* Vol. 20, Winter 1995, p. 335.

[⑥] Mona L. Schuchmann, "The Family and Medical Leave Act of 1993: A Comparative Analysis with Germany," *Journal of Corporation Law* Vol. 20, Winter 1995, p. 345.

国批准 1919 年《生育保护公约》(以下简称"第 3 号公约")后,为使其国内法律与"第 3 号公约"规定的产假期限①保持一致,对产假制度进行改革,赋予生育女职工享有 12 周的产假,其中包括 6 周产后强制性休假。再比如,为了加强对生育女职工的保护,1965 年德国将产后强制性休假期限从先前的 6 周延长至 8 周。②

依据德国现行法律规定,所有与雇主建立雇佣关系的妇女,包括在家工作挣工资的妇女和与这些妇女享有同样权利的妇女(women in an employment relationship, including female home workers and those with the same legal rights as home workers),都享有产假。③ 产假期限为 14 周,其中产前 6 周,产后 8 周(多胞胎生育或早产的情况下产后 12 周),产后休假为强制性休假。在产假期间,德国所有的就业妇女和登记为失业人员的妇女有权享有产假津贴,④津贴标准为女职工产假前三个月平均净工资的 100%。⑤ 不过,法律规定生育女职工享有产假和产假津贴必须满足特定资格要求,如怀孕女职工有通知雇主其怀孕的义务和提供由医生或助产士出具的预产期证明的义务。

除此之外,参加法定健康保险计划的妇女在怀孕和分娩后还享有以下医疗津贴:(a) 医疗护理和助产士护理,如确定是否怀孕的必要医疗检查和常规检查;(b) 使用药物进行治疗;(c) 住院分娩;(d) 家庭护理等。医疗津贴通过法定健康保险计划予以支付。⑥

(二) 瑞典产假制度

瑞典是世界上最早建立生育产假制度的国家之一,1937 年开始实行产假制度。⑦ 瑞典现行法律规定,不论其工龄长短,所有女职工都有权享有

---

① 参见 1919 年《生育保护公约》第 3 条规定,生育妇女有权享有 6 周产后强制性休假。
② Kook Hee Lee, *Gender Equality in Reconciling Work and Childcare in South Korea*, Cornell Law School Inter - University Graduate Student Conference Papers, 2009, p. 17.
③ Maternity Protection Act § 1.
④ Maternity Protection Act § 13 (1) (2), National Insurance Regulation § 200 (1).
⑤ National Insurance Regulation § 200 (2), Maternity Protection Act § 13 (1), 14 (1).
⑥ 国际劳工组织网站:http://www.ilo.org/dyn/travail/travmain.sectionReport1? p_lang = en&p_countries = DE&p_sc_id = 2000&p_year = 2009&p_structure = 3,访问时间:2013 年 1 月 15 日。
⑦ Arielle Horman Grill: "The Myth of Unpaid Family Leave: Can the United States Implement a Paid Leave Policy on the Swedish Model", *Comparative Labor Law Journal* Vol. 17 (2), Winter 1996, p. 374.

产假。① 产假期限为 14 周,产前 7 周,产后 7 周。② 与德国的规定类似,瑞典法律也规定了强制性产假期限,不过瑞典规定的强制性产假期限仅有 2 周(产后)。③ 瑞典法律规定生育女职工享有产假和产假津贴必须满足告知义务,即在休假两个月前通知其雇主的义务。产假津贴标准为女职工正常工资收入的 80%。④

在瑞典,妇女在怀孕期间和分娩后享有以下医疗服务和医疗津贴:(a) 产前护理;(b) 住院分娩;(c) 产后护理;(d) 如果工作环境对怀孕有医疗风险,怀孕妇女享有在预产期的 2 个月前开始休产假的权利。医疗津贴通过社会保险基金支付。⑤

(三) 中国产假制度

自中华人民共和国成立,中国政府一直高度重视妇女权益保护,其中一项重要措施就是实行生育产假制度。这项制度的实施不仅有效保障生育妇女健康,而且也极大地促进了男女平等就业。中国产假制度建立于 20 世纪 50 年代初,此后通过不断颁布和实施新的法律法规,逐步发展和完善了中国产假制度。⑥

依据 2011 年《社会保险法》、2012 年《女职工劳动保护特别规定》以及其他现行法律规定,中华人民共和国境内的国家机关、企业、事业单位、社会团体、个体经济组织以及其他社会组织等用人单位的女职工,⑦有权享有 98 天产假,其中产前可以休假 15 天;如难产,增加产假 15 天;如生育多胞胎的,每多生育一个婴儿,增加产假 15 天。女职工怀孕未满 4 个月流产的,有权享有 15 天产假;怀孕满 4 个月流产的,享有 42 天产假。⑧ 女职工的产假津贴,对已经参加生育保险的,按照用人单位上年度

---

① Parental Leave Act §3.
② Parental Leave Act §4.
③ Parental Leave Act §4.
④ Ida Öun and Gloria Pardo Trujillo, "*Maternity at Work: A Review of National Legislation*," ILO, 2nd edn, 2010, p.53.
⑤ 国际劳工组织网站:http://www.ilo.org/dyn/travail/travmain.sectionReport1?p_lang=en&p_countries=DE&p_sc_id=2000&p_year=2009&p_structure=3. 访问时间:2013 年 2 月 15 日。
⑥ 潘锦棠:《社会保障通论》,山东人民出版社,2012,第 254—261 页。
⑦ 2012 年《女职工劳动保护特别规定》第 2 条。
⑧ 2012 年《女职工劳动保护特别规定》第 7 条。

职工月平均工资的标准由生育保险基金支付；对未参加生育保险的，按照女职工产假前工资的标准由所在单位支付。①

除此之外，女职工生育有权享有以下生育医疗津贴，怀孕和生育的检查费、接生费、手术费、住院费和药费。对已经参加生育保险的，医疗津贴由生育保险基金支付；对未参加生育保险的，医疗津贴由用人单位支付。

（四）德国、瑞典和中国产假制度的保护水平

虽然德国、瑞典和中国法定产假期限均为14周，符合"第183号公约"关于产假期限的国际标准。然而，产假期间女职工保护水平却存在较大差异。第一，享有产假的主体范围不同。德国和瑞典以是否就业为标准，为女职工提供产假；而中国则仅为国家机关、企业、事业单位、社会团体、个体经济组织以及其他社会组织等用人单位的女职工提供产假，灵活就业人员和失业人员仅在广东和上海等少数省份被纳入生育保护范围。②第二，关于产假津贴标准，"第183号公约"规定产假津贴的数额不得低于该妇女原先收入或是为计算津贴而加以考虑的收入的2/3，德国和瑞典都已符合国际标准。德国产假津贴标准为女职工产假前三个月平均净工资的100%，瑞典产假津贴标准为女职工正常工资收入的80%。在中国由于生育女职工工资收入总额中，基本工资部分仅占工资总收入的50%左右，因而即便女职工在产假期间按工资的100%申领产假津贴，在扣除各种津贴和奖金后，其收入水平也会降低很多，③因此中国产假津贴水平是否达到"第183号公约"要求的标准，有待商榷。相比较而言，德国和瑞典为生育女职工提供较高水平产假津贴，保证了生育女职工有经济能力使用法定休假时间养育婴幼儿。④

---

① 2012年《女职工劳动保护特别规定》第8条。
② 蒋永萍：《社会性别视角下的生育保险制度改革与完善》，《妇女研究论丛》2013年第1期。
③ 蒋永萍：《社会性别视角下的生育保险制度改革与完善》，《妇女研究论丛》2013年第1期。
④ Arielle Horman Grill, "The Myth of Unpaid Family Leave: Can the United States Implement a Paid Leave Policy on the Swedish Model," *Comparative Labor Law Journal* Vol. 17 (2), Winter 1996, pp. 377–378.

二 基于产假制度创建新生儿
父亲陪护假制度

基于产假制度创建新生儿父亲陪护假制度是对产假制度的重大发展。新生儿父亲陪护假是指新生儿父亲在孩子出生时专属享有的一项法定权利，一般为带薪休假，时间较短。在国际层面，国际劳工组织对新生儿父亲陪护假没有建立国际标准，甚至没有提出任何建议。不过，截至2010年，至少已有49个国家实行新生儿父亲陪护假制度，[1] 为父亲提供时间和经济能力照顾生育期的妻子和新生儿，以促进家庭性别平等和保护儿童利益。瑞典是世界上最早建立新生儿父亲陪护假制度的国家；中国绝大多数省份的计划生育条例中规定的生育护理假虽然是作为对实行晚育和独生子女家庭的奖励政策，[2] 但在客观上起到了新生儿父亲陪护假的作用；德国目前尚未建立新生儿父亲陪护假制度。

（一）瑞典新生儿父亲陪护假制度

创建新生儿父亲陪护假制度是瑞典对产假制度的重大创新。20世纪60年代，妇女解放运动第二次浪潮波及欧洲大陆并得到发展，妇女主张在公共和私人领域、工作和家庭领域享有男女平等的呼声日益高涨。70年代后，女性劳动参与率持续上升，因而强烈要求改革产假制度。在舆论压力下，瑞典于1974年建立新生儿父亲陪护假制度，这是自产假制度建立后首次以法律形式承认父亲在照顾婴幼儿方面的作用，其目的在于鼓励男性尽早进入抚育婴幼儿的家庭角色并力求实现家庭角色的性别平等。[3] 之后，其他国家纷纷仿效，建立新生儿父亲陪护假制

---

[1] Ida Öun and Gloria Pardo Trujillo, *Maternity at Work: A Review of National Legislation*, ILO, 2010, p. x.

[2] 唐芳：《从奖励到权利——生育护理假的正当性论证》，《中华女子学院学报》2012年第1期。

[3] Margaret O'Brien, "Fathers, Parental Leave Policies, and Infant Quality of Life: International Perspectives and Policy Impact," *The ANNALS of the American Academy of Political and Social Science* Vol. 624, JUN 2009, pp. 190–191.

度支持父亲帮忙照顾生育期的妻子和新生儿。① 瑞典现行法律规定，不论男职工工龄长短，都享有新生儿父亲陪护假。② 新生儿父亲陪护假期限为10天，③ 津贴标准为职工正常工资收入的80%。④ 不过，新生儿父亲陪护假必须在新生儿出生后60天内使用。

（二）中国生育护理假制度

从严格意义上讲，中国尚未建立起新生儿父亲陪护假制度。然而，我国《人口与计划生育法》创设了生育假。⑤ 该法第25条规定："公民晚婚晚育，可以获得延长婚假、生育假的奖励或者其他福利待遇。"依据该条款规定，我国绝大多数省份（除西藏自治区和吉林省外）在其计划生育条例中都规定了"生育护理假"作为对实行晚育或计划生育政策的一种奖励。⑥ 生育护理假的天数在各省份并不相同，最短的为上海3天，最长的为河南1个月，其他省为10天至15天不等。⑦ 然而，由于生育护理假期间的津贴支付尚未得到有效解决，因此该项政策的实施仍存在一定障碍。⑧ 从各省份的相关规定看，享有生育护理假需要满足相应的资格要求：或是符合晚育的资格要求，这种情形最多；或是领取独生子女证（如宁夏和海南）；或是同时满足晚育和领取独生子女证的资格要求（如福建和辽宁）。⑨

---

① Nancy E. Dowd, "Envisioning Work and Family: A Critical Perspective on International Models," *Harvard Journal on Legislation* Vol. 26 (2), Summer 1989, pp. 324 – 326.
② Parental Leave Act § 3.
③ Public Insurance Act § Ch. 4, § 10 and 12.
④ 国际劳工组织网站：http://www.ilo.org/dyn/travail/travmain.sectionReport1?p_lang=en&p_structure=3&p_sc_id=2000&p_countries=DE&p_countries=SE. 访问时间：2013年1月19日。
⑤ 《人口与计划生育法》第25条规定的生育假，在地方立法中多被称为"生育护理假"。另外，2015年12月27日通过的《人口与计划生育法修正案》，虽然删除了对晚婚晚育夫妻、独生子女父母给予生育假奖励的规定，但同时增加了合法生育可获得延长生育假奖励的规定。
⑥ 唐芳：《从奖励到权利——生育护理假的正当性论证》，《中华女子学院学报》2012年第1期。
⑦ 唐芳：《从奖励到权利——生育护理假的正当性论证》，《中华女子学院学报》2012年第1期。
⑧ 蒋永萍：《社会性别视角下的生育保险制度改革与完善》，《妇女研究论丛》2013年第1期。
⑨ 蒋永萍：《社会性别视角下的生育保险制度改革与完善》，《妇女研究论丛》2013年第1期。

生育护理假仅适用于实行晚育和独生子女的家庭，排除了未实行晚育的家庭和合法生育二胎的家庭等，因此不具有普遍适用性。

2015年12月27日，我国通过《人口与计划生育法修正案》，将第25条修改为合法生育可获得延长生育假的奖励。

然而，无论是《人口与计划生育法》规定的生育假，还是2015年《人口与计划生育法修正案》规定的生育假，却分别被作为对实行晚育或合法生育的一种奖励，尚未关注到男女两性在有偿工作中的机会平等和无偿家务劳动中的责任分担，也没有纳入儿童早期教育和发展的因素，更重要的是，从本质上讲它并不是一项法定权利。

尽管如此，我国立法中规定的生育假（生育护理假）在某种程度上也是一种制度创新，它在客观上起到了新生儿父亲陪护假的作用，与瑞典的新生儿父亲陪护假在目的方面有异曲同工之处，都为男性照顾生育期的妻子和抚育婴幼儿提供时间保证和可能的经济能力。

三 基于产假制度创建父母育儿假制度

基于产假制度创建父母育儿假制度是对产假制度的另一制度创新。父母育儿假是指在母亲休完产假或父亲休完陪护假后，由父母两人共同享有或其中一人享有的一段较长时间的休假，用来照顾和抚育婴幼儿，[1] 其目的在于促进男女两性在工作领域的机会平等和对家庭责任的共同分担。父母育儿假制度的建立进一步加强了新生儿父亲在家务劳动和抚育婴幼儿方面的责任，同时显示出对男女平等和儿童利益的高度关注。然而，国际劳工组织既没有建立父母育儿假国际标准，也没有提出任何建议。

（一）瑞典父母育儿假制度

如前所述，20世纪60年代末期和70年代早期，随着西方社会妇女运动的高涨，女性劳动力市场参与率明显提高，妇女普遍要求在社会经济领

---

[1] Margaret O'Brien, "Fathers, Parental Leave Policies, and Infant Quality of Life: International Perspectives and Policy Impact," *The ANNALS of the American Academy of Political and Social Science* Vol. 624, Jun. 2009, p. 193.

域和家庭生活中享有与男性平等的权利。作为回应妇女运动的要求,瑞典率先改革产假制度,于 1974 年创建新生儿父亲陪护假制度,之后于 1976 年建立父母育儿假制度,从制度上保证妇女的经济独立和男性抚育婴幼儿家庭角色以及儿童福利最大化。①

瑞典现行法律规定,父亲享有与母亲同样的育儿假权利并享有育儿津贴。具体地说,在孩子满 8 岁前,父母有权享有共计 480 天的育儿假,其中母亲和父亲各自专属享有 60 天,其余 360 天由父母共同享有,自主安排。② 但是,享有育儿假必须满足法律规定的资格要求,即在孩子出生前为目前雇主连续工作时间已满 6 个月,或在过去两年内为目前雇主工作的时间累积已满 12 个月。③

父母育儿假津贴标准的计算依据是父母双方休假天数的累加之和,总计为 480 个日历天。津贴标准是父母正常工资净收入的 80%,支付期限为 390 天;其余 90 天的津贴标准为每天 60 瑞典克朗。④ 如果父母双方共同监护孩子,则父母任何一方都有权单独享有 60 天的津贴待遇,其余 360 天的津贴待遇可由父母自主分配;如果父亲或母亲单独监护孩子,父亲或母亲有权单独享有 480 天的全部津贴待遇。但是,父亲或母亲享有育儿津贴必须满足特定的资格要求:即在孩子出生前与雇主建立雇佣关系达到连续 240 天并已参加社会保险。如果未能满足该资格要求,新生儿父母亲也有权享受育儿津贴,待遇标准为每天 180 瑞典克朗(2006 年),支付期限为 390 天;其余 90 天的津贴标准为每天 60 瑞典克朗。⑤

从上述分析可以看出,瑞典创建父母育儿假强化了男性在家庭中的作

---

① Margaret O'Brien, "Fathers, Parental Leave Policies, and Infant Quality of Life: International Perspectives and Policy Impact," *The ANNALS of the American Academy of Political and Social Science* Vol. 624, JUN 2009, p. 192.
② 王向贤:《社会政策如何构建父职?——对瑞典、美国和中国的比较》,《妇女研究论丛》2014 年第 2 期。
③ Ida Öun and Gloria Pardo Trujillo, *Maternity at Work: A Review of National Legislation*, ILO, 2nd edn, 2010, p. 51.
④ 国际劳工组织网站:http://www.ilo.org/dyn/travail/travmain.sectionReport1?p_lang=en&p_structure=3&p_sc_id=2000&p_countries=DE&p_countries=SE. 访问时间:2013 年 1 月 19 日。
⑤ 国际劳工组织网站:http://www.ilo.org/dyn/travail/travmain.sectionReport1?p_lang=en&p_structure=3&p_sc_id=2000&p_countries=DE&p_countries=SE. 访问时间:2013 年 1 月 19 日。

用，力求实现家庭角色的性别平等，使父亲和母亲在家庭和工作方面享有平等的机会并分担同样的责任，支持职工兼顾工作和家庭关系，促进妇女就业并改善妇女在劳动力市场的状况。具体地讲就是：瑞典通过立法规定父母育儿假，为新生儿父母提供必要的时间照顾孩子；通过立法为新生儿父母提供育儿假津贴，使他们有经济能力使用育儿假。由此，当新生儿父母在职场工作和家庭生活发生冲突时，就可以把儿童利益放在第一位。[1] 这一制度创新对其他国家建立父母育儿假制度起到了引领作用，至 2010 年，实行父母育儿假制度的国家已达到 49 个左右。[2]

（二）德国父母育儿假制度

1986 年，德国通过立法建立父母育儿假制度，一方面与当时的国际影响因素有关，另一方面则是迫于国内舆论压力。在国际层面，瑞典 1976 年建立父母育儿假制度是一个重要的影响因素。另外，1985 年德国批准《消除对妇女一切形式歧视公约》，公约规定"教养子女是父母的共同责任"[3]，因此履行公约义务是另一个影响因素。在国内层面，德国一直以来高度重视儿童的早期教育和发展。他们认为，早期教育和发展对儿童一生的发展非常重要，因此应通过立法保障儿童父母亲能够兼顾工作和家庭生活，使他们在儿童的早期教育发展阶段有时间和精力照顾儿童。这些影响因素促使德国在 1986 年对其产假制度进行改革，通过《联邦育儿津贴法》，建立父母育儿假制度。该法赋予作为雇员的父母亲享有育儿假的权利，同时也使父母育儿假在抚育婴幼儿方面成为一个更为重要的工具，尤其是它在德国历史上首次以法律形式承认新生儿父亲在照顾婴幼儿方面的作用。[4]

依据德国 2007 年父母育儿假相关法律规定，父母育儿假为 14 个月，其中包括专属于父亲享有的两个月假期。在此期间，父母育儿假津贴标准

---

[1] Mona L. Schuchmann, "The Family and Medical Leave Act of 1993: A Comparative Analysis with Germany," *Journal of Corporation Law* Vol. 20, Winter 1995, p. 346.

[2] Ida Öun and Gloria Pardo Trujillo, *Maternity at Work: A Review of National Legislation*, ILO, 2nd edn, 2010, p. x.

[3] 《消除对妇女一切形式歧视公约》序言和第 5 条。

[4] Jan Ondrich, C. Katharina Spiess, Qing Yang, "Barefoot and in a German Kitchen: Federal Parental Leave and Benefit Policy and the Return to Work after Childbirth in Germany," *Journal of Population Economics* Vol. 9 (3), AUG 1996, p. 250.

为平均月工资收入的67%，但最高不得超过每月1800欧元。① 父母育儿假津贴由国家财政支付。

综上，德国在1878年工业革命时期首创生育产假制度，在100多年后的1986年又较早地建立父母育儿假制度。在此过程中，德国逐渐放弃其固有的"男主外女主内"家庭主义观念和对传统劳动性别分工的支持，多次调整生育假政策目标，鼓励妇女就业，促进职场和家庭中的性别平等，以使职工能够兼顾工作和家庭生活，关注儿童福祉。②

四 国外生育产假制度发展对中国的启示

综上，瑞典和德国顺应经济社会发展趋势，对生育产假制度进行改革创新，建立新生儿父亲陪护假和父母育儿假制度，体现了政策目的和立法理念的变化发展。中华人民共和国自成立以来坚持男女平等原则，女性就业率一直处于较高水平，如2010年中国18—64岁女性就业率为71.1%，③这表明大部分妇女从事与男性同样的职场工作。但母亲承担主要的家庭和育儿责任这种传统理念和实践却一直没有改变，对我国产假制度的改革创新形成了一定的障碍。鉴于此，本文认为应从以下方面完善我国生育产假制度。

（一）提升生育产假制度的立法价值取向

"法律本身不只是一个规则体系，在规则体系的背后，是一个特殊的价值追求。法律对价值所作的选择、排列和保护，可以在一定程度上减少价值的混乱……"④ 因此，在生育产假制度建设中，应当高度关注法律规范和法律制度所追求的价值目标。上述分析表明，在德国和瑞典的不同发展阶段，生育产假立法价值各有侧重，但现行生育产假制度都纳入以下价

---

① Jane Lewis, *Work-Family Balance, Gender and Policy*, Cheltenham: Edward Elgar, 2009, p. 127.
② Jane Lewis, *Work-Family Balance, Gender and Policy*, Cheltenham: Edward Elgar, 2009, p. 127.
③ 杨慧：《社会性别视角下"80后"就业率及其影响因素分析》，《中国青年研究》2013年第7期。
④ 赵文英：《论法官的法律思维》，《政治与法律》2005年第2期。

值目标,即保护母亲和新生儿健康以及为新生儿母亲提供工作保障;保护儿童利益。反观我国生育产假立法目的,值得深思。从历史的视角看,[1]我国历次生育产假立法目的中虽然考虑了女职工的相关权益,但都没有纳入婴幼儿健康和早期教育因素,这不得不说是一个缺憾。优生优育是国家的基本国策,女职工在生育期间能否得到适当的休息和护理,关系女职工自身和孩子的身心健康及儿童一生的发展,关涉民族繁荣延续和国民素质,是一项保证劳动力扩大再生产的社会性事业。生育产假作为优生优育的前提条件之一应该纳入儿童利益因素。

第二,生育保险关涉女性权益,前述分析显示德国和瑞典通过单独立法来实现其特定的生育产假目的。我国《社会保险法》作为基本法律,将生育保险的立法目的与其他社会保险的立法目的相提并论,没有体现出对女性生育期间权益的特殊保护。对此,应考虑在作为《社会保险法》的配套法规《生育保险办法》中予以明确。

第三,充分认识新生儿父亲陪护假和父母育儿假制度中纳入家庭角色的性别平等视角的重要价值,通过法律规定父亲的家庭责任,不仅能促进男女两性职场中的机会平等和家务劳动中的责任分担,而且利于消除就业性别歧视。[2]

(二) 扩大我国产假制度的适用范围

生育产假和产假津贴作为法定权利,应赋予所有符合资格要求的公民个人。我国现行产假制度采取的是就业标准,即女职工,然而适用范围却被限定于特定的用人单位中的女职工,从立法上排除了灵活就业人员和失

---

[1] 1951 年《劳动保险条例》第 1 条规定:"为了保护工人职员的健康,减轻其生活中的困难。"1988 年《女职工劳动保护规定》第 1 条规定:"为维护女职工的合法权益,减少和解决女职工在劳动和工作中因生理特点造成的特殊困难,保护其健康,以利于社会主义现代化建设。"1994 年《企业职工生育保险试行办法》第 1 条规定:"为了维护企业女职工的合法权益,保障她们在生育期间得到必要的经济补偿和医疗保健,均衡企业间生育保险费用的负担。"2011 年《社会保险法》第 1 条规定:"为了规范社会保险关系,维护公民参与社会保险和享受社会保险待遇的合法途径,使公民共享发展成果,促进社会和谐稳定。"2012 年《女职工劳动保护特别规定》第 1 条规定:"为了减少和解决女职工在劳动中因生理特点造成的特殊困难,保护女职工健康。"

[2] 蒋永萍:《社会性别视角下的生育保险制度改革与完善》,《妇女研究论丛》2013 年第 1 期。

业人员，形成了不应有的法定歧视，造成了社会不公平现象。灵活就业人员和失业人员本身作为社会弱势群体，更应该得到法律制度公平公正的保护。因此，应扩大现行产假制度的适用范围，为所有生育女职工和失业生育妇女提供保护。

（三）建立新生儿父亲陪护假制度

前述分析显示，新生儿父亲陪护假和父母育儿假制度提供了由父亲专属享有的休假期限和育儿津贴，以保障父母育儿假政策中的性别平等并加强非歧视原则。反观我国现行产假制度，强调母亲在家庭中养育婴幼儿的传统责任，客观上把家庭中的不平等延伸到社会公共领域，同时生育休假和严苛的劳动禁忌加重了用人单位对女职工的歧视和排斥，在一定程度上阻碍了男女平等就业的实现。因此应通过立法确认男性在照顾生育妻子和抚育婴幼儿方面的家庭责任并实现家庭角色的性别平等。此外，我国提出的"全面两孩"政策的有效实施，在一定程度上有赖于建立完善的配套制度如新生儿父亲陪护假制度和父母育儿假制度。鉴于《人口与计划生育法修正案》①和绝大多数省份的计划生育条例都对男性护理假作出规定，本文建议在此基础上先行建立新生儿父亲陪护假制度，之后在条件成熟时再建立父母育儿假制度。

建立新生儿父亲陪护假制度可行性有以下四个方面。第一，宪法依据。依据我国《宪法》第48条关于"妇女在政治的、经济的、文化的、社会的和家庭的生活等各方面享有同男子平等的权利"的规定，在生育保护领域赋予新生儿父亲享有陪护假以实现家庭角色的性别平等是男女平等原则的应有之义，因此男女平等原则是建立新生儿父亲陪护假的宪法依据。第二，中国于1980年11月4日批准《消除对妇女一切形式歧视公约》，因而应履行该国际公约中规定的"养育子女是父母和整个社会的共同责任"② 义务，通过建立新生儿父亲陪护假制度确认父亲承担养育婴幼儿的责任。第三，法律基础和实践依据。《人口与计划生育法修正案》规定的生育假，以及我国绝大多数省份在其计划生育条例中规定的"生育护

---

① 2015年12月27日通过的《人口与计划生育法修正案》对生育假作出规定，即合法生育可获得延长生育假的奖励。

② 《消除对妇女一切形式歧视公约》序言和第5条。

理假",是我国国家层面和地方层面的相关立法实践,为构建我国新生儿父亲陪护假提供了法律基础和实践依据。第四,在具体的制度构建路径上,可遵循以下思路:首先,应在国家层面,通过立法程序确立新生儿父亲享有陪护假权利,由此弥补我国立法中新生儿父亲陪护假的缺位;其次,建议在作为《社会保险法》的配套法规《生育保险办法》中,将新生儿父亲陪护假纳入生育保险待遇范围,并对新生儿父亲陪护假的天数和津贴标准作出统一规定;最后,依据我国各省份现行的生育护理假的天数,建议新生儿父亲陪护假天数14—20天为宜,新生儿父亲陪护假期间的津贴标准可依据现行的产假津贴标准计发。

[本文原载于《北京联合大学学报》(人文社会科学版)2016年第1期]

专题四 社会保护法

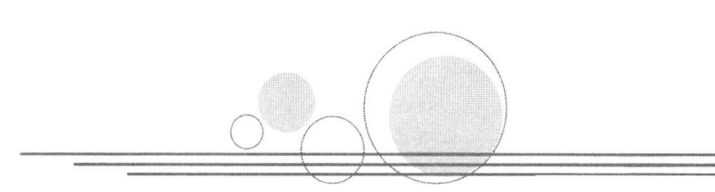

重新解读男女平等的法律含义

——访挪威男女平等事务督察官

薛宁兰[*]

2001年下半年，受法学所指派，我有幸访问挪威人权研究所，并就挪威有关妇女人权保障立法与实践问题作为期半年的学术研究。由于可资利用的英文文献甚少，与有关人员作面对面访谈，就成为收集材料的主要方式。我先后访谈8次，接受访谈有12人，他们中有议会执政党成员、政府官员、心理治疗师、研究人员、女权主义者及警察。其中，对现任男女平等事务督察官米拉·克里斯丁的访谈，使我对"男女平等"这个当今绝大多数国家法律基本原则术语的法律含义，有了新的理解。

2002年2月28日上午10点，我应邀与克里斯丁在她的办公室见面。她看上去有40多岁，偏瘦，炯炯有神的目光透出干练与睿智。我们已经在2月初挪威人权研究所举办的"警察如何干预家庭暴力——中国和挪威的看法"研讨会上认识了。所以，没有什么寒暄，紧紧围绕着挪威《男女平等法》和督察官的工作，讨论将近两个小时。

一　法律保障下的男女平等

1978年颁布，1979年1月实施的《挪威男女平等法》是"挪威模式"男女平等保障机制的基本组成部分。根据第1条"本法以促进男女平等，

---

[*] 薛宁兰，博士生导师，中国社会科学院法学研究所社会法研究室主任，研究员，主要研究方向为家事法、社会保护法。

特别以提高妇女地位为目的"的规定,该法的目的具有双重性:一是消除包括家庭在内的社会生活中的性别歧视,保证男女在参政议政、就业、教育和劳动报酬这些公共领域中的平等;二是影响和改变公众对男女在社会和家庭中角色的态度。

在讲到挪威颁布男女平等法的背景时,克里斯丁提到,20世纪60年代末70年代初,在欧洲所有国家展开的妇女运动,对挪威社会的影响之一,就是导致了男女平等法的出台。1971到1972年间,第一个制定男女平等法的立法建议案提出。从开始酝酿到议会决定立法,经过长达8年的时间。酝酿这一法案之初,议会对之展开了激烈讨论,焦点不在于制定这个法案的必要性,而是如何制定它。是制定反性别歧视法,还是性别平等法?也就是说,它处于性别中立的立场,还是应该特别关注妇女问题。尽管最终并未达成一致意见,但是,法案第1条提到,尤其关注妇女地位的提高,是本法目的之一。她认为,承认这点相当重要,因为,这样一个附加性规定,使促进男女平等成为可能。尽管从法案实施到现在的20多年里,男女平等仍然是男女双方的事,但是,还需要特别关注妇女地位提升。

关于男女平等法的适用事项,我有些疑问。初读法案第2条时,第1款"本法适用于任何领域里的性别歧视",与第2款"本法不适用于家庭生活及纯私人事务"的逻辑关系让我不甚明白。一方面,法案适用于家庭生活和纯个人事务中的性别歧视。另一方面,它又不在家庭和私人生活领域里执行。负责执行该法的督察官不仅无权处理这方面投诉,而且有义务撤销这类案件。这似乎是个矛盾。就此,我专门请教克里斯丁。她解释道,男女平等法并非仅适用于公共领域,它也适用于私人生活领域。但是,督察官的职责是有限制的,他们没有权力涉足私人生活领域。法案第2条规定,该法适用于任何领域里的性别歧视。这是一个政治宣言,性别平等应当是社会生活各个领域中的一项原则,不仅仅局限于公共领域。承认这点很重要,因为改变社会行为模式的许多工作必须在私人领域里实施。在过去的30年里,挪威的社会生活,包括私人生活,发生了许多变化。人们观念的转变非常重要,可是,法案在私人领域里实施并不容易。克里斯丁说她的工作范围是有限制的,她可以有许多意见,可以发表许多看法,但都不是针对个人案件。男女应当共担家庭劳动,抚养子女,承担家庭经济责任,可是,作为督察官,在这方面什么也不能做。

看来,要理解这项规定,必须首先了解挪威的督察官制度。①

二 男女平等事务督察官——男女平等法的主要执行机构

督察官制度在北欧国家中有着深厚的历史传统。1809年,瑞典根据其宪法设立了司法督察官。② 挪威督察官制度的建立,是第二次世界大战之后的事。1962年挪威议会通过一项法案,设立"议会督察官"。议会督察官的任务是对公众投诉和控告的有关中央和地方政府管理中存在的不公正、腐败以及不公平对待进行调查。此后,挪威还设有人权督察官等不同类型的督察官。尽管如此,他们都有着一些共同特征:"他/她是'民众的保护人',职责是处理公众有关政府机关不公正、滥用行政权力的投诉,并对此进行调查。必要时,提出改进行政管理的批评意见或者建议。"③

基于这一制度,1978年《男女平等法》规定,设立男女平等事务督察官,负责法案的实施。男女平等事务督察官由国王任命,任期6年。第一任督察官是1979年任命的。克里斯丁是第四任,于2000年6月30日上任。她本人是一位获得奥斯陆大学法学文凭的律师,曾在劳动监察署(the Directorate of Labor Inspection)、移民事务署(the Directorate of Immigration)工作。对于男女平等事务,她并不陌生。早在高中时期,她就参加过与男女平等问题有关的活动。1995年,她申请到男女平等事务副督察官的职务,协助前任督察官安妮·利塞·莱尔工作。在谈到当年申请副督察官职务的原因时,克里斯丁说:"我喜欢从事接触实际案件、处理个人和组织投诉的工作,督察官工作的责任和挑战性深深吸引着我。"所以,当安妮2000年4月辞去督察官职务,就任司法部副部长后,克里斯丁成为这个职务的最佳人选。

---

① 这里所说的督察官制度,在挪语和英语中都使用着一个词"Ombudsman",据说英文的 Ombudsman 源于北欧国家的语言,这与此项制度源于北欧国家不无关系。对"Ombudsman"一词的中文翻译,目前有"监察官"、"督察专员",本文译为"督察官"。
② Arne Fliflet, "The Ombudsman – A Useful Tool For Improving Public Administration And Promoting Human Rights," *Modern Norway and China*, The Chinese Photographic Press, 1998, p. 117.
③ Supra 23. p. 120.

男女平等法规定，督察官的职责主要有两项。一是确保法案各项条款得到遵守。具体来说，就是受理各种与男女平等事务有关的申诉，并调查这些案件。她/他也可以主动展开对某些案件的调查。二是通过文章、会议、讲座、访谈等方式，向政府机构和公众提供有关该法案内容和实施情况，以及督察官制度及其工作的信息。所以，督察官是个公众人物，经常出现在媒体上。按照规定，督察官在处理投诉时，首先写信给对方当事人。如果雇主在接到监察官的信后，观念和态度转变，改变了先前的做法，那么，这个案件就结束了。对于那些不能即刻解决的案件，督察官也在当事人之间调解，尽力使他们达成和解协议。但是，调解不是督察官工作的必经步骤。必要时，她可以对案件作出处理决定。但决定不具有拘束力。如果当事人不遵守这个决定，有权向男女平等申诉委员会提出申诉。①

问到克里斯丁上任以来的工作，她如数家珍般地打开了话匣子：去年共有350件投诉。大部分是有关工作场所的性别歧视问题。许多投诉涉及就业问题。当然，同工同酬在挪威也是个大问题。不过，还有许多投诉涉及其他领域，如，社会保险的权利，教育方面的问题。总之，投诉几乎涉及所有领域。我们还接到一些男性的投诉，起码有20%的投诉是有关私人生活的。如，父亲对子女的监护权，父亲产假期间的报酬权，到军队服役的权利，等等。除了书面投诉，还有许多男性通过电话抱怨。

我紧接着问：接到这类涉及私人事务，如家庭暴力方面的投诉后，您通常怎么处理？

她说：我们要向投诉人讲解男女平等法的相关规定，告诉他们如何分担责任。如果是法律事务，离婚或者某种事故，我们也向投诉者提供一些建议，告诉他们是找家庭事务所，还是找律师，或者与其他部门联系。如果他们的问题属于暴力范畴，我们必须告诉他们去找警察或其他公共机构。这些也是督察官作为公共机构的工作之一。在挪威，所有公共机构都

---

① 男女平等申诉委员会，也是《男女平等法》设立的执行机构之一。根据该法第11、13条规定，申诉委员会由7人组成。其中，2名成员由挪威贸易联合会和挪威雇主联盟分别推荐任命；主席和副主席由国王任命，但其中一人必须具有能够担任法官的资格。其他成员多为律师。委员会受理的案件，可以由监察官提交，也可以是当事人主动要求的。同时，委员会也可以要求监察官提交某些特殊案件。委员会作出的决定具有约束力。其决定的内容可以是禁止实施与该法相违背的行为，也可以包括采取必要的措施。但是，它无权判定违法行为人，是否给予受害人经济赔偿。

负有责任向投诉者提供应当到哪个部门投诉的建议。我认为，家庭暴力，是有关男女平等的重大问题。如果家庭中还有暴力发生，就意味着男女平等还没有实现。认识到这点很重要。就我而言，认识到家庭暴力是一种犯罪，很重要。它必须要由警察或法庭来处理。

联想到中国2001年婚姻法修正案，增加对家庭暴力受害人救助措施的规定，我又问：在挪威，除刑法外，还有哪些法律与防治家庭暴力有关？她解释道：我们有婚姻法，还有调整夫妻财产关系的法律。不过，这两个法律是民事法律。它们对基于性别的暴力或者说对妇女的暴力问题，没有任何作为。所以，家庭暴力只涉及刑法。我认为，重要的是依照刑法规定，认定暴力是一种犯罪，一种严重的犯罪。与警察和法庭工作相关的机构必须关注暴力问题，它们必须明确有责任将案件提交给警察或法庭。最近的一项立法建议中有一条规定，警察有权命令施暴男子离开家庭。所以，在挪威这项工作中重要的一部分是全社会关注这一问题，推动警察做更多深入细致的工作，推动法庭重视这一问题的严重性，当然，也要推动政治家重视这一问题。我认为，从积极的角度看，我们已经做了许多工作，不过在反对家庭暴力方面，仍然有很长的路要走。

她还说：我们有一些从事反对对妇女暴力工作的组织。同时，政治家们也认为暴力是一个性别平等问题。在这方面，我的工作是提供建议，监督警察执行刑法，了解这方面工作的进展情况，但不处理个案。在私人生活领域里有许多刑事案件。我认为，对我和其他负责性别平等事务的部门来说，关注暴力问题，向政治家施加压力，促进刑法改革，非常重要。当然，如何帮助和指导受暴者，建立受暴者危机中心，同样重要。

噢，我明白了！虽然督察官这样一个"民众保护人"的准司法性的行政监督机构，不能涉足个人私生活和家庭事务中的男女平等问题，但法案确定的非歧视原则，却是包括家庭生活在内的社会生活各个领域中的一项基本准则。可见，将家庭生活和私人事务包括在该法的范围之内，"是为了影响社会对此问题的态度，并且对私人生活中发生的性别歧视现象表明政府的观点"。[①] 这正是《男女平等法》第2条的奥妙所在！

---

① Annel Lise Ryeh, "Equality Under the Law – the Norwegian Model," Modern Norway and China, The Chinese Photographic Press, 1998, p. 134.

三 非歧视原则下，促进男女平等实现的具体措施

为促进在公共领域中的男女平等，《男女平等法》第3条明确了"歧视对待"或"区别对待"（Differential Treatment）一词的法律含义，从而确立了非歧视原则。所谓"歧视对待"或"区别对待"，是指基于性别差异，对男女的歧视或区别对待。它还包括事实上导致不同性别之间明显劣势地位的情形（第3条第2款）。但是，"符合本法目的、促进性别平等的区别对待，不属违反上款规定的情形；这还包括基于生理上的性别差异，赋予妇女专门享有的权利"（第3条第3款）。可见，在挪威，男女平等的法律含义包含多个层次。首先，它是指消除基于性别的歧视性或区别性对待。其次，对不同性别完全同等的对待，但在事实上会导致不同性别间明显劣势地位情形发生的，也构成法律上的"歧视对待"。最后，以促进性别平等为目的，对不同性别的不同对待，非但不会造成不平等的后果，相反，会促进男女真正的平等。可见，为改变现阶段妇女在社会生活中的弱势状况，积极行动，采取特别保护措施，不仅不构成对男性的性别歧视，反而是符合非歧视原则要求的必要举措。

《男女平等法》确立的反歧视、促进性别平等的举措，主要体现在如下三方面。

（1）在职业生活领域，"雇主在雇员的招聘、晋升、解雇或者暂时失业方面，不得违背本法第3条规定，必须男女无差别"（第4条2款）。首先，在招聘启事中，"禁止使用本工作仅限于某一性别的字眼，或者使用那些使人产生雇主希望或更愿意雇佣某一性别印象的用语"。这样可以鼓励男女突破传统的性别职业分工，自由申请职位。为增加招工过程的透明度，第4条还规定："未被雇用的求职者，有权请求招工方书面陈述获得该项工作异性的学历、工作经历及其他相关资格信息。"同时，"如果在招聘、晋升、解雇或者暂时失业方面的男女区别对待已经出现，雇主应当证明这并非因为申请者或者受雇者的性别而产生"。关于男女同工同酬，法案第5条规定，受雇于同一雇主的男女，做同等价值的工作必须获得同等的报酬。事实上，男女很少做完全一样的工作，所以，法案使用"同等价值的工作"，使得同酬不仅适用于同类工作，那些尽管外部特征明显不同，

但在价值上有可比性的工作，也要同酬。影响对不同工作价值评估的因素主要有：雇员的受教育程度，技能和经验，责任和工作条件，等等。

（2）在教育领域，（第7条）"学校和其他教育机构中使用的教具必须符合男女平等原则的要求"。指出，教具是指用于教学的书籍、录像带、录音带和电影等，幼儿园中教师带幼儿所做的游戏，也是教具。这些教具在使用过程中，会对儿童看待男女的社会作用和地位产生重要影响。

（3）关于所有官方机构中两性代表比例，第21条指出，"在所有官方机构的委员会，董事会，理事会及其他机构中都应当有男女双方的代表。当某一公共机构任命或者选举一个四人以上的上述组织时，每一性别的代表都应当至少占到40%，即男女双方代表都应当有二或三名。"

除《男女平等法》的上述规定之外，在挪威，当某一行业女性就业大大低于应有比例时，政府就要采用适当的配额制。当然，这一措施也有益于男性。目前，在与教育和照管幼儿有关的职业中，政府鼓励男性从事这一职业。所以，在我每天乘坐地铁去往研究所上班路上，常常发现在带着一群幼儿出游的教师中，有男性幼儿教师的身影。他们对幼儿耐心、细致的看护，丝毫不逊于那些女教师。

督察官对推行上述措施，发挥了积极作用。例如，许多有关歧视怀孕妇女的投诉，常常与聘用有关。在挪威，作为一项原则，雇主不得以女性怀孕或即将休产假为理由，拒绝其工作申请，尤其当某一空缺岗位属于永久性工作时，这样的做法即是典型的歧视妇女行为。2000年，督察官处理了这样一个案件[①]：某地区的一家医院公开招聘实验室工作人员1名。一位怀孕妇女前来应聘，但没有获得聘用。医院在给她的信中说：在她休完产假后，欢迎她申请另一个与实验室技工工作相似的岗位。这位妇女认为，这封信表明她怀孕和未来的产假，是她没有得到这个工作的原因。因此，她向督察官投诉。

医院在应辩时，否认他们决定雇佣另一位申请人时，将这位妇女怀孕作为一个考虑因素。同时，院方还强调他们实际需要的是一位实验室技工；一个工作岗位的连续性与应聘者应聘后确实在岗，是招聘时必须认真考虑的。督察官据此认定，院方确实将这位妇女的怀孕，作为不聘用她的

---

① 该案例来自 http:// www. likestillingsombudet. no/ English/，访问日期：2002年3月10日。

理由。一方面，督察官对雇主认为录用孕妇比较麻烦，而她又要行使休产假权利，一段时间内肯定不会在岗的事实表示理解；另一方面，督察官又以院方在招聘过程中，并没有询问这位申请者打算休多长时间产假为由，反驳院方。并认为，该项工作当时对她非常重要，因为，她以前的老板破产，解雇了所有员工。她处于无工可做的境地，督察官最终认定，医院的做法违反男女平等法。

当然，在挪威，其他法律也在不同方面，对男女平等问题进行了规制。例如，夫妻双方休产假的权利由两项法律来规定：《工作环境法》确立夫妻双方享有休产假的权利，《国家保险法》则对产假期间男女双方所享受的津贴待遇，作出规定。现在，母亲全薪的产假为42周，父亲的带薪产假为4周。这一规定对于男性做父亲的态度产生了极大影响。一项统计表明，1997年有80%的父亲行使了这项权利，比1992年的2.4%有明显增大。[①] 在挪威《婚姻法》、《个人姓名法》、《流产法》、《同居法》、《儿童法》中，也有着许多有关私人生活领域中男女平等问题的条款。[②]

四 督察官对男女平等概念的理解

当谈到《男女平等法》实施23年后的效果时，克里斯丁说："它已经取得很大成效，尤其在妇女就业问题上。挪威妇女已经享有受到平等对待的权利。我们还有条款规定了官方委员会中男女成员的人数，其中，妇女的人数至少要达到40%。不仅如此，在许多领域，法案都发挥了重要作用。法案实施20多年来也改变着立法。目前，挪威有关男女平等的立法开始变得性别中立化，更加关注男女平等的一般问题。在我的工作中，相当重要的一部分是提出新的立法建议，不仅仅针对男女平等法，也包括其他领域的法律。不仅我要这样做，政府所有的部，所有的公共机构都要这样做。对我来说，或许更为重要的是处理个案，带动社会生活发生更大的变化。"

---

① http://www.likestillingsombudet.no/English/, p.133，访问日期：2002年5月4日。
② "Gender Equality in Norway – the National Report to the Fourth UN Conference on Women in Beijing 1995," Chapter 3, Statutory Rights, p. 17 – 18.

克里斯丁主张的男女平等是指，男女平等是人权问题，是女性获得平等对待，并在社会中享有与男性同等地位的权利。同时，"男女平等"还意味着性别中立，即它要消除社会中对男女两性的歧视。尽管目前她的大量工作是促进妇女的社会地位，但是，男女平等不仅仅是为妇女权利而战。它就像一个天平，如果不能在两性间保持平衡，无论哪一类性别占据较重分量，都不能说男女已经平等了。克里斯丁也承认，"目前我们只有受暴妇女庇护所，还没有男性危机中心（Men's Crisis Centre）"。可是，"现实中确实有许多男子需要帮助，我的工作就是努力去呼吁有关部门，确保性别平等"。的确，男女平等，不仅仅在于解放妇女，而是要通过特别关注提高妇女地位的途径，消除两性中任何一方的弱势，使男女两性携手共进，从而实现人类多年的梦想——事实上的性别平等。

（本文原载于《环球法律评论》2002 年冬季号）

儿童权利保护的"最大利益原则"研究

王雪梅[*]

我们生活的世界是一个由成人主宰的世界。儿童的利益时刻处于危险之中。虽然爱护儿童是一种普遍的人类文化价值，是社会文明和传统美德的体现。但是，在相当长的时间里，儿童除了作为"问题"受到关注之外，他们的权利几乎被遗忘了。可以说，到底应该怎样保护好儿童，至今还是一个没有解决好的世界各国都面临的难题。例如，是把儿童作为个体权利主体来保护，还是作为需要呵护的可怜的或者可爱的"小动物"来保护？当成人的愿望和利益与儿童的愿望和利益发生冲突时，儿童是不是只能服从？等等。把儿童的利益宣布为权利，并且从人权的角度加以保护，是现代国际国内法律发展的一个进步趋势。其中，"最大利益原则"[①] 就是近些年来国际人权公约和相关国家立法确立的一项旨在增进儿童保护的重要原则。本文拟就这一原则作初步的探讨。

---

[*] 王雪梅，中国社会科学院法学研究所《环球法律评论》杂志编审，主要研究方向为刑法、未成年人法。

[①] "the best interest"在目前流行的中文版本里多数译为"最大利益"（如《人权：国际文件汇编》联合国1994年版）；少数译为"最佳利益"（如，郝卫江著《尊重儿童的权利》，天津教育出版社，1999；我国台湾地区的《亲属法》和《儿童福利法》等）。本人倾向于后者的译法，但为了与国际公约中文版本保持一致，本文仍沿用"最大利益"。

一 "最大利益原则"的由来与含义

(一)"最大利益原则"的提出

儿童权利保护的"最大利益原则"(以下简称"原则"),最早由1959年《儿童权利宣言》确认为保护儿童权利的一项国际性指导原则。[①] 此后,在若干国际公约和区域性条约中这一原则又多次得到重申。如1979年联合国《消除对妇女一切形式歧视公约》[②],1986年《关于儿童保护和儿童福利、特别是国内和国际寄养和收养办法的社会和法律原则宣言》[③],1987年《非洲儿童权利和福利宪章》[④] 等。1987年,联合国难民高级专员署执行委员会就难民儿童问题明确提出:"强调对于涉及难民儿童利益的一切行动均应以儿童的最大利益原则和家庭统一原则为指导。[⑤] 尽管像《公民权利和政治权利国际公约》、《经济、社会和文化权利国际公约》等这样的国际性公约并没有将"最大利益原则"用作一种法律话语,但是,人权委员会在它的两项一般评论中均将"儿童的首要利益"作为解决婚姻案件的准则。[⑥] 更重要的是,这一原则不仅得到了国际社会的普遍接受,并且在

[①] 该宣言原则二规定:儿童应受到特别保护,并应通过法律和其他方面而获得各种机会与便利,使其能在健康而正常的状态和自由与尊严的条件下,得到身体、心智、道德、精神和社会等方面的发展。在为此目的而制定法律时,应以儿童的最大利益为首要考虑。宣言原则七还规定:儿童的最大利益应成为对儿童的教育和指导负有责任的人的指导原则;儿童的父母首先负有责任。

[②] 该公约第5条第2款责成缔约国采取所有适当的措施,"保证家庭教育应包括正确了解母性的社会功能和确认教养子女是父母的共同责任,当然在任何情况下都应实现考虑子女的利益"。第16条第1款第4项规定,任何与婚姻和家庭相关的事物,"均应以子女的利益为重"。

[③] 该宣言第5条指出:"在亲生父母以外安排儿童的照料时,一切事项应以争取儿童的最大利益特别是他或她得到慈爱的必要并享有安全和不断照料的权利为首要考虑。"

[④] 该宪章第4条规定:"任何个人或当局所作的涉及儿童的行为,应首要考虑儿童的最大利益。"

[⑤] 转引自 Philip Alston, "The Best Interests Principle: Towards a Reconciliation of Culture and Human Rights," in Philip Alston (ed.), *The Best Interests of the Child* (Oxford: Clarendon Press 1994), p. 6。

[⑥] General Comment No. 17 (35), Report of the Human Rights Committee, UN doc A/ 45/ 40 (1989), Annex VI, para 6; and General Comment No. 19 (39), Report of the Human Rights Committee UN doc A/ 45/ 40 (1990), Annex VI, para 6.

解决有关儿童问题时,该原则被作为解释相关法律条文的依据。

1989年《儿童权利公约》(以下简称"公约")的制定和颁行是确立儿童最大利益原则的里程碑。早在1978年联合国人权委员会会议上,波兰的亚当格帕萨教授(Adam Lopatka,后为公约起草工作组主席)就倡议起草儿童权利公约。1979年纪念《儿童权利宣言》20周年和庆祝国际儿童年成立大会上,波兰政府提出公约草案的正式文本,并于1980年提交联合国人权委员会工作组讨论。西方几个大国最初的态度并不十分积极。一方面,他们试图削弱首倡者的重要性;另一方面,又设法放慢、延长草拟过程。因为,在他们看来社会主义国家想在公约中否定儿童政治权利的做法降低了公约的立法标准,如里根政府就试图在公约中加进一些反映各种公民和政治权利的条款。[1] 这种事态使公约的起草一再陷入困境。然而,自1986年以后,联合国儿童基金会开始在公约的准备中发挥积极作用,特别是鼓励和延揽发展中国家加入公约的起草,从而使公约草案获得国际社会的广泛认同,并为公约的实施打下了坚实的基础。毋庸讳言,与人权领域其他公约一样,该公约也是各国间妥协的产物,它糅合、反映了不同的社会法律制度、不同宗教信仰和价值观念的国家的各种观点。发展中国家关注的侧重点是儿童的基本生存权,如保健、医疗、教育等;而发达国家则更强调民主自由权利,如宗教信仰、通信自由、隐私权等。制定公约的10年,也是各方寻求妥协的过程,或者说是东西方价值观念进行折中的10年。终于,1989年11月联合国大会通过了这个公约,并同时获得世界各国的广泛接受。正如P. 奥斯通(Philip Alston)[2] 先生所指出的,公约显示了国际人权领域半个世纪以来追求"普遍性的"人权的成就,它发展并重新建构了45年前《世界人权宣言》中的相关原则。[3] 特别是在公约中为保护儿童权益所遵行的具有纲领性质的最大利益原则,更是得到了人权学者和人权活动家的关注。该原则为考察不同的文化价值和普遍的人权标准

---

[1] Philip Alston, "The Best Interests Principle: Towards a Reconciliation of Cullture and Human Rights," in Philip Alston (ed.), *The Best Interests of the Child* (Oxford: Clarendon Press 1994), pp. 1-5.

[2] 澳大利亚国立大学法学教授,国际法和公法中心主任。

[3] Philip Alston, "The Best Interests Principle: Towards a Reconciliation of Cullture and Human Rights," in Philip Alston (ed.), *The Best Interests of the Child* (Oxford: Clarendon Press 1994), pp. 1-2.

提供了理想的参照,西方学者就此问题展开过激烈的讨论。

公约第 3 条第 1 款最为典型地反映了这一原则,它明确规定:"关于儿童的一切行动,不论是由公私社会福利机构、法院、行政当局或立法机构执行,均应以儿童的最大利益为一种首要考虑。"这一条款的形成大致经历了两个阶段。第一阶段包括工作组的讨论过程和联合国人权委员会准备国际文件的过程。前期的讨论可谓步履维艰,除受到政治剧变的影响外,还因各项工作均只是刚刚起步。这期间关于最大利益原则的讨论有两个特点:一是与以往相比,该原则超出了收养范围;二是儿童的最大利益还不是作为解决儿童问题的唯一考虑的因素,只是"首要考虑"。起初,许多代表对这种宽泛的表述都不以为然。但是,进入准备阶段后,该原则条款却得到了顺利通过,这究竟意味着什么?是意见的认同抑或是一种随意性呢?还是两种倾向都有?第二阶段是 1986 年以后,发展中国家开始在公约的起草中发挥作用,特别是 1988 年将公约草案提交各个国家讨论之后,许多人提出了工作组不曾发现的问题,使该原则得到进一步深化和拓展。讨论中,不少人认为,由于公约没有优先条款来特别说明儿童"最大利益"的具体内容,所以,该条款带有浓厚的主观色彩,这将不可避免地要由适用它的法官、机构和组织作进一步的解释。但总的来说,许多代表还是对条款的现有表述感到满意,认为没有必要制定优先条款对它作进一步的解释说明。相较而言,从该条款可以作为公约其他条款的参照这一视角看,最大利益条款的原则性和纲领性就显得更加突出了。[1]

那么,公约确认最大利益原则的意义究竟何在?波兰政府首次提出制定儿童权利公约,并在起草中确立了最大利益原则,自然有它的缘由。[2] 一般来说,公约确认最大利益原则的意义可以从两个方面来理解。一方面在于它赋予《儿童权利宣言》中的最大利益原则以条约法的效力,可以对

---

[1] Philip Alston, "The Best Interests Principle: Towards a Reconciliation of Cullture and Human Rights," in Philip Alston (ed.), *The Best Interests of the Child* (Oxford: Clarendon Press 1994), pp. 2 – 5.

[2] 西方学者认为,儿童权利问题一直得不到重视,而波兰却长期从事这方面的研究并达到了国际水准;更重要的原因是这类公约能自然地与经社文权利相结合进而得到社会主义国家的优先考虑。参见 Philip Alston, "The Best Interests Principle: Towards a Reconciliation of Cullture and Human Rights," in Philip Alston (ed.), *The Best Interests of the Child* (Oxford: Clarendon Press 1994), pp. 6 – 9.

儿童权利的保护发挥更大的作用,并为解决儿童保护问题和与之相关的紧张与冲突提供一个合理的解说;另一方面,它确立了一个重要理念,即涉及儿童的所有行为均应以"儿童的最大利益"为首要考虑,而且把这种考虑宣布为儿童的一项权利。换言之,公约特别强调的是把儿童作为个体权利主体而不是作为一个家庭或群体的成员来加以保护。正是在此意义上,儿童权利基金会执行主任詹姆斯格兰特(James Cant)把公约称作"儿童大宪章"(Magna Carta for Children)。[①]

由此看来,公约制定及原则确立的重要意义是毋庸置疑的。虽然在它的生成和解决具体纠纷的过程中,曾因外延和内涵的不确定而招致一些批评,然而,在这个成人主宰的社会中能如此地关注儿童的利益,应该说是历史的进步和人权的胜利。人们普遍意识到,今天的儿童既然是未来社会的主人,他们就应该是人类家庭中最有价值、最值得信赖的朋友,对儿童权利的重视和保护可以作为尊重人权的标志。

(二) 最大利益原则的含义

1. 作为个体权利的"最大利益"

如前所述,"最大利益"的概念最早见于1959年的《儿童权利宣言》,以后又在其他国际文件中出现过。但是,至今却没有任何国际文件对"最大利益"的内涵和外延加以明确的界定。那么,到底什么是儿童的最大利益?它的内涵是道德的还是政治的?不同的人总是根据不同的背景、不同的个体权利以及不同的国家义务对"最大利益"赋予不同的含义。

J. 沃尔夫(Joachim Wolf)[②]是这样理解"最大利益"的:[③] (1) 公约第3条最大利益条款的制定者是从一般或总体的意义上表述"最大利益"的;(2)"考虑"这个语词具有法律约束力的性质,并带有便宜行事的味道,和通常的行政上的便宜行事的情形相对照,第3条扩大了立法机关任

[①] Cynthia Price Cohen & Howard A. Davidson, in Cynthia Price Cohen & Howard A. Davidson (ed.), *Children's Rights in America: UN Convention on the Rights of the Child Compared with United States Law* (USA: American Bar Association), 1990, p. 344.

[②] 德国海德堡马克思·普朗克比较公法和国际法研究所研究人员。

[③] 参见 Joachim Wolf, "The Concept of the 'Best Interest' in Terms of UN Convention on the Rights of the Child," in Michael Freeman and Philip Veerman (ed.), The Ideologies of Children's Rights (Dordrecht: Martinus Nijhoff Publishers, 1992), pp. 126 – 127。

意作为的范围;(3)"最大利益"标准的灵活性的特点,成为国家在保护儿童领域尽责任的点缀;(4)参照1959年宣言原则二,"最大利益"标准是能够使儿童在健康和正常的状态下,增加发展身体、心智、道德、精神和社会方面的机会和便利。这就意味着,"最大利益"涵盖了儿童作为人在健全的人类环境中依据其能力的全面发展;(5)公约第3条所说的"最大利益","涉及儿童的所有行动"这个标准几乎囊括了儿童的全部权利及国家的全部义务。

沃尔夫的见解给我们以启迪。最大利益的这种便宜行事特色在从前的国际文件中是没有先例的。在宣言的准备工作中,"最大利益"标准也没有经过细致的考虑,而只把它理解为通过法律及相关手段对儿童的一种特殊保护。似乎在儿童的权利和父母或监护人的决定之间没有什么直接的联系。[1]从宣言之初的儿童权利概念强调对儿童的"特殊保护",到目前的公约把儿童的权利概念理解为"个体人权"的理念,其间有其发展的内在逻辑性。应该说,通过立法的方式确立"最大利益"概念是极为重要的。那么,公约能成为儿童人格独立的保证吗?除了对文化的感知和见解的演进等价值因素之外,国家成为给予这个问题以肯定回答的关键要素。只有将国家行为和责任与尊重权利相结合才能实现儿童人格的独立。在用公约本身的话语解说儿童权利的法律理念的同时,把它放在国际法律实践背景下来观察,还会发现一些有意思的问题:比如,"最大利益"标准是否只是由决策者在政治的层面上使用?在政治决策中是否应该特别考虑儿童作为独立个体的地位和利益?是否应该禁止国家作出可能不利于儿童利益和社会地位的法律和决定?实际上,"最大利益"标准的发展与运用已经超越了政治的规制。

J. 依克拉((John Eekelaar)[2]试图通过对"原则"概念的重构,考察儿童作为权利主体在整个权利运作过程的作用。他设想如果没有"原则",在整个的权利运作过程中,关于儿童的决策将会没有任何"利益"作为参照。看来原则的重要价值之一就是它把一系列的问题反映到一个独立的决

---

[1] 参见 Joachim Wolf, "The Concept of the 'Best Interest' in Terms of UN Convention on the Rights of the Child," in Michael Freeman and Philip Veerman (ed.), The Ideologies of Children's Rights (Dordrecht: Martinus Nijhoff Publishers, 1992), p.128。
[2] 牛津大学研究人员专攻家庭法领域。

策过程中。他还注意到,这些问题的概念和演进又是不稳定的,其中就包括儿童最大利益观念,它是根据不同的思维方式形成的,这种方式可称之为客观化(objectivization)和能动自治(dynamic self-determinism)。①

奥斯通先生则认为,公约的基本框架就是儿童个体权利和"最大利益"标准的结合。对公约的阐释可以引导出这样的结论:"最大利益"标准超出了传统的权利保护的概念,开辟了新的保护儿童权利的发展方向和法理解释。② 这种非传统的概念和新的法理解释便是儿童作为权利个体的权利理念。

2. 处理儿童事务的准则

公约第3条第1款明确指出,关于儿童的一切行动,均应以儿童的最大利益作为首要考虑。这里明显地蕴含着两个问题,一是最大利益原则应作为处理儿童事务的行为准则;二是如何把握这个准则。我们是从原始的儿童保护手段的角度看待"最大利益"标准,还是从一种新的张扬个体权利的角度审视它?或许的确可以从不同的视角把握它:从规范意义的角度,可以用旧有的特殊保护的思维定式来理解这一原则,把它作为儿童权利保护的法律手段;从实质意义的角度,拨开工具性的面纱就能够看到该原则展示了一种新的权利理念和对个体权利的张扬。这是在原则的运作中首先应注意考虑的两个重要方面。

在对最大利益条款的解释中,强调"最大"利益以便与其他权利要素相区别,在通常以儿童的"福利"而不是个体儿童的"最大"利益作为评判标准的司法实践中有特别重大的意义。那些可能引起歧义的有关儿童某些方面的利益不一定是儿童的"最大"利益。应该说,"最大利益"不同于一般的"福利"。但是,"最大利益",指的又是哪些具体的利益呢?这是在公约的适用过程中最难把握的。有人认为,公约的长处之一就是它为国内法在适用该条时留有很大的余地,至少为区分基本权利和一般福利提

---

① John Eekelaar, "The Interests of the Child and the Child's Wishes: The Role of Dynamic Self-Determinism," in Philip Alston (ed.), *The Best Interests of the Child* (Oxford: Clarendon Press, 1994), pp. 46-49.

② Philip Alston, "The Best Interests Principle: Towards a Reconciliation of Cullture and Human Rights," in Philip Alston (ed.), *The Best Interests of the Child* (Oxford: Clarendon Press, 1994), pp. 10-15.

供了一个切入点。①

再来对《儿童权利宣言》中关于最大利益条款作一下回顾,"……为使其能在健康而正常的状态和自由与尊严的条件下,得到身体、心智、道德、精神和社会等方面的发展。在为此目的而制定法律时,应以儿童的最大利益为首要考虑"。因此,从理论上说,儿童的身体、精神、心智、道德和社会的发展是解决具体问题时考虑儿童最大利益所要达到的目的。司法实践中,很多国家起初在国内法中贯彻该宣言条款时,从规范意义的角度去感悟该原则的精神内涵,认为没有必要加入新的内容或作进一步的阐释。但《儿童权利公约》却有了新的发展,它使儿童的个体人权成为"最大利益"概念的一部分。以往的国际法律实践表明:法律文件对儿童权利的关注是不够充分的。如果没有这样的公约规范国家的任意行为,那么国家对保护儿童权利的义务的履行就不会获得满意的结果。因此,像"最大利益"标准这样复杂的法律概念是需要有一个发展过程的。在一定的历史阶段,人们只能在某种程度上探讨其概念的一些侧面,只能把它放在一定的文化背景之下,针对不同的个体人权和国家义务的范围,才能形成较为一致的法律理念。尽管对原则概念的理解颇费周折,但是,依据不同文化背景尽可能地得出较为接近的法律概念又是多么得重要,犹如罗素所言,"我们必须承认除非文字在某种限度内具有确定的意义,否则讨论就会是不可能的"。

3. 对立法、司法保护提出要求的纲领性条款

除公约第 3 条第 1 款确立了"最大利益原则"之外,公约中的其他条款以及其他国际人权文件中也有类似的最大利益条款。② 对于公约第 3 条第 1 款的理解,首先遇到的是一些具体的问题,即对该原则条款中的一些关键词语怎样理解和在国内法中如何适用的问题。如"行为"(action)的

---

① Philip Alston, "The Best Interests Principle: Towards a Reconciliation of Cullture and Human Rights," in Philip Alston (ed.), *The Best Interests of the Child* (Oxford: Clarendon Press 1994), pp. 10–15.
② 如公约第 9 条:"……判定这样的分离符合儿童的最大利益而确有必要。在诸如由于父母的虐待或忽视、或父母分居而必须确定儿童居住地点的特殊情况下,这种裁决可能有必要。"公约第 20 条的规定为该条的继续。公约第 21 条:"凡承认和(或)许可收养制度的国家应确保以儿童的最大利益为首要考虑……"公约第 40 条关于被指控儿童的权利:"……通过依法公正审理迅速作出判决,并且须有其父母或法定监护人在场,除非认为这样做不符合儿童的最大利益……"

含义。在一般意义上,当"行为"被解释为"作为"时,总是与"不作为"(omissions)相对应的,公约在起草中也没有对它的使用加以限定。但是,在法律上"作为"又有积极作为和消极作为的含义。那么,公约原意是包括这两方面的作为即积极作为和消极作为,还是只包含积极作为呢?就联合国文件中文版本将其译为"行动"来看,是应该包括积极作为和消极作为两种含义的。再如,"关于"或"涉及"(concerning)这个词在使用时的含义通常都是模糊不清的,可以理解为涉及儿童的一切行为。然而,如果某种行为如政府的一项新的福利政策等并不直接与儿童利益相关,只是间接涉及儿童事务,是否也属"关于"限定的范围呢?笔者认为,不论怎样间接,只要对儿童产生影响,也不论这种影响是即时的还是未来的,均应视为公约条文中应有之意。①

其次,关于执行主体是否包括"私人"或"个人"的问题,公约草拟过程中就此有两种意见,一种意见认为在执行主体中应加入"父母"和"监护人";另一种意见是用"官方的"或"立法机构"一词限定行动。透过这些琐碎而复杂的选择过程,可以看到一种妥协和容纳,以及对公约该条款原则性的认同:(1)作为统领全文的原则性条款,它并非意欲强加给谁特别的责任。因此,即便在该条的起草过程中没有充分注意"规定私人家庭"条款,这个一般性原则仍能适用这种特殊情况,而不用深究规定本身的有无。而公约第18条第1款和第27条第2款关于父母对儿童的责任的规定则加深了对该条原则性的认识。②(2)删除"官方的"限定词更恰当地明确了该条使用于非官方实体的一般性质。(3)"私人的社会福利机构"作为执行主体的表述,也体现了它的原则性。③

---

① 参见 Philip Alston, "The Best Interests Principle: Towards a Reconciliation of Cullture and Human Rights," in Philip Alston (ed.), *The Best Interests of the Child* (Oxford: Clarendon Press 1994), pp. 12 - 14。
② 《儿童权利公约》第18条第1款在这方面的规定是非常重要的,它说:"缔约国应尽其最大努力,确保父母双方对儿童的养育和发展负有共同责任的原则得到确认。父母或视具体情况而定的法定监护人对儿童的养育和发展负有首要责任。儿童的最大利益将是他们主要关心的事。"第27条第2款规定,"父母或其他负责照顾儿童的人负有在其能力和经济条件许可范围内确保儿童发展所需生活条件的首要责任"。
③ 参见 Philip Alston, "The Best Interests Principle: Towards a Reconciliation of Cullture and Human Rights," in Philip Alston (ed.), *The Best Interests of the Child* (Oxford: Clarendon Press 1994), pp. 13 - 15。

最后，该原则在国际公约中没有一致的表述。比如在《消除对妇女一切形式歧视公约》等国际文件中，依具体情况的不同时而用"首要的（paramount）考虑"表示，时而用"基本的（primary）考虑"表示。在《儿童权利公约》草拟过程中，"最大利益"原则应该用"基本的（a primary）"还是用"首要的（the paramount）"考虑，抑或其他更贴切的表述，也是集中讨论的议题。1988年，工作组最后会议对草案作"技术评价"时，就"首要考虑"的限定词是用"the"，还是用"a"发生了分歧①，其最主要目的是将儿童"利益"与"一般福利"相区别。不管怎样，这些争论明显体现出人们对儿童最大利益范围的理解和希冀，反映了公约与国际文件之间的关系。当该原则适用于诸如收养关系等事务时，能得到国内法最大限度的认同和吸收。似乎没有别的条款比它更能体现原则的纲领性，也没有哪个条款比它更具有适应性。许多人认为用不定冠词更能发挥原则的充分的灵活性，至少在个别极端的事件中，使它能成为儿童利益的保护伞。具体适用原则的最典型的表述是公约第21条关于儿童收养的规定②，第18条第1款以及第27条第2款关于父母责任的规定。公约其余条款的规定均比较的中立。③可见，特定背景之下话语的运用通常会蕴含着某种特别的意义，这样不遗余力地挖掘深层背景下的原意，是为了便于各国在立法和司法中充分考虑儿童最大利益的深刻内涵，以确保运用该原则处理儿童事务时全面考虑儿童各个方面的利益并使之得以均衡发展。

奥斯通先生特别强调原则的纲领性特征。他认为，"儿童最大利益"条款是全部公约的基本理论前提。如果对公约中儿童权利没有一个深刻的认识是不可能形成这样的前提的。尽管公约对"最大利益"内涵并没有作出具体的规定，但通览公约中涉及"最大利益"的条款可以看出，第3条第1款是有关儿童的"最大利益"的原则性条款。令人惊奇的是，据文件记载，当初似乎没有代表领悟到该原则相对公约其余条款的指导性和纲领

---

① UN doc E/ CN. 4/ 1989/ WG. 1/ CRP. 1.
② 公约第21条规定，"凡承认和许可收养制度的国家应确保以儿童的最大利益为首要考虑……"
③ 参见Philip Alston, "The Best Interests Principle: Towards a Reconciliation of Cullture and Human Rights," in Philip Alston (ed.), *The Best Interests of the Child* (Oxford:: Clarendon Press 1994), pp. 12 – 13。

性的意义，特别是公约前五条提纲挈领的作用。由于整个起草过程中对该问题的疏忽，以至时而出现对公约中最大利益条款的认识与什么是儿童的最大利益在理解上发生龃龉。①

随着《儿童权利公约》的生效，"儿童最大利益"原则也成为一个国际法律概念。首先，成员国在国内立法和司法中，必须考虑该原则精神的贯彻及其适用；其次，国家必须重视它的法律拘束力以及与本国法律文化相结合的程度，以便最大限度实现原则的立法精神；最后，国家必须采取措施和制定相应的程序以把它们的义务与公约中相关的儿童权利相结合，利于把本国的儿童权利落到实处。

二 "最大利益原则"的运用与问题

（一）"最大利益原则"在立法、司法中的运用

就国际层面来说，最大利益原则虽然受到国际文件的青睐，但长期以来，围绕着在特定的背景和场合下，如何进一步阐释该原则的真正含义和具体运用这一原则，一直争论不休。公约第3条第1款通过对该原则的深化及其外延的扩展，使它具有了纲领性、平衡性和灵活性的特点。根据奥斯通先生的分析，原因有三，一是其他的国际文件并非专门探讨儿童的权利，而只是在与妇女有关的问题中涉及；二是《儿童权利宣言》制定时的背景更多地把儿童当作权利的客体而非主体；三是公约第3条第1款强调，该原则的适用不限于法律和行政程序或其他狭隘的范围，而是适用于涉及儿童的一切行动。② 这与原则设立之初只在离婚和收养案件中适用的情况相比，外延的扩展显然具有重要的理论和实践意义。特别是，这种内涵和外延的扩展在以后的一些国际文

---

① 参见 Philip Alston, "The Best Interests Principle: Towards a Reconciliation of Cullture and Human Rights," in Philip Alston (ed.), *The Best Interests of the Child* (Oxford: Clarendon Press 1994), pp. 10 – 12。

② 参见 Philip Alston, "The Best Interests Principle: Towards a Reconciliation of Cullture and Human Rights," in Philip Alston (ed.), *The Best Interests of the Child* (Oxford: Clarendon Press 1994), p. 4。

件中也相继出现。① 然而，这样的观点和立场常常受到挑战。例如，S. 帕克（Stephen Parker）② 的不确定性理论和 J. 依克拉的能动自治理论就对此提出了质疑。③

就国家层面来说，该原则尽管起源于英美法系国家，但最终还是作为一项普适的国际准则以不同方式进入了很多国家的法律体系，更重要的是融入不同的文化、宗教和传统中。然而，与这种表面上的共同性形成鲜明对照的是，由于原则的不确定性，对于它的内涵的解说就呈现出了多样性。人们不难看到，在一些高度发达的现代化国家，儿童的最大利益明显地得到了倾向尊重个性发展的政策的佑护；而在更多的传统社会里，首先考虑更多的则是家庭和当地社区，儿童的最大利益相对家庭或社会利益而言，只是个别儿童优先权的提升。显然，公约第3条第1款内容的协调性以及纲领性的特点是该原则最突出的和主要的方面，如果公约只有后面的一些具体条款，只涉及一些狭窄的范围，它就不会受到这样的重视。但是，原则的这种协调和纲领作用并没有在它的运用和实施中得到最大限度的发挥，更经常的是受到不同文化和背景的挑战，并伴随出现许多问题。针对这些问题，19世纪80年代开始，在美国，一些学者和法官试图通过不同推定原则，使"最大利益"原则具体化，逐渐形成了三种不同的推定原则：推定共同监护、推定心理上的父母和推定主要照护者。④

---

① 例如，1990年9月，联合国召开世界儿童问题首脑会议，通过的《儿童生存、保护和发展世界宣言》庄严承诺："儿童幸福需要最高一级的政治行动。我们决心采取这样的行动。……对儿童的权利，对他们的生存及对他们的保护和发展给予高度优先。"这里的"高度优先"以及中国《九十年代中国儿童发展规划纲要》中的"儿童优先"原则，均可看作对"最大利益原则"的内涵及外延的扩大理解的运用。
② 澳大利亚昆士兰州格里菲斯大学法学教授。
③ S. 帕克在他的《儿童的最大利益——原则和问题》一文中对最大利益原则的不确定性有着精辟的论述。他认为通过两条路径能够理解原则的不确定性。其一就是 J. 依克拉在他的《儿童利益和儿童的愿望：能动自治的作用》中，对能动自治在儿童利益和愿望中的协调作用所作的阐释。参见 Stephen Parker, "The Best Interests of the Child——Principles and Problems," in Philip Alston (ed.), The Best Interests of the Child (Oxford: Clarendon Press 1994), p. 4；参见 John Eekelaar, "The Interests of the Child and the Child's Wishes: The Role of Dynamic Self-Determinism," in Philip Alston (ed.), The Best Interests of the Child (Oxford: Clarendon Press, 1994), pp. 46-49。
④ 参见雷文玫《〈以子女最佳利益〉之名：离婚后父母对未成年子女权利义务行使与负担之研究》，《台大法学论丛》1999年第3期（第28卷）。共同监护通常针对法律监护而言，而身心监护多半由一方行使；推定心理上父母强调子女与父母间稳定而可靠的情感与亲密关系，有助于子女心智的健全发展。前两种推定原则在理论和运用中多有争议，目前比较认同的是推定主要照护者原则。

(二) 原则运用中面临的主要问题

1. 不确定性问题

关于儿童问题的很多评论都指出，公约的运作标准、"最大利益"或"福利"原则是不确定的、含糊的和随意的，在很大程度上，对原则的运作依赖于决策者的价值体系。R. 穆诺基（Robert Mnookin）[①] 早在1975年就发表一系列文章对最大利益问题提出自己的看法，这些评论为以后该原则的生成以及对它的考察与思考奠定了基础。[②] 他把目光首先投向了收养中最大利益的不确定性，认为依据现有的价值观念，以及此种观念将对儿童成长产生什么样的影响所作的预测，随之产生的对儿童事务的安排，和对各种处理结果作出选择的价值观都是有差异的，是不确定的。而使用一种不确定的标准将导致家庭和国家之间责任分配的不合理。[③] 不公的责任分配又有可能大大削弱父母的力量，以至很难判断哪些行为会对子女的培养造成难以预测和不可避免的侵害。[④] 因此，正因为存在这些缺陷，使最大利益不适合作为保护儿童的基本准则。在私法领域，穆诺基建议采用两条"中立的"规则代替原则，其一即是任何行为都不应引起对儿童身体健康和精神方面的实质的伤害。然而，他也认为，法院在考虑成人的"哪一方作为儿童未来的精神依靠"时，最大利益原则应是"害处最小"的应用准则。[⑤]

自穆诺基之后，很多学者开始对最大利益原则加以评论。如美国的 C.

[①] 哈佛大学法学院教授。

[②] John Eekelaar, "The Interests of the Child and the Child's Wishes：The Role of Dynamic Self‐Determinism," in Philip Alston（ed.）, *The Best Interests of the Child*（Oxford：Clarendon Press, 1994）, p. 59；R. H. Mnookin, "Child‐Custody Adjudication：Judicial Functions in the Face of Indeterminacy," *Law & Contemporary Problems* 39（1975）：226.

[③] R. H. Mnookin, "Child‐Custody Adjudication：Judicial Functions in the Face of Indeterminacy," *Law & Contemporary Problems*, 39（1975）：268.

[④] 转引自 John Eekelaar, "The Interests of the Child and the Child's Wishes：The Role of Dynamic Self‐Determinism," in Philip Alston（ed.）, *The Best Interests of the Child*（Oxford：Clarendon Press, 1994）, p. 59。这种观点引入英国儿童抚养法改革并导致《1989年儿童法案》的出台。

[⑤] John Eekelaar, "The Interests of the Child and the Child's Wishes：The Role of Dynamic Self‐Determinism," in Philip Alston（ed.）, *The Best Interests of the Child*（Oxford：Clarendon Press, 1994）, pp. 45–46.

施奈德（Carl Schneider）[①]和 S. 帕克。帕克注意到这样的事实，原则依赖于对习俗的认同；而施奈德则总结说，实践中原则的不确定性减低了，因为它的履行在很大程度上受社会标准的影响。[②] M. 法恩曼（Martha Fineman）[③]则抱怨原则对有些价值观过于宽容，如对所谓"帮助人的行业"在处理关于儿童问题的决策过程中侵犯妇女利益的情形。[④] M. 金（Michael king）[⑤]和 C. 派珀（Christine Piper）[⑥]更是从消极的意义上理解这一原则，他们认为只有在那些看似合法而实质晦暗腐败的利益的"重构"中，才能达到儿童最大利益的确定。[⑦]

帕克还进一步考察了正义概念和原则之间的关系，他认为企图引入正义概念以确保儿童最大利益的纯度的想法很荒唐。他指出：（1）最大利益所指向的主体及正义分配的主体都是不确定的。条款中没有明确利益所指向的主体是个别儿童还是儿童群体，这样就可能导引出，不同的利益分配标准遵循的是不同的公正考虑。（2）如果综合考虑各相关要素，就可以通过两个相关的环节领略最大利益标准的不确定性：一是理性选择理论（rational Choice）；二是规则怀疑论（Rule-skepticism）。[⑧]前者主要论及，对一个问题作出肯定回答的理性选择意味着必须满足四个条件。[⑨]后者论及，法律规则从来都不能对既定事实提供确定的答案。确定原则能否作为一个

[①] 美国密西根大学法学教授。
[②] 转引自 John Eekelaar, "The Interests of the Child and the Child's Wishes: The Role of Dynamic Self-Determinism," in Philip Alston (ed.), *The Best Interests of the Child* (Oxford: Clarendon Press, 1994), p.59.
[③] 美国哥伦比亚大学法学教授。
[④] John Eekelaar, "The Interests of the Child and the Child's Wishes: The Role of Dynamic Self-Determinism," in Philip Alston (ed.), *The Best Interests of the Child* (Oxford: Clarendon Press, 1994), p.59. 注 18: Martha Fineman, "Dominant Discourse, Professional Language and Legal Change in Child Custody Decision-making," *Harvard Law Review* 101 (1988): 727. 笔者理解，"帮助人的行业"意指 The Professions，包括神学、医学和法学。
[⑤] 英国布鲁内尔大学法律系。
[⑥] 英国布鲁内尔大学法学教授，儿童与家庭法研究中心主任。
[⑦] 转引自 John Eekelaar," The Interests of the Child and the Child's Wishes: The Role of Dynamic Self-Determinism", in Philip Alston (ed.), *The Best Interests of the Child* (Oxford: Clarendon Press, 1994), p.59.
[⑧] 20 世纪 80 年代的美国法律学者通过所谓的"批判法律研究运动"（Critical Legal Studies Movement）引介了怀疑论。
[⑨] （1）必须知道所有选择；（2）每种选择的全部可能的结果；（3）每种可能出现结果的概率；（4）每种结果的价值。

准则或规则所带来的问题,与协调和预测人类行为本身同样困难。①

然而,怎样才能在具体事例中找出满足最大利益原则的条件并作出理性的抉择呢?规则形成的基础与怀疑论者的疑点间存在怎样的关系?实践中,针对两种理论存在一系列的悖论,如不同的决策者依照各自的理性原则得出的可能是不同的结果;而规则的形成则是依赖于主体间的协商、理解和对行为的宽容。穆诺基的评论关注的只是原则作为决策标准的不确定性,和作为限制官方行为的法律以及结果预测间的不相容性;帕克则认为这样的关系只在指导性规则的决策中才会出现。实际上,儿童最大利益观念的形成及原则的适用,特别是该原则与其他利益相区别的范围,才是决策时难以把握的。可以说,国际准则开放的必然结果定会包含不确定的成分,大多数评论家也认为识别这种作为儿童最大利益的评判标准是困难的。如果人权准则不具有原则性,那么,其精神内涵将不可避免地由最不确定的那些评论家或执法者来定位。也有人认为,公约只是提供了道德和价值的框架,对原则内容只作了较宽泛的限定。正是这种不确定的灵活性适应了地方习俗及规则的重新建构。公约第3条只是试图建构一个最大利益准则作为国际儿童权利法的坐标。就道德角度而言,公正的考虑应该是公约的重要方面也是最大利益准则的灵魂。

把正义作为特殊的价值标准是为了营造一个宽泛的结合点。正义的可变性能够导引出对最大利益标准的不同解释和适用。尽管价值的多样性可以作为证明最大利益标准的不确定性的最一般的阐释,但是最有力的解说还是事物本身究竟是怎样的,而不是它应该是怎样的。如果人们相信这个世界上有一种精神,这种精神会受种种非理性安排的冒犯,那么,这种精神就是正义,它将会成为理解儿童最大利益的参照,作为地方习俗的一部分,它还会在儿童最大利益的运作中得到体现。

英美等国的司法实务对最大利益原则的运作也充分证实了该原则不确定的一面,特别是在关于离婚、收养等涉及亲权的案件的审理中。②

---

① 参见 Stephen Parker, "The Best Interests of the Child——Principles and Problems," in Philip Alston (ed.), *The Best Interests of the Child* (Oxford: Clarendon Press 1994), pp. 29-33。
② "作为一个不确定法律概念,'子女最佳利益'规范并扩大了法院审酌情状,介入父母间纷争的权限"。参见雷文玫《〈以子女最佳利益〉之名:离婚后父母对未成年子女权利义务行使与负担之研究》,《台大法学论丛》1999年第3期(第28卷)。

2. 权利冲突问题

现代社会发端于人的理性启蒙和个性解放,但在相当长的时间里儿童却被排斥于权利主体之外。幸运的是,与社会权利增长和集体福利制度生成相伴随,作为弱势群体的儿童的利益得到了关怀。这表明儿童的利益与社会的进步与发展,以及人类追求公平和正义的进程是相依相伴的。问题是,如果说人人都有天赋的权利,而且具有相同的利益要求,那么,在行使权利时就必然会发生冲突。这些冲突是怎样发生的?冲突的结果又怎样?在"最大利益"原则的行使中,经常发生的冲突是个体利益与社会利益、儿童权利与成人权利特别是妇女权利的冲突。在对这些冲突的协调过程中,便生发出许多林林总总的见解。

J. 依克拉认为,只有把儿童看作权利的真正拥有者,才能真正理解最大利益原则并使该原则在适用中得以调和。而这种调和的程度则依赖于原则概念的重构,原则概念的重构又是通过客观化和能动自治实现的。根据客观化理论,决策者的信念所反映的客观状态就是儿童的利益。这种信念有时是根据福利机构的预测能力确定,有时根据决策者的社会信念确定。能动自治是说,在儿童的成长过程中,鼓励他们接受周围的影响并因此而承担后果。儿童应该有能力决定什么是他或她的利益,儿童的能动自治在这个过程中起到相当重要的作用。这种由儿童自己决定的结果就可看作他们的最大利益。然而,这个过程虽然是能动的但却是不确定的,因为,在孩子的成长中,这种决定不断受到修正。它同时又受到发展理论的挑战,A. 施拖尔(Anthony Storr)[1] 就认为"对于某一个体,最大限度地实现自我"[2],反映了"人本主义心理"和人的自我实现的趋势,这种心理和趋势贯穿在个体的整个生命过程之中。[3] 能动自治还被 J. 莱慈(Joseph Raz)[4]

---

[1] 英国精神病学家。

[2] 转引自 John Eekelaar, "The Interests of the Child and the Child's Wishes: The Role of Dynamic Self - Determinism," in Philip Alston (ed.), *The Best Interests of the Child* (Oxford: Clarendon Press, 1994), p. 59; Anthong Storr, *The Integrity of the Personality* (Pelican Books, 1960), pp. 26 - 27。

[3] 前一观点是马斯洛(Abraham Maslow)所主张,后一观点是罗杰斯(Carl Rogers)所主张。参见 John Eekelaar, "The Interests of the Child and the Child's Wishes: The Role of Dynamic Self - Determinism," in Philip Alston (ed.), *The Best Interests of the Child* (Oxford: Clarendon Press, 1994), pp. 46 - 49。

[4] 牛津大学法哲学教授。

描绘为自由主义。他所看到的是容许每个个体决定或计划他的生活目标的价值。容纳这种个人主义形式的根据是,多种多样的生活目标不能用同一标准来衡量。在选择社会目标并确定各种可能的结果时,常常很难确定哪个是儿童的最大甚至较大的利益。[①] 所以,能动自治扩大了儿童选择可能结果的范围,并提高了他们的自主能力。

与能动自治相比,客观化则把重心转向了怎样认识儿童利益的客观进程。例如,一般认为,不言而喻义务学校将会促进儿童福利的发展。但人们却不去考虑在了解每个入学儿童的具体要求后,再决定什么样的社会化对儿童的生活是最有利的。义务入学对大多数儿童是有益的,但是,这种僵化的运作可能会侵害个别甚至一些特殊群体儿童的利益,而且,一个好的教育体制必须针对不同情况作出不同的决策。尽管如此,客观化又是不可避免的和必需的。在社会发展的一定阶段,它或许最能满足针对保护当时儿童切身利益的需要。儿童在和周围社会融和时可能需要指导,而不是受社会环境的自然调节和控制。[②]

在人们试图用能动自治的概念解决儿童问题时,如果对它的缺陷作一番深入的考察,可能就会得出一些不利于儿童安全的令人担忧的结论。例如,作为能动自治变体之一的人民自决会推翻殖民统治,但是在非殖民化的土地上可能依然存在社会动荡和经济崩溃;另一种变体是个性的自我实现可能是引起家庭不稳定的原因,导致家庭结构的解体,以及经济和情感的贫困。故而,依克拉把这些缺陷表述为:(1)自治意味着放纵;(2)自治特许冲动;(3)自治是自我毁灭。[③] 其实,经济崩溃、社会动荡和家庭解体等不利于儿童安全的因素,并不是至少不完全是能动自治或个性张扬的结果。如果把儿童和成人认真地作一番比较,就会发现儿童并不比成人更放纵和冲动,成人所谓的理性决策也往往避免不了毁灭。同时,能动自

---

① 转引自 John Eekelaar, "The Interests of the Child and the Child's Wishes: The Role of Dynamic Self - Determinism," in Philip Alston (ed.), *The Best Interests of the Child* (Oxford: Clarendon Press, 1994), p. 59。

② John Eekelaar, "The Interests of the Child and the Child's Wishes: The Role of Dynamic Self - Determinism," in Philip Alston (ed.), *The Best Interests of the Child* (Oxford: Clarendon Press, 1994), pp. 48 - 58.

③ John Eekelaar, "The Interests of the Child and the Child's Wishes: The Role of Dynamic Self - Determinism," in Philip Alston (ed.), *The Best Interests of the Child* (Oxford: Clarendon Press, 1994), pp. 50 - 53.

治也并不意味着授予儿童决策的特权,更何况自治还涉及法律上的权利能力问题。可以说,自治是为儿童进入成年期时发展有利于自己的洞察力的理想方式,他们绝不会因自治而丧失这种发展的潜能。从这种观点出发,最大利益原则不是对儿童权利的威胁,而是一种增进权利的模式。

公约宣称儿童具有一系列的权利,还宣称最大利益原则作为涉及儿童一切行动的首要考虑。在权利的适用中,即便该原则只是作为一种补充的工具或制衡的标准,尚且受到种种的限制和束缚,特别是社会价值观、道德观的束缚,更不用说要把儿童作为与成人相同的权利主体并考虑他们的最大利益了。人们对公约有着热盼和希冀,总是想通过它实现保护儿童的切身利益的愿望。确实,公约不会从诞生之日起就成为试金石,而要在经历社会和意识变化的磨砺后才能展示它的容纳力。公约的原则给我们的启示是,社会的变化能够容纳于公约建构的权利框架内。但是,正如许多文章所言,儿童最大利益观念是普遍文化的根基。它直接呼吁并允许各自文化中的每个作为个体的儿童在这个文化的发展中去寻找他自己的实现模式。自治则是该原则的实现程度和那个文化协调的基础。①

公约理想化地利用一系列不同的原则,以期平衡和协调父母和儿童之间的利益关系。然而其调和的效果还须在个案研究中加以验证。国际和各国司法实践也显示出,最大利益原则在彰显的同时,对父母权利也构成了巨大的冲击,如亲权受到约束。或许若干年后,人们会以各种各样的方式曲解或误传公约的这种平衡的作用。也许有人会说公约提升了儿童的权利是以牺牲妇女权利为代价的;还会有人说儿童的支持者希望公约的原则成为唯一准则,以及有人想通过公约反映他们特殊的价值偏爱等等。人类社会多少代人所努力追寻的就是不希望为了一部分人的利益而牺牲另一部分人的利益,这就是正义和公平,人们总希望找到各自利益间的契合点。在公约的制定过程中,也是小心翼翼地权衡了各方的利益,特别是妇女和儿童间的利益。实际上,最大利益原则的实施,对于父母和儿童权利的实现具有双重性:它既是在厘清儿童的权利,也是在分配父母的权利。因此,父母和儿童的利益应该是同构的,其一,儿童最大利益的实现有赖于父母

---

① John Eekelaar, "The Interests of the Child and the Child's Wishes: The Role of Dynamic Self-Determinism," in Philip Alston (ed.), *The Best Interests of the Child* (Oxford: Clarendon Press, 1994), pp. 57-58.

亲权的行使和义务的履行；其二，父母以往对子女权利的行使和义务的履行，必然作为度量"子女最大利益"的参照；其三，在斟酌最大利益标准时，不可能不考虑父母权利的现实。① 如果偶然出现为儿童利益的考虑要以牺牲妇女的利益为代价的情况，或许这也是一种合理的和必要的丧失。

3. 文化价值冲突问题

文化相对主义运动的主要代表人物之一的 A. 那依姆（Abdullahi An-Na'im）② 认为，正如人权领域中其他规范的普遍性一样，不论是地方、区域还是世界范围内，儿童最大利益原则都不会得到一致接受也不会成为普遍的文化的准则。原则的基本理论及其适用需要从涉及儿童问题的不同的视角探讨它的本质。换言之，不同的历史时期，不同的文化背景以及不同的地方特色会对最大利益作出不同的诠释，如 20 世纪前，英美法传统下的社会立法，虽以"国家监护权"为名保护儿童，有时甚至将其与父母分离，其目的与其说是追求"儿童的最大利益"，不如说更大程度上是为了社会公共秩序和善良风俗的考虑。③ 只有通过严密的分析，才能回答权利由谁实施，以什么作为权利基础以及为了谁的利益，权利是怎样对儿童产生影响的等问题。特别应注意理解不同的行为主体之间的权利关系的本质、背景和原动力，以及改变和调整那些权利关系的可能性。④ 也就是怎样处理人权的普遍性和特殊性的关系问题。

公约的确触及特殊文化背景和意欲建立普遍标准这两种文化思考之间的兴奋点。例如，人们都同意儿童必须受到保护而不受"身体或精神的所有形式的侵犯"⑤ 等，那么，在一些地方父母和学校老师的体罚仍然存在的情况下，怎样理解这些普遍的准则？公约关于禁止一切形式的体罚的规定又怎样执行？在文化的多样性和普遍性之间存在着紧张，对原则规范的理解和适用仍然不确定的状况下，怎样建立真正的特别是与儿童权利相关

---

① 雷文玫：《〈以子女最佳利益〉之名：离婚后父母对未成年子女权利义务行使与负担之研究》，《台大法学论丛》1999 年第 3 期（第 28 卷）。
② 华盛顿特区《非洲观察》执行主任。
③ 雷文玫：《〈以子女最佳利益〉之名：离婚后父母对未成年子女权利义务行使与负担之研究》，《台大法学论丛》1999 年第 3 期（第 28 卷）。
④ Abdullahi An-Na'im, "Cultural Transformation and Normative Consensus on the Best Interest of the Child," in Philip Alston (ed.), *The Best Interests of the Child* (Oxford: Clarendon Press, 1994), p. 63.
⑤ 《儿童权利公约》第 19 条第 1 款。

的普遍标准？假如被迫强迫接受一种特定的，譬如像"儿童的最大利益"这样的观念，而尊重文化背景的多样性，能否就不会导致规范的不确定和模糊？因此，尽管公约不是尽善尽美的，但它却可能比早先通过的大多数主要的人权条约更敏锐地反映不同层面和不同视角的问题。面对这样的背景，公约是否真正经得起由文化相对论者们所提出的人权准则的挑战，最大利益原则能否如预期的那样发挥巨大的作用？[1]

最大利益条款在多大程度上反映了公约的层面性，以及文化与人权之间的广泛联系呢？抛开它所体现的卓越的人类精神，它的多层面性确实为儿童权利观念和不同权利认识，在解决涉及儿童的重要问题时产生的紧张和冲突提供了合理的框架。对于该原则认知过程中涉及的不同要素，诸如儿童、父母、家庭、社区、社会和国家似乎都有了明确的定义和叙述。因此，确定的公约就成为反虐待和遗弃斗争中必不可少的国际准则。令人啼笑皆非的是，对公约持异议的人士也同样能证明公约的缺陷，并把它描绘成反家庭的，反对儿童自治的，或反对父母权利的文本等。[2] 纳依姆认为，国际人权标准的推动作用常常是表面化的，没什么实际意义，更有效的是通过地方文化、宗教和其他社会传统发挥作用。[3] 一些人权观察家和人权组织认为应该改变过去普遍性理想的主张，还认为人权本质上是普遍的，但必须考虑不同的国家和地区的特殊性及历史、文化和宗教背景的多样性，考虑国际人权准则建立的演进过程。[4] 类似的辩论已经风行了几个世纪，回顾过去即便是在近代的西方哲学传统中，与现代人权观念紧密相连的18世纪欧洲启蒙运动的价值观几乎在各个方面都受到严峻的挑战。例如，孟德斯鸠（Montesquieu）站在传统的相对论的立场主张法律的道德接

---

[1] Abdullahi An-Na'im, "Cultural Transformation and Normative Consensus on the Best Interest of the Child", in Philip Alston (ed.), *The Best Interests of the Child* (Oxford: Clarendon Press, 1994), pp. 63-81.

[2] Philip Alston, "The Best Interests Principle: Towards a Reconciliation of Cullture and Human Rights," in Philip Alston (ed.), *The Best Interests of the Child* (Oxford: Clarendon Press 1994), p. 3.

[3] Philip Alston, "The Best Interests Principle: Towards a Reconciliation of Cullture and Human Rights," in Philip Alston (ed.), *The Best Interests of the Child* (Oxford: Clarendon Press 1994), p. 8.

[4] "Issues at the UN World Conference on Human Rights", Amnesty International doc 1OR 41/WU 02/93, 29 March 1993. Also see, A/CONF. 157/PC/59, para 8.

受能力依赖于他们所建立的社会、文化和政治状况的演进等。① 我们还看到，《维也纳宣言》取得了突飞猛进的发展，它宣布"应牢记地方和区域特殊性及历史、文化和宗教背景不同的重要性，各国基于政治、经济和文化制度负有保护人权和基本自由的义务"。② 实际上，公约远比上面提到的更复杂、更具多面性，正如它的起草者所期待的那样，公约已经为涉及儿童的重要问题的解决提供了合理的框架。

4. 国内法转换问题

在条约与国内法的关系问题上，理论和实践两方面都存在不同的观点。归结为一点，也就是条约与国内法之间孰轻孰重，以及国内司法可否直接适用条约，也即自动转换问题。通过对"最大利益原则"的分析，廓清了国际人权准则与国内相关法律之间的关系，但由于文化与传统的差异，国内就此原则在立法和司法上的不同理解与国际文件的精神阐释的差异，使公约的自动转换成为神话。国内法制定过程并不意味着，能通过国内法院和立法的不同解释，使该原则得以自动转换。③ 实际上，确立公约原则的不同法理渊源，由国内法院采用不同方法寻求对它的适用才是理性的。各国立法和司法实践中对国际公约适用的方式、程度以及适用的标准等，也都遵从各自地方的文化特色而有所不同。还有人认为，在理解公约和国内法的关系时，公约应被视为我国法律的一部分，但只有转化为国内法才具有可操作性。④

可以说，最大利益是个具有普遍性意义的原则，但在具体的道德、文化、宗教传统中又有它相对的适用标准。正如夏勇教授所说的那样，"文化和文明传统的差异对人权的影响尤深。……一方面，把人权的概念放到不同的文化和文明传统的背景下，重新审视和改进它，使之得以同不同的

---

① Philip Alston, "The Best Interests Principle: Towards a Reconciliation of Cullture and Human Rights," in Philip Alston (ed.), *The Best Interests of the Child* (Oxford: Clarendon Press 1994), p. 8.
② 《人权：国际文件汇编》，联合国，1994。
③ Philip Alston, "The Best Interests Principle: Towards a Reconciliation of Cullture and Human Rights," in Philip Alston (ed.), *The Best Interests of the Child* (Oxford: Clarendon Press 1994), p. 17.
④ 徐宏：《〈儿童权利公约〉有关问题》，中国关心下一代工作委员会编《儿童权利公约》通讯，1999年第2期。

文化与文明传统（而不仅仅是西方的传统）相谐和，并因此成为真正'普遍'（universal）的权利；另一方面，在结合特定场合和语境解释人权的过程中，检验和改造相关的文化和文明传统，使之与人权的精神相符合"①。同时，还应注意到，权利与国家责任的关系，从某种意义上说，对普遍权利的接受就意味着国家对该项权利保护所负有的责任。最大利益原则是公约最主要的原则，各缔约国政府必须通过一切可能的方式来促进这一权益的实现，应成为"相对适用标准"中应有之义。

三　最大利益原则与中国法

（一）儿童权利意识在中国

中国素有爱护儿童的良好传统。孟子曰："老吾老，以及人之老；幼吾幼，以及人之幼。"② 但中国固有的传统小农经济和专制政治的模式，重义尚德轻利的非主体意识的价值观一直占据主流，对儿童的关爱始终仅仅是从德和仁的角度出发。由于父权至上的价值观一直占据主流，儿童不享有个人权利，他们的地位和处境并不比妇女好。在中国古代社会，未成年人不仅没有政治上的权利，绝大多数情况下也没有经济上的权利，甚至可以被当作牲畜一样买卖，他们的人身权利经常受到蹂躏和践踏。所谓"君君臣臣"、"父父子子"，"棍棒底下出孝子"，都是剥夺儿童人身权和人格权的伦理道德。传统的儿童观往往从社会和家庭的整体利益的角度认识儿童的价值，儿童的价值似乎主要在于承载成人对于家庭和社会的期望。因此，在成人的眼中儿童必须依附大人，需要被雕琢，他们的自我意识和独立人格完全被忽视，更谈不上作为独立主体而应享有相应的权益了。在中国，这样的状况延续了几千年。直到20世纪20年代，一些先进的知识分子才开始以非传统的眼光看待儿童问题。如，邹韬奋在《小孩子倒霉》一文里曾明确谴责动辄训斥幼儿的行为，③ 还提出希望不要把儿童束缚成小

---

① 夏勇：《人权与中国传统》，载夏勇编《公法》第1卷，法律出版社，1999，第200页。
② 《孟子·梁惠王》，《四书五经》，宋元人注，中国书店，1990。
③ 邹韬奋：《小孩子倒霉》，《韬奋全集》（2），上海人民出版社，1995，第268页。

大人;① 父母不要糟蹋、摧残、抑制儿童本来的活泼的精神。②

确认和保护儿童权利是现代中国社会和法制发展和进步的重要内容。如，早在第一次国内革命战争时期，中华苏维埃共和国政府颁布的《宪法大纲》、《劳动法》、《婚姻法》等法律文件，就有保护儿童生存、学习和劳动等权益的规定。到了抗日战争时期，各个抗日根据地政府颁布的保护儿童权益的法律就比较多了。如：1940年3月18日颁布的《晋察冀边区目前施政纲领》第13条明确规定"禁止使用……童工从事妨害身体健康之劳动"。1941年5月1日颁布的《陕甘宁边区施政纲领》（16）明确规定"保护女工、产妇、儿童"。1942年10月19日中共中央晋绥分局颁发的《对于巩固与建设晋西北的施政纲领》（十）规定"实行孕妇及儿童之保健与教育"。山东省临时参议会于1944年2月28日通过的《山东省战时施政纲领》第10条规定"保护儿童，禁止溺婴"。1945年12月31日苏皖边区临时参议会通过的《苏皖边区临时行政委员会施政纲领》九规定"实施儿童保育……严禁蓄婢、纳妾、溺婴"等。

中华人民共和国成立后，保护儿童权益的立法虽然比根据地时期有所增加，但儿童权利意识在中国的真正的增强还是近二十几年的事情。自20世纪90年代初加入《儿童权利公约》以及颁布《中华人民共和国未成年人保护法》以来，经过近十几年的努力，特别是公约起草过程的参与和批准及其在国内的宣传，我国公众的儿童权利意识已得到普遍增强。据统计，有84.37%的成人与儿童认为，儿童无论是在社会、学校还是在家庭中，都应是有权利的。③ 专家学者也普遍认为，应使尊重和保护儿童权利成为普遍的公民意识；儿童不仅是保护的对象，也应该是积极主动的权利主体，要尊重、相信儿童的潜力和创造力；充分认识儿童最大利益原则不仅是公约的四条基本原则之一，而且是最重要的具有统领作用的原则。然而，要使该原则和中国传统相谐和，还有许多工作要做，其中，尽快树立儿童是权利主体的信念或意识，是在儿童权利保护上达到与《儿童权利公

---

① 邹韬奋：《改良家庭教育丛谈》，《韬奋全集》（1），上海人民出版社，1995，第211—212页。

② 邹韬奋：《改良家庭教育丛谈》，《韬奋全集》（1），上海人民出版社，1995，第212—213页。

③ 郝卫江：《尊重儿童的权利》，天津教育出版社，1999，第5页。

约》的精神谐和一致的重要前提。总之，只有随着权利意识的增长，最大利益原则才能在中国保护儿童的相关立法和司法中得以体现和适用，并具体化为"儿童优先"原则。

（二）中国法与最大利益原则和儿童优先原则的关系

1. 最大利益原则和儿童优先原则

最大利益与儿童优先具有某些相同的属性，但在某些情况下却不尽一致。就相同点来说，首先，最大利益和儿童优先都在不同程度上体现了儿童本位的权利理念，二者有着内在精神的和谐一致。如在把儿童利益与成人利益相比时，或面对诸如让儿童适龄就学还是让他们在家帮助大人干活这类问题时，不论从最大利益的角度还是从儿童优先的角度考虑保护儿童利益，都会得出选择前者的结果，这时二者是在同一意义上使用和理解的。其次，二者在具体运作中，又都面临父母亲权为本位与儿童利益为本位的思考的尴尬。如前所述，父母亲权与儿童利益并非非此即彼，他们在本质上是不分轩轾的。最后，在效力方面，两者都是保护儿童利益的所应遵循的准则。

但是，在某些情况下，用儿童优先原则作出明确的价值判断则显得力不从心，比如当面对是让孩子就近入学好呢？还是让他去离家远但较著名的好学校入学好等此类问题时，更好的办法是启动最大利益原则来权衡其间的利弊得失。此时，应特别注意两者间的区别。

第一，在内容上，最大利益原则比儿童优先原则更为丰富，它包含后者又在后者的意义上更进了一步。最大利益原则不仅特别强调子女之于父母或其他相关利益的优先地位，而且适用范围更广，如在收养关系中、监护权和教育权的行使中等；不仅要考虑儿童优先，还要看在优先考虑儿童利益的前提下，怎样做才能保护儿童的最大利益。

第二，最大利益在本质上更能体现儿童主体的权利理念。它所涉及的是与儿童有关的一切事务，把解决儿童利益有关的问题升华到更高的层次。如在少年犯罪案件的处理中、少年法庭的设置中，都需要考虑怎样做才能最大限度地满足这些误入歧途的少年的最大利益的需要。而儿童优先原则本质上并未超出父母权利的规制，它只是在父母权利的框架下考虑儿童权利的优先地位。

第三，最大利益因其适用范围更广，解决更深层次的问题，因而，它将不可避免地遇到更多的困难，面临更多的难题。常常面对诸如在解决离异后子女的归属问题时，是把孩子给没时间但经济条件优厚的一方呢，还是给有时间照顾孩子，但物质条件较差的一方等这类问题。

第四，与儿童优先相比，最大利益本身具有更多的不确定因素，在具体适用时，确定何者为最大利益实属不易。如课余时间是让孩子上各类补习班、艺术班好呢，还是让他们自由玩耍好呢？而儿童优先原则在其可适用的范围内则相对明确和肯定，如我国新婚姻法中涉及儿童利益优先的规定。

第五，最大利益原则在保护儿童权利的司法实践中的历史悠久，早在1966年，美国艾奥瓦州法院就将最大利益原则用于 Painter V. Bannister 的判例中。1989年，该原则又以国际公约的形式被确立为现代意义上的一项具有普适性的国际原则。儿童优先原则则要有限得多，它只是中国特定背景下新生成的一项保护儿童权利的准则。

综上可见，不能简单地把儿童优先原则看作最大利益原则在中国的变种或施行。中国既已批准并加入了《儿童权利公约》，在立法和司法中为什么不直接使用"最大利益"这样的话语，而用"儿童优先"呢？或许这种状况与中国缺乏个人权利传统尤其是儿童权利传统有关，也与中国法律界关于最大利益原则的研究相对缺乏有关，但最重要的原因，一方面，如前所说的，最大利益概念本身的不确定和模糊性导致理论上的诸多争论和适用中的诸多困难，在中国目前缺乏对其进行深入理论研究的前提下，使用较为明确的"儿童优先"代替"最大利益"是切实可行的；另一方面，现代中国的法律渊源更多地以大陆法系作为参照，而德、法等大陆法系本身就没有"最大利益"这样的表述。

2. 儿童优先原则在立法和司法中的体现

根据我国的基本国情和文化特色，中国政府在关于儿童工作的立法和司法等各方面的工作中，将保护儿童权利的最大利益原则具体化为"儿童优先"原则加以适用。尽管最大利益和儿童优先原则在内容和体现权利意识等方面存在差异，但是，中国政府始终强调"儿童优先"原则和最大利益原则是相辅相成的，在制定有关的法律和政策时，尽量保持与公约内在精神的和谐一致。大众媒体也将"儿童优先"原则和儿童权利作为宣传的主要内容，积极倡导"尊重儿童，爱护儿童"的良好社会风尚。反复强调只有把儿童放在优先考虑的地位，才能实现他们的最大利益。因此，儿童优先原则已在社会生活的许多方面都得到了较好的体现，基本形成了有利于儿童生存、保护和发展的社会环境。如果说公约的通过是国际儿童权利保护史上的里程碑，最大利益原则是保护儿童权利的航标，那么，中国在立法和司法中体现的"儿童优先"原则，则是中国儿童权利保护的重要起点。

首先，在立法方面，我国对儿童权利的法律保护是多侧面的，宪法和其他法律、法规中都有大量的规定。特别是近十几年来，中国在保护和促进儿童权利立法方面的成绩引人注目，一个以宪法为核心，以基本法律和单行法律如《未成年人保护法》为骨干，并由《母婴保健法》、《义务教育法》和《收养法》等其他民事、刑事和行政法律法规以及地方性法规与其相配套，具有中国特色的保护未成年人权利的法律保障体系已经形成。其中值得一提的，是与中国法律体系具有密切关系的司法解释性文件对儿童权益的保障。譬如，最高一级的司法机关为了保障保护儿童权益的法律得到有效的实施，1991年曾联合发布《关于办理少年刑事案件建立相互配套工作体系的通知》，1995年最高人民法院颁布《关于办理未成年人刑事案件适用法律的若干问题的解释》等，为司法实际部门审理未成年人案件时正确适用法律制定了标准和规则，为违法犯罪少年规定了特殊的司法保障措施。还有我国新近对婚姻法的修改也十分引人注目，其中焦点之一就是它注重体现"儿童优先"的立法理念，一是明令禁止弃婴，这一规定对保护儿童特别是女婴、残疾婴儿的生命权，对于缓解一些地区出现的新生儿性比例失调的现状具有积极意义；二是将旧婚姻法中法院判决离婚时的应根据"照顾女方和子女权益的原则判决"改为"照顾子女和女方权益的原则判决"，离婚时考虑以子女权益为先，这体现了父母离异以不降低未成年子女福利为前提的"儿童本位"的立法精神。再如，《未成年人保护法》第27条规定"任何人不得在中小学、幼儿园、托儿所的教室内吸烟"，第30条规定"任何组织和个人不得披露未成年人的个人隐私"等，均昭示未成年人权益在我国法律体系上的重要地位。它把儿童保护纳入了法治的轨道，使中国在保护儿童权益方面有了坚实的法律基础，进一步完善了这一领域的法律体系。并结合中国的具体情况，使儿童利益的保护范围扩大了、具体了。

其次,法律实务方面,在刑事和民事等各类案件的审理中,注重考虑儿童的身心健康的发展,如儿童优先原则的适用,儿童案件的不公开审理制度等。同时,我国还把国内法和国际法相衔接,作为在立法和司法方面保护儿童权利所应遵循的一项基本原则,这就更利于公约的各项原则,尤其是最大利益原则在中国的具体实施和运用。政府和社会都把关心、培养和教育、保护少年儿童的工作放在重要位置。国家通过立法、行政等措施,为保护儿童的基本权利做了大量工作。同时,根据全面保护儿童的人权,使儿童得到全面发展的宗旨,确立了"儿童优先"原则。把坚持"儿童优先"原则,保障儿童生存、发展、受保护和参与的权利,提高儿童整体素质,促进儿童身心健康发展等,作为《中国儿童发展纲要(2001—2010年)》的总目标。并要求国家在制定相关法律法规和政策时以及在法律的实施中,要体现"儿童优先"原则,有利于儿童发展。

(三) 目前的问题及完善的思考

尽管我国的儿童权利意识有所增强,儿童优先原则得以确立,然而,由于我国经济和社会发展水平方面的制约,以及封建意识和传统观念的影响,儿童权利发展领域仍然面临很多困难和挑战,无论在认识上还是实践上都有很多问题需要解决。一方面,"儿童优先"原则没有全面落实。政策、责任和资金方面的问题很多,儿童的生存、保护和发展方面存在的问题还比较突出。如儿童生存环境不佳,身体健康面临威胁,五大污染源[①]时刻危及儿童的生命健康;甚至有些地方还存在杀婴现象,这些均反映出对儿童利益乃至生命权的蔑视。[②] 又如在经济发展的同时,一些不良产品及某些传媒对儿童的有害影响甚至伤害,为了赚钱牺牲儿童的利益等现象,并未引起人们对儿童权益的足够注意;再如在个别地方还存在新生儿童破伤风和儿童中度营养不良等现象。[③] 另一方面,司法实务中,法院对

[①] 五大污染源包括:文具污染、杀虫剂污染、电磁场污染、吸烟污染及噪声污染。
[②] 陈泽宪:《刑事法制发展与公民权利保护》,载夏勇主编《走向权利的时代》,中国政法大学出版社,2000,第402—458页。
[③] 吴仪在全国妇女儿童工作会议上的讲话《抓住机遇全力以赴努力实现妇女儿童纲要目标》,《中国妇运》1999年第7期。

涉及儿童权利问题既缺乏实体法的保护又缺乏程序法的支持，如《未成年人保护法》等儿童保护法律对未成年人的刑法保护仍存在疏漏。[①] 法院也只能尽可能地注意判决不会不利于子女，至于是否符合儿童优先原则，满足了儿童的最大利益，则既没有相应的法律规范法院的权限，更没有足够的实证借以研究。2001年5月16日在东亚及太平洋地区儿童发展问题部长级磋商会议上通过的《北京宣言》，积极倡导监督与评估儿童公约的实施情况，希望各国将儿童的福祉置于国家议事日程中心，并把它作为国民经济和社会进步最重要的指标，呼吁增加对儿童发展领域的投资等，我国应当采取切实措施，使儿童优先原则在我国得到进一步的贯彻和落实。

不过，笔者认为，中国对儿童权利的保护不应停留在"儿童优先"的层面。在中国法里确认和实施最大利益原则无论是对于进一步健全和完善对于儿童权益的保护，还是对于建立既体现中华文化精神又能够与国际人权公约的要求相一致并与世界对话的儿童权利保护机制，都具有十分重要的意义。最大利益原则的不确定性和模糊性，不应该作为在国内法里拒绝该原则的正当理由。从国外的情况来看，法院适用不确定法律概念的情形十分普遍，有些规定因此而赋予法官以充分的自由裁量权，特别在具有判例法传统的英美法系国家。[②]

基于以上原因，笔者试图提出一个初步的设想，以期抛砖引玉，并向相关学者前辈请教。考虑在中国运用"最大利益原则"，建立健全儿童权利保护机制可能首先需要解决以下三方面问题。

1. 国际条约的中国化

中国在贯彻《儿童权利公约》方面仍存在某些不确定的因素。中国签署和加入的保护儿童的国际人权公约，还没有在法律制度上真正纳入本国的法律体系。[③] 但也有的学者认为，从国际法的角度看，根据"条约必须

[①] 刘必军：《我国对未成年人的刑法保护及其疏漏》，《青年研究》1999年第8期。

[②] 实际上，"相较于其他不确定法律概念或裁量余地，'子女最佳利益'有其独特意义：由于'子女最佳利益'成为法院审理离婚后行使或负担对未成年子女权利义务之原则，因此法院除了解决当事人的纷争外，还负有保护儿童利益的任务"。参见雷文玫《〈以子女最佳利益〉之名：离婚后父母对未成年子女权利义务行使与负担之研究》，《台大法学论丛》1999年第3期（第28卷），第248页。

[③] 正如龚刃韧教授认为，"在中国法院直接适用国际人权条约，还缺乏中国立法或法律上的根据"。见龚刃韧《关于国际人权公约在中国的适用问题》，夏勇编《公法》第1卷，法律出版社，1999，第292页。

信守"的原则,我国批准的《儿童权利公约》应被视为我国法律的一部分,无论普法教育还是在执法中,都应作此理解。另外,由于条约和公约的一些条款仅规定一种原则性义务,本身不具有可操作性,只有转化为国内法,才能具体操作。因此,在今后进一步制定、完善和实施有关保护儿童权利的国内法的时候,既要切实从中国的实际出发,同时也要考虑是否满足《儿童权利公约》的有关规定。[1]

尽管儿童优先可视作最大利益原则中国化的一个佐证,但是,不能因此而削弱最大利益原则的功能。我们有必要回到最大利益原则上,重新对其进行理论审视和本土化的实证研究。实际上,仅就儿童优先原则,也未能提供相应的实体保障和程序支持规范。就目前缺乏实体法依据的情况下,如能依据公约引进"最大利益"原则处理相关儿童事务,与其说得到了一个清楚的答案,还不如说找到了一条解决问题的新思路。总结他国及国际社会的经验,这种新思路要通过对最大利益原则学理上和实务上的检讨入手,透过实体及程序法上的设计,探寻实现这些前瞻性立法的可能,及其所规范的权利的内涵和功能等,这些都是值得深入探讨的问题。

2. 实体法上的确认

正如有的国家和地区的法律所采取的,以实体法确认的方式规范法官的裁量,保证"最大利益原则"的正确实施。目前中国建立健全儿童权利保护机制紧要的一步就是做到有法可依,其中包括实体法上的确认和程序法上的支持两方面。首先,笔者认为是最重要的是,在宪法中加以确认,至少宪法中应体现出保护儿童最大利益之精神。况且,像"最大利益"这样的原则性条款较适合在宪法中加以规范,以指导部门法对该原则的实施。尽管我国没有违宪审查制度,但也一直强调宪法是母法,其他部门法不得与宪法之精神相违背。其次,在民法、亲属法、收养法、少年法、教育法等部门法中确认最大利益原则,以更切实地保护儿童权利。如英美等国的法律或判例所确认的"子女最大利益"作为保护儿童权利的原则。我国台湾地区也在它的民法以及儿童福利法中加以规范。但同时,有的学者对这种做法能否实现它的初衷提出质疑:如像台湾地区民法中针对"子女

---

[1] 徐宏:《〈儿童权利公约〉有关问题》,中国关心下一代工作委员会编《〈儿童权利公约〉通讯》1999 年第 2 期。

最佳利益"所列举的那些注意事项,是否提供了足够的实体标准,规范法官裁量权之行使?在认定何种安排最符合"子女最佳利益"时,法院如何权衡这些列举因素之间的轻重等。① 总结国际社会及各国司法实践中的问题,实体法中的规定不宜采取一一列举注意事项的规范方法,很多个案的审理也证明,法规所列举的保护儿童最大利益应参照的诸项因素,并没有为正确审判提供足够的规范。按照中国的传统做法,即在实体法中仅作原则性的规定,而在实施细则或司法解释中再作具体的列举式的规定的做法是现实可行的。

3. 程序法上的支持

程序法上的支持是建立健全儿童权利保护机制,使实体法得以顺利实施的关键。没有救济的权利是虚无的权利。因此,相应配套的程序法规范具有十分重要的意义。但是,其他国家的司法实践告诉我们,针对最大利益原则所设计的程序法规范及其实施的确不是一件轻而易举的事情。如若允许法院、父母、子女甚至社工人员介入行使最大利益原则保护儿童利益,法律实践中如何权衡各方权利的消长?以及各相关法律能否提供足够的程序保障?作为司法机关的法院在寻求用"最大利益原则"保护儿童权利时,面对当事人及社会所涉及的诸多价值观,应该扮演什么样的角色?究竟什么样的实体标准或程序,才能恰如其分地平衡在寻求"最大利益"的过程中所涉及的价值与利益冲突?② 这些现实而又具体的问题是棘手而又不能回避的。其他各国的实践显示,随着社会变迁和价值观的转变,最大利益的内涵也在发展变化。法官的评判标准有可能与时俱进而对最大利益作出不同的诠释。因此,在授权法院以最大利益原则处理涉及儿童一切事务时,除就该原则作出实体规范外,还应就相应的程序救济问题妥为设计,避免最大利益原则成为法院和当事人行使自由意志的借口,而曲解或

---

① 雷文玫:《〈以子女最佳利益〉之名:离婚后父母对未成年子女权利义务行使与负担之研究》,《台大法学论丛》1999年第3期(第28卷),第248页。台湾地区《民法》第1055条列举考虑"子女最佳利益"须注意事项:(1)子女之年龄、性别、人数及健康情形;(2)子女之意愿及人格发展之需要;(3)父母之年龄、职业、品行、健康情形、经济能力;(4)父母保护子女之意愿及态度;(5)父母子女间或未成年子女与其他共同生活之人间之感情状况。

② 雷文玫:《〈以子女最佳利益〉之名:离婚后父母对未成年子女权利义务行使与负担之研究》,《台大法学论丛》1999年第3期(第28卷),第249页。

架空儿童权益保障的最大利益原则的内涵，致其有名而无实。

四　一个简短的结语

通过对最大利益原则的由来与含义，运用与问题，中国儿童权利意识以及该原则与中国法的关系等问题的初步研究，可以看到，最大利益原则的生成虽步履维艰，但因其与人类的文明与进步相契合，最终成为获得普遍接受的准则。儿童权利公约的演进一直受到冷战及其结束以来的政治剧变的影响。[①] 对公约相关历史的考察有助于我们对最大利益原则的意义有一个更加深入和真切的把握。值得注意的是，冷战的结束的确引发了对生命价值的反思，增进了对人权普遍性和相对性的价值的探讨和认识。这一时期也正是关于青少年政策的酝酿期，各国意识形态和社会制度差别而造成的鸿沟越来越被共同关心的普遍性问题所取代，对青少年群体利益和福利的关怀不断增强，并达成了某些共识。

最大利益原则在具体运用中，无论是国际层面还是国家层面都不可避免地遇到了一些问题和冲突，而对这些问题和冲突的解说又都是见仁见智的。因此，在执行国际人权标准的过程中，由于文化背景和国家状况的不同，特别是旧的冷战思维作祟，在平衡普遍性和相对性的关系方面还存在很多的挑战，最大利益原则或许能缓解普遍性和相对性之间的这种紧张。把"最大利益原则"作为一面透镜来察看公约在不同社会中各个层面的意义，便于理解和阐释原则及其与具体的文化背景相联系时的复杂性。公约的精髓在于，把儿童"最大利益"作为儿童的个体权利来加以保护。这是我们在解释和执行公约时要时刻牢记的。

中国儿童权利意识虽已初步生成，但还没有普及。立法和司法上虽初步体现了"儿童优先"原则，但因经济、社会和观念方面的原因，真正把儿童权利落到实处，采取具有国际普适性的最大利益原则规范涉及儿童事

[①] Philip Alston, "The Best Interests Principle: Towards a Reconciliation of Cullture and Human Rights," in Philip Alston (ed.), *The Best Interests of the Child* (Oxford: Clarendon Press 1994), p.7. "1989年1月，罗纳德·里根被乔治·布什取代终于结束了美国企图阻止或延迟公约最终出台的可能性。同时，前社会主义国家急切地宣称他们新发现了可信赖的国际人权准则，并希望签署该公约。"

务的一切行为,还会有很艰难的路要走。中国的权利之壤虽非贫瘠,但陈年经久的封建特权思想影响与引进的和新生的平等性的权利是水火不容的,要想在积淀已久的旧思想的岩层下生长出合格的儿童权利观念,绝非易事。儿童的权利保护既有赖于社会的文明和进步,也是社会文明与进步的希望所在。正如《执行九十年代儿童生存、保护和发展世界宣言行动计划》所说:"今天的儿童就是明日世界的公民,因而他们的生存、保护与发展是人类未来发展的先决条件。……他们的个人发展和社会贡献将塑造世界的未来。"

(本文原载于《环球法律评论》2002年冬季号和2003年春季号)

家庭暴力专项立法与妇女权益保障研究述评（2000—2012年）

薛宁兰[*]

中国学术界对家庭暴力问题的关注，大致始于1995年北京第四次世界妇女大会前后，呼吁国家制定防治家庭暴力专项法，则是2000年以来的研究目标。2000年7月开始运作的反对针对妇女的家庭暴力对策研究与干预项目，到2005年8月取得一系列成果，出版"反对家庭暴力理论与实践"丛书，包括会议论文集、实证调研论著、家庭暴力干预培训系列教材、家庭暴力防治法基础性建构研究等。这些成果对于从性别视角认识家庭暴力产生、存在的社会机制，家庭暴力发展的一般规律，多机构合作干预模式等，都奠定了可资参鉴的实证研究与行动研究基础。学界对家庭暴力专项立法的研究与推动自此开始与妇女权益保障产生了难以割舍的联系，甚至可以说，中国反家庭暴力立法推动始于学界对针对妇女家庭暴力的持续研究。反家庭暴力立法与妇女权益保障既相互关联，又相互促进。通过检索2000—2012年国内期刊发表的论文135篇、博士论文5篇、硕士论文71篇、报纸文章25篇，结合此间出版的专著和会议论文集等，笔者发现，许多学者阐述家庭暴力立法必要性与相关制度构建时，会自觉或不自觉地将其与妇女权益保障结合起来。

---

[*] 薛宁兰，博士生导师，中国社会科学院法学研究所社会法研究室主任，研究员，主要研究方向为家事法、社会保护法。

一 家庭暴力专项立法的必要性

中国法律明确禁止家庭暴力，对家庭中的弱势群体——妇女、儿童和老人给予必要法律救济，始于2001年婚姻法修正案。2005年、2006年，立法机关先后修订妇女权益保障法和未成年人保护法，增加禁止对妇女实施家庭暴力，禁止对未成年人实施家庭暴力的原则性规定。2012年修订后的老年人权益保障法也增加了禁止对老年人实施家庭暴力的条款。这些规定宣誓性强、操作性弱，为此，相关立法研究一直致力于推动国家立法机关制定反家庭暴力的专门法律。妇女NGO组织坚持不懈地推动反家庭暴力国家立法，全国妇联连续四年在"两会"上建议将反家庭暴力法纳入国家立法计划。制定反家庭暴力法已列入全国人大立法规划[1]，对于反家庭暴力是否需要专门立法，学术界仍存有思想障碍。有学者将之归纳为"不应当干涉说"和"不需要规定说"[2]。吴洪教授与马海霞所持观点可归为后者。他们认为，"我国已经形成了一套完整的、层次分明的、位阶清晰的全方位的反家庭暴力的法律体系"，"在我国目前现有的反家庭暴力法律框架内，完全可以运用法律手段解决家庭暴力问题"[3]。多数学者对制定专门的反家庭暴力法还是持赞同态度的。他们主要从法理层面、政治意义和国际意义三方面展开对专门立法必要性的论述。

（1）专门立法的法理基础。学者们分析了我国现行反家庭暴力立法对家庭暴力受害人权利救济之不足，认识到反家庭暴力法有独特的调整对象和调整手段。认为它从基本原则、体系架构、特有的预防救济措施到法律责任体系，都是一部集实体法规范与程序法规范、民事法律规范、刑事法律规范与行政法律规范于一体的社会法。对家庭暴力问题分散立法的方式不能有效保护受害人权益，若对现有法律分别修订，会牵涉面过大，消耗时间过长。再者，如果通过司法解释与部门规章解决家庭暴力问题，存在着降低法律保护等级、难以协调各机关职责的问题，并且有可能引发有关

---

[1] 夏吟兰：《制定家庭暴力防治法，促进社会和谐》，《妇女研究论丛》2012年第3期。
[2] 王世洲：《反对家庭暴力，建设和谐社会》，《妇女研究论丛》2012年第3期。
[3] 吴洪、马海霞：《对制定〈反家庭暴力法〉的反思》，《中华女子学院学报》2012年第4期。

解释越权、立法机关没有妥当履行职权等宪法性问题。① 可见，专门立法可避免现行法律在治理家庭暴力上的分散与疲软状态，以提高法律遏制家庭暴力的效度。②

（2）专门立法的政治意义。一方面，制定家庭暴力防治法是保护弱势群体权益，维护婚姻家庭和睦稳定，有利于社会和谐的需要。③ 为了维护家庭成员，特别是妇女、儿童、老人合法权益，国家不能放任家庭的完全自治。国家公权力适度介入家庭暴力所带来的利益是大于其"消极怠工"的。④ 另一方面，反对家庭暴力是现代国家治国理政工作中不可忽视的内容。家庭暴力专门立法也是构建中国社会核心价值体系的重要机会，反家庭暴力法鲜明地将"家和万事兴"作为当代中国核心价值体系的重要内容，使"打到的媳妇，揉到的面"、"棍棒底下出孝子"等封建父权思想退出当代婚姻家庭道德体系。⑤

（3）专门立法的国际意义。中国政府是联合国《消除对妇女一切形式歧视公约》、1995年第四次世界妇女大会《北京宣言》和《行动纲领》的签署国，负有消除家庭暴力、保护妇女人权的国际义务和国家责任。目前，以专门立法防治家庭暴力已是国际趋势，对家庭暴力进行专门立法的国家达90多个，7个国家制定有反性别暴力专门法。制定家庭暴力法不仅是对我国现行法律体系的完善，也是我国履行缔结的相关国际公约义务，体现中国特色社会主义制度优越性的需要。⑥

二 反家庭暴力法的价值取向与基本原则

制定法律最重要的是立法理念和基本原则。反家庭暴力法的立法理念，即价值取向，是其立法目的或本位的体现。李明舜指出，我国对家庭

---

① 王世洲：《反对家庭暴力，建设和谐社会》，《妇女研究论丛》2012第3期。
② 王歌雅、司丹：《家庭暴力的法律规制与道德救赎》，《中华女子学院学报》2012年第4期。
③ 夏吟兰：《制定家庭暴力防治法，促进社会和谐》，《妇女研究论丛》2012年第3期。夏吟兰：《关于加快反家庭暴力法立法进程的提案》，《中国妇运》2012年第4期。
④ 蒋月：《立法防治家庭暴力的五个基本理论问题》，《中华女子学院学报》2012年第4期。
⑤ 王世洲：《反对家庭暴力，建设和谐社会》，《妇女研究论丛》2012年第3期。
⑥ 李明舜：《制定反家庭暴力法的几点思考》，《中华女子学院学报》2003年第2期。

暴力的防治既需要制定专门立法，更需要形成专门的法律体系。在这一法律体系中，反家庭暴力法是主干法，具有"纲领性"和"综合性"。他认为，依法治家、以德治家是我国反家庭暴力法应当坚持的方针，建设和维护平等、和睦、文明、稳定的婚姻家庭关系是反家庭暴力法的宗旨。① 薛宁兰将家庭暴力法的价值取向解释为反家庭暴力法的本位。她认为，反家庭暴力法应以保障受害人权利为本位。妇女、儿童、老人或基于性别或基于年龄，加之社会历史文化传统等因素影响，他们在家庭中是易受到暴力侵害的劣势一方。基于此，我国反家庭暴力立法应当具有性别视角、儿童视角和老年人视角。②

立法的社会性别分析是社会性别主流化的重要方面，也是一种全新的法律分析视角。一些论文从这一视角出发，阐释我国反家庭暴力立法。有学者认为，2001年最高人民法院《适用婚姻法若干问题的解释（一）》对家庭暴力的界定，与我国政府签署和承诺的《消除对妇女的暴力行为宣言》等一些国际文书对家庭暴力的界定有一定距离；现行法律对女性在社会上和家庭中的人身权利保护采取了双重标准；我国对家庭暴力缺乏有效的刑事司法干预机制。为此，立法界定家庭暴力概念时要突破传统观念束缚，同时，还需增设民事保护令制度，制定合理的证据规则，完善对家庭暴力的刑事立法。③ 还有学者侧重对现行刑事立法进行分析，认为受公私领域划分和家庭私有化观念的影响，我国法律对家庭暴力类案件的刑罚相对较轻。法律对虐待罪等亲属犯罪案件实行自诉的规定，完全漠视了受害人的弱势地位。将自诉权赋予这些缺乏能力的受害者，使虐待罪等家庭暴力犯罪启动刑事诉讼程序的可能性因国家公权力的缺席而大大降低。④

家庭暴力防治法的基本原则是具体法律规范的思想基础，也是制定家庭暴力防治法必须坚持的信念以及期望达到的目标。⑤《家庭暴力防治法（专家建议稿）》从人权保护、儿童利益优先和社会性别视角出发，认为我国家庭暴力防治法的基本原则有如下五项：禁止一切形式的家庭暴力；政

---

① 李明舜：《制定反家庭暴力法的几点思考》，《中华女子学院学报》2003年第2期。
② 薛宁兰：《反家庭暴力立法应关注的三个基本问题》，http://www.wsic.ac.cn，访问时间：2012年3月8日。
③ 曾晓梅：《从社会性别视角看我国家庭暴力立法》，《前沿》2006年第10期。
④ 王丹：《反家庭暴力立法的社会性别分析》，《中华女子学院学报》2011年第1期。
⑤ 陈明侠：《制定家庭暴力防治法的基本原则》，《妇女研究论丛》2012年第3期。

府主导,多机构合作;早期干预,预防为主;受害人本位;教育、矫治与惩罚相结合。① 陈明侠认为,我国制定反家庭暴力法时应遵循:(1)"零容忍"原则,即反对、禁止和消除一切形式家庭暴力。(2)受害人本位原则,即立法应根据家庭暴力的特殊性,对受害人的权益给予充分的保护,作出有利于受害人的公正、合理的规定。(3)"预防为主,早期干预"原则,即通过宣传、倡导等反对家庭暴力的各种措施,增强公民反对家庭暴力的自觉意识,形成对家庭暴力"零容忍"的良好社会氛围;对已发生的家庭暴力事件及时采取干预措施。(4)政府主导、多机构合作原则。(5)教育、矫治与惩罚相结合原则。

三 对家庭暴力概念的学理解读

2001年,我国修订后的婚姻法首次明确规定"禁止家庭暴力"。最高人民法院其后发布的《适用婚姻法司法解释(一)》对家庭暴力含义作出解释。② 本阶段,学者对家庭暴力概念的研讨,多针对这一司法解释。

许多婚姻家庭法教材对《适用婚姻法司法解释(一)》第1条含义作学理解释。有的教材认为,本条将家庭暴力的受害主体和侵害客体作出广义解释。其中,受害主体包括夫妻,也包括其他家庭成员;暴力侵害的客体包括身体和精神方面的权利,也包括性权利。③ 有的教材也认为,家庭暴力应当是一种表之于外的作为(行动)。虽然它可以造成受害人心理上的伤害,但是没有任何外部表现的心理活动并非作为,而是一种不作为,不可能成为家庭暴力的一种形式(手段)。在这个问题上,应当对手段和后果加以区别。再者,将前配偶、同居者或前同居伴侣间的暴力也列入家庭暴力范围,不符合我国国情。④ 也有教材指出,这一概念包含三个要点:"一是将家庭暴力明确限定为身体上的暴力,以及因身体暴力引发的精神

---

① 参见该专家建议稿第3条、第4条、第6条、第7条。
② 《适用婚姻法司法解释(一)》第1条指出:"婚姻法中的家庭暴力是指行为人以殴打、捆绑、残害、强行限制人身自由或其他手段,给其家庭成员的身体、精神等方面造成一定伤害后果的行为。"
③ 王洪:《婚姻家庭法》,法律出版社,2003。
④ 杨大文:《亲属法》,法律出版社,2003。

伤害；二是强调有伤害结果，将日常生活中偶尔的打闹、争吵从家庭暴力中剔除出去；三是将家庭暴力受害者的主体限定为夫妻之间及家庭其他成员之间。"① 个别教材概括学术争论后，也阐释了作者的见解，认为：第一，将家庭暴力的主体限定在家庭成员间，符合我国伦理道德和文化传统，也会更有利于保护处于非婚同居状态下的妇女等弱者的合法权益。第二，"性"应当成为家庭暴力的客体。家庭暴力的客体与家庭暴力的后果是两个不同范畴。虽然，性暴力的后果可以体现为对受害人身体、精神方面造成损害，但不能用家庭暴力的后果替代家庭暴力的客体。性是性自由权的客体，并非身体权的客体。第三，冷暴力不构成家庭暴力。暴力是一种作为，冷暴力实际上就是非暴力，这一提法有损于妇女权益保障。"精神"不能成为家庭暴力的客体，辱骂行为的客体虽然是精神，但是辱骂行为并非暴力行为。因此，与其说"冷暴力""精神暴力"构成家庭暴力，倒不如说，当它们具有持续性或经常性特点时，构成"精神虐待"。②

在已发表的相关论文方面，滕蔓从比较法角度，通过对比国内外关于家庭暴力内涵的主要法律规定和观点，认为各国法律对家庭暴力主体界定有很强的民族性，但将家庭暴力主体作宽泛化界定不符合中国人的伦理道德观与中国的文化传统。中外在家庭暴力侵害的具体对象上基本达成一致，包括对身体、性、心理或情感方面的伤害。但也涉及如何界定其内涵的问题，特别是对"心理"、"精神"或"情感"的界定。她认为，"由于心理伤害、精神伤害或者情感方面伤害不如身体伤害和性伤害那么直接和客观、那么容易认定，因此对其应作限制性的解释"。③ 张学军引介美国学者观点，认为家庭暴力是指"由共同生活的人所为的，对家庭其他成员导致严重伤害的任何行为或懈怠"。④ 李霞认为，要准确界定家庭暴力的内涵，须首先明确家庭暴力中的"家庭"。主张借鉴英美等国家立法例，对"家庭"作广义界定。它不仅包括依婚姻、血缘和法律拟制而形成的家庭，还包括具有"亲密关系或曾有过亲密关系"的人，如（前）男友、前性伴侣、同居者

---

① 夏吟兰：《婚姻家庭继承法》，中国政法大学出版社，2004。
② 余延满：《亲属法原论》，法律出版社，2007。
③ 滕蔓：《家庭暴力的内涵及其法律特征》，载中国法学会、英国文化委员会编《防治家庭暴力研究》，群众出版社，2000。
④ 张学军：《试论家庭暴力的概念、原因及救助》，《金陵法律评论》2001年秋季卷。

或者（前）夫。法律宜将这些人扩大解释为家庭成员。她还建议，从家庭暴力侵犯的客体角度，可将家庭暴力分为身体上的暴力、性暴力和精神暴力；对家庭暴力的认定，可以采取"程度加频率"的方法。① 李春斌建议，我国借鉴大陆法系典型国家或地区民法或家庭暴力专项立法成熟经验，以"近亲属"概念界定家庭暴力的主体，并对近亲属概念作扩张解释，将具有同居、恋爱及其他相关亲密关系者或者曾经有过配偶关系的人包含在家庭暴力的主体范围内，可以准用条款作立法表达，以体现我国家庭暴力法保护受害人权益的立法理念和精神。② 金眉主张，家庭暴力的主体范围不能仅限于合法婚姻家庭范围内，而应扩大到事实婚姻家庭和所有的同居家庭；精神暴力应成为独立的一类家庭暴力，法律应对其伤害后果的认定有明确规定。她提出，对非犯罪性的家庭暴力，对受害人身体伤害程度的认定可以根据是否有抓痕、红肿、瘀伤等来判断。同时，还应关联地看待不同的暴力行为所导致的相互增强危害性的效果。③ 李洪祥认为，《适用婚姻法司法解释（一）》对"家庭暴力"的定义，与国际公约等法律文件相比存在许多不足。这不仅大大削弱了反家庭暴力的力度，而且也不利于保护受害者的权利。他提出，我国立法中的家庭暴力概念应包括主体、客体、方式、行为环境和程度等方面。他赞同反家庭暴力法专家建议稿从身体、精神、性和财产四方面界定家庭暴力的范围，认为"家庭暴力是指家庭成员之间实施或威胁实施的损害身体、精神、性或财产的行为"。家庭成员具体包括配偶、父母、子女以及其他近亲属。对于家庭成员之间暴力行为的场合，应不限于家庭的私人生活范围，也可包括公共场合。④ 李明舜建议，我国制定家庭暴力防治法时应合理界定家庭暴力概念，从概括性、全面性、确定性和普适性四方面进行考虑，以便为该法与其他法律、法规的衔接留有余地，并为司法实践提供明确的指导规范和操作标准，实现家庭暴力立法的目的。⑤

在相关的著作方面，陈敏认为《适用婚姻法司法解释（一）》第1条存

---

① 李霞：《家庭暴力法律范畴论纲——基于社会性别的角度》，《社会科学研究》2005年第4期。
② 李春斌：《论家庭暴力防治立法中"家庭成员"之界定》，《中华女子学院学报》2011年第5期。
③ 金眉：《论反家庭暴力的立法缺失》，《法学家》2006年第2期。
④ 李洪祥：《"家庭暴力"之法律概念解析》，《吉林大学社会科学学报》2007年第4期。
⑤ 李明舜：《反家庭暴力法应合理界定家庭暴力的概念》，《妇女研究论丛》2012年第3期。

在两个缺陷：(1) 将家庭暴力严格限定在家庭成员之间，不能涵盖所有的受害人；(2) 以伤害后果作为衡量施暴人行为是否构成家庭暴力，不利于保护受害人。她提出，以加害人的暴力行为已经成为一种行为模式作为构成家庭暴力的认定标准。① 周安平认为，《适用婚姻法司法解释（一）》在界定家庭暴力时，没有将性暴力纳入其中。再者，将造成一定后果作为国家干预家庭暴力的前提，实为将家庭暴力混同一般暴力，使其危害性被掩盖；应对家庭概念作多元解释，将各种亲密关系的伴侣纳入家庭范畴之中，从而在一切形式的家庭中防治对妇女的暴力。② 薛宁兰指出，司法解释是对应受惩治的家庭暴力的界定，难免会在主体、表现形式、后果等方面缩限家庭暴力的范围。③

显然，我国学者对法律上的家庭暴力的理解，与相关国际人权法律文书趋于一致。

四　民事保护令的性质及其制度建构

民事保护令制度源自20世纪70年代的英国和美国，是对家庭暴力受害人的特殊救济制度，④ 目前为许多国家和地区立法采纳。2003年2月，提交全国"两会"的家庭暴力防治法专家建议稿，对民事保护令制度有专节设计。2008年3月，《涉及家庭暴力婚姻案件审理指南》（以下简称审理指南）规定，在涉家庭暴力的婚姻案件审理过程中，人民法院可以作出人身安全保护裁定，以保护家庭暴力受害人的人身安全。随后，应用法学研究所选择全国9个基层法院开展了审理指南试点工作。

学者们对民事保护令性质的探讨，主要围绕以上两个无法律拘束力的文件展开。有学者指出，建议稿、审理指南对于民事保护令性质的界定，分别形成了"命令说"、"强制措施说"，但两说均有偏颇之处。⑤ 还有学

---

① 陈敏：《呐喊：中国女性反家庭暴力报告》，人民出版社，2007。
② 周安平：《性别与法律：性别平等的法律进路》，法律出版社，2007。
③ 薛宁兰：《社会性别与妇女权利》，社会科学文献出版社，2008。
④ 黄列：《家庭暴力：从国际到国内的应对（下）》，《环球法律评论》2002年夏季号。
⑤ 张平华：《认真对待民事保护令——基本原理及其本土化问题探析》，《现代法学》2012年第3期。

者认为，审理指南将人身安全保护措施归类为民事强制措施，扩大了保护令的功能，而申请人提出申请必须依附于离婚诉讼，则使保护令制度失去独立性特质，难免将许多家庭暴力受害人排除在申请民事司法救济行列之外。① 因此，审理指南中的"人身安全保护措施"不能等同于国际通行的"民事保护令"。它是我国家庭暴力防治法出台之前，为试点法院发出人身安全保护裁定找到现行法依据的应急举措。她们认为，民事保护令制度是独立的解救受害人于暴力危难之中的临时性救济措施。张平华从目的、手段、程序、执行等方面进一步阐释了民事保护令与妨害民事诉讼强制措施之间的区别。他认为，传统救济措施成本高昂，偏重事后救济，以填补损害为基本手段。而保护令具有全面的功能，是公认的预防家庭暴力的最有效方式。"全面保障权利、遏制家庭暴力是保护令的基本功能；而维持家庭稳定、保障选择自由是派生功能。"他将民事保护令的性质界定为"人身权请求权的特殊实现方式"。他建议，在制定反家庭暴力法的同时，民法典婚姻家庭编中也应增加对民事保护令的一般性规定，以"理顺保护令与人身权请求权、家庭暴力防治法与民法的关系"。②

这一主张颇具新意，值得学界和立法机关高度关注。早在2002年，由中国法学会婚姻法学研究会负责起草的民法典婚姻家庭编通则一章，从确立对家庭暴力受害人民事保护措施的角度，对民事保护令做了原则性规定。即"实施家庭暴力、虐待家庭成员危及生命健康的，受害者可以请求法院发布停止侵害的民事禁令"。③ 2004年，厦门大学徐国栋教授主持的《绿色民法典草案》第三分编"婚姻家庭法"也设专章规定"家庭暴力的防治与救助"，对民事禁令等有所设计。④ 以上观点及立法尝试，为今后我国建立民事保护令制度时关注不同法律之间的衔接和体系化提供了范本。

学者们对如何构建我国反家庭暴力的民事保护令制度，提出若干设想。有学者主张，我国大陆地区应借鉴英美国家及台湾地区民事保护令制

---

① 薛宁兰、背丽：《论家庭暴力防治法中的民事保护令制度》，《中华女子学院学报》2012年第4期。
② 张平华：《认真对待民事保护令——基本原理及其本土化问题探析》，《现代法学》2012年第3期。
③ 巫昌祯、李忠芳：《民法典婚姻家庭编通则一章的具体设计》，《中华女子学院学报》2002年第4期。
④ 徐国栋：《绿色民法典草案》，社会科学文献出版社，2004。

度的成功实践,将民事保护令制度通过立法形式固定下来,使之与传统法律规定相互配合。[1] 还有学者提出构建中国式的保护令制度,认为我国应当汲取其他国家和地区保护令立法经验,同时充分利用本土法治资源,设立以"人身保护、行为矫治"为主要内容,多机构协同合作的家庭暴力防治基础体系。[2] 薛宁兰、胥丽提出从实体内容和程序规范两方面确立民事保护令制度,建立"事先预防为主、事后惩罚为辅"的防治家庭暴力立法模式。[3] 由国内从事反家庭暴力立法研究学者集体编撰的《家庭暴力防治法制度性建构研究》一书,着重对"家庭暴力防治法"项目建议稿条文作出释义。建议稿对民事保护令制度专节作出全面系统的建构,内容包括概念、种类、申请人范围、管辖、审判、效力、执行等。它为立法机关今后开展这一法律的起草工作提供了有益参考。

五 妇女受虐杀夫的定罪量刑

2000年以来,妇女长期受虐后伤害或杀死施暴丈夫现象,开始引起学界关注。[4] 由于我国现行法律、司法解释没有对此类现象的定罪量刑作出规定,致使各地法院审理时认定不一,量刑幅度悬殊。学者讨论聚焦在两个方面:一是妇女受虐杀夫是否构成正当防卫,我国刑法规定的正当防卫

---

[1] 钱泳宏:《我国反家庭暴力应引入民事保护令制度》,《南通大学学报》(社会科学版) 2009年第4期。
[2] 郝佳:《论保护令在家庭暴力法律防治中的作用》,载夏吟兰等主编《婚姻家庭法前沿——聚焦司法解释》,社会科学文献出版社,2010。
[3] 薛宁兰、胥丽:《论家庭暴力防治法中的民事保护令制度》,《中华女子学院学报》2012年第4期。
[4] 将这方面的研究论著罗列如下。陈敏:《关注绝望的抗争——"受虐妇女综合征"的理论与实践》,《中国妇女报》2000年11月2日;宋美娅、薛宁兰主编《妇女受暴口述实录》,中国社会科学出版社,2003;刘梦:《中国家庭暴力研究》,商务印书馆,2003;刘巍:《从"以暴抗暴"谈"受虐妇女综合征"理论在中国的借鉴》,荣维毅、黄列主编《家庭暴力对策研究与干预——国际视角与实证研究》,中国社会科学出版社,2003;陈敏:《受虐妇女综合征专家证据在司法实践中的运用》,载陈光中、江伟主编《诉讼法论丛》(第九卷),法律出版社,2004;陈敏:《呐喊:中国女性反家庭暴力报告》,人民出版社,2007;邢红枚:《受虐妇女杀夫的原因——对四川省某女子监狱的调查报告》,《四川警察学院学报》2010年第4期;王俊、王东萌:《家庭暴力中女性以暴制暴的犯罪成因》,《云南民族大学学报》(哲学社会科学版) 2012年第1期。

要件应否修改？二是妇女受虐杀夫是否构成量刑的法定从轻情节？

2003年发生在河北省宁晋县的"刘某某杀夫案"①引起学界对源自美国和加拿大"受虐妇女综合征"理论的讨论。有论文认为，我国刑法中的正当防卫强调"必须是对正在进行的暴力犯罪"实施防卫，没有充分考虑妇女长期受虐史和因长期受虐而产生的特殊心理状态；主张我国司法应借鉴发达国家实践经验，将妇女的受虐史或受虐妇女综合征作为证明其行为是正当防卫的可采证据，并在量刑时视情节依法减轻或免除其刑事责任。②还有论文从大多数家庭暴力行为具有连续性、紧迫性、长期性的特点出发，认为应当以综合说来判断某一杀夫行为是否属于正当防卫。对不法侵害的解释，除单一的一次性侵害行为外，应当包括：连续性、紧迫性、长期性的不法侵害。对于连续性、紧迫性及长期性的不法侵害，不能孤立判断其是否正在进行，而应当将其作为一个完整的行为实施过程来判断。"受虐妇女综合征"理论中的"暴力循环"和"后天无助"，在理解女性的防卫行为中具有重要意义，对我国司法实践有可借鉴之处。③ 也有论文指出，我国刑法对正当防卫必备要件的规定过于苛刻，缺乏性别视角，没有充分考虑妇女的长期受虐史和特殊的心理状态，有必要将"受虐妇女综合征"作为专家证言引入我国正当防卫的可采证据，使妇女获得公正的审判，增强正当防卫的权威性与实效性。④

更多的学者对"受虐妇女综合征"持谨慎态度。首先，产生于20世纪80年代初期的"受虐妇女综合征"理论本身具有不确定性和局限性。在有关妇女受虐经历的专家证词中，除分析妇女本身对暴力的心理反应外，还需着重对建构该妇女生活的整个社会和文化环境进行分析与解剖，

---

① 刘栓霞1990年经人介绍认识张军水，嫁到宁晋县东马庄村。从结婚第二年开始的12年里，丈夫用尽家里可以使用的工具打她，而她一次次地选择忍让和迁就。2003年1月15日，刘栓霞再次被丈夫用斧头砍伤。17日，她终于忍无可忍，在给丈夫做的饭中投入毒鼠强，张军水吃后不久便咽气身亡。2003年7月9日，宁晋县法院一审判决刘栓霞有期徒刑12年。该案由于众多媒体介入，引起法学界对家庭暴力和"受虐妇女综合征"理论的关注。参见赵凌《受虐杀夫挑战传统正当防卫》，《南方周末》2003年7月3日。
② 陈敏：《我国家庭暴力受害人的司法保护》，载李明舜主编《妇女法研究》，中国社会科学出版社，2008。
③ 季理华：《受虐妇女杀夫案中刑事责任认定的新思考》，《政治与法律》2007年第4期。
④ 钱泳宏：《"受暴妇女综合征"理论对我国正当防卫制度的冲击》，《温州大学学报》（社会科学版）2008年第5期。

从而提出强有力的导致妇女杀害施暴人的个人和社会因素的证词。在美国，目前"受虐妇女综合征"专家证词已被"暴力及其后果"这一更为准确的术语所取代。[1] 这不只是词语的区别，更是对有关家庭暴力的性质、危害与社会干预认识的深化和反家庭暴力理论发展的标志。其次，采用"受虐妇女综合征"理论会产生三大弊端：（1）如果立法将妇女受虐杀夫行为定性为正当防卫，无异于向社会昭示，即便实施行为时"不法侵害"并未发生，受虐妇女也"有权"预先自救杀人；（2）"受虐妇女综合征"对不曾患有此症的受虐妇女来说毫无意义，因此，不具有司法适用上的普遍性；（3）适用这一理论将对被鉴定人今后生活产生不利。她们有可能被社会视作"非正常人"，受到歧视。[2]

对于妇女受虐杀夫案件的量刑，学界一致认为应当从轻、减轻或免除处罚，但所持理由不完全相同。除前述正当防卫说外，还有两种学说。（1）大陆法系"期待可能性"理论。屈学武建议，"在刑法总则的排除犯罪事由之外，增设特定的、因为适法期待不能或适法期待可能性较小而启动的'阻却责任事由'或'减轻责任事由'。……将期待可能性设定成'法定'的而非'超法规'的阻却责任事由或减轻责任事由"。她认为，法院可根据案情，确认此类犯罪行为，属于"没有守法期待可能性"或"期待可能性较小"的行为，进而阻却或减轻行为人的刑事责任。（2）被害人过错说。张娜认为，审理此类案件采用被害人过错说符合刑罚的基本理念和精神，在量刑时应予以考虑。[3] 期待可能性理论具有合理性和可借鉴之处，但是，它的引入将会影响我国犯罪论体系的调整，难以短时间内完成。虽然，我国刑法典及其相关法律解释对因被害人过错能否减轻被告人刑事责任尚无明确规定，但在指导性刑事政策文件中已经有所体现。[4] 另外，从刑罚理念和基本精神看，对受暴女性"以暴制暴"犯罪从轻、减

---

[1] 〔美〕波拉·F. 曼格姆：《受虐妇女综合征证据的重新概念化：检控机关对有关暴力的专家证词的利用》，《环球法律评论》2003 年夏季号。
[2] 屈学武：《死罪、死刑与期待可能性——基于受虐女性杀人命案的法理分析》，《环球法律评论》2005 年第 1 期。
[3] 张娜：《家庭暴力下受暴女性犯罪量刑问题的思考》，《法制与社会》2008 年第 11 期。
[4] 2010 年 10 月 1 日全国法院试行的《人民法院量刑指导意见（试行）》指出，因被害人的过错引发犯罪或对矛盾激化引发犯罪负有责任的，可以减少基准刑的 20% 以下。转引自张锐《受虐妇女以暴制暴案量刑之权衡》，《人民法院报》2010 年 11 月 17 日。

轻或免除处罚有充分的理由。目前亟须出台相关立法和司法解释,将此类女性犯罪作为法定的从轻、减轻或免除处罚的情节。

杨清慧则从公正性、功利性、合法性三方面综合论证了受虐妇女报复性犯罪轻刑化的根据,建议近期由最高人民法院制定专门的司法解释,在量刑过程中"综合考虑受虐妇女的社会危害性、人身危险性、受暴史等可宽宥情形的适用。重点对家庭暴力的连续性、紧迫性、长期性以及严重性的标准做出严格的解释"。"不能因为民意而加重对被告人的处罚,但是可以因为民意并综合考虑其他因素而减轻对受虐妇女的处罚。"[①] 条件成熟时,可在刑法总则中将此种情形下的女性犯罪作为法定从轻或减轻处罚的情形。

六 评析

2000年以来的十余年间,以妇女权益保障为导向的家庭暴力专项立法研究为立法机关开展专门立法澄清了许多观念误区,提供了可资借鉴的制度性设计。如果说,20世纪90年代针对妇女家庭暴力问题的研究,主要以开展相关调研,揭示此种基于性别暴力的存在程度的话,那么,2000年以来的研究则有所深入,从引介域外立法经验的比较法研究,进入创建中国本土干预模式和法律政策倡导的行动研究层面。

(一)反对家庭暴力为什么需要专门立法

经过多年努力,2012年,反家庭暴力专项法终于列入全国人大立法规划。面对学界质疑之声,笔者以为,对制定反家庭暴力专项法必要性的认识,既要站在国际人权法的高度,又要立足于中国实际。一方面,目前越来越多的国家和地区已颁布实施了反家庭暴力专门法,中国政府在这方面应当有所作为;另一方面,当前我国已有29个省份颁行了预防和制止家庭暴力的地方法规和规范性文件,各地反家庭暴力的立法与实践迫切需要在国家层面制定一部综合性的,包含预防、制止、救助、惩戒与矫治的,具有针对性和可操作性的家庭暴力防治法。

基于家庭暴力特点和国际社会反家庭暴力立法经验,专门立法可弥补

[①] 杨清惠:《受虐妇女报复性犯罪轻刑化处罚之根据》,《青少年犯罪问题》2010年第1期。

一般性立法的结构性不足，确立不同于民法、行政法、社会救济法、刑法、诉讼法对公民人身权保护和救济的一般措施与程序的特有法律制度。尽管，各国及一些地区普遍设立的民事保护令制度，成为家庭暴力防治法中特有的民事司法救济措施，却在我国现行民事诉讼法中尚未形成制度。

2012年，我国修改后的民事诉讼法未采纳有关部门和学者建议，在特别程序中增加专节规定"申请民事保护令"的相关内容①，而是在原民事诉讼临时性救济措施（财产保全和先予执行）基础上，增加行为保全措施。依现行民事诉讼法第100条，民事诉讼中对当事人一方采取行为保全措施的目的有二：一是保证人民法院作出的民事判决能够得到执行；二是保护另一方当事人免遭其他损害。就后一种功能而言，它确实可以起到"防止不法行为继续进行、防止损失扩大或者造成不可挽回的损失"的作用，故可适用于因家庭暴力侵害而产生的民事纠纷案件中。②现行民事诉讼法第101条还规定，情况紧急时，利害关系人可以在诉前向法院提出申请。这确实可以起到解救家庭暴力受害人于暴力侵害危难之中的作用。但该条对当事人提请法院采取这一措施作出限制：第一，申请人提供担保是法院启动诉讼保全的必要条件，否则，法院应裁定驳回申请；第二，申请人应当及时（法院采取保全措施后30日内）将其与被申请人的实体争议提交诉讼。逾期提交者，人民法院将解除保全措施。在家庭暴力情形下，受暴人虽可在诉前向法院申请对施暴人采取行为保全措施，但依照上述规定，该措施除保护受暴人，更是为确保即将开始的民事诉讼判决得以顺利执行。可见，民事诉讼法确立的行为保全制度在功能和适用条件方面均有别于民事保护令制度，它除适用于因家庭暴力侵害引起的民事诉讼外，还可适用于扶养权纠纷、侵害肖像权、隐私权、名誉权等精神权利纠纷、相邻权纠纷、环境危害侵权纠纷等案件。仅从民事保护令制度的特有功能出发，我国也确实有必要制定反家庭暴力法。

（二）已有研究成果对立法的借鉴意义

行动研究不同于传统的学术研究，它采取将研究与行动结合起来的方

---

① 肖建国：《民事保护令入法的必要性和可行性》，《公民与法》2012年第3期。
② 最高人民法院研究室编著《中华人民共和国民事诉讼法修改条文适用解答》，人民法院出版社，2012，第148—149页。

法，最终通过有目的、有计划的行动，探索解决实际问题的办法。2000年以来，推动国家制定家庭暴力防治法的研究，始终具有鲜明的通过预防和制止家庭暴力，推动建立平等、和睦婚姻家庭关系，以实现社会正义的目标指引。因此，在立法机关已经着手制定家庭暴力防治法期间，学者应当注重已有研究成果转化，以期对立法选择产生实质影响；立法机构应当努力汲取既有法理基础又符合中国国情的立法建议。笔者认为，已有研究可在以下方面，对我国制定中的反家庭暴力专项法产生影响。

1. 反家庭暴力法宗旨与目的的立法表达

宗旨和目的是任何一部法律开篇需明确的内容。基于学者对反家庭暴力法立法理念、价值取向的认识，笔者以为，在我国现行法律体系中，婚姻法、妇女权益保障法、未成年人保护法、刑法、治安管理处罚法等法律，是预防和惩治家庭暴力的一般法，家庭暴力防治法是特别法，具有优先于其他法律适用的效力。不仅如此，家庭暴力防治法还是我国反家庭暴力法律体系中的主干法。从法的普适性和公正性出发，凡是遭受家庭暴力的人，无论男女老幼，都是家庭暴力防治法的保护对象，实际情形却是90%以上的家庭暴力受害人是妇女、儿童、老人及残疾人。反家庭暴力法必然要关注对这些人群的暴力及其特点，以制止家庭暴力，保护、救济受害人为本位，并以此确立指导思想和基本原则。

反家庭暴力法保护救济的受害人权益是限于婚姻家庭权利，还是也包括获得社会救济的权利，是值得思考的问题。笔者以为，反家庭暴力法不是家庭法，它某种程度上是对家庭暴力受害人的社会救助法。如果将其目的限于保护受害人的婚姻家庭权益，实无专门立法之必要。另外，从受害人的实际需求看，除要求恢复受到侵害的人身权和财产权外，他们还有许多利益诉求，如获得专门机构庇护、医疗救助、就业扶持、住房优惠、受教育权实现等。由于家庭暴力防治法是特别法，保障受害人权益这一立法目的便不是针对家庭成员的一般性保护，而是专门性保护。总之，将反家庭暴力法的宗旨表述为"保障受害人权益"与其性质相符合。

2. 家庭暴力概念的法律界定

许多学者认识到，家庭暴力概念具有一定的地域性和文化性，各国及地区法律并没有给出统一的定义。相关国际法律文件、国际条约机构、不同国家及地区立法在"家庭暴力"定义中对家庭、家庭成员的扩大解释，将暴力形式作包括身、心、性、财产的宽泛界定,都为我国确立既符合国际标准又具有中国特色的家庭暴力概念,提供了有益参照。由于家庭暴力概念的法律界定,反映了立法者对家庭暴力本质属性的认识,也直接决定着反家庭暴力法的适用范围,因此,制定家庭暴力防治法时必须全面考虑各种因素,合理界定家庭暴力概念的内涵与外延。

目前,我国学者对家庭暴力这一概念的讨论,已触及几个关键要素:家庭、家庭成员、表现形式,以及国家对私人暴力的态度。立法者需关注学界已有研究(包括实证分析与调查),从中提炼出家庭暴力的一般规律与中国元素。笔者以为,家庭暴力防治法中的家庭暴力定义主要涉及三个要素。一是主体范围。该法除以具有婚姻和血缘关系的亲属为主外,也不能无视具有恋爱、同居、扶养、照料或委托监护关系等特殊身份关系者之间的暴力。二是家庭暴力的形式。除列举殴打、捆绑、伤害、侮辱、恐吓等作为形式外,还应囊括那些不作为的暴力,例如,对未成年人、老年人等负有法定抚养赡养义务的家庭成员,遗弃或严重忽视需要照料或供养的年幼或年老家庭成员的不作为。三是行为侵害的对象。身体、性和精神是家庭暴力侵害的主要对象,至于加害人对受害人财产的侵害和对受害人的经济控制,是否要列入家庭暴力范围,目前似不具有广泛认可的社会基础,可暂不纳入法律规制的家庭暴力范围中。

3. 民事保护令制度的中国式转化

在大陆法系、英美法系国家立法中,民事保护令的类型可根据救济范围大小、救济时间长短、适用条件严格与否,分为通常保护令、暂时保护令,以及应对紧急情形的紧急保护令。前述审理指南中的人身安全保护措施,只属于临时保护令范畴。在外国法中,各种类型保护令的内容很丰富,包括:禁止令(包括命令禁止施暴及禁止接触)、迁出令(命令相对人迁出居所)、远离令(命令加害人远离被害人居所或工作场所)、决定令(不动产暂时占有权、子女暂时监护权、探望权)、给付令(如命令给付租金、扶养费等)、防治令(命令加害人完成处遇计划),等等。[1] 法官可依据被害人及加害人需求,在不侵犯加害人合法权益的情况下,给予受害人一种或多种救济。

---

[1] 参见1996年联合国《家庭暴力示范立法框架》、1998年我国台湾《家庭暴力防治法》等,载陈明侠等主编《家庭暴力防治法基础性建构研究》,中国社会科学出版社,2005,第366—379页;参见夏吟兰《婚姻家庭继承法》,中国政法大学出版社,2004,第608—621页。

目前情形下，我国设立家庭暴力法中的民事保护令制度时，应当在实体和程序两方面确立公权力介入家庭暴力的限度，以平衡保护令的申请人与被申请人的各方利益。例如，在实体上可确立采取这一措施应遵循的基本原则，如法律保留原则和比例原则；在程序上，通过设立申请保护令的完整诉讼程序，强化被申请人的诉权保障，从而防止保护令功能被扩大化。① 再者，保护令制度是英美法特有的制度，它实为特殊的禁令。在我国，从民事诉讼角度看，法院将以裁定方式发出此类命令，为此，立法时可不采用"民事保护令"之名，而用"人身安全保护措施"代指这一制度。

4. 确立救助受害人、惩戒加害人的特有制度

基于妇女、儿童、老人、残疾人是家庭暴力主要受害人的社会现实，笔者以为，制定这一法律时应对不同人群遭受家庭暴力的表现形式及特点有所认识。例如，从儿童的依赖性和脆弱性特质出发，立法应确立给予未成年受害人优先和特殊保护的原则，建立强制报告制度、监护人资格中止或撤销制度、国家监护制度，以体现该法的儿童观。② 再如，针对时有发生的妇女受虐杀夫现象，该法可以确立对家庭暴力早期预防和干预措施，将人权教育、反家庭暴力知识纳入学校教育内容；确立包括社区心理辅导咨询、庇护场所在内的一系列受害人救助制度；对此类犯罪可在证据规则、民事、刑事责任中确立若干具有性别意识的条款。③ 与此同时，对加害人的惩戒与矫治措施也是必需的，如建立对加害人的告诫制度和行为矫治制度等。

（本文原载于《中华女子学院学报》2014 年第 3 期，
《新华文摘》2014 年第 19 期全文转载）

---

① 对此，张平华在前引《认真对待民事保护令——基本原理及其本土化问题探析》一文中有专门论述，应引起立法者重视。

② 薛宁兰、王丽：《家庭暴力防治法应有之儿童观》，载夏吟兰、龙翼飞主编《家事法研究（2012 年卷）》，社会科学文献出版社，2012。

③ 例如，2010 年中国法学会反家庭暴力网络组织起草的《家庭暴力防治法（专家建议稿）》在证据规则中，将"受虐妇女综合征"作为减轻受害人刑事责任和民事责任的事实情节和证据；在民事责任中规定，"被认定为存在受虐妇女综合征的家庭暴力受害人致家庭暴力施暴人身体或者财产损害的，可以减轻或者免除民事责任"；在刑事责任中，将"因长期受虐或者不堪忍受家庭暴力而故意杀害、伤害施暴人构成犯罪的"，可作为法定从轻、减轻处罚或者免除处罚的情节。转引自夏吟兰《婚姻家庭继承法》，中国政法大学出版社，2004，第 27—31 页。

身体与身份：家暴受害者在离婚诉讼中的法律困境

邓 丽[*]

《中华人民共和国反家庭暴力法》（以下简称《反家暴法》）的出台使得防范和抵制家庭暴力成为婚姻家庭领域的一个重要议题。该立法文件的重点是家庭暴力的界定、预防和处置，关注的是"受害人"与"加害人"。但实际上，有相当一部分家庭暴力案件会进入诉讼离婚程序，如何在此类离婚案件的处理中体现反家暴理念不仅是贯彻实施《反家暴法》的题中应有之义，亦是决定反家暴成效的重要因素。

通常而言，离婚诉讼的争点主要集中在是否离婚、财产分割、子女抚养这几个方面，涉家暴离婚诉讼也不例外。但较之一般的离婚诉讼，家庭暴力的存在使得涉家暴离婚诉讼承载着受害人更迫切、更丰富的诉求，并呈现出一些独特的法律适用问题，如家庭暴力的证明、家庭暴力的损害赔偿等。其中最为核心的问题无疑是如何抵制、惩戒并杜绝身份关系屏障下的身体伤害。这不仅是《中华人民共和国婚姻法》（以下简称《婚姻法》）的制度功能，更是《反家暴法》的历史使命，但两法的实施与适用尚未充分融合，旧有司法惯性与现行法律规范之间的脱节、现行法律规范与现实制度需求之间的鸿沟仍横亘在司法领域，给家暴受害人带来额外风险和利益减损。秉持反家暴立场深入剖析涉家暴离婚诉讼中的司法惯性，运用法律思维填补上述理念、制度以及技术层面的鸿

---

[*] 邓丽，法学博士，中国社会科学院法学研究所社会法研究室副研究员，主要研究方向为家事法、社会保护法。

沟，有助于在涉家暴离婚裁判领域实现多重价值目标的协调一致和多项制度功能的有机融合。

一　涉家暴离婚案件的特点与争点

（一）涉家暴离婚案件的特点

涉家暴离婚案件在案情方面的特点在于，夫妻之间的身份关联被滥用，成为施暴人对受害人实施暴力行为的屏障，故受害人基于家暴事实提出的离婚诉求实际上也蕴含着其脱离暴力控制的人身保护诉求。从法律适用的角度来说，涉家暴离婚案件既是典型的家暴案件又是典型的离婚案件，同一家暴事实的认定会引发多重法律后果。

1. 身份关联成为人身暴力行为的屏障

《反家暴法》第 2 条规定："本法所称家庭暴力，是指家庭成员之间以殴打、捆绑、残害、限制人身自由以及经常性谩骂、恐吓等方式实施的身体、精神等侵害行为。"倘若不是发生在家庭成员之间，这类侵害法律主体之身体、精神的行为必然受到现代法律体系的全面规制：私法上有民事救济程序，公法上有干预制裁措施。但由于家庭成员间尤其是夫妻间的身份关联成为人身暴力行为的屏障，家暴事实不易被发觉、不易被查证、不易被追责，受害人一方面人身权益严重受损；另一方面却四处求助无门。因此，在法理层面，反家暴具有不容置疑的正当性，而在实践层面，反家暴需要迂回借力破冰前行。

2. 典型家暴案件 + 典型离婚案件

涉家暴离婚案件既是典型的家暴案件也是典型的离婚案件。根据中国法学会"我国防治家庭暴力情况实证调查研究"项目在重庆、吉林、湖南、海南、贵阳、云南六省市的调查统计，法院受理的涉家暴案件中有 85%—95% 表现为夫妻之间的涉家暴离婚诉讼。[①] 换个角度来看，涉

[①] 陈苇主编《我国防治家庭暴力情况实证调查研究——以我国六省市被抽样调查地区防治家庭暴力情况为对象》，群众出版社，2014，第 2 页。

家暴离婚案件在离婚案件中的占比也颇为可观：2013 年北京东城、丰台、通州三地法院审结的离婚案件抽样统计显示，涉家暴离婚案件占样本总数（620 件）的 9%；[1] 昆明市中级人民法院 2016 年梳理三年来全市法院离婚案件，发现其中三成涉家暴。[2] 鉴于涉家暴离婚案件的典型性，《反家暴法》和《婚姻法》都将其作为重点调整对象，分别规定了多重法律后果。

3. 同一法律事实引发多重法律后果

作为生活事实的家庭暴力经当事人主张及有效证明，成为具有法律意义、产生法律后果的法律事实。根据具体情节，家庭暴力可能引发民事救济、行政处罚和行政处分以及刑事处罚等多层面的法律后果。在涉家暴离婚诉讼中，家庭暴力产生的重大法律后果包括：（1）《反家暴法》第 23 条和第 29 条规定，当事人遭受家庭暴力或者面临此种现实危险可向人民法院申请人身安全保护令，对被申请人的行为进行相应的限制和规制。（2）《婚姻法》第 32 条第 3 款第 2 项规定，家庭暴力是调解无效、准予离婚的法定情形。即，有实施家庭暴力情形，调解无效的，应准予离婚。（3）《婚姻法》第 46 条规定，家庭暴力是请求离婚损害赔偿的法定情形。即，有实施家庭暴力情形，导致离婚的，无过错方有权请求损害赔偿。

（二）涉家暴离婚案件的特有争点

在因家庭暴力导致离婚的诉讼中，"加害人"和"受害人"都成为离婚案件的"当事人"，他们要共同面对和处理的是双方之间的婚姻关系，包括人身关系和财产关系。这时，围绕家庭暴力而展开的两造对抗将聚焦于如下几个方面。

（1）是否存在家庭暴力？存在家庭暴力是采取反家暴法律措施的前提，也是判决解除婚姻关系的法定条件，还是判决离婚损害赔偿的法定情形，所以是否存在家庭暴力是这类离婚案件的首要争点。进而，一个更加

---

[1] 颜斐：《近四万家事案件 离婚占一半》，《北京晨报》2015 年 11 月 22 日。
[2] 蔡靖妮、刘红春：《近三成离婚案与家暴有关》，《昆明日报》2016 年 3 月 3 日。

独特的实践问题也随之浮现：同样的证明标准是否适用于不同的权利诉求？

（2）是否解除婚姻关系？既然进入离婚诉讼程序，必有一方主张解除婚姻关系，那么关键就在于另一方是否同意离婚，以及法院如何对这一问题进行裁决。在离婚与否的问题上，《婚姻法》相关规定是唯一正当、合理的法律依据，反家暴的立场和目标为其赋予了新的价值和意义，然而在司法实践层面，挽救婚姻关系与反对家庭暴力之间的权衡与抉择复杂而微妙。

（3）因家庭暴力而导致的损害能否获得救济？当前体制下，家暴受害人行使损害赔偿请求权受到诸多制约，这些限制是否正当、能否突破？

下文将围绕这些争点，结合涉家暴离婚案件的审判实践，分别就家庭暴力的证明、离婚诉求的支持和家暴损害的赔偿探讨如何在此类案件的处理中充分吸纳和体现反家暴理念。

二 家庭暴力的证明：准确把握证据形式与证明标准

（一）《反家暴法》第 20 条的功能及适用

鉴于涉家暴离婚案件的处理对于反家暴成效影响至巨，本次反家暴立法曾试图对此作出总括性的规定：2014 年 11 月 25 日国务院法制办公室发布的《中华人民共和国反家庭暴力法（征求意见稿）》[以下简称《反家暴法（征求意见稿）》]第 24 条概括规定："因家庭暴力导致离婚诉讼的，人民法院应当在财产分割、子女抚养、住房等方面保护受害人的利益。"但是 2015 年 8 月 24 日国务院提交第十二届全国人民代表大会常务委员会第十六次会议审议的《中华人民共和国反家庭暴力法（草案）》删去了上述条文。最终，2015 年 12 月 27 日第十二届全国人民代表大会常务委员会第十八次会议通过、自 2016 年 3 月 1 日起施行的《反家暴法》没有对涉家暴离婚案件的处理作出综合性的规定，与前述《反家暴法（征求意见稿）》第 24 条大致相仿的规定是《反家暴法》第 20 条："人民法院审理涉及家庭暴力的案件，可以根据公安机关出警记录、告诫书、伤情鉴定意见等证据，认定家庭暴力事实。"

实际上，涉家暴离婚案件的处理太过复杂，的确不宜亦不易以空泛的、概括的法律条文进行规范，《反家暴法（征求意见稿）》第24条的规定虽有利于凸显反家暴立场却背离了离婚诉讼裁判应有的精细与平衡。反家暴立法最终放弃了直接规范和干预涉家暴离婚案件裁判的思路，转而通过家庭暴力的认定规范建构起《反家暴法》与《婚姻法》之间的衔接和援引，正体现出立法层面的明智与审慎。其间的逻辑是：通过适用《反家暴法》第20条的规定认定家庭暴力事实，进而适用《婚姻法》关于家庭暴力的有关规定对离婚及离婚损害赔偿诉求进行裁判。

但《反家暴法》第20条关于证据形式的列举非常有限且来源单一（均由公安机关提供），有逻辑不周、自缚手脚之弊，既不利于凸显反家暴事业之社会联动属性、促进各方主体能动作为，亦不利于家庭暴力的受害人及其法定代理人、近亲属等提高保留证据的意识和举证能力。所幸该条有"等证据"之用语，司法实践中应有效运用这一裁量空间，从而使各机构依法采取的处置措施均可以一定的形式呈现为证明家庭暴力事实的证据，如加害人或者受害人所在单位、城乡基层群众性自治组织、妇女联合会等单位在家庭暴力受害人及其法定代理人、近亲属投诉、反映或者求助时的记录，医疗机构对家庭暴力受害人的诊疗记录等。

（二）家暴事实证明标准的辩证分析

在证据形式、证据来源之外，家庭暴力事实认定的核心问题是证明标准。即便是同样的证据来源和证据形式，如果采用不同的证明标准，事实认定结果可能会归于不同。民事裁判证明标准与刑事裁判证明标准的区分正肇因于此，一般而言，刑事诉讼中认定家庭暴力事实适用排除合理怀疑的标准（beyond reasonable doubt），而民事诉讼中认定家庭暴力事实则适用高度盖然性标准（preponderance of the evidence）。然而，区分民刑证明标准这一共识并不足以指引涉家暴离婚案件的证明标准，这里的挑战在于：在同一法域，对同一法律事实的证明，应否针对不同裁判要旨有所区分？如需区分，则依照何种规则进行区分？孰宽孰严？

事实上，民事诉讼领域业已确立依据争议性质采取不同证明标准的模式，其基本规则为：对涉及人身关系的诉讼采取比较严格的证明尺度，对涉及一般财产关系的诉讼则采取比较宽松的尺度。① 这与民刑证明标准的区分一脉相承：对于涉及人身权益的裁判需更加谨慎。由此而论，较之因家庭暴力而诉请损害赔偿，因家庭暴力而诉请离婚似应适用更高证明标准？但在笔者看来，这恰是一个似是而非的悖论。原因有二。

其一，受害人因家庭暴力而诉请离婚，其诉求有明有暗，明者是解除其与加害人之间的婚姻关系，暗者是脱离加害人的暴力控制或暴力威胁。解除婚姻关系属于身份争议，自应谨慎行事，可脱离暴力控制事关人身安全，却是迫切严峻，此时婚姻秩序与个体生存权发展权相较，显然应以后者为优先，如以更高证明标准苛责之岂非南辕北辙？

其二，根据现行离婚法律制度，离婚损害赔偿请求权的行使以诉请离婚并获准解除婚姻关系为前提，那么在实务中，凡是进入家暴损害赔偿环节的案件实则都已在解决离婚争议时针对家庭暴力事实进行了举证、质证和认证，不存在因系财产争议而降低证明标准之必要。而且，从证明内容的角度来说，以家庭暴力为由诉请离婚在举证责任方面应更加强调存在加害人实施家庭暴力的事实，损害后果并非必需要件，而诉请离婚损害赔偿需要承担更加广泛的举证责任，尤其是加害行为造成一定的损害后果。所以说，因家庭暴力诉请离婚与因家庭暴力诉请损害赔偿，在证明对象上存在一定的重叠同时也存在一定的差异，证明标准则同属民事诉讼程序通行的高度盖然性标准。

至于因家庭暴力申请人身保护令，其临时性、应急性类似于民事诉讼程序中固有的保全措施，但其保护对象系受害人的身体权、健康权乃至生命权，在法律价值上位阶更高，因此申请人身保护令的证明标准应合乎情势，学界一般认为采用较低证明标准"合理证明（reasonable proof）"即可。②

---

① 张显伟：《民事诉讼证明标准层次化分析》，《广西社会科学》2009 年第 3 期。
② 冯俊伟：《论促进家庭暴力认定的证据机制——以诉讼行为的激励作用为视角》，《法学杂志》2015 年第 5 期。

由此可见，虽然涉人身争议须谨慎裁判这一传统认识体现出裁判主体对人身权益、身份关系的特别关注，蕴含着法律的人文关怀，但如果机械理解为涉人身争议需采更高证明标准，则显然与反家暴之立场和使命不符。在这一特殊领域，对人身权益的保护是首要的价值目标，被用来屏蔽人身伤害的身份关系当属滥用，应及时予以清除，而非假谨慎之名姑息放纵。

三　离婚诉求的支持：力破"二次诉讼裁判离婚"隐规则

（一）"法定情形"的不确定法律效果

根据《婚姻法》第32条和第46条的规定，实施家庭暴力是调解无效、准予离婚的法定情形，亦是无过错方请求离婚损害赔偿的法定情形。所谓法定情形，是指法律已就该情形下的裁判规则作出明确指引，故就法律逻辑而言，确认该情形的存在即导致相应的裁决，进而发生相应的法律后果。以离婚法定情形为例，有学者将其概括为绝对离婚主义，即"只要原告举证证明其婚姻关系中发生法定离婚事项之一项或多项，法官就必须作出准许离婚的判决，不享有自由裁量权"。[①] 由此，我们可以将上引婚姻法律规范解读为：确认存在家庭暴力，又经调解无效，法官即应作出离婚判决，并支持无过错方的损害赔偿请求。

但从有关调查数据来看，司法实践与法律规范之间存在不小的差距。根据中国法学会"我国防治家庭暴力情况实证调查研究"项目组于2014年披露的情况，笔者对重庆、云南、湖南、贵阳四省市涉家暴案件司法裁决2008—2010年抽样调查数据进行溯源、检验和统合，绘制成"四省市涉家暴司法案件处理结果汇总表"（如表1所示），着重从"判决不离婚案件占比"和"损害赔偿案件占比"两个指标考察家庭暴力作为法定离婚理由和法定离婚损害赔偿情形在司法实践中的落

[①] 蒋月：《论我国现行法定离婚理由立法主义》，《东方法学》2009年第4期。

实和执行情况。[①]

表 1　四省市涉家暴司法案件处理结果汇总表

地区 （样本数）	调解和好案件占比	调解离婚案件占比	判决离婚案件占比	判决不离婚案件占比	撤诉案件占比	驳回起诉案件占比	损害赔偿案件占比 / 损害赔偿案件在获准离婚案件中占比
重庆市四地区法院（1276件）	2.2%	26.04%	17.69%	17.84%	18.47%	17.76%	0.24% 0.54%
云南省三地区法院（1422件）	35.60%	19.57%	11.45%	19.82%	12.94%	0.62%	13.22% 50.27%
湖南省四地区法院（481件）	25.16%	19.54%	33.26%	11.64%	8.52%	1.87%	7.90% 14.96%
贵阳市某区法院（45件）	2.22%	31.11%	8.89%	20.00%	37.78%	0	0 0

[①] 这项调查的统计数据发表于陈苇主编《我国防治家庭暴力情况实证调查研究——以我国六省市被抽样调查地区防治家庭暴力情况为对象》，群众出版社，2014。该书发布的抽样调查数据覆盖六省市（重庆市、吉林省、湖南省、海南省、贵阳市、云南省）三机构（法院、妇联、司法所）2008—2010年涉及家庭暴力案件及纠纷的情况。重庆数据见于该书第53、66页，云南数据见于该书第260页，湖南数据见于该书第168页，贵阳数据见于该书第237、241页。本文从中援引法院涉家暴案件审理数据时，作了以下三个方面的检验、甄别和整合。（1）区分法院、妇联和司法所各机构的数据。由于书中披露的海南省、吉林省调查数据不能进行此项区分，故予以剔除，仅保留重庆市、湖南省、贵阳市、云南省四地调查数据。（2）区分来自法院的涉家暴案件数据和涉家暴离婚案件数据，原则上以涉家暴离婚案件数据为统计口径（如湖南省、贵阳市数据均经过验证）。但是由于原书披露案件处理结果时往往以涉家暴案件数为基准，在根据书中信息不能完整溯源原始数据时，保留了重庆市、云南省两地涉家暴案件统计口径，谨说明如下：重庆市四地区法院涉家暴案件数为1276件，而涉家暴离婚案件数则为1230件；云南省三地区法院涉家暴案件数为1422件，而涉家暴离婚案件数则为1207件。由于涉家暴案件数大于涉家暴离婚案件数，故重庆市、云南省两地的"判决不离婚案件占比"指标实际上比文中列表所示数值还要更高一些，与本文认为判决不离婚案件占比过高的论证方向一致。（3）推导计算了损害赔偿案件在获准离婚案件（包括调解离婚案件和判决离婚案件）中所占比例。由于原调查数据中"损害赔偿案件"包括非夫妻之间家暴损害赔偿案件，故重庆市、云南省两地的"损害赔偿案件在获准离婚案件中占比"指标实际上比文中列表所示数值还要更低一些，与本文认为判决损害赔偿案件占比过低的论证方向一致。

分析表1，我们可以得出这样两个方面的认识。（1）法院受理的涉家暴案件中，判决不离婚的案件占比在10%和20%之间，而且更加趋近于上限，均值达到17.33%。而从处理结果的分类来看，还有调解和好、调解离婚、判决离婚、撤诉和驳回起诉五种类型，可见归入判决不离婚的案件已是经过程序上的分流（撤诉和驳回起诉）、实体上的疏导（调解）之后的案件，此时双方当事人仍在离婚与否问题上存在不可调和的分歧，而法院作出了不准离婚的判决。即便考虑到个案中存在的特殊情形，司法实践中对于涉家暴案件判决不离婚的比例仍然过高，明显与婚姻法将家庭暴力作为法定离婚理由的立法意旨相悖。（2）因家庭暴力而获得离婚损害赔偿的案件占比非常不均衡，有的地区无一例，有的地区不足1%，情况较好的地区约在10%左右。考虑到现行法律制度要求提出损害赔偿必须以离婚为前提条件，为进行更加精准的研究，笔者根据有关数据推导计算了因家庭暴力而获得损害赔偿的案件在所有获准离婚案件（包括调解离婚和判决离婚）中所占的比例，重庆市、云南省、湖南省和贵阳市该项指标分别为0.54%、50.27%、14.96%和0，仍然表现出极不均衡、总体偏低的特点。此种情形显然与"有损害必有救济"的法理不合，也与婚姻法将家庭暴力作为离婚损害赔偿法定情形的制度目标不相符。数据表明，司法实践中对于涉家暴案件判决不离婚的比例过高，明显与《婚姻法》将家庭暴力作为法定离婚理由的立法意旨相悖，同时因家庭暴力而获得损害赔偿的案件则占比过低，显然与"有损害必有救济"的法理不合，也与《婚姻法》将家庭暴力作为离婚损害赔偿法定情形的制度目标不相符。

上述调查数据强有力地印证了"二次诉讼裁判离婚"隐规则，即对有争议的初次离婚诉请人，人民法院一般判决不予离婚，判决生效6个月后再次提起诉讼的，人民法院一般判决准予离婚，有学者谓之"二次离婚诉讼审判规则"。[①]"我国防治家庭暴力情况实证调查研究"项目组的访谈表明，涉家暴离婚案件的裁决中明显存在这种司法惯性，而且这种惯性因家庭暴力难以认定的障碍而得以强化。吉林地区的访谈显示，对于涉家暴离婚案件，除了经调解双方同意离婚或者有十分强有力的证据证明可以离婚

---

① 刘敏：《二次离婚诉讼审判规则的实证研究》，《法商研究》2012年第6期。

外,有部分法官一般会选择判决不准离婚。① 云南地区的基层法官也介绍说,由于家庭暴力认定困难,他们主要通过调解解决,如不能调解,则对第一次起诉的案件大多判决不离,受害者半年后再起诉,则以其他理由如分居达两年等判决离婚。②

(二) 成因分析与突破契机

涉家暴离婚诉讼实践中判决不离婚比例过高、损害赔偿比例过低的问题,是法律文本、司法倾向和诉讼策略等因素交互影响、共同作用的结果。

首先,在《反家暴法》出台之前,司法系统在认定家庭暴力时主要依据《最高人民法院关于适用〈中华人民共和国婚姻法〉若干问题的解释(一)》[以下简称《最高院婚姻法解释(一)》]第1条,该条在界定何为家庭暴力时侧重列举身体暴力的形式,而且以造成一定伤害后果为条件。这种限缩性的界定和解释使得家庭暴力的法律概念及法律规范在适用范围上大大受限,表现在司法实践中就是证明标准难以企及。前引调研发现,贵阳市某区法院45例涉家暴离婚案件中,有11例的受害人提交了受伤照片或病历资料,有2例的受害人进行了个人陈述,最终法官对遍体鳞伤的受害人深表同情却没能成功认定1例家庭暴力,即便准予离婚也是以其他理由进行判决的。③

即使家庭暴力本身得以认定,根据《婚姻法》第46条和《最高院婚姻法解释(一)》第29条的规定,受害人要行使损害赔偿请求权还必须符合另外两个条件:提出离婚诉求(并最终获准离婚);自身无过错。在另外一项实证研究中,有学者发现诉请离婚损害赔偿案件在因家庭暴力而导致离婚的案件中比例不到1/3,认为其原因正在于:以"离婚"为行使损害赔偿请求权的前提使得受害人在婚内无法获得救济,而关于"无过错"的限定条件又

---

① 李洪祥、闫晓玲、石婷:《吉林省防治家庭暴力情况实证调查研究》,载陈苇主编《我国防治家庭暴力情况实证调查研究——以我国六省市被抽样调查地区防治家庭暴力情况为对象》,群众出版社,2014,第108页。
② 杨晋玲、崔艳芬、吕敏:《云南省防治家庭暴力情况实证调查研究》,载陈苇主编《我国防治家庭暴力情况实证调查研究——以我国六省市被抽样调查地区防治家庭暴力情况为对象》,群众出版社,2014,第285页。
③ 刘淑芬、李琼宇、雷昕:《贵州省防治家庭暴力情况实证调查研究》,载陈苇主编《我国防治家庭暴力情况实证调查研究——以我国六省市被抽样调查地区防治家庭暴力情况为对象》,群众出版社,2014,第241页。

使那些存在或可能存在"过错"的受害人提起损害赔偿诉求受限。[①]

重重限权的法律文本传递出的讯息无疑会加强传统求和文化下的谨慎司法倾向，由此形成所谓的"二次诉讼裁判离婚"隐规则。这一隐规则的存在给提出离婚诉求的家暴受害人带来额外风险：法律规定存在家庭暴力调解无效应判决离婚，一旦司法审判不能及时兑现此允诺，则诉请离婚遭拒的家暴受害人不得不"回归"充满暴力与伤害的婚姻关系，其处境之险恶可想而知。正因如此，基于不明确不乐观的预期，家暴受害人往往会选择保守、隐忍的诉讼策略：要么担心提起离婚诉讼却未能获准离婚反而招致报复，宁愿选择其他救济措施或者抱着施暴者可以改正的希望而继续忍受，要么决意提起离婚诉讼但是担心提出离婚损害赔偿反而达不到解除婚姻的目的，因此放弃赔偿请求。

要打破上述消极影响的因应链条，立法层面的突破和司法层面的反思都必不可少。《反家暴法》第 2 条虽仍有不足，但其无疑确立了更加坚决、更加有力的反家暴立场。[②] 司法层面应充分吸纳反家暴立场，勇于破除潜在的、隐性的"二次诉讼裁判离婚"司法惯性，同时辅以全面、准确宣讲法律权益，使家庭暴力受害人真正有勇气、有能力运用法律武器捍卫自己的人身安全，维护自己的合法权益。

四 家暴损害的赔偿：探索更加多元而公允的救济机制

（一）诉权行使

《婚姻法》第 46 条规定的离婚损害赔偿制度曾被寄予深切厚望，但其

[①] 林建军：《规制夫妻暴力民事立法的功能定位与制度完善》，《中国法学》2012 年第 6 期。该研究考察了某基层法院 2001—2010 年的 1000 份离婚判决书，发现 197 件案件当事人主张认定夫妻暴力，但仅有 59 名当事人同时以夫妻暴力为由诉请离婚损害赔偿。

[②] 长期在司法战线推动反家暴进程的最高人民法院陈敏法官对《反家暴法》第 2 条关于家庭暴力的界定之利弊进行了全面的总结和归纳：现行立法的进步在于，将精神暴力纳入家庭暴力的表现形式，将共同生活者纳入家庭暴力主体，且家庭暴力的构成不再以造成身体或精神伤害为后果；而其不足则在于，将谩骂规定为精神暴力不够科学，家庭暴力主体中遗漏了离异配偶和非同居恋人，家庭暴力表现形式中遗漏了性暴力。参见陈敏《对家庭暴力定义的司法认知》，《人民司法》2016 年第 10 期。

后在实施效果上则与理论界和实务界的期待相去甚远,甚至由此引发该条存废之争。主张废除该条的观点认为,对于夫妻间的一般侵权行为和同居关系中存在的家庭暴力,根据侵权责任法和反家庭暴力法提起一般侵权损害赔偿即可,该条的功能完全可以被一般侵权法包容吸收,且后者提供的救济更加充分和便利。① 主张保留该条的观点则认为,婚姻家庭的身份性、伦理性决定一般侵权责任制度不宜直接适用于解决离婚损害赔偿问题,② 增设婚内损害赔偿制度亦不能取代法定严重过错行为导致婚姻破裂的离婚损害赔偿,离婚损害赔偿制度有其独立的功能,在离婚救济制度体系中发挥着不可替代的作用,应予完善而非废止。③

在笔者看来,探讨家暴损害赔偿请求权的行使应区分不同层面:在应然层面,家暴损害赔偿请求权应自由行使,任何区别于人身损害赔偿请求权的特殊限制都是不适当的,因为个体的人身权益不应因婚姻关系的缔结而受到减损,也就是说同样的本体性权利理应有同样的救济性权利作为保障;在实然层面,家暴损害赔偿请求权应谨慎行使,需在专业而务实的指导和协助下根据具体案情选择适当时机,以使受害人在确保人身安全的前提下获得应有的法律救济。不过从辩证的角度来看,实然层面的个案抉择恰恰要有应然层面的自由空间作为前提和保障。归结起来,家暴损害赔偿制度还是应当确立自由诉权,法律不应"迫使婚姻关系主体在提请终结婚姻关系与请求配偶侵权损害赔偿之间作出选择"。④

实际上,我国《婚姻法》明确肯认夫妻在婚姻关系中具有平等而独立的主体地位,推演之下婚姻关系中的侵权行为自应产生赔偿责任,这在法律逻辑上是毫无障碍的。但《婚姻法》同时又规定婚姻关系主体之间的损害赔偿请求须以离婚法律后果为前提,明显偏离了前述法律逻辑,其背后的理由(或曰成见)往往是认为婚姻关系存续期间夫妻共同财产不可分割,因此不具有支持侵权损害赔偿的现实可能性。然则这一成见在细致审慎的思辨之下是无法立足的。首先,根据现行法律规定,夫妻财产制是可

---

① 马忆南、贾雪:《婚姻法第四十六条实证分析——离婚损害赔偿的影响因素和审判思路》,《中华女子学院学报》2016年第1期。
② 雷春红:《新中国六十周年离婚法学争议纪实与评述》,《河北法学》2010年第3期。
③ 陈苇、张鑫:《我国内地离婚损害赔偿制度存废论——以我国内地司法实践实证调查及与台湾地区制度比较为视角》,《河北法学》2015年第6期。
④ 参见 Stuart v. Stuart, 421 N. W. 2d 637 (Wis. 1988)。

选择的、开放性的，因此每个婚姻关系之中的财产结构、财产关系都是不确定的，一味抱持夫妻财产一体的观念显属刻板印象。其次，即使夫妻之间没有进行财产约定，现行法律规定的法定财产制也并非单纯的共同财产制，而是夫妻共同财产与各方个人财产混合制，既然权属有别，自可于彼此间依法流转，人民法院作出生效判决正是此类财产流转的重要法律依据。再次，即使个人财产阙如或不足，侵权主体在夫妻共同财产中享有的份额亦可作为赔偿财产，此时侵权损害赔偿成为分割夫妻共同财产、改变夫妻财产份额的法律事实。因此，正如夫妻关系不应成为家庭暴力的现实屏障一样，夫妻财产制不应成为否定家暴损害赔偿请求权的制度屏障。从我国当前法律架构来说，在《婚姻法》所规定的离婚损害赔偿制度暂时难以从立法层面予以修改和完善的情况下，司法实践应积极探索和尝试适用侵权行为法律规范处理当事人提起的婚内侵权损害赔偿之诉或离婚后提起的前配偶侵权损害赔偿之诉，进而根据家庭暴力所具有的持续性侵权、累积性损害等特点在制度层面将其形塑为一种特殊的侵权类型。[1]

当前，我国《反家暴法》在保护家暴受害人方面的努力为确立家暴损害赔偿的自由诉权提供了非常必要且重要的保障，我们已有条件探索家暴损害多路径救济模式。在实践层面，家暴损害赔偿请求权的行使与裁判必须将确保家暴受害人的人身安全纳入考量，将制度资源转化为现实权益。这意味着，家暴受害人及其诉讼代理人必须充分评估特定时空下行使损害赔偿诉权所面临的风险，并采取必要的措施（包括《反家暴法》提供的人身保护令机制）防止施暴方的进一步伤害。人民法院在受理和裁判此类案件时，则应向当事人充分释明评估和防范家暴风险的必要性和重要性，并确保当事人依法获得相应的保护和保障。

（二）公允救济

将家庭暴力损害赔偿与婚姻关系解除之间的制度性纽带松绑之后，还需运用高超的司法技术处理夫妻财产公平分割与家庭暴力损害赔偿之间的关系。两者都是对财产权益的处理，但两者的法律依据与法律性质具有明

---

[1] Clare Dalton, "Domestic Violence, Domestic Torts and Divorce: Constraints and Possibilities," *New England Law Review* 31 (1996–1997): 358.

显差异：财产分割是在离婚之际改变夫妻对婚姻财产的共同共有状态，依据夫妻财产制度和夫妻财产分割原则对这部分财产重新划分权属及分割利益，使原共有者的财产权益在分别所有的情形下达致均衡，从当事人的视角来说是从共有财产中取回自己的份额；损害赔偿则是对夫妻之间发生的侵权损害后果予以救济，依据民事法律规范、侵权法律规范或婚姻法律规范令加害方通过多种民事责任形式（通常表现为财产责任但并不局限于此）承担损害赔偿责任，加害方履行此种损害赔偿责任的财产应为其个人财产，从当事人的视角来说是对曾经发生的伤害或损害加以弥补。也有学者指出，财产分割不与当事人过错挂钩，而离婚损害赔偿则与当事人的过错联系紧密。[①] 就制度功能本身而言，此论有一定的道理，但是对于那些无法进入损害赔偿救济程序而又确实违背配偶义务损害夫妻关系的过错，在财产分割中是可以适当考虑的。因为夫妻法律关系本就包含人身和财产两个方面的权利与义务，婚姻中的过错既可视为侵权也可视为"违约"，侵权诉讼所不能救济的，应可通过离婚财产分割时对婚姻过错方适当少分财产这种"违约"惩罚来予以救济。

但无论如何，一方主体不能基于同一原因既在财产分割中获益又在侵权赔偿中获益，也就是说要避免双重赔偿。这意味着，涉家暴离婚诉讼的裁判应着意区分夫妻财产分割与家暴损害赔偿。在实践中，可通过对财产分割与损害赔偿的顺位、因素等进行区分和安排以避免双重赔偿。一般而言，财产分割在先，损害赔偿在后，如此可确保加害方以其个人财产承担损害赔偿责任。分割共同财产时，须在法律规定的框架内考虑多种因素，如财产取得时间、财产来源、财产性质、财产用途、婚姻存续期间、子女成长所需等，但夫妻间的侵权损害赔偿问题应单独考量。相关裁判文书（无论是判决书还是调解书）亦应详细列明夫妻共同财产分割状况和家暴损害赔偿责任，以及两项裁判各自的事实根据、法律依据或当事人之间的协议。如此，则财产得以分割、损害得以平复，离婚事件真正成为当事人理性解除婚姻关系、彻底解决彼此争端的有效法律路径。

---

① 龙翼飞、侯方：《离婚救济制度的辨析与重构》，《法律适用》2016年第2期。

五　结语

涉家暴离婚案件的处理既包含对离婚诉求的回应，也包含对家庭暴力的惩戒，关乎《婚姻法》与《反家暴法》的衔接适用。两法虽已分别规定发布保护令、解除婚姻关系、支持损害赔偿等多种救济手段，但缺乏整体性的制度建构和规范协调，不足以打破旧有司法惯性，亦不足以指引具体诉讼实践。当此之际，司法裁判机关应综合运用多种法律理念、法律逻辑和司法技巧，在家庭暴力的证明、离婚诉求的裁判、损害赔偿的落实等方面充分而积极地发挥现行法律规范的效用并参与探索未来制度层面的创新与构建。

（本文原载于《妇女研究论丛》2017年第6期）

专题五　慈善法

现代慈善捐赠法律关系的初步分析

冉 昊[*]

随着后资本主义时代的到来，民主法治不断向民生法治过渡，社会分配需要以三个层次互相补充：第一层次以市场主导下的竞争为动力，根据能力大小决定收入多寡；第二层次以公平为原则，通过政府主导的社会保障、社会福利兜底维护；第三层次则以道德为动力，由社会组织来主导，让有钱人自愿把钱分给穷人，促使社会财富由富有阶层向低收入阶层重新流动，也就是通过慈善事业来弥补各种制度刚性，缓解阶层间矛盾，营造良性社会关系。所以在现代社会的发展中，人们日益重视慈善在其中所发挥的作用，通过慈善不仅能帮助一方人，更根本的是补充改良既有的社会分配模式。

受此影响，传统慈善中那种社会个体出于悲悯之心而自发进行的扶老、救孤、济困、赈灾等个人慈善，在近代社会以来更多的是赋予组织载体来完成，从而将分散的行为组织起来，发挥出聚合效应，有效调整社会结构。慈善关系，遂成为一种专业化和组织化的非营利性社会事业——不同的个体通过捐赠行为，将本属于自己的财富转归于慈善组织等具有慈善目的的介质性机构支配，由后者专业从事扶老救孤、济困赈灾、助残治病等各种社会救助服务公益事业。在此过程中，最典型、最主要的慈善行为是慈善捐赠，本文即从法学角度对现代慈善中的这一核心交往社会关系展开研究。

---

[*] 冉昊，法学博士，中国社会科学院法学研究所社会法研究室原副主任，研究员，主要研究方向为比较法、财产法、社会法。

为厘清复杂的社会关系,法学科的传统规范是依"事后研究(ex-post approach)"方法,通过总结既往经验上升而来的法律关系认知中对主体、客体、权利义务的预先设定,来解决权利的冲突;在现代社会法的运用中,则强调实证的"事先研究(ex-ante approach)"方法,于纠纷发生后以规则适用后果作为隐含费用的反应来反过来变动应适用的规则。① 笔者以为,这两者都有其自身充分的合理性,反映着不同的时代正当性基础,在我国当代"共时性"时代特征下②,将其结合应用,才能较好地兼顾形式正义与个案公正。本文即依此理解,对现代慈善捐赠法律关系的若干节点作出初步的分析。

一 慈善捐赠法律关系的主体

慈善捐赠涉及三方主体,即捐赠人、受赠人和受益人,以下就其资格范围分别分析之。

1. 捐赠人

慈善捐赠体现了人和人之间的善意和关爱,能缓解竞争社会中资本主导带来的制度刚性和人际冷漠,所以笔者认为,应赋予其主体资格最大的可能性。即社会中的一切主体,不论是自然人、法人还是其他组织,理论上说,只要其有捐赠的意愿,就可以成为慈善捐赠的主体。因此,捐赠人可以是包括自然人、法人和其他组织在内的各种民事主体。但需注意,市民社会之外的一种主体,即政府,不应具备捐赠人的资格,因为根据现代政府税收征纳使用原理,财政出资提供的服务应限于公共行政目的,而不是特定群体的改善。

对于自然人作为捐赠人的情况,通常其应当具有完全民事行为能力。无民事行为能力的人不能捐赠,这意味着其即使捐赠,亦属无效;限制民

---

① 意即应根据适用后的系统性社会后果反过来考虑应适用的规则,而不是从法条本身的概念、规范、教义等出发。参见〔美〕罗伯特·考特、托马斯·尤伦《法和经济学》,张军等译,上海三联书店、上海人民出版社,1994,第32页。"事先(ex-ante)研究"、"事后(ex-post)研究"概念可参见〔美〕波斯纳《法律的经济分析》,蒋兆康等译,中国大百科全书出版社,1997,第908页。

② 即指我国当代同时具备近代、现代、后现代社会的不同经济阶层、认识结构和社会模式。

事行为能力的人作出的捐赠行为需经其法定代理人的同意或事后追认,但如是与其年龄、智力、精神健康状态相适应的捐赠行为,则不必经过同意和追认。

对于法人和其他组织作为捐赠人的情况,如果是集体企业、私营企业、合伙企业、个人独资企业和其他非法人组织等,作为独立主体,对其资产享有所有权或者合法的处分权,自然都可以依其意思进行自由处分,包括作出捐赠等,所以对这些法人或组织成为捐赠人,不设资格上的限制。但就此需额外考虑我国社会主义特色国情下经济生活中大量的国有企业存在。在形式上,人们对国有企业(特别是借助《公司法》获得了独立公司法人身份的)予以市场主体的同等认识,普遍适用各种民商事规范,但其实,为众多独立平等主体设置的这些传统民商事法律制度,其理念基础在于:其作为意思自由之源的财产来源于先占和劳动等自我付出后的对价所得,因此制度设计的终极目标在于强化对它们的保护和自由处分。而国有企业的财产来源基础却是完全不一样的,其资产的原始获得和积累都有着计划经济方式下的特殊性。那么,相应的后续措施就肯定不能完全一样,否则可以说,措施越得力(即保护越强)效果越糟糕。所以对于国有资产监督管理委员会直管的大型国有企业,企业负责人对资产都只享有经营管理权并受到相应的监管,即不能肆意用于捐赠,或者至少在进行大额捐赠时要满足基本的国资上报程序,避免借捐赠之名行规避之实,或者肆意利用国资谋取个人名声。对此可借鉴大型公司治理的普遍规则,在国有企业的公司章程中规定:董事会或经理可以在确定的授权范围内作出捐赠决定;如果董事会或经理作出的捐赠决定在形式或实质上违反了公司章程,损害了其他股东的利益,大小股东都可以依法提起诉讼,追究其责任。

2. 受赠人

捐赠可以区分为直接捐赠和间接捐赠,直接捐赠中捐赠人将捐赠款物直接交给受益人,所以受益人同时也是受赠人;而现代慈善事业中更普遍的则是间接捐赠,捐赠人将捐赠款物交给一些具有慈善目的的介质性机构,由后者按照前者的意愿或法律规定再行分赠给各受益人。直接捐赠中双方法律关系相对简单,而间接捐赠因为牵涉到三方法律关系,以及隐在的代理、概括授权、管理人自有利益等问题,比较复杂,以下论述以后者为主要的对象。

笔者在这里创新使用了一个"具有慈善目的的介质性机构"的概念，它具有广泛的外延。第一，它指向传统认识中慈善法人、基金会等多种慈善组织，在我国现有社会中，最主要的就是那些早先成立存续下来的公益性社会团体和非营利性事业单位，前者如中华慈善总会、中国红十字总会、青少年发展基金会，后者如学校、医院、养老院等教科文卫、社会公共文化、体育和福利机构。① 而随着近几十年运行中我国政府管制的逐渐松动带来的民间社会成长，其已完全不限于国家的出资兴办单位，同样涵盖各种以公益事业为目的的民办机构，著名的如"壹基金"等②。

第二，按照《公益事业捐赠法》第 11 条的特别规定："在发生自然灾害或境外捐赠人要求县级以上政府及其部门作为受赠人时，县级以上政府及其部门可以接受捐赠。"可见在我国还有一种比较特殊的受赠主体，即政府及其部门。该规定从 1999 年《公益事业捐赠法》颁行后即广受诟病，认为政府既是受赠主体，又是监管主体③，这种既是运动员又是裁判员的双重身份在法理上明显不妥，容易导致贪污挪用等。不过，笔者认为，随着各种民间慈善组织的增加，捐赠人在决定自己的慈善捐赠时有了较多选

---

① 这里当然有一个从基础法律出发的基本法人主体设置前置问题，即现有民事法律基本规范中没有提供对营利性法人和非营利性法人之区分的正确认识，由此一律排斥非营利性法人从事营利活动。如民政部根据国务院《社会团体法人条例》中"社会团体法人不得以营利为目的"的规定，就可将所有涉及员工持股、保值增值经营行为的组织一律否定，由此带来了现代社会中巨大的资源浪费。实际上，在现代普遍化的商业金融社会下，非营利性法人的法律特征只要明确限于"不得分配剩余财产、不得分配利润"即已足够。因为现代公益的社会供给具有非营利性，但公益供给本身并不排除经营性。所谓"非营利"，绝非是指完全不能从事经济活动，而是从事经济活动产生的盈余不可以分配给个人或挪作他用。事实上，今天的现实情况是，教育机构、科研机构、医疗卫生机构等早已不是"非营利"事业单位，甚至是很营利的单位。但它们仍可接受捐赠，只是捐赠必须用于捐赠方指定的慈善事业，而不能用于这些事业单位自身的福利待遇等。

② 2011 年，"深圳壹基金公益基金会"举行了挂牌仪式，意味着壹基金从此具备了独立的法人身份，可以公开募款。深圳壹基金成为中国首个由民间发起而无业务主管单位的、具备公募基金会资格的社会组织。深圳壹基金成立后，原来只能挂靠中国红十字会的李连杰壹基金计划清算注销，由前者承接。至此，持续三年的壹基金身份问题终于尘埃落定，困扰"草根"慈善的"找婆婆"问题也逐渐破冰。

③ 如《公益事业捐赠法》第 20 条同时规定："受赠人每年度应向政府有关主管部门报告受赠财产的使用、管理情况，接受监督。必要时，政府有关部门可以对其财物进行审计。"其第 3 款："县级以上人民政府侨务部门可以参与对华侨向境内捐赠财产使用与管理的监督。"

择，如果在这众多的选择中，他们仍然愿意选择政府作为受赠人，那么说明政府办慈善自有其过人之处，又何必禁止呢？换言之，政府做慈善本身并不是坏事，会成为坏事的只是政府凭借行政力量垄断慈善事业。

第三，在现代社会的发展中，"具有慈善目的的介质性机构"还包括了新出现的网络、媒体或临时组织（如QQ群、微信群）等介质性机构，甚至是"大家随手拍解救乞讨儿童"等没有固定组织的活动。例如汶川地震时，网易作为发起人之一向社会募集捐款，由于其在慈善领域并未获得相应的募捐资格，故它对所获得的捐赠财产肯定不能像其他正式慈善组织那样拥有所有权，此时对其的募捐和后续的使用如何规制？再如日常生活中常见的某年轻生命重病后，其同学或单位向社会发出募捐号召等，这些同学群体显然也是没有固定组织资格的，如按传统理解限制受赠主体仅为慈善组织的话，他们的大规模募捐行为充其量只能按照私法委托代理关系进行调整，给后续资金使用和退还带来很大的理论障碍。事实上，这些介质性机构依托现代网络、科技载体而生，借助于技术的力量具有了极强的影响力和传播力，从而使得不同地域的人们之间直接沟通的成本大大降低，甚至完全不依赖于慈善法人、基金会等传统组织载体而直接作出捐赠，以否定之否定的螺旋上升方式又在一定程度上回归个人直接慈善。将这些有意地忽略在现代慈善捐赠调整之外，就背离了基本的时代正当性和历史趋势。因此，笔者主张，通过"具有慈善目的的介质性机构"概念将其主动纳入受赠人的主体范畴，从而予以鼓励，进而谋求后续的可能规制。

总的来说，通过组织进行捐赠、运作捐赠标的物，从整体上看是高效率的。但是组织亦有投资风险、工作人员贪污和项目运作失败以及增加监管成本等问题。所以最好的办法是确定一套开放的受赠主体制度，允许包括自然人和各种组织在内的所有主体自由地进入，从而给予捐赠人充分的选择受赠主体的自由，通过市场（即自行竞争）的方式带来捐赠主体间的优胜劣汰，实现整个领域中良币驱逐劣币的自我清理循环，因此，法律的调整重点不是对前端进入的限制，而应放在后续监管上。由此，本文认为，同捐赠人一样，受赠人的主体资格也具有完全的开放性，包括自然人、组织等介质性机构和政府部门。如果是直接捐赠，受赠人为个人；如果是间接捐赠，受赠人为介质性机构，包括法人组织和临时组织，前者如慈善基金会等，后者虽不具备独立主体地位甚至组织形态，但却具有较大的传播力；特定情况下，国家政府及其部门也可以依法成为受赠人。

此外需注意的是，虽然《慈善事业法》可对上述受赠人资格作出最广泛的规定，但在实践运行上，还需各种互补性制度的规定（至少是不作反面限制）才可能落到实处。如依照现行税法规定，只有向中国境内非营利性社会团体以及民政部门批准成立的其他非营利公益性组织、国家机关企业进行的捐赠，才允许税前扣除，那么某企业通过当地团组织向一所山村小学捐赠价值 5 万余元的教学用品，取得由省财政厅统一印制的捐赠收据；后该企业再次直接向这所学校捐赠价值 5 万元的计算机设备，学校开具了收据。但对于这同样价值、意义的两次捐赠，税务局却只对前者抵扣，而对后者不抵扣。① 姑且不论这种法律政策结果的合理性，仅是在这样的规定下，人们就会很容易认为，只有民政部门批准成立的公益性社会团体、其他非营利公益性组织或者县级以上人民政府才能够接受捐赠，而就此排除了自然人、其他组织、介质性结构成为受赠人。显然，这是一种基于法律技术性产生的误读，有待法律体系的自我完善将其消除。

3. 受益人

受益人是因慈善捐赠行为而获享利益的人。受益人可以是特定个人，

---

① 其根据在于，按照财政部、国家税务总局《关于教育税收政策的通知》和《关于纳税人向农村义务教育捐赠有关所得税政策的通知》，纳税人通过中国境内非营利性社会团体、国家机关向教育事业的捐赠，特别是向农村义务教育的捐赠，准予在缴纳企业所得税和个人所得税前的所得额中全额扣除。但接受捐赠或办理转赠的非营利性社会团体和国家机关，应按照财务隶属关系分别使用由中央或省级财政部门统一印（监）制的捐赠票据，并加盖接受捐赠或转赠单位的财务专用印章。税务机关据此对捐赠单位和个人进行纳税所得扣除。除了以上教育捐赠的特别规定外，税务机关对一般性捐赠的处理办法如下。依据财政部、国家税务总局《关于公益救济性捐赠税前扣除政策及相关管理问题的通知》，第一，纳税人通过经民政部门批准成立的非营利公益性社会团体和基金会用于公益救济性的捐赠，准予在计算缴纳企业和个人所得税时在税前扣除。第二，纳税人在进行捐赠税前扣除申报时，须提供：a. 接受捐赠的非营利公益性社会团体、基金会的捐赠税前扣除资格证明材料；b. 由该社会团体或基金会或县以上政府部门出具的公益救济性捐赠票据。第三，要按照规定的抵扣比例和标准扣除。如按照财政部、国家税务总局《关于中国金融教育发展基金会等 10 家单位公益救济性捐赠所得税税前扣除问题的通知》的规定，对该 10 家基金会的公益救济性捐赠，企业在年度应纳税所得额 3% 以内的部分，个人在申报应纳税所得额 30% 以内的部分，准予在计算所得税前扣除。除了以上情况外，按照国家税务总局在《关于执行〈企业会计制度〉需要明确的有关所得税问题的通知》中的规定，企业对外捐赠，一律不得在税前扣除。

也可以是一类群体，如残疾人、某类疾病人群、遭受自然灾害的一定地域人群等，特别是在公益捐赠的情况下，受益人通常具有不特定性，在个体上无法具体化、在数量上无法确定化。但无论如何，受益人（至少在尚具备受益情形时）一般是处于弱势的社会群体或个人，因此，政府等在我国社会结构中明显处于强势地位的机构，自然不在受益人之列。

慈善捐赠以通过捐赠标的物使受益人获益为目的，因此可以说，受益人是慈善捐赠的根本所在。而我国现有立法规制中（如《公益事业捐赠法》），大多会在总则中宏观确认该法宗旨为保护捐赠人、受赠人和受益人的合法权益等，但在后续具体规定中却完全缺失配套具体保护条款，受益人的保护也就只能乞赖于慈善组织的自律、行政部门的职权以及社会舆论的外部监督。但实践中此起彼伏的郭美美、卢美美、诈捐门等事件充分说明，仅有这些是远远不够的。法治的核心在于各个主体的自治，而不是外在的管制，所以我们更需要做的，是尊重受益人的意思，依其意思表示判断慈善捐赠的目的是否达到，相应的，就应赋予受益人以具体的实体上和程序上的请求权，使其具有可操作的法律武器，能够自觉运用去主张和维护自己的合法权益，保证慈善事业根本目的的实现。详见下文第三部分法律关系分析中对"受益人"权利义务的解析。

二　慈善捐赠法律关系的客体

1. 慈善捐赠客体的范围

对于慈善捐赠客体，最有限的理解是指货币和实物等有形财产，如同早期规范中界定公益捐赠财产时主要落足为有形财物范畴，这属于狭义的捐赠客体说；随着社会发展，财富存在形式不断增多，捐赠的形式也越来越多样，有价证券、知识产权、股权出资等都成为常见的捐赠形式，所以在晚近的规范中，捐赠标的物通常包括了货币、实物、有价证券、股权、知识产权等有形和无形财产，这属于中义的捐赠客体说；现在则有学者进一步提出，时间的投入或者无偿提供劳务也属于慈善捐赠范畴，即要将志愿服务也纳入慈善事业来统一规范，这属于广义的捐赠客体说。

笔者认为，狭义捐赠客体说忽视了无形财产的财富价值，显然已不符合时代发展的需要，应予完全放弃。而广义捐赠客体中涵盖的义工或志愿者等形式，本质上是在自愿提供劳务，① 对此须以鼓励和保护为主，参考比较法上德国的时间银行等调整机制，都是为其更多设立激励、引导性规范，而不是作过多的限制和强行责任配置。由此，本部分讨论的就是中义的慈善捐赠客体，可界定为"货币、实物以及无形财产"。其中前两者为有形财产，包括现金、支票、有价证券、不动产、设备等实物形态的财产，后者则包括各种有法律效力和开发价值的财产，如股权、期权、未来收益以及专利、商标、著作权等知识产权。

2. 捐赠客体的合法性问题

一般来说，对于日常流通中的实物、无形财产以及货币，各国法律并无限制，均可以捐赠。而本文特别提出研究的捐赠客体的合法性问题，正是在比较法基础上基于我国本土制度环境的一个特有问题。1999 年《公益事业捐赠法》第 9 条规定："自然人、法人或者其他组织……捐赠的财产应当是其有处分权的合法财产。"自此以后，我国各地的捐赠相关规范中都继承了这一规定，要求捐赠人所提供的捐赠必须是"合法"财产。

但事实上，这样的一种规定只是"听上去很美"，而难具有法律实施的可能性。自然人、法人或者其他组织从外观上看起来有权处分的财产，从来源上讲不一定是合法财产。如近年获刑的山西女商人丁书苗从 2006 年开始陆续作出慈善捐款近 5 亿元，2008 年还担任了中国扶贫开发协会副会长，如果不是前铁道部部长刘志军案牵连，没有人会知道丁的这些钱来自不合法的裙带利益关系输送。再有，我国早期的大量慈善捐赠来自海外华侨和港澳同胞，其所在国家地区的法律背景与我们大相径庭，财富的原始取得更是年深日久，如果严格依据此类"合法性"规定，侨乡的贫穷乡亲受益人们就总有义务先行确认这些财产的合法性，才能接受捐赠修路、办学等，恐怕事实上他们既没有这样的查证能力，也不认同自己有此查证义务。因此，即将到来的慈善基本法立法在捐赠问题上一定不应再顺延这一规定，而去掉"合法"二字。

但去掉"合法"字样，并不意味着就此让慈善捐赠成为销赃洗钱之

---

① 因为在资本社会下，人的时间已经具有了经济价值。参见〔美〕加里·S. 贝克尔《人类行为的经济分析》，王业宇、陈琪译，上海三联书店、上海人民出版社，1995，第 321 页。

处，或者当事人串通规避法律之所，而是仍然采用上述私法+社会法分步处理、兼顾均衡的思路。

第一步，遵循现代流动性社会中财产处分的基本民事法理，即基于占有的默示外观，按照物权公示制度和善意取得制度来处理客体的归属认定问题，即在没有反证的情况下，一律推定慈善捐赠人对其占有财产的捐赠协议是有权处分。那么，当捐赠财产被实际交付给慈善介质机构或受益自然人后，虽然后者并没能提供对价，但基于该行为的公益目的性，后手受让人仍可推定获得前手的全部处分权或所有权，可对抗包括前手在内的全部社会第三人，即对捐赠财产获得了物权性而非债权性的处分权利及保护。

第二步，在民事法理的基础上再增加社会法的特别规定。即当事后发现捐赠财产在前手处即有瑕疵时，考虑捐赠行为的社会影响公共性，该瑕疵并不完全传递给后手，而是施行不完全的物归原主原则，同时给予受赠人以信赖损失补偿：①捐赠财产为特定物的，且该特定物事后被真实所有人提出充分证据证明了自己的所有权，则如其还在受赠人处，归还原所有人；如其已在公开场所以正当的程序和合理的价格变现，变现所得扣除花费成本后归还原所有人。受赠人或受益人就此产生的信赖损失，有权对捐赠人提出赔偿要求。②捐赠财产为种类物的，且该种类物事后被法院认定为非法取得，则其中已交付受益人且受益人为善意取得的，维持既有分配；其未交付受益人还在慈善组织处的，如果捐赠目的为不限定对象的普遍性公益事业，由该慈善组织继续使用，但需在年终对外公布的会计监督文件中特别标明其最初非法取得情况。如果捐赠时指定了特定领域或特定区域人群作为受益对象，则有共谋之嫌，不应留在原受捐慈善组织中继续使用，而应转交 "中国慈善保险基金会"① 等全国性慈善基金总体，将其适用于全体人民都可能受益的普遍性公益事业。这一做法体现了对此类非法所得的罚没性质，但罚没之后应该适用于全体人民，而不能采取过去那种主管部门罚款、没收进入国库，然后不知所踪的纯粹行政管理办法，这无论是从私法法理还是社会法法理考察，都是毫无二致的。

---

① 这是笔者建议我国通过慈善体制顶层设计增加的兜底机构，可由民政部推动单独设立，也可指定现有 "中华慈善总会" 之类大型慈善机构甚至民间机构代持，与其自有捐赠财产分别户头记账并充分公示。

3. 捐赠形成的"捐赠财产"的性质

对于慈善捐赠后带来的财产集合的性质问题，长期以来有多重讨论，总体来说可分为三类：a. 公共财产，b. 私人财产，c. 社会财产。不同的性质界定，意味着不同的处分人、得利人和保护人：即谁能处分这些财产、决定这些财产的使用并相应获利？如果不同意的话谁能有权对这些处分提出异议？当这些财产受到侵害时由谁来进行保护？

按照传统计划经济的理解，当然是将捐赠财产归于"公共财产"，从而用公共财产神圣不可侵犯的原则和思想来给以保护。但现在这点显然已不适宜，否则一旦捐赠财产造成了受益人意外伤害时，我们是不是还要按照"公共财产"的逻辑推演去动用国库来进行赔偿呢？如果答案是不可能的话，那么这种没有逻辑支撑的意识形态分类是没有太多意义的。

对应于"公共财产"思路的简单背反，捐赠财产一度被认定为"私人财产"。但如前所述，其来源与传统私法措施保护的基础并不相符，不来自于先占或劳动等自我付出后的对价所得，而是捐赠这种他人付出的无对价获得且须再转用于他人，那么这种取得和使用源头上的不一致，意味着一味按照"私人财产"的认定来强调财产权人意思的话，相应的制度设计只会措施越得力，效果越糟糕。

因此，现行法律自造新词，将捐赠财产解释成"社会公共财产"。[①] 但到底什么是"社会公共财产"？近年来随着我国人民法律意识的普遍觉醒、法律体系的逐渐健全，这点渐受诟病。根据 2007 年颁行的《物权法》，我国财产的基本权属关系类型包括国家所有权、集体所有权和私人所有权，私人所有权中则包括法人所有权和社会团体所有权。[②] 那么根据《物权法》确定的物权法定基本原理，"社会公共财产"显然就并非一种法定物权，无法获得《物权法》等财产法律赋予的对世性保护效力。按照法律适用的原则，《物权法》作为上位法和新法，效力高于《公益事业捐赠法》，《公益事业捐赠法》第 7 条也再无法律适用的效力。这样，在作为财产权利基

---

① 1999 年《公益事业捐赠法》第 7 条规定："公益性社会团体受赠的财产及其增值为社会公共财产，受国家法律保护，任何单位和个人不得侵占、挪用和损毁。"
② 《物权法》第 69 条：社会团体依法所有的不动产和动产，受法律保护。社会团体的财产可以有以下来源：成员的出资；成员缴纳的会费；国家拨付的资产和补助；接受捐赠的财产；社会团体积累的财产；等等。

本法的《物权法》中，我们找不到"社会公共财产"的对应类型，这里的"社会团体所有权"与"社会公共财产"定位之间如何接洽？所谓"社会公共财产"类型又如何保护？由谁保护？由谁承责？如果受赠财产由于管理不当或者其他违法违规违信的做法而出现损失时，公益性社会团体是不是责任主体？其承责范围及于什么期限？在缺乏具体民事技术和规则支撑的"社会公共财产"定位下，这些问题都是难以明确的，导致最基本的财产主体和请求权都得不到体现，捐赠财产就既不能有效地使用也不能获得充分的保护。因此，这个早期立法者制造出的非体系化术语，看似崇高、实则虚化，最后只能沦为一种没用的装饰，走向经济学经典告诉我们的"属于每个人的财产，是不受保护的财产"[1] 之必然趋势。

以上解构了对捐赠财产之定性的既有理解，解构的目的根本在于后续的建构，那么捐赠财产到底是一种什么类型的财产呢？在多元名义制（multititular）[2] 的英美法律体系中，允许有多个产权之根，不同的权利可以有不同的渊源，即使 A 有所有权，B 仍然有可能通达另一个根源而成为独立的权利。因此，捐赠财产的性质就是信托财产并且很容易理解和操作，因为信托人对其享有"自物权"，与此同时，委托人、受益人对它的产权也均系其各自对捐赠财产的"自物权"，由此，通过信托法在多方平等主体之间相互博弈，可以实现非常公正的调整结果。而在我们一元名义制（unititular）的大陆法系下，只承认一个产权之根，因而只允许有一个"自物权"，其余则都是源自"自物权"部分权能之让渡而形成的"他物权"，因而终将回归母体以维持所有权之完整，因此，他物权在性质上区分于所有权、在效力上弱于所有权。这一个"他"字，道尽了一切权利和所有权之间的地位差距和无限鸿沟，导致在平等地位前提下的私人主体自我博弈难以实现，对捐赠财产的信托财产定性由此也难以在我国适用。所以在法律调整上，就只能在尊重私法统一规定的基础上再行兼顾社会法的基本属性，重新予以均衡的安排。

---

[1] Lloyd R. Cohen, "The Public Trust Doctrine, An Economic Perspective," 29 *Cal. W. l. Rev.* 239, 265 (1992–1993).

[2] 参见 A. M. Honoré, Ownership, cited from *Oxford Essays in Jurisprudence*, edited by A. G. Guest, Clarendon Press, 1961, pp. 136–141. 相对而言，大陆法系一元名义制（unititular）理解下就只承认一个产权之根（root of title），各个权利都只能源此而出，即如果所有权属于 A，就不存在途径使 B 通达此根源。

第一，遵循私法原理，将捐赠财产的所有权、法定代理权赋予受赠人，从而使产权主体清晰化。对此，应区分三种不同的受赠人：a. 受赠人为自然人（主要是受益人）b. 依法取得法人资格的，由于其本身是独立的法律主体，均可赋予对捐赠财产的所有权；c. 受赠人还不具有法人资格的介质机构，比较法上的经典办法是适用（大陆法系）财团法人制度或（英美法系）信托制度，但在我国，这两者都没有充分建立起来，根基不稳、保护有限，所以可暂以法定代理方式赋权，在慈善法中直接规定该类机构为实体权利人和适格诉讼主体。

第二，要求这些所有权、法定代理人的处分应符合捐赠协议的约定目的，即通过捐赠人和受益人的信赖意思，在私人意思之间形成制约均衡。具体说来，当发现受赠人私分、侵占、挪用、损毁捐赠财产，或者有其他不当处分导致捐赠财产减损或者不符合慈善捐赠时约定的目的，捐赠人可以直接提起诉讼或向当地慈善事业主管部门进行举报。

第三，进一步辅以社会法上的措施和保护规定，通过委托公益诉讼等方式，赋予所有公民对捐赠财产使用的监督权和异议权，以私人所有和社会监督的博弈再次实现均衡，促进捐赠财产使用达到最优。对此，我国有些地方立法中已有所尝试，如《广州市募捐条例》第36条规定，"任何单位和个人发现募捐财产管理使用存在违法、违规情形的，可以向当地民政部门或者其他有关部门举报"。不过其手段还停留在行政管制的传统意识阶段，只是允许社会力量进行举报，而将一切实质责任委诸公权力职能部门，对于举报后的回应程序、处理结果是否公平等，就都没有下文了。而笔者以为，应发挥社会问题社会解决的社会法本质的作用，以法治为准绳，创新社会管理与国家治理方式，赋予所有社会主体发动诉讼的资格，并赋予其诉讼利益，给以诉讼激励。具体说来，当发现受赠人不当处分导致捐赠财产减损或者不符合慈善捐赠时约定的目的的，其他自然人、法人或者其他组织均具有资格向当地慈善事业主管部门提出举报，或以相关第三人身份委托公益组织提起诉讼。

以上对于捐赠人和第三人的举报，各地民政部门应当给以迅速、及时、公开、透明的回应，如设置举报电话、网站公告等。对于其提起的诉讼，无论是具直接诉讼资格的捐赠人，还是通过公益组织间接起诉的"其他自然人、法人或者其他组织"，均允许获得因诉讼而得的赔偿费用。这样虽然会（在理论上）产生滥讼的可能，但经济激励将带来的全民监督的主动性，应该说是一个现行制度中的相对选优。

4. 有形与无形财产捐赠的后续评估变现问题

如上所述，财产捐赠的标的可以是货币或实物等形式的有形捐赠，也可以是无形财产的捐赠，而根据不同财产形式的自然性质，会引发出一些后续的问题有待明确。

其中以货币方式进行捐赠简便、快捷，为广大受益人和受赠人最为欢迎。通常小额的现金就直接给予受益人或受赠慈善介质机构，大额的款项则主要以支票或银行转账的形式体现。近几年来，随着网络的高速发展和慈善项目的全球化运作，网上现金捐赠也日益普遍。其主要的问题就是相关税收如何抵扣计算，鼓励人们进行慈善捐赠。

实物捐赠则是将特定的财物直接或者间接给予受赠人或受益人。相对于货币捐赠，财物捐赠更加直接而富有针对性，因而在自然灾害、大型事故中比较常见，而大型的公司捐赠人出于自己的利益考量，既能起到广告效应又节省现金流，也更愿意采用实物形式进行捐赠。基于实物财产自身的自然性质，捐赠后就可能牵涉到产品质量、安装维护、评估变现等问题。所捐赠的财产是否具有同一般商品一样的可使用性，有没有以次充好？使用捐赠财产后引起的产品损害，是否需要进行赔偿？如果赔偿的话，依据是什么？如果捐赠的是专业器材，后续安装、保养等费用又由谁来承担？笔者以为，无论从传统规范法学中合同法的解释出发还是普遍联系的现代社会中人们相互信赖的法理出发，都可以认定捐赠人在作出捐赠财产承诺的同时，就承担了一个默示的（即当然隐含于承诺之中的）义务，保证其提供的捐赠物是符合基本的质量要求、不会对使用者或相关人造成不可预期的损害的。以此为据，确立捐赠人具有品质担保义务和瑕疵给付赔偿责任，详见下文"三、慈善捐赠法律关系的内容"中对捐赠人义务的分析。

现在世界各国特别是金融发达国家的实践中开始更多以无形财产来进行捐赠，如著名投资人巴菲特就是将其所持股票的 2/3 予以捐献。无形财产捐赠可以是股票、债券或其他有价证券及其增值利润，也可以是所谓"未来财产"——人身保险、退休保障金、遗产等一切在未来有稳定预期可获得的长期收入，甚至专利权、商标权以至技术秘密、技术支持等。通常来说，所捐赠的无形财产标的应该具有"可量化"和"较稳定"的特征，即其经济内容可以在数量上得到明确；价值在一段时期内也不会发生大的波动，特别是贬值的可能。与无形财产价值不确定的自然性质相联系，其捐赠后续问题中很重要的就是评估变现问题。

实物捐赠或无形捐赠为捐赠企业所乐意采用，但对接收者来说，却有很多物资可能是超过需要或不直接需要的，或者是难于储存运输的，或者是技术力量无法直接使用而需变现为金钱的，此时若能将其评估、变卖、变现，就能更好地实现捐赠的经济价值和道德价值，全面服务于捐赠目的。但这与捐赠人捐赠中直接表达的本意却未必相符，变现后的最终数额与捐赠协议价格也会有所出入，那么这样做是否可以？事实上，我国现有的慈善捐赠制度中，对这方面的规制是相当有限而滞后的，要么没有规定，要么只有原则性规定，如《长沙慈善会慈善款物捐赠和使用管理办法》第13条：捐赠人以无形资产捐赠的，应当经捐赠人和本会共同认可的合法评估机构确认其价值后，方可实施捐赠。但问题是，究竟哪些是合法评估机构？具体如何评估？认可根据是什么？评估程序是什么？这些却都没有进一步的规定。这样的所谓"评估"，若实施起来，既缺乏法律依据，又未必科学充分，结果很难得到捐赠人的信任，自然就会影响后续的捐赠。

笔者认为，根据社会有效性的法理以及我国《公益事业捐赠法》等的相关规定，应允许捐赠人有一定自由裁量权变现捐赠实物，但必须受一定的程序约束，这些程序设计在本质上体现的是对捐赠人意思的尊重。

第一，应该征得捐赠人的同意。变现捐赠财产意味着对此捐赠用途上的可能调整，涉及对捐赠财产的实际处分，需要捐赠人完全同意，因为依理依法"捐赠人都有权决定捐赠的数量、用途和方式"。[①] 因此，程序设计中首先应征得捐赠人的同意，其具体的方式既可以是事后的临时征询，也可以是在募集时将变现可能预先写入募捐计划方案中，并作出突出标示或提示捐赠人阅读复写，由此，捐赠人仍作出捐赠的，即视为其已经知晓并同意这一可能。变现所得的全部款项应优先用于捐赠人捐赠财产时设立的捐赠目的。

---

① 参见《公益事业捐赠法》第12条。

第二，变现的价格和程序要依据公开市场的规则，经法定程序评估和论证后形成合理价格卖出，并将价格情况及时告知受赠人。否则，如以极低价格卖出或定向优惠售予特定人群，就是在变相侵害捐赠人和受益人的权利，虽然在程序设计中不要求该价格的确定必须经过捐赠人的同意，但如后所述，后续程序中将就此价格的合适与否赋予捐赠人异议权。

第三，为变现须进行评估、拍卖、转让等手续，为此发生的费用不应过分偏离市场平均价格，可以在变现总值中冲减，或者征得捐赠人同意由其另行补偿。

第四，对变现的这一过程、手续费用的确定和具体数额、最后所得的分配情况等，都应作出明确公告和充分披露。

根据以上学理分析，笔者建议可对捐赠财产的评估和变现问题作如下法律规定。

捐赠实物或无形财产需要评估价值的，受赠人应在告知捐赠人后委托具有资质的专业评估机构进行评估。评估费用不应过分偏离市场均价，捐赠人不愿意另行支付的，可在捐赠价值中冲减。评估机构提交评估结果后五个工作日内，受赠人应将结果明确告知捐赠人，并获得捐赠人的认可，补充记录在双方的捐赠协议中。捐赠人不认可的，受赠人应遵照以上程序另行委托评估。如经过三次以上程序，捐赠人和受赠人之间仍不能达成一致，捐赠人可按法定程序撤销捐赠。

捐赠实物或无形财产需要变现的，在捐赠人同意后，受赠人可委托具有资质的专业拍卖、转让机构予以变现，还应以明确、合理的方式邀请捐赠人参加这一拍卖过程，捐赠人在参加过程中可对其中明显偏离市场价格的拍卖、转让价格提出异议。因拍卖、转让产生的手续费用不应过分偏离市场均价，可在捐赠价值中冲减。捐赠人主动表示不参加拍卖过程的，受赠人应在变现结果确定后 5 天内明确告知捐赠人，并获得捐赠人的同意。捐赠人提出价格明显偏离市场价格而不同意的，可按法定程序向受赠人撤销捐赠，收回拍卖后的现金，对因拍卖导致的不合理减损，以未尽职管理为诉讼理由要求受赠人补偿，但不能追及原捐赠财产，影响公开市场的流转安全。

以上系将实物捐赠和无形财产捐赠的评估、变现问题放在一起予以了初步统一研究。除此以为，我们还应注意到，全球化和科技化的浪潮将各个发展阶段的国家都裹挟其中，随着信息网络的急速发展和传播，社会的实践不会理会管理者观念上的滞后，不断涌现各种以无形财产为客体的新型捐赠，形式创新，呈加速度发展状态，如2009年百度无偿提供自己的搜索引擎服务给湖北秭归县的橙子做广告，迅速扩大了当地橙子的知名度，解决了秭归橙子的滞销问题和当地人群的年度温饱问题。[1] 那么这类创新活动，究竟应界定为百度捐赠了它的有形财产（搜索引擎）还是无形财产（搜索服务）？抑或仅仅是提供了劳务（让秭归做广告并上线搜索推荐）？与此对应的，将会是在我国当前各部门分头管理格局下完全不同的管理措施适用。事实上，将捐赠客体划分为有形财产和无形财产来分类认识的一个重要意义就在于，后者由于价值确定上的特殊性，需要设立专门的价格评估和后续监督机制，根据不同权利类型自身的特性，具体明晰其各自的权限内容和利益范围，以及捐赠人的权利担保程度。显然，在当前新技术革命推动的发展下，信息以及传播信息的媒介特别是网络等新媒体开始发挥出生产力的功用，那么在这个过程中，不同的捐赠客体界定，将带来报备、公告、税收、抵扣等公权力干预方面不同的管制规范。而不同的微观规范背后，指示着的是市场自治和政府管制间的宏观张力，在我国经过几十年发展走到今天所面临着的社会转型关键时期，只有发现并保持了这一张力的合理区间，才能建立起充分激发市场自身活力、打破行政利益垄断的现代慈善法律关系，实现民主法治向民生法治的成功过渡。换言之，社会主义法治等社会转型宏大目标的实现，其实就蕴含在各种微观法律关系设置的点点滴滴中，亟待我们通过对其中权利义务边界一点一点地厘清来对之作出推进。

三　慈善捐赠法律关系的内容

本部分首先分析慈善捐赠法律关系中一些共同的问题，然后分解其中

---

[1] 2009年，在金融危机市场环境不好的情况下，百度企业社会责任委员会为脐橙积压严重的湖北秭归县制作了专题页面，并利用百度庞大的流量资源免费推广秭归脐橙——与秭归脐橙相关的九大关键词在百度全流量广告和推广位全部上线。经过两个多月的推广，秭归的脐橙总体销量大幅上升，尽管2008年国内脐橙销售价格下降，但秭归果农的收入反而增加了。参见 http://it.sohu.com/20090213/n262222901.shtml，访问时间：2013年11月8日。

涉及的三种主体各自的权利义务进行详细研究。就其共同的问题来看，虽然在经济关系的表现上，慈善捐赠属于资产和权利等的单向度流动，捐赠人和受赠人、受益人之间为一种不求回报的单务关系，但从法律关系分类的基本标准来看，捐赠人是自愿以捐赠标的物的行为使受益人获益，故而捐赠人与受赠人、受益人之间，系抽象平等主体之间的财产关系，应属民事法律调整，在此基础上，结合现代社会发展的固有特定，进一步以社会法思维对其作出匡正。

为此：第一，捐赠应当是自愿的，捐赠人有权自主实施捐赠行为，自行决定捐赠的规模、方式和用途，通过协议约定其捐赠财产的使用方向、实施项目和受益人等。

事实上，赋予捐赠人自主权，本是捐赠作为私人行为的当然之意，在各国法律中大都隐而不彰，只是针对我国计划经济传统引发的强行摊派或者变相摊派等实践中经常出现的情况，笔者需要在研究中将其特别明确提及。其中强行摊派容易理解，在现代社会对人权尊重的大形势下，也在逐渐减少。那么变相摊派如何界定？如发生特定灾害后，一般体制内各单位、党派、系统都会有组织地捐款，这种捐款说起来是自愿的，但实际上大都已经根据不同职务确定了捐款数额下限，如有胆敢不捐者，不只会受到道德谴责、名誉影响，更会与其他体制内利益联结起来令其实际受损，所以无论当事人事实上是否愿意，都得捐款，还要注意不能过高或者过低，可以说，这就是一种变相的摊派。随着我国民非组织等设立限制的逐渐放开，慈善捐赠供给的渠道事实上在不断增多，有鉴于此，对传统经济运行中这种所谓"体制内"的社会财富调剂方式，建议逐渐取消。

在通过私法的贯彻强调捐赠人自主权的同时，也要注意慈善捐赠中蕴含的社会法性质，避免捐赠人滥用其财产，以慈善之名行避税之实，或借机转移财产、输送利益等，因而我们同时作出的法律规制中除了弘扬捐赠自主外，还要为捐赠人和受赠人分别设置禁止性的底线。如果捐赠协议内容中涉及捐赠人近亲属或将与其有利害关系的人或单位列为特定受益人的，慈善机构有权拒绝。同样，慈善机构也不得将与本机构及其工作人员有直接利益关系的单位或个人列为受益人。

第二，捐赠应当是无偿的，即捐赠人不得以捐赠名义索取回报。

不过在实践中，很多捐赠企业在捐赠时会要求仪式规模、新闻效果、领导出席等,间接对企业形象或产品品牌进行宣传,其实质可以认为是一种软广告、软回报。在现代商业社会下,对此可以有一定的理解,但如果以此为硬性对价,不予满足即不实际履行捐赠义务,则这样的行为是否还符合慈善的性质、是否还能享受捐赠的税收优惠,确实需要重新考量。

另外,还有些捐赠人在捐资修路、修建学校或完成其他工程项目的时候,会要求在项目命名上直接留名纪念。对此,过去我国教育部曾专门通知指出,工程项目名称原本是什么就还叫什么,如该是学校还是学校,该是医院还是医院,但可在工程项目体上另外留名或镌刻石碑说明捐献过程以作纪念,而不应是工程项目本身的名称,如2011清华大学惹人热议的"真维斯楼"等。近年来为鼓励捐赠,这点已有所突破,如近期《深圳经济特区慈善事业促进条例(征求意见修订稿)》规定,在捐建公益项目中达到一定捐赠额度的捐赠人,可以根据国家规定命名纪念和塑像纪念。

笔者认为,综合来看,慈善捐赠系以道德自愿为基础,但也是商业社会中竞争压力的一种侧面表现,故而捐赠的认定,不能生硬地撤除一切经济因素,但还是应以没有对产品进行广告、获得直接商业利益和财产回报为界限。

第三,捐赠应没有在先的义务,即捐赠双方之间通常应没有特定的利益关系或明显的伦理义务。

捐赠人对受益人应并不负有法定救助义务,如一般不应具有通过婚姻、血缘和法律拟制等方式产生的身份关系等。[①] 对此实践中也会有一些模糊地带,如两个好友事先约定当一方本人或其后代陷入贫困时,另一方应对其进行救助使其免于贫穷。再如某富翁以遗赠的方式捐设了一个慈善基金会,并在章程中规定,当其后代陷入贫困之时也可成为该慈善基金会的受益人。笔者认为,对于前者,可视为一种附条件的赠与,对于后者,则牵涉基金会和信托设定的法定界限问题,须在基金会的设定中通过章程等对其作出详细的规制,基金会的章程等都应依法对外作出充分的披露。

[①] 当然对此也有法理学者忽视法技术要求,特别主张应根据我国传统伦理国情,借助血缘和地缘关系发展慈善事业,如历史上范仲淹设立的"义田"和朱熹设立的"义仓"等为救助其族人而从事的慈善活动。参见朱苏力《当代中国慈善立法的三个具有战略意义的问题》,载《中国慈善立法国际研讨会论文集》,中国社会出版社,2007,第51页。这是一种社会法学研究者的进路,与私法学者传统上采取的逻辑法学进路的确有所冲突,对其弥合的方法和程度还有待中国实践的发展给以实证的支撑。

第四，捐赠中各方当事人彼此获知的信息，应注意保密。随着现代科技引领的大数据时代的到来，每个主体的隐私、个人信息保密等问题越来越引起人们的重视，特别是我国传统中还有不能露财冒富的思想。因此，在捐赠过程中，要注意对捐赠各方当事人私人信息特别是捐赠人财务信息的保密，打消人们"露财"的顾忌；同时还要注意对受益人个人信息的保密，尊重他们的人格尊严。在不违反法律规定的公开要求的前提下，对于捐赠人、受益人在慈善捐赠过程中明确提出要求保密的事项，受赠人不得向社会公开。

1. 捐赠人的权利和义务

按照传统私法对捐赠行为法律性质的主张，有一般民事赠与说、代理说、附条件赠与说、信托说等数种理解，在不同的理解下，捐赠人的权利义务是有所不同的。笔者在此法解释学的基础上，持私法与社会法相结合的思想，依法理提出：捐赠人对其自愿进行的捐赠，应具有"对象选择权"、"目的实现权"、"过程干预权"、"起诉权"、"知情权"以及"撤销权和拒绝履行权"等权利；对应的私法义务则相对付之阙如，此处应再额外考量慈善捐赠的社会性质，从社会法角度赋予捐赠人更强的义务，要求承担按约履行以及瑕疵给付的赔偿义务等。

在我国现有规范中，这些权利和义务，有的尚无规定，有的零散体现在法律层级不高的部门规范中，导致捐赠人大都并不明确自己拥有哪些权利、在纠纷背后究竟是什么样的权利受到了侵犯、可以通过哪些途径去获得补救。[①] 为此，以下将这些权利义务分列详述之。

分列详述中顺应社会发展的法律进化角度，以权利为重点来展开。因为只有法律关系中的每个微观主体积极行使自己的权利，才能在当事人的彼此博弈中将对促进法律关系实现的监督成本内部化，从而保持在总体可承担的成本下实现社会的自净功能。相反，如果扼杀每个微观主体的主观能动性，而一切委诸行政主管机关去监督、巡查、惩罚，如计划经济思维下带给人们的传统依赖——平常对社会公益甚至自己的权利都不管不问、

[①] 根据一项问卷调查显示，只有6.5%的人全部知道捐赠人具有"知情权"、"撤销权和拒绝履行权"、"请求募集人实现捐赠目的"的目的实现权、"请求募集人调整管理方法的权利"的过程干预权和"起诉权"，72.3%的人仅知道其中2项权利。参见朱文文《慈善捐赠人权利保障的调查报告》，《广东政法管理干部学院学报》2013年第1期。

而一出事情就指责政府监管不力，可以想见，随着我国对民非组织等成立限制的放松，慈善组织遍地开花，自发性地增长，对这不可胜数的众多组织的监督工作全部系于单一行政职能部门之一身，对其来说将成为不可能完成的任务。所以唯一的途径还是通过法治的方式，在法律规定中对每个当事人的权利义务作出良好的设定，通过微观权利义务界定后当事人之间的私人博弈，即可按照所欲的社会目的实现对捐赠关系的宏观调整。并在时间的进程中，逐渐改变传统计划经济运行方式带给人们的思维惯性，将我国的社会管理方式从管制推向法治。

（1）对象选择权

与捐赠自愿原则相联系，捐赠人首先应有权选择其受赠对象。

捐赠活动必须充分符合捐赠主体的意愿，其中不仅包括捐赠人是否实施捐赠、捐多捐少、捐赠何种标的以及如何实施捐赠的意愿，还应包括捐赠给谁的意愿，即捐赠人有权利选择其自愿给付的受赠对象。只有这一点得到了实现，才能真正实现捐赠自由，人们进行的捐赠才可能是真正的、完全发自内心的慈善事业。那种通过隐蔽规定——如在大型灾难中只有某特定慈善组织成员才能自由进出灾区，其余组织都被屏蔽在外——来曲线限制人们慈善捐赠时的选择自由的，都有悖于捐赠人的对象选择权，会在实质上扭曲人们的慈善愿望。

（2）目的实现权

捐赠人在作出捐赠后，所关注的核心就是其私人捐赠的目的是否达到、其让渡财物的社会价值能否实现。

对此，首先可通过私法上"附条件的赠与"法律关系来进行理解和规制，即（除前述按程序处分变现实物、无形财产捐赠外）捐赠人均有权要求受赠人按照捐赠协议或募捐计划方案的规定，来管理、处分捐赠款物，将其严格用于捐赠目的。对此私法关系进一步附加社会性理解的解释，其权利对象应加以扩大，除了可向赠与关系中直接对象——受赠人主张外，也可以对没有直接法律关系但有着直接社会关联的间接对象——受赠人主张。如2007年12月重庆就发生了一起捐赠人与受益人之间的纠纷。当地万州商人李富华得知自己资助的北大研究生段霖夏并没有完成学业，而是中途退学，拿着资助款去做了生意，李富华遂将该生诉至重庆市万州区人民法院，恳情返还 4 万元的资助款。① 法院审理后认定，李富华给段霖夏的捐赠已经形成附条件的赠与合同，段霖夏没有按此条件履行——用善款上学，导致该赠与合同无效，应当返还资助款。由此保证了捐赠目的的实现，保护了捐赠人的捐赠目的实现权。

（3）过程干预权

如上所述，捐赠人在作出捐赠后，所关注的核心就是其捐赠的目的是否达到，而对此的保证方法除了在事后发现目的没有达到时进行追索外，更重要的是在捐赠后的实施过程中，捐赠人须能随时了解到自己捐赠款物的相关信息，一旦发现捐赠目的确有不能实现之虞，就可及时干预、调整受赠人的所作所为。只有这样，捐赠人才能热情、积极地行使权利，而不是在滥用善款等行为发生后甚至是在被其他媒体曝光后，再来寻求事后补救。这种防患于未然的做法，比之事后费心费力的追索回复，显然是更经济也更有利于慈善捐赠的设计初衷的。特别是近年来大陆、台湾两地都开始频频发生公益悖论事件，如 2013 年 6 月，台湾东森电视台主持人俞娴利用其公众身份为其身患罕见病的女儿在网上发起"抢救润润，台湾人民动起来"劝募行动，募得善款新台币 1000 多万元。2015 年 7 月，江苏南京一中产家庭 4 岁女童小柯患罕见病脊索瘤，通过网络求助获得社会捐赠 648.43 万元，此后随意放弃已支付给台湾医学中心的 31.91 万美元治疗保证金，配备多名医护人员举家包机前往洛杉矶治病。台湾地区对俞娴事件的处理是由其"卫生与福利部"出面，指出不得为特定个人发起劝募，叫停"俞娴女儿润润募款"，并勒令将所募善款退还社会公众，为此引来募捐人等的一片骂声："你们还有心肝肺吗？"而大陆地区对小柯案则保持了公权力的缄默，任由这一个家庭募集 648 万元后任意、任性支配而无人能够干预，留下遍地的质疑和退钱的呼声。②

可以想见，慈善捐赠中的这种种不规范正在慢慢夺走人们残存的那些善心，当看到受益人的这种任性，还有谁会愿意捐款给未来的某个需要帮助的人呢？但公权力对此的出面却也难免随意干预之嫌，所以，与上条"目的实现权"相联系，还应赋予捐赠人以"过程干预权"，包括：对不符

---

① 重庆市万州区人民法院网：http://www.cqwzfy.gov.cn/Information/index.asp？classid=60，访问时间：2013 年 11 月 1 日。
② 参见才让多吉《获捐 600 多万后全家赴美的公益悖论》，《南方都市报》2015 年 7 月 4 日。

合捐赠协议或募集计划方案使用的捐赠款项，要求受赠人就此作出解释或调整捐赠财产的管理，发生了违反捐赠目的的事项时，要求受赠人追回款项，甚至是在受赠人违反捐赠目的或者管理、运用、处分捐赠资金有重大过失的时候，诉请法院解任受赠人或募集人等。

从我国现阶段的慈善相关法律法规来看，既有的规制显然还与此相距甚远，大陆法系传统下对立法理性的遵从，对司法理性的压制，更使得现实中面对这些规范的空白之处，捐赠人无法通过合理的推演提出其请求权基础，无法为这类过程干预权找到充分的法律依据，而充其量只能比拟委托代理关系来处理。此时，如果捐赠人与受赠人之间没有相关的特别约定，就很难有效地在捐赠过程中作出干预，监督受赠人对捐赠财产的管理。

（4）起诉权

法谚有云，没有救济就没有权利，当受赠人或受益人不依捐赠目的使用慈善捐赠时，就违反了捐赠人作出慈善捐赠时的意愿（will），于情于理，捐赠人此时都可提起诉讼通过法院要求其作出矫正，即捐赠人应具有这样的起诉权作为接续实体权利的程序权利。

这一点本无须专门指出，但由于我国长期以来重实体轻程序的法律文化影响、（在民不与官斗传统下）对大型慈善组织不当的体制内性质定位以及法治一直被压抑形变而导致人们内心缺乏对法治的信仰，在实践中出现诸多类似"郭美美事件"的时候，虽然不特定多数捐赠人的利益都受到了损害，捐赠人却不明白用什么手段来维护自身的权利，所以在此有必要对捐赠人可能具有的各种诉权具体办法作出专门的分析和列举。

在英美法系国家，对此问题的办法是以检察长作为公共利益的代言人，一旦发现捐赠财产受到内部人的侵害，即由检察长来履行诉权，代表公众和州政府提起诉讼，强制执行捐赠财产的公益目的。

我国继受大陆法系，没有英美法系中相应的检察长权限设置，意味着即使发现捐赠财产受到内部人侵害时，也只能由捐赠人个人去提起诉讼。但以一人之力去对抗现代商业资本社会运行下日益组织化的基金会等受赠人，很可能走向败诉、吃力不讨好，在这种诉讼经济思想主导下，捐赠人就很容易主动放弃诉权而选择"用脚走路"，此后再不捐赠，长此以往，不但使得受赠人在事实上失去监督为所欲为，更会导致弘扬慈善的社会改良目的根本落空。为此，笔者在现有法律资源下提出两种应对办法，第一，采用代表人诉讼的方式对慈善组织的不当行为提起诉讼。诉讼代表人必须是捐赠人群体中的一员，既可由捐赠人推选产生，也可由人民法院与已登记的捐赠人商定选出，代表人的诉讼行为对全体捐赠成员发生效力。第二，采用公益诉讼的办法。慈善捐赠行为来源人数众多而不确定，完全符合公益诉讼的特点，因此可以借鉴其他大陆法系国家公益诉讼的办法。遗憾的是，我国2012年最新修订的《民事诉讼法》虽然增加了公益诉讼内容，但规定的是"对……等损害社会公共利益的行为，法律规定的机关和有关组织可以向人民法院提起诉讼"，也即将"个人"排除出了公益诉讼主体，所以现阶段在我国，捐赠人还不能直接提起公益诉讼，但可以请求募集人或其他法定组织就相关纠纷提起公益诉讼。

(5) 知情权

党的十八大报告明确指出："保障人民知情权、参与权、表达权、监督权，是权力正确运行的重要保证。"以上所有权利有可能得到行使的前提，都是捐赠人对捐赠财产的使用、处分等具体情况有所了解，这样才能够判断自己的捐赠目的是否得到实现或有危险之虞，这就需要他们享有充分的"知情权"，依此赋予捐赠人了解慈善财产管理、使用和处分信息的具体办法，从而通过上述各权利的行使，与慈善组织间展开博弈对其进行监督和制约。

事实上，现代慈善业的基石就是相关信息对捐赠人的全面公开透明，从而有效遵从实现捐赠人的意志。为此，法律应明确规定，捐赠人有权获得充分、有效、准确、完整的信息，了解慈善捐赠财产的使用用途、使用过程、使用形式和情况等。特别是在募捐活动后，募捐人负有更加严格的信息披露义务，应确保捐赠人和社会公众能够快捷、方便地查阅或复制相关信息资料。如我国现行《基金会管理条例》第39条第1款规定：捐赠人有权向基金会查询捐赠财产的使用、管理情况，并提出意见和建议；对于捐赠人的查询，基金会应当及时如实答复。制定法中的这些强行性规范应规定入人大内司委正在紧锣密鼓地制定的《慈善事业法》中，作为捐赠人知情权的法定底线，此外，慈善法还应鼓励捐赠人与受赠人就捐赠行为的细节问题进行更多特别约定，如可查阅、抄录、复制特定账目，或受赠人须定期主动披露特定内容告知捐赠人等，从而更有效地保护捐赠人的合理预期及信赖。实践中这方面的案例已屡见不鲜，如2006年胡先生通过一募捐人的下属机构捐赠了人民币30万元并与之签订了"专项基金捐赠协议"。之后，他通过相关渠道向该募捐人查询捐赠财产的使用、管理情况，但始终没有得到如实的答复，因此他认为募捐人一定是违反了捐赠协议使用捐赠资金，才不愿如实相告，遂诉至丰台法院，请求撤销其本人的捐赠行为，解除双方的捐赠协议。在诉讼中，受赠人对此予以否认，并出具了前往受益人处派发捐赠款项的发票、机票、车票等充分的证据，法院经审理后驳回了胡先生的诉讼请求。[①] 该案的审理结果无须评价，只是需要反思：为什么在诉讼之前胡先生不能通过有效的渠道了解到其捐赠财产的使用情况？募捐人的信息披露如何才能够公开通畅？以上述《基金会管理条例》第39条为代表的法定"捐赠人知情权"如何落实于实践？

（6）撤销捐赠和拒绝履行权

慈善捐赠协议达成后，是否可以单方毁约解除协议？慈善财产是在协议达成后还是实际交付时发生所有权的转移？签订慈善协议后，捐赠人改变了主意，在没有实际交付慈善标的前，他能不能撤销之前的意思表示不再进行捐赠？或者有客观情况使其无法再履行捐赠协议时，他能不能拒绝履行？对这些问题，人们认识的法律态度分成几个阶段，沿着传统私法向现代社会法学的路径不断发生否定之否定的变迁，本文秉取当代社会法学立场，基本主张是捐赠人原则上不享有撤销权和拒绝履行权，但由于不可抗力无力履行或者受赠人或受益人故意不按照捐赠协议目的使用捐赠财产的，捐赠人可撤销尚未发生的捐赠内容，并采取相应措施消除系列影响。详见下文对"成立与撤销"问题的专门论述。

（7）给付义务

以上详细分析了捐赠人在作出捐赠后的主要权利，对应于此，捐赠人在慈善捐赠关系中也负有实在的义务，即在自主签订捐赠协议后实际履行、交付捐赠标的；如果该标的系非货币的有形实体或无形权利，应保证捐赠物的基本质量和权利有效，否则对由此造成的损害需承担一定的赔偿责任。

---

① 案例参见丰田法院网：http://ftqfy.chinacourt.org/public/detail.php?id=3733，访问时间：2013年11月1日。

从私人间关系来理解，捐赠是无对价的单向度关系，与买卖合同协议中的双向对等给付商事关系在基本性质（nature）上还是有所区别的，那么应否要求捐赠人承担类似商业买卖中的实际履行和瑕疵给付义务？笔者认为，从传统规范法学中合同法出发作出允诺默示的解释并进一步通过现代社会普遍联系的基本性质（nature）引申出的人们行为必然相互影响，因而必须保护他人信赖的社会法理，即可以合理认定：捐赠人作出的捐赠财产承诺，意味着其中默示地（即承诺之中当然隐含）保证了其捐赠财产后续将为受益人实际使用并发挥效用，而受赠人和受益人后续行动亦全部是基于此种信赖而发生，为此，在现代慈善捐赠法律关系中，完全可以要求捐赠人承担义务，保证其及时提供捐赠标的，且捐赠物符合基本的质量要求，不会对使用者或相关人造成不可预期的损害。具体包括以下四点。

①实际履行

捐赠人应按捐赠协议中约定的时间、地点、方式和质量，及时将捐赠物交付给受赠人或受益人，法律规定须经登记方发生物权移转效力的，应当及时办理移转登记手续。当然，这一义务在实际履行中还要考虑捐赠事实的单向性以及捐赠人的实际情况，有所保留，而与以上捐赠人的"撤销捐赠和拒绝履行"权利相缠绕，详见后文"成立与撤销"专题论述。

②品质担保和权利担保义务

对于捐赠该标的系非货币的有形实体或无形权利的，我们可借鉴国际货物贸易买卖中的两项通行义务——品质担保和权利担保，来描述捐赠人对所捐赠物的质量、特性或适用性应承担的责任。①

品质担保是捐赠人保证其捐赠物具有使用价值，符合基本的质量要求，不会对使用者或相关人造成不可预期的损害。这包括所交付的捐赠物依强行法底线，应符合国家规定的同类产品安全、卫生、环保等法定标准，可适用于同一规格物品的通常使用目的，捐赠批量产品的，应当提供产品质量检验证书或者相关证明材料；从约定标准上，应符合捐赠协议中

---

① 这是因为"品质担保"和"权利担保"是在国际货物贸易中交付方应承担的两项通行义务，来自《联合国国际货物销售合同公约》第35、41、42、43条的规定。一方面其强行力弱于一国政府制定的国内法，另一方面却有着来自国际商业通行惯例的市场约束，从长期来看更加有效，具有"软性"与"韧性"两个维度。笔者在此借用这些国际商事通行做法的概括而不是国内法中合同法上的传统术语，比照确定慈善捐赠人的给付义务限度。

明示或默示地告知捐赠方的任何特定目的。

权利担保是指捐赠人应对其所捐赠的财产享有合法的权利，保证没有侵犯任何第三人的权利，任何第三人都不会就该财产向受赠人或受益人主张任何权利。具体包括三个方面：a. 捐赠人保证对其捐赠物拥有所有权或有权转让其所有权；b. 捐赠人保证所捐赠物不存在任何未曾向受赠人透露的担保物权，如抵押权、留置权等；c. 捐赠人保证所捐赠物没有侵犯他人的知识产权。

③配套安装

如果捐赠标的系专业器材等需要后续安装，捐赠人除非与受赠人有明确例外规定，还应当承担费用提供安装、调试和操作培训等后续服务。因为慈善捐赠以帮助社会他人为目的，那么其所捐赠物一定是实际发挥了效用才能有助他人，故对需要后续安装才能使用的捐赠物，应可推知捐赠人捐赠的表示中包含有使其能够实际发挥效用的意思，故而应由其负责按照常规要求安装到位、操作培训，促其能够正常使用。如果慈善组织或者受益人有更高的安装和使用要求，则由他们自己承担相应费用，而不能额外要求捐赠人承担。

④瑕疵给付赔偿

如果捐赠人未充分履行品质和权利担保义务或配套安装不到位，而因捐赠物的产品质量导致了受赠人、受益人甚至其他人的损害，此时捐赠人是否要承担瑕疵给付责任、对受害人进行损害赔偿？对此，笔者同样是基于当代普遍联系的社会基本性质（nature）的变迁，依传统私法向现代社会法学的否定之否定逻辑发展，主张捐赠人原则上应对瑕疵给付作出赔偿，但可对此义务设置较高的主观要件作为责任阻却，维持慈善捐赠法律关系中捐赠人权利与义务的均衡。详见以下对"瑕疵给付责任"的专题论述。

（8）违反义务后的责任承担方式

捐赠协议签订后，捐赠人违反上述义务时，应当承担责任。毫无疑问，这是一种对约定的违反，应依违约责任予以承担，但慈善捐赠协议与一般民事合同又确有不同，具有无偿性等特征，故合同法上确定的一些违约责任承担方式如定金、违约金等，也应避免适用。为此，笔者认为，捐赠人承担违约责任的方式主要就是以下三种。

①继续履行：出于捐赠制度之目的，在任何时候，捐赠之继续履行都是必要的。如果捐赠人有能力继续履行，受赠人可以请求其继续履行，直至诉诸法律强制其履行。

②赔偿损失：如果捐赠人故意或者过失交付有重大缺陷的捐赠物造成受赠人损害的，应当赔偿受害人相应损失。详见下文"瑕疵给付责任"专题的探讨。

③采取其他补救措施：我国《合同法》规定的补救措施有返还财产、修理、重作、更换、退货、减少价款或者报酬等。其中可适用于捐赠协议的包括：另行交付无瑕疵之标的物；替代履行，可以是与标的物价值相当的金钱或者与原标的物价值相当性能相近的物品；其他能够救济违约后果的方法。

2. 受赠人的权利和义务

受赠人是慈善捐赠法律关系下接受捐赠的一方主体，在间接捐赠中更与受益人相分离。对应于对方主体——上述捐赠人的各项权利义务，具有相应的义务和权利。

（1）要求履行权

对应于上述慈善捐赠人的"给付义务①实际履行"，受赠人有权利要求捐赠人，将捐赠标的按捐赠协议约定的时间、地点、方式和质量进行交付。

遵循千百年来社会运行中自然形成的私法逻辑原理——财产归属依默示外观推断，虽然捐赠协议在承诺后就生效，但捐赠财产之物权变动成立时间仍以实际交付为标志。即捐赠财产在交付后方发生物权变动，而在承诺后、交付前，其所有权（或法定代理权）并不转移，故而受赠人只能依此前已生效的债权（来自捐赠协议的签订）要求履行。显然，该请求权所主张的是已生效债权，只能在受赠人和捐赠人间生效，而非物权，不具有对世性，不能对抗善意第三人。因此，考虑到慈善捐赠的社会性，促进捐赠人实际履行不能只依靠私法债权手段，还应在私法救济外再赋予受赠人必要的社会救济手段，笔者的建议是经过合理催告后可将捐赠人不履行捐赠协议的相关事实登报公示，或上报纳入国家统一征信体系。以此有效规制现在日益普遍的诈捐现象，助力受赠人和捐赠人之间博弈平衡。

（2）评估变卖权

对应于前述就"有形与无形财产捐赠中的后续评估变现"问题的详细研究，对于不易储存、运输和超过实际需要的受赠财产，受赠人可以在征得捐赠人同意后，依公开市场规则和价格，按照法定程序予以变卖，所取得的全部收入应当用于捐赠目的。对评估变卖的过程和结果，也应采取合理方式作出明确的公告。

（3）瑕疵给付损害赔偿权

对应于上述慈善捐赠人的"给付义务④瑕疵给付赔偿"，如果受赠人因捐赠物质量问题遭受了意想不到的损害，有权就其直接经济损失要求捐赠人承担瑕疵给付的损害赔偿责任。这包括捐赠物在受赠慈善组织处造成慈善组织人员及其他相关人员的损害，以及捐赠物归属受益人后造成损害受益人委托受赠人进行的追责。详见下文"瑕疵给付责任"专题的系统探讨。

（4）（间接捐赠中的受赠人）获得合理工作费用的权利

慈善组织及其工作人员是否能从慈善捐赠中获得一定比例费用，以完成慈善工作，包括慈善组织存在维续、工作人员基本收入、了解受益人需要、跟踪受益人后续使用情况等？这一点虽已成为比较法上各国慈善运行之惯例，但却为我国大多数人的捐赠心理所排斥。[①] 其成因除了郭美美之流事件中大量捐赠财产被曝光挪用、满足私欲的恶劣影响外，联系历史加以分析可知，这种心理主要还是来自我国近半个世纪社会发展实践中计划经济管理模式的留存。在国家包揽一切的统收统支计划思想下，慈善活动亦是出于公权力的安排，因而所需的一切费用——无论是用于慈善本身的还是用于慈善组织存在运行的——的来源皆在于政府（事实上即使到了今天，通过历史建立起来的大型慈善组织中的相当多数，还有着浓重的公权力背景，其重要管理者甚至是所谓"吃公家饭"的行政干部，享受行政待遇、拿行政工资、由政府任免）。随着市民社会的成长，人们在温饱需求满足后产生了更多社会性的需要，愿以向善之心慷慨解囊，但其有心救助

[①] 笔者汇总研究中两次随机发放的共1000份问卷，选择捐赠财产"愿意承担慈善组织运行费用"的只有1.1%，"愿意承担慈善组织合理运行费用"的只有6.4%，"愿意承担捐赠前明确的慈善组织运行费用"的有21.7%，"不愿意承担慈善组织运行费用"的有43.4%，剩下的问卷人对此项未予填写。

的是需要帮助的弱势群体而不是慈善组织的工作人员，若由他们以工作之名从人们的无私捐赠中分一杯羹，捐赠人是无法认可的。人们基于历史留存下来的惯性认识影响，理所当然地认定慈善组织的运行是有经济保证的，至于这经费到底何出，其实并没有认真地考虑，只是潜在地把一切隐形的负担和责任都推给了政府。

但如文首所述，如果我们排除前一历史阶段的干扰而回归到慈善事业的本性，它就是社会积累走入后资本主义时代后，由社会组织来主导促使社会财富由富有阶层向低收入阶层重新流动的社会分配层次补充。受此影响，现代慈善关系已成为一种专业化和组织化的非营利性社会事业——不同的个体通过捐赠行为，将本属于自己的财富转归于慈善组织等具有慈善目的的介质性机构来进行支配，专业从事各种社会服务公益事业。换言之，慈善，本就不是政府之包办而是市民社会私人自己之行动，在现代社会再假于社会组织之手更上一层楼，有效率地展开。因此，慈善组织的运行质量直接决定了慈善服务的社会效益，大型的募捐活动与捐赠财产的处分，一定会产生相当的成本支出；没有相应财力支撑的专业人才提供的专业化服务，全社会日益需要的高效慈善服务无法实现；排除社会组织的必要费用获得会导致它们无以立足，只会在事实上阻碍我国本就薄弱的民间社会走向发展壮大。

故此本文研究认为，在间接捐赠中，应明确赋予受赠人权利，将慈善组织的合理工作成本按程序从捐赠财产中支出。所谓工作成本，包括慈善组织工作人员的工资支出，以及其他为执行慈善活动的必要费用。其支出，第一，一般不得超过法定限额，具体比例与内容可由各个受赠人（募捐人）综合考虑捐赠财产处理、募捐方式、规模等因素予以确定，并在捐赠协议中约定或在募捐计划方案中公布，对此我们建议：①对一般捐赠，限制为捐款总额的20%；②对慈善募捐，由于公共性较强、数额可能也较大，限制为捐款总额的15%，采用义演、义赛等形式，考虑工作成本，最高不得超过募捐所得的20%；③针对个案情况，受赠人与捐赠人可以通过协商，降低或提高比例，但对超过20%的需附加详细的特别说明。第二，要符合社会组织的通用财务程序。第三，要做好充分的公示公告工作，遵守后文论述的披露义务。

（5）执行捐赠协议的义务

以上为受赠人的权利，与此相对应，他应履行善良管理人的义务，妥善管理捐赠物，严格依照捐赠协议将所接受捐赠财产用于慈善目的。如果进行了募捐，更应当严格按照募捐计划方案中的表述来管理、分配捐赠财产，并承担更高的披露义务，接受广泛的社会监督。

为此，当受赠人与捐赠人订立了捐赠协议后，应依照协议内容的自然性质做好必要的准备工作；反之，如果捐赠人不按照协议及时履行交付捐赠财产等，致使受赠人所做的这些准备工作落空，相应产生的费用或支出，可依信赖损失向捐赠人提出赔偿请求。捐赠人及时履行交付捐赠财产的，受赠人应当按照协议约定的用途来使用或管理这些财产，不得擅自改变捐赠财产的用途，否则捐赠人有权撤销捐赠、追溯财产，并要求相应赔偿，如果根据实际情况确需改变用途的，应当采用书面的方式明确征得捐赠人的同意。

此外，自然人受益人以外的慈善组织还应当建立健全符合制定法或行业传统的财务会计制度，包括针对捐赠财产不同的自然性质设立财务建制，对非货币财产建立表册、清晰登记其交付时间、评估价格、变现办法、折抵数额，以及设立专门账户、专款专用等。

（6）（主要限于间接捐赠中的受赠人的）披露义务

美国卡耐基基金会前主席卢塞尔说过："慈善事业要有玻璃做的口袋。"只有阳光下的慈善才能获得大众的信任。传统上，我国是借助行政力量实现对慈善组织的监管，为此，要求（早期由政府出资形成的大型）慈善组织每年度向政府主管部门报告受赠财产使用、管理情况，政府也对它们进行财务审计等，予以外部监督。但可以想见，随着我国十八大后简政放权、社会管控体系的重大转变，慈善组织的自发性增长，把对这遍地开花之众多组织的监督职责全部赋予单一的行政职能部门，由其有限的人力逐一进行事后检查，注定是不可能实现的任务。所以唯一的途径还是由管制走向法治，通过法律事先规定慈善组织的充分披露义务，来实现社会监督，并通过透明度的竞争来争取社会信任，获得捐赠人和捐赠财产的增长，随着这种方式不断转变下时间进程的累积，也就能带来我国国家管理模式管制到法治的渐变。具体包括以下四点内容。

①开具发票。受赠人接受捐赠后，应当主动向捐赠人出具合法、有效、标记清楚的发票或收据。除向自然人捐赠或者单位和社区内部为帮助

特定对象的募捐行为外，受赠人均有义务提供捐赠专用发票，发票背面应载明慈善机构（募捐）资格证号、捐款专用账户号、捐赠人姓名或名称、捐赠金额或物品、捐赠日期。相应地，捐赠人在捐赠后有权获得这样的发票，当受赠人不主动提供时，捐赠人有充分的主张权利。对于捐赠人主动放弃或公共场所放置固定捐赠箱而无法直接索要发票的情况，受赠人应主动开具发票或收据留存。所有发票和收据在受赠人处存档保存时间不得少于10年。

②答复查询。对应于上述捐赠人的知情权，当捐赠人查询捐赠财产的使用、管理情况的，受赠人应当给予及时、如实的答复。所谓及时，意指能够在捐赠人查询时即时答复的，应即时答复，不能即时答复的，后续答复时间也不应超过法定工作日时限或基于当时情况可判断出的不合理拖延。

③建设工程汇报。如果捐赠内容涉及工程建设，建设项目竣工后，受赠人应当将工程招标、建设资金的使用和工程质量验收情况在其网站上充分公示，同时额外向捐赠人作清晰通报。

④主动公开。除以上必须公开的法定内容外，受赠人应当依托现代网络科技的发展，通过自身网站充分公开其接受捐赠的情况、受赠财产（包括评估变现等）的使用管理情况、慈善组织的组成和工作费用支出明细以及剩余财产的处分等，接受社会的监督。公开的内容应符合通常财务会计标准，具有适于一般人的可读性。

3. 受益人的权利和义务

作为单向度慈善关系中的受动者，通常而言受益人的义务比较有限，除了对应于捐赠人"目的实现权"、"过程执行权"的"执行捐赠协议义务"外，既有规范中大多没有规定，仅2013年5月青海省《关于进一步支持慈善事业发展的指导意见》中提出，"要倡导捐赠受益人按照合理、节约的原则，依照有关要求使用募捐财产。资助目的已经实现仍有剩余财产的，受赠人或其监护人应及时退还募捐组织。引导捐赠受益人树立感恩意识，以参与志愿服务或在有能力时积极回报社会"。这样的用语显然还仅是倡导性的引导性规范，与确定了实体义务的行为规范尚有一定距离，但其代表着现在社会以道德性诚信义务对个人本位的自由主义理解进行冲击的法律发展趋势，要求受益人在承受社会慈善的普惠时也有所自我约束。

至于受益人的权利,因为慈善捐赠的目的就是使受益人得到帮助,那么作为最终受益者,受益人当然应有权请求捐赠人以及受赠人实际给付,或请求国家权力督促二者诚信履行,实现捐赠的目的,为此,笔者认为可概括赋予其"受益权"。

这一"受益权"在内容上有一些与捐赠人的重合,如受益人同样应享有"过程干预权"、"起诉权"、"知情权",可比照上述捐赠人部分的详细论述进行理解;还有一些与受赠人的重合,如受益人同样应具有慈善捐赠"要求履行权"、"瑕疵给付损害赔偿权",可比照上述受赠人部分的详细论述进行理解(事实上,广义受赠人中本就是包括受益人的)。

总体来说,受益人在此享有的是一种债权性的请求权,而非对捐赠财产的物权性请求权,换言之,其不能直接主张占有和处分捐赠物,在间接捐赠物为特定物的情况下,这一点尤其具有实际意义。另外,受益权虽不完全是现实发生的权利,但应具有可信赖性,如就学困难的学生或者生活贫困、遭遇重病的家庭等向慈善组织申请救助,一旦获得批准后,即产生相应的受益预期。如果受益人就此作了必要的准备导致信赖损失或因合理预期落空产生的机会损害,可以收益权作为请求权基础,按照信赖意思原理主张损害赔偿。当然,其信赖损失以不超过捐赠人或慈善组织的合理预期范围为限,从而在两者间保持权利义务的平衡。

将受益权认定为债权性请求权而非物权性支配权的一个后续关联问题是,它是否可以继承?在实践中这已经引起了多种纠纷,如患重大疾病的受益人不治身亡,但其子也患有类似疾病,能否继续使用捐赠财物?或者其兄弟姐妹也患有类似疾病,原受益人家长能否决定将剩余财产直接转用?对此笔者认为,受益权不是自然权利,不能自动发生继承。即从契约原理上来看,受益人是由捐赠人捐赠时(或募捐人募集款项时)指定的,二者构成特定的债权债务关系,因此,该债权性受益请求权仅发生于受益人自己身上,而不能流转(包括转移和继承)给其他的人。若将捐赠财产转为其他人所用,意味着单方面改变了捐赠目的,捐赠行为便不再具有约束力,受益权也不再发生。从财产原理上来看,捐赠财产的取得与私法中个人所有财产的来源是不同的,后者来源于先占和劳动等自我付出后的对价所得,在这样的基础上就允许其自由处分(包括交给后人继承),而捐赠财产的来源是捐赠这种他人付出，受益人个人没有承担任何对价，因而不允许其再自由处分转给他的后人。因此，受益人擅自转让受益权或让其继承人继承，都是与慈善捐赠本身的目的相悖的，不应支持。

（本文为作者首发）

论慈善事业的民间性与法治化

邓 丽[*]

在社会问题多发、公民责任兴起的社会背景下，慈善的力量愈益引人注目。从慈善思想和慈善实践的发展历程来看，民间慈善传统孕育和滋养了现代慈善事业，而法律制度建设则使之获得实质性的飞跃和提升。目前我国慈善事业正处于法治化进程的重大历史时刻，慈善事业法于2013年10月被列入第十二届全国人大常委会立法规划中"条件比较成熟、任期内拟提请审议的法律草案"项目。当此之际，正确认识和发扬慈善事业的民间救助属性与科学定位当前慈善事业立法目标，是事关全局且互相关联的重要命题。

历史上，慈善思想和慈善实践的发展是文化传承和文化交汇的过程，充分体现出民间性是慈善事业固有的内在属性。就我国传统慈善事业而言，其思想渊源传承自诸子百家及道家佛教的道德宣扬，儒家讲"仁爱"、墨家讲"兼爱"、道家讲"积德"、佛教讲"慈悲"，虽表述不同却义理相近，都蕴含着救人济世、造福民众以及人道理念和道德准则，促成民间恤孤养老、救济贫弱、安抚流民、施棺助葬等诸多义举。在这些传统慈善思想的影响下，由朝廷有识之士和民间开明人士主持或襄助的慈善活动肇始于先秦时期，于两汉魏晋南北朝时期初次勃兴，隋唐宋金元时期得到长足发展，终至明清时期达到鼎盛。[①] 封建社会末期至民国以后，西方教会势力开始在华兴办慈善机构，我国传统慈善事业在内外交困之下逐渐开始转

---

[*] 邓丽，法学博士，中国社会科学院法学研究所社会法研究室副研究员，主要研究方向为家事法、社会保护法。
[①] 周秋光：《中国古代慈善事业的发展》，《中国减灾》2008年第8期。

型：具有号召力和影响力的慈善团体日渐增多，募资方式也日渐新颖，义演募捐、彩票募捐、报业参与等新的方式迭出，成为国人在民族困厄之时守望相助的重要通道。中华人民共和国成立以后，我国慈善事业在1949—1954年经历了调整与改造，1954—1984年间受整体社会形势的影响进入衰微与停滞时期，直到1984年以后才又重新复兴与发展。① 此时，中国慈善事业已非完全传承固有机制，更多的是借鉴西方慈善机制走向制度化、规模化和现代化。

从西方慈善事业的发展历程来看，多种文化的交汇和影响使得慈善思想和慈善实践在不同时期有不同的表现形式：在古希腊古罗马时期，亚里士多德、西塞罗等哲学家关于"富人责任"的论见②使得富人行善的模式主要是为公共事业和公共福利慷慨捐资，如备办贡品、修造庙宇及其他公共设施等。在中世纪，宗教文化宣扬的博爱精神与自我救赎理论使为数众多的教徒将救助穷人视为己身之责任，以践行宗教责任的方式行善济世。到文艺复兴时期，慈善理论在新文化的启蒙下逐渐挣脱了宗教的束缚，开始以现实主义的眼光设定慈善事业的目标，即缓解和改善民生疾苦。19世纪末20世纪初，西方某些国家贫富分化进一步加剧（尤以美国社会为代表），新的财富代表在慈善传统和社会政策的推动下，作为区别于教会和政府的另一种力量——民众——越来越多地参与到慈善事业中来。在这种社会经济文化条件下，现代慈善事业开始形成。

一 现代慈善事业的形成、概念与特点

（一）现代慈善事业的形成

19世纪末20世纪初，西方社会已进入高度发达的现代化时期，经济

---

① 周秋光、曾桂林：《中国慈善简史》，人民出版社，2006，第362页。
② 亚里士多德认为，为公共事业捐赠是慷慨之人正确而明智的消费，也是富人所享有的一种令人羡慕的消费方式。参见亚里士多德《尼各马科伦理学》，苗力田译，中国人民大学出版社，2003，第74—75页。西塞罗则认为，慈善是人们在社会生活中应当履行的道德责任，捐资于公共设施比施惠于个人更值得鼓励和褒扬，因为前者能够给民众带来更加长久的利益和好处。参见西塞罗《西塞罗三论》，徐奕春译，商务印书馆，1998，第113、114页。

飞速发展的同时慈善意识也日益普及,在多元实践的探索与尝试下,慈善思想和慈善实践发生了很大的变化,主要表现在如下几个方面。

1. 社会责任意识成为主要的慈善动因

推动财富新贵发展慈善事业的动力多在于社会责任感和使命感,他们对于各自慈善事业方向的选择都基于其对社会问题的关注和思考,而且他们在运营慈善事业时一如他们在商业事务中注重效率。如钢铁大王卡耐基后半生献身于兴办教育、建立公共图书馆等慈善事业,并于1889年发表《财富的福音》(The Gospel of Wealth)全面阐述了他的慈善思想,认为财产所有者有道德义务把"剩余财富"以效率最高的方式回馈社会,起到激励受惠者自助的效果。同时期的石油大王洛克菲勒亦是大慈善家,他除了兴办教育之外,还着力推动医学研究事业。

2. 慈善实践走向组织化、国际化

第二次世界大战期间直到战后初期,为了平复和修复战争给社会和民众带来的创伤和苦痛,乐施会、宣明会等致力于慈善救助、危机救援的组织应运而生。二战以后,为了有效地解决人口、环境等很多具有全球意义的社会问题,很多慈善组织将视野投向发展中国家的开发援助、扶贫救济、灾害救援等,跨国界的、国际化的慈善事业获得了长足发展。[①] 这种慈善事业模式在后世的财富拥有者中得以延续和发展,如当今世界首富比尔·盖茨从其骄人的IT产业中抽身而出,携夫人梅琳达·盖茨全身心投入慈善基金会的具体运营,以确保面向全球的慈善项目能够高效、顺畅推进。

3. 慈善事业的发展愈来愈倚重制度支持体系

现代慈善事业从分散而脆弱的行善模式逐渐走向规模化和制度化,终于形成完备的事业机制,并非全靠富豪的仁心善意,更为重要和更具本质性的推动力量来自社会制度的保障和促进。

(1)从微观机制上来说,慈善基金会的组织形式为慈善事业提供了长效机制,这种财团法人的性质使得慈善基金能够在规范高效的管理中实现保值增值形成源源不断的慈善资源,而且它还使得这种慈善资源能够超越

[①] 麦肯锡公司:《发展中的中国慈善事业》,载民政部政策法规司编《中国慈善立法课题研究报告选编》,中国社会出版社,2009,第9页。

人事更替的限制持续存在并发挥效用。

（2）从宏观机制上来说，慈善法律体制开始形成，这主要体现在三个方面，即对慈善基金会组织架构和募资活动的监管、对慈善事业实行税收优惠政策以及通过立法活动规范和引导慈善事业。最早针对慈善事业的专门性立法，是1601年英国议会出台的《济贫法》，此后伊丽莎白女王也颁布了《英格兰慈善用途法规》。[1] 这些立法文件对慈善事业进行了初步的规范和监督，推动现代慈善事业走上法治化的轨道。

（二）现代慈善事业的概念与特点

关于现代慈善事业的概念和特点，可以从不同的角度进行归纳和概括。有学者认为，慈善事业作为一项有着实质内容的道德事业和现代社会保障体系中的必要组成部分，是指建立在社会捐献经济基础之上的民营社会性救助行为，是一种混合型社会分配方式。[2] 也有学者指出，现代慈善具有如下特征：其一，以人本价值为伦理基石；其二，动机多元化；其三，自愿性或自发性；其四，具有专业化的团队；其五，科学、有计划的救助。[3]

笔者认为，现代慈善事业与传统慈善事业的根本分野在于：慈善动因从偏重个人修为转向注重社会需求，慈善实践从自发性的个人选择转向制度化的团队行动。这种发展和演变是以更加先进和开放的慈善理念为指导，以更加完备而高效的实践机制为保障的。概括来说，现代慈善事业是以现代慈善理念为先导，以科学慈善制度为保障，旨在增加社会福利、增强社会保障的民间救助事业，具有规模化、组织化、系统化的特点。具体析论如下。

---

[1] 史竞艳：《现代慈善的起源、发展及特征》，《思想战线》2012年第3期。

[2] 这里所谓混合型社会分配方式，是从慈善事业的经费渠道来进行归纳的：慈善事业的经费来源于三大渠道，其一为企业或各种经济实体的捐献，通常计入捐献者的生产经营成本，属于社会产品的初次分配范畴；其二为政府财政对慈善事业的拨款或援助，通常纳入财政预算，属于社会产品的再分配范畴；其三是社会成员的个人捐献，属于社会产品的第三次分配。所以说慈善事业是一种混合型的社会分配方式。参见郑功成《现代慈善事业及其在中国的发展》，《构建和谐社会——郑功成教授演讲录》，人民出版社，2005，448页。

[3] 史竞艳：《现代慈善的起源、发展及特征》，《思想战线》2012年第3期。

1. 以现代慈善理念为驱动的慈善事业与历史上那些以自我道德修持或个体功利追求（无论是积德还是赎罪）为驱动的慈善活动具有本质性的不同

所谓慈善理念，是指激发利他意愿的慈善文化传统与先进的社会价值观相结合而形成的指导并推动慈善事业发展的根本性理念，包括人本理念、人权观念、社会责任感、公益意识等。现代慈善理念认为接受慈善救助是社会成员的权利，也是施助者对社会所负有的道德义务，因此慈善事业应围绕受助者的利益需求而展开。受助者的利益需求，以其所处特殊境况决定的特殊需求为首要考虑要素，但同时也包括受助者作为社会成员、国家公民所享有的基本权益，比如人格独立、人格尊严等。

2. 以科学慈善制度为保障，有助于现代慈善事业实现规模化、组织化、系统化运作

慈善制度是指以法律制度为主体，旨在促进、规范慈善事业的社会制度体系，包括慈善目的范围、慈善组织的准入与规制、慈善捐赠法律关系、慈善基金与慈善信托制度、慈善事业税收优惠政策及其他慈善事业促进措施等。慈善制度的建设和完善能够带来稳定的长效机制，从而实现现代慈善事业的规模化、组织化、系统化运作：规模化是指参与主体数量众多，参与领域广泛普及；组织化是指参与主体普遍联合成为组织体，采取一致行动或者普遍通过组织体完成慈善目标或构想；系统化是指慈善活动的开展呈现出关联的、有机的状态，互相结合互相呼应，共同达致理想的社会效果。

3. 现代慈善事业应明确定位为民间救助事业

政府责任和民间慈善之间的界分是政治国家与市民社会两者关系的具体表现。就法理而言，政府已经通过税收获得大量公共资源以从事公共事业，没有依据也没有理由再以慈善为名获取公共资源。明智的政府在慈善领域应该扮演监管者和培育者的角色。[1] 而慈善事业本质上是民间社会基于人道主义精神、道德追求或者社会责任感、公益意识等开展的善行义举，有其自身的规律和特点。慈善的主体是民间力量，区别于政府机构。慈善奉行自愿原则，不能采取强制措施和义务导向。

---

[1] 金锦萍：《慈善法：以慈行善之法》，《检察日报》2011年10月14日。

二 民间性是现代慈善持续发展的活水源泉

(一) 正确认识慈善事业的民间性

如果对社会保障体系作广义解，慈善事业可说是社会保障体系中不可或缺的组成部分，它与政府提供的社会保险、社会救助和社会福利具有一定的同质性。它们都是在市场分配之外对社会财富或资源进行再分配，从而抵消或减弱社会分化、社会竞争所产生的不良影响。它们所关注的救助对象也有一定的重合，失业者、弱势群体和各种天灾人祸的受害者既可以从政府救助行为中获益，也可能成为慈善事业的救助对象。它们在社会功能上更是高度一致，对于缩小贫富差距、促进社会公平、维护社会稳定、加强社会的建设和管理、提高社会和谐程度等都有重要意义。① 但我们也必须明确，慈善事业与社会保险、社会救助和社会福利的发展模式和发展理念存在重大差异。社会保险、社会救助和社会福利制度是刚性的社会保障制度，属于政府责任的范畴，而慈善事业则是民间社会发展起来的弹性保障体系，完全以自愿为前提。

慈善事业的民间性是由如下几个方面决定的。(1) 慈善事业的内在驱动力来自民间社会在漫长的历史发展中传承积累的慈善思想和慈善文化，具有鲜明的民族性和文化性。这些思想和文化促使并推动社会成员对慈善事业产生认同感进而积极参与其中，共同致力于慈善事业的发扬光大。(2) 慈善事业的参与主体是区别于政府机构的民间组织和民间力量。不论是传统的个人行善还是现代的团体慈善，其发起主体和中坚力量都是去政府化的社会成员，否则便不是慈善救助而是政府赈济了。(3) 慈善行为和慈善活动具有自愿性和无偿性，无须且排斥强力干预。参与慈善事业的有关主体不以营利为目的，完全基于其自身意愿、自主意思向他人捐助财物或为他人提供服务、便利和帮助等，具有鲜明的自愿性和无偿性。所以慈善行为或慈善活动绝不能强迫或摊派，否则便违背了慈善的本义和精神。

明确慈善事业的民间性，对于建构我国慈善制度、培育慈善文化和慈

---

① 徐麟主编《中国慈善事业发展研究》，中国社会出版社，2005，第100、101页。

善生态具有指导性意义，既要防止片面强调慈善的道德性而低估民间慈善事业的能量与活力，也要防止片面强调慈善的产业化而忽视其道德性和自愿性的本质特征。诚然，作为第三次分配方式的慈善事业是人们自觉自愿的一种捐赠，是一种爱心的奉献，[①] 但其效应并非不能量化。实际上，慈善事业的发展水平是可以通过慈善组织的数量、慈善捐赠占 GDP 比例、成年人志愿者参与率等数据来衡量和评估的，比如中民慈善捐助信息中心每年发布的慈善捐助报告正是运用各种数据指标对慈善捐助进行量化的努力和尝试。但在扶持和鼓励慈善事业产业化发展并将其视为新的专业化社会分工的同时，[②] 也不能刻意回避和忽略慈善事业的道德底色。因为慈善事业的本质特征正在于其鲜明的道德性和自愿性，这是发展慈善事业、制定慈善制度时必须考量的基本前提。

（二） 明确慈善事业民间性要求厘清政慈关系

针对我国慈善事业发展现状，建立现代慈善制度首要的问题是厘清政府机构与慈善组织、政府职责与慈善事业的关系。

政府与慈善之间的关系乃国家与社会关系的缩影。中华人民共和国成立以来，政府与慈善组织之间的关系大致经历了两个时期：前一时期政府权力承担慈善功能，直接控制慈善组织的运作，后一时期政府在权力上对慈善组织具有支配和控制力，而慈善组织在功能上对政府职能具有协作意义。无论是哪一阶段，都不同于西方国家的合作伙伴模式，更不同于西方国家的自治模式。从我国国情来看，理想的国家与社会良性互动格局是"国家在社会中"的社会主义市民社会状态。[③] 在此愿景之下，政府主导的强制性制度变迁具有一定的合理性，但同时也要尽快转型，为慈善事业发展提供产权界定、意识形态的支撑、立法与执法层面的监管等公共服务。而慈善组织自身的变革也会带来更多的发展空间，在制度安排上主要体现为证明其公信力、获得自主性和提高组织效率。

---

① 赵顺盘：《慈善：亟待厘清的几个问题》，《中国民政》2006 年第 2 期。
② 宋伟、孙明妹：《慈善立法如何走出"停滞"困局——访全国人大常委会委员、全国人大内务司法委员会委员郑功成》，《人民日报》2011 年 9 月 7 日。
③ 谢志平：《关系、限度、制度：转型中国的政府与慈善组织》，博士学位论文，复旦大学，2007，第 4、5 页。

转变政府职能、推进慈善组织发展，需要确立相应的制度规则。具体来说，政府要将慈善事业的发展纳入经济社会发展的总体规划，要对慈善组织的注册门槛和募资权限等进行明确和规范，要通过切实可行的税收减免政策吸引更多社会资金投向慈善领域，通过公开透明的招投标程序购买社会服务来充实慈善资源，要建立高效可靠的慈善事业信息发布平台，提高慈善需求与慈善供给的匹配度，要通过多种渠道、多种方式褒扬慈善义举、宣传慈善文化、培育慈善意识。这些都需要获得法律法规的授权或者通过法律法规及其他规范性文件组织实施。

有法可依、有章可循对于慈善组织的规范发展和慈善活动的有序开展更是无比重要。慈善组织需要依照相关法律法规的具体规定进行创设并完成注册，合法进入慈善行业。要顺利地维持慈善组织正常运转并获得一定的公信力，就需要依照有关规定建立科学的治理结构并承担信息披露义务，接受来自政府、公众和行业的多方监管。要开展慈善活动，就要通过法律法规或者行政审批的授权获得相应募资权限，然后按照有关规定收集慈善资源进而通过一定的工作机制将这些资源传递给受助群体。所以慈善组织自身的主体地位和治理结构，慈善活动的原则和规则都要通过法律制度来加以明确。

在法治国家里，这些制度诉求最终都会指往一个方向，即慈善事业立法。

三 法治化是现代慈善健康发展的坚实保障

（一）我国慈善事业法制现状

对我国慈善事业法制现状进行梳理与分析，是为了明确慈善事业法的现实立法基础及努力方向。改革开放以后，我国慈善事业在新的起点、新的轨道上获得了较大的发展，但慈善法制建设还停留在就事论事、分割而治的阶段，缺乏统一规划和统筹安排。

从法律位阶上来看，自宪法而下涉及慈善事业的法律主要是《公益事业捐赠法》、《民办教育促进法》、《红十字会法》等特别法，这些法律都是针对慈善领域特殊问题进行调整和规范，不能担当慈善基本法之大任。

接下来有国务院颁布的《基金会管理条例》、《社会团体登记管理条例》、《民办非企业单位登记管理暂行条例》等行政法规,主要是针对慈善组织进行行政管理,而且偏重于原则性规范,不能全面覆盖慈善组织的治理结构、信息披露以及监管制约等诸多问题。

然后是民政部、财政部、国家税务总局、海关总署等发布的部门规章,主要是针对捐赠行为及其税收减免等问题进行规范,比如《救灾捐赠管理暂行办法》、《扶贫、慈善性捐赠物资免征进口税收暂行办法》等。

近年来,各地也纷纷根据当地的社会经济条件和慈善事业发展水平制定地方性法规,比如《江苏省慈善事业促进条例》、《宁波市慈善事业促进条例》、《广州市募捐条例》、《上海市募捐条例》等,都是很好的尝试和探索。

这些不同层次的法律文件汇集在一起,形成了初见规模的慈善法律体系,对慈善事业发展中面临的一些迫切问题进行了回应,但是很显然,现有的慈善立法还存在很多方面的问题。

其一,效力体系不均衡,宪法之下没有基本法来衔接特别法和行政法规等,导致法律文件的效力呈现出极大的跳跃性。

其二,逻辑体系不周延,由于缺乏基本法的统筹安排,不同法律文件各自为政导致有些交叉领域出现法律冲突,比如《民办教育促进法》中"合理回报"的规定与《民办非企业单位登记管理暂行条例》中的相关规定不尽一致,"受赠人"在《公益事业捐赠法》和《扶贫、慈善性捐赠物资免征进口税收的暂行办法》中的界定也不统一。

其三,制度体系不完整,存在很多方面的法律空白,比如慈善组织的主体资格、基本权利义务、财产问题、治理结构等方面缺乏相关规范,再如募捐的主体、募捐的事由、募捐的程序、募捐的监督管理和募捐财物的使用等没有统一的、系统的法律规则,至于志愿服务、慈善信托等更是缺乏制度规范。

其四,价值体系不明确,比如慈善事业的民间性不突出,慈善组织的双重管理制度使得准入门槛过高,不能彰显鼓励扶持慈善事业的价值目标,同时粗放的内部治理制度和宽松的外部监管制度又使得慈善组织出现效率低下、公信度欠佳的问题,不利于慈善组织的长远发展,而且法律法规中所规定的税收优惠政策也缺乏相应的配套措施予以落实,导致法律效果大打折扣。

由于存在这些不足，我国慈善法律体系亟待梳理、整合和充实，而制定慈善事业法无疑是担当这一立法任务的大好契机。

(二) 当前慈善事业立法的基本定位

2013年10月，慈善事业法被列入第十二届全国人大常委会立法规划中"条件比较成熟、任期内拟提请审议的法律草案"项目，立法进度骤然加快。制定一部体现并促进现代慈善事业发展的慈善事业主干法和综合法，以相关单行法规为辅助，即可形成高效的慈善事业相对集中的立法模式，从而推动我国慈善事业更快更好发展。

1. 慈善事业法是主干法

从地位上来说，我国正在制定的慈善事业法应定位于慈善领域的主干法。

我国现有慈善法律体系中尚无能够担当慈善主干法之重大责任的法律文件。就目前而言，1999年颁布实施的《中华人民共和国公益事业捐赠法》向来被视为慈善领域最为重要、最具代表意义的法律文件。但受到当时历史条件的限制，这部法律文件在政府职能定位、具体制度设计等方面还存在很多有待澄清、有待充实的地方，而且由于其调整范围局限于捐赠活动，无法覆盖慈善事业的其他方面，比如慈善组织的治理、募捐行为、志愿服务机制、慈善信托等，仅仅在现有基础上对这部法律进行修改和完善也远远不足以解决当前慈善事业发展所面临的主要问题，不足以建构起全面的、综合的慈善事业法律制度。[①]

在我国慈善事业发展已呈规模化态势、慈善事业立法准备已渐臻成熟的背景下，我国慈善事业立法的目标无疑是制定慈善事业领域主干法，梳理、整合慈善事业发展中的各种制度要素，在慈善事业法律体系中起到纲举目张的作用。

2. 慈善事业法是综合法

从内容上来说，慈善事业法应定位于综合法，因为慈善事业的发展需

[①] 北京大学法学院课题组：《〈慈善法〉与〈公益事业捐赠法〉之间的关系》，载民政部政策法规司编《中国慈善立法课题研究报告选编》，中国社会出版社，2009，第123、124页。

要多元要素的参与和多种制度的保障。

人类仁爱的本性推动着慈善精神不断发扬光大,但推动慈善事业走向规模化和制度化的动力和保障,却来自社会制度尤其是法律制度多方面的创新与发展。在慈善事业法律制度中居于主干地位、基础地位的慈善事业法律文件应当是综合性的立法文件,既要规定慈善事业发展的基本原则,也要规定慈善事业发展的具体制度,既要规定慈善组织的治理与监督,也要规定慈善活动的准则与规范,既要规定慈善事业本身的运作模式,也要规定社会各界对慈善事业的支持与激励。综合性的慈善事业立法将使慈善事业的各个方面——无论是慈善组织的准入还是运作,无论是慈善捐赠还是志愿服务——都获得稳定的长效机制,从而使慈善事业能够依照法律法规或有关规则持续稳定发展。

3. 慈善事业法是促进法

从功能上来说,慈善事业法应定位于慈善事业的促进法,致力于突破旧有制度瓶颈、促进慈善事业发展。

当前,我国慈善事业已成为促进我国经济和社会发展的重要力量。根据中民慈善捐助信息中心于2013年9月发布《2012年度中国慈善捐助报告》,2012年国内外社会各界向中国公益慈善事业的各类捐赠总价值为1567.88亿元,占我国GDP比重为0.3%。这固然是可喜的成就,但是与慈善事业发达国家之间仍有差距:在美国,慈善捐赠和志愿服务的价值总和已经占到了GDP的4%左右。[①] 实际上,从我国慈善资源和慈善需求来看,慈善事业的发展潜力远没有充分释放,慈善事业的发展还面临很多制度上的瓶颈:慈善组织的分布呈现出"二元化"的特点,慈善资源在有官方背景的大型基金会和民间慈善组织间分布不均;慈善事业的中间环节,包括信息发布、中立评价以及文化推广等基础架构薄弱,慈善捐赠渠道开发程度也极为有限;很多方面的慈善资源尚未获得有效的开发和利用,全民性的现代慈善文化氛围尚未形成,慈善捐赠或志愿服务还没有成为民众常态化的生活方式,而且民众对慈善组织的公信力、透明度也缺乏信心。

---

① 麦肯锡公司:《发展中的中国慈善事业》,载民政部政策法规司编《中国慈善立法课题研究报告选编》,中国社会出版社,2009,第11—13页。

充实和完善慈善事业法律体系，正是要从制度建设层面突破限制和制约慈善事业发展的老旧藩篱，切实有效地促进慈善事业的良性发展。

4. 慈善事业法是现代法

从维度上来说，慈善事业法应定位于现代法，尊重现代慈善事业的发展规律，善用制度创新和科技优势促进慈善事业的发展。

现代慈善事业植根于充满活力的时代背景之下，在指导理念、组织架构、运作模式、技术支持方面都与社会经济文化的发展休戚与共，既有新的尝试和探索，也有新的问题和危机。慈善事业法应倡导先进的慈善理念，营造有利的慈善环境，同时在组织规范、信息披露、募资活动、责任分配等方面坚持科学的法治理念和严格的底线监管，促成慈善事业的持续、健康发展。总之，只有紧密结合具体时代背景，准确把握现代慈善事业的内在特点和制度诉求，才能充分发挥现代慈善事业在增加社会福利、促进社会发展方面的巨大能量，将现代慈善事业的发展融入国家建设和社会共进的时代潮流。

四　结论

自古而今，慈善思想源远流长，慈善实践与时俱进。中国传统慈善事业的发展具有浓厚的民族文化色彩，儒家宣扬"仁爱"思想、墨家主张"兼爱"学说、道家劝诫世人"积德"、佛教教化众生"慈悲"等共同积淀起深厚的慈善意蕴，历朝历代都不乏追求道德修为、亲身践行慈善理念、尽心尽力救助贫弱的善心仁士。西方传统慈善事业的发展则体现出多种文化的汇聚和交融，希腊罗马时期的哲学思想、中世纪时期的基督教义、文艺复兴时期的理性启蒙以及社会意识和社会力量的兴起都在不同的历史阶段塑造和影响着人们的慈善实践。

近代以降，在飞速发展的经济文化背景下，慈善动因逐渐从个性化的道德自持转变为自觉的社会责任担当，慈善实践也逐渐从独立、分散的个人选择转变为组织化、规模化的团体协作，这些新的理念和新的模式给慈善事业的发展带来实质性、根本性的突破，使慈善事业终于步入现代化轨道。庞大的规模、多样的运作决定了现代慈善事业的规范、持续发展必然越来越倚重于制度体系的规划和推动。正是基于此种需求，我们在当前慈善事业立法工作中要特别注意平衡慈善事业的民间性本质特征和法治化制度诉求。慈善事业的内在驱动力永远来自民间社会的道德思想传统和人力物力投入，而慈善事业的坚实保障乃是法治国家科学应时的法律制度和法律秩序。

(本文原载于《法学杂志》2014年第9期)

我国慈善信托法律规制的变迁与完善

栗燕杰[*]

一 慈善制度的完善有必要关注慈善信托

信托是指委托人基于对受托人的信任，将其财产权委托给受托人，由受托人按委托人的意愿以自己的名义，为受益人的利益或者特定目的，进行管理或者处分的行为。信托产生于英国，被誉为"英国人在法律领域所取得的最伟大最突出的成就"。发展至今，信托已成为世界各国重要的专业化财产管理工具。鉴于国内外信托法的学术研究成果已经非常丰富，笔者在其基础上研讨慈善信托。除非有必要，不再进行信托法方面的一般研讨。

英国法慈善信托"charitable trust"，是指与私益信托相对应、以慈善为目的的一种信托类型，是为将来不特定多数受益人而设立的特殊形式的信托。美国法律学会编纂的《信托法重述（第二版）》第348条将慈善信托定义为：慈善信托是关于财产的信赖关系，产生于一种设立信托的意图，使个人持有财产并承担衡平法上的义务，为慈善目的处分财产。由此可见，英国法上的"charitable trust"即为"慈善信托"。我国的"公益信

---

[*] 栗燕杰，法学博士，中国社会科学院法学研究所法治国情调查研究室副研究员，主要研究方向为社会法、行政法。

托"译自日本的"公益信托"。① 日本的"公益信托"实为英国法上的"charitable trust"。② 因此，本应译为"慈善信托"的"charitable trust"，在中国法律上以"公益信托"之名大行其道。因此，为正本清源，应当使用"慈善信托"而非"公益信托"的范畴。

慈善信托是慈善必要且重要的形式，是其他慈善形态所无法替代或者包容的。其独特优势有以下五个方面。

一是设立门槛低、灵活性较强。与基金会的较高门槛不同，慈善信托没有起始资金的限制。根据《基金会管理条例》第8条，其对原始基金的要求，不仅必须为到账的货币资金，而且全国性公募基金会的原始基金不低于800万元人民币，地方性公募基金会的原始基金不低于400万元人民币，非公募基金会的原始基金不低于200万元人民币。2016年公开征求意见的《基金会管理条例（修订草案征求意见稿）》则进一步提高门槛，其第8条、第9条，同样要求到账的货币资金，在国务院民政部门登记的基金会注册资金不低于8000万元人民币，在省级登记的不低于800万元人民币，另在县级、设区的市级登记的分别不低于200万元、400万元人民币。相比而言，慈善信托相对较低的设立门槛有利于吸引社会闲散资金从事慈善。就其灵活性而言，其目的实现可自动解散，与慈善组织的相对复杂的解散、终止规则形成鲜明对照。

二是运营成本相对较低。不同于基金会、社会团体，慈善信托自身没有常设机构，根据《基金会管理条例》第三章的规定，基金会需要设理事会，监事，理事会设理事长、副理事长和秘书长，还需要有相应的专职工作人员；根据《社会团体登记管理条例》的规定，社会团体的组织机构包括会员大会或会员代表大会、执行机构、负责人和法定代表人，以及相适应的专职工作人员。相比之下，慈善信托的管理由专门受托人负责，每年支付一定比例管理费即可，并无其他额外成本。

三是有利于化解筹资难题。慈善信托的形式有利于更好落实捐赠意愿，进而促进大额捐赠。慈善信托的信托财产具有良好的独立性，对于贯

---

① 日本1921年制定的《信托法》中有关公益信托的内容，将普通法系中以信托方式用于慈善事业的行为，译为"公益信托"。之后韩国、中国大陆、中国台湾地区均沿用这种表达方式。

② 张军建：《信托法基础理论研究》，中国财政经济出版社，2009，第230页。

彻落实捐赠人的意愿具有不可替代的优势。在慈善资金运作监督相对不到位的情况下，慈善组织募集来的善款面临着被挪用的风险；而特定捐赠人的捐赠财物与慈善组织已有财产混同使用，要保障捐赠意愿实现亦难上加难。如果捐赠人采取信托方式，其信托财产具有法律赋予的独立性，与委托人所有的其他财产严格区隔，不得归入委托人的固有财产，也不受委托人、受托人财产状况变动的影响。如委托人或受托人发生债务危机，慈善信托的慈善财产的独立性将发挥良好的资产隔离作用，降低慈善资产的法律风险。

笔者调查显示，作为捐赠主体的企业家与先富群体，往往会考虑在参与慈善的过程中如何使家族荣誉通过慈善得以传承，一些已经或正在打算付诸行动，而这只能通过慈善信托形态得以实现。显然，如果慈善信托得到科学合理规范，将吸引大量大额捐赠流向慈善领域。

四是慈善信托有利于保障慈善财产的安全与增值。慈善资产的管理、投放、运作是极为复杂的系统工程，容易出现纰漏。慈善信托资产具有的独立性与安全性，是基金会、社会团体、民非等慈善组织形态所难以企及的。慈善信托通过委托受托人对慈善资产进行管理，有利于实现慈善资产的保值增值。其受托人多为具有丰富经验的理财专家或经验机构，可根据信托合同约定的范围、要求进行投资，最大限度保证了信托财产的安全与增值。

五是可以避免大量民间资金流向境外。近年来，一个值得关注的现象是，中国内地先富群体在境外成立信托与进行公益慈善捐赠呈现增多之势。[1] 为绕过国内制度缺失带来的障碍，转向境外设立慈善信托的现象成为一些富豪家族慈善的重要选项。[2] 对此，国内有必要加紧慈善信托方面的立法，提升国内相关方面法律制度的吸引力，为国内先富阶层的巨大财富提供出口，以慈善公益的方式提升个人和家族的内在价值与外在形象，

---

[1] 如潘石屹等社会知名人士做慈善时出于种种考虑倾向于捐赠给国外大学或基金会。另外，一个典型个案是由于国内慈善信托制度的缺失，以及诸多税收项目和各种烦琐程序，蒙牛集团创始人牛根生在海外设立 Hengxin 信托。Hengxin 信托设在瑞士信贷信托公司之下，其任务是在以老牛基金会秘书长雷永胜为主的保护人委员会的指导下，通过给受益人清单中的公益慈善组织拨款的方式开展公益慈善工作。牛根生将其名下的境外蒙牛股权全数转让给该信托，由专业团队打理信托资产。

[2] 牛根生：《借助境外信托完成捐赠》，《第一财经日报》2010 年 12 月 30 日。

避免民间慈善资源持续流失海外。

二 《慈善法》之前：适用《信托法》上"公益信托"的慈善信托

《慈善法》出台之前，慈善信托并无法律上的直接依据，与此对应的法律概念是"公益信托"，主要适用《信托法》和相关法规。但是，《信托法》及其实施细则，规范的主要是商事信托及其运行，对公益信托只作出了一些原则性的规定，主要涉及"公益信托"设立、存续期间的运作以及终止等方面的内容。虽然《国务院关于促进慈善事业健康发展的指导意见》（国发〔2014〕61号）中提出"鼓励设立慈善信托，抓紧制定政策措施，积极推进有条件的地方开展试点"。但总体上公益信托的制度吸引力缺失，国内完全符合《信托法》规定的公益信托屈指可数。其法制缺陷突出表现在以下方面。

（一）制度供给不足

《信托法》的两个主要实施细则《信托公司管理办法》（中国银行业监督管理委员会令2007年第2号）与《信托公司集合资金信托计划管理办法》（2007年出台，2009年修订）中，基本上只适用于营业或商事信托，均未就公益信托的具体运行予以必要的规定。前者关于公益信托仅有一条规定，即第17条："信托公司可以根据《中华人民共和国信托法》等法律法规的有关规定开展公益信托活动。"后者并未提及公益信托或慈善信托。中国银监会发布的《关于鼓励信托公司开展公益信托业务支持灾后重建工作的通知》（银监办发〔2008〕93号）对《信托法》上公益信托的设立方式、信托单位金额门槛、委托人资格与数量的规定作出了利于公益慈善发展的突破。但是，该通知仅适用于灾后重建一种情形；与此同时，作为一个国务院下属单位出台的规范性文件，其效力远低于法律、行政法规，甚至不具备部门规章的形式要件；在内容上，该文件受制于其效力位阶，不可能对管理体制、审批程序和税收优惠等关键性议题予以规范。

（二）缺乏操作性

《信托法》及配套法规关于公益信托规范的操作性缺乏，是许多慈善家和准备进军慈善信托的信托公司的共同呼声。[①] 突出表现在以下方面。

一是未明确公益事业的管理机构。我国《信托法》规定了公益信托的设立、变更、公益信托监察、公益信托目的的变更、公益信托的终止、受托人的确定等行为，都应当经有关公益事业的管理机构（以下简称公益事业管理机构）批准。但是，该法并没有确定公益事业管理机构具体是哪一个政府部门。在实践中或者被解读成教育、科学、文化、卫生、环保及扶贫、济困分别由各自相关行政主管部门充当管理机构，或者被解读为民政部门监督管理，但都缺乏明确的法律文本支持。由于监督管理成本、监督管理风险较高，而《信托法》中规定主管机构的监督职责又贯穿在公益信托的设立、运行和终止的全过程，致使监督管理机构的职责过重，无论是民政部门，还是公益目的所对应的教育、文化、科技、卫生、环保等部门，都缺乏足够的监管意愿和监管能力。实践中，各个相关部门往往以缺乏法律明确授权为由，拒绝承担审批监管职责。其结果是，导致许多公益或慈善信托计划的发起者无所适从，求"审批"、求"监管"，不得其门而入。

二是信托监察人的规范存在疏漏。我国《信托法》规定公益信托应当设置信托监察人。通过设立公益信托监察人，赋予其监察权有利于保护公益信托财产和相关的公共利益。但我国法律对该制度细则没有进行明确规定。在法无明文规定的情况下，当事人从事信托法律活动只能凭借习惯或者惯例来选择适合的公益信托监察人，但即便依公益信托需要选定了合适的信托监察人，其各项权利与义务以及责任范围、议事规则无法可依。

三是信托财产登记制度缺失。信托财产登记制度有助于消除慈善信托各方当事人的顾虑，进而提升慈善信托运作的安全性与公信力，构成各国慈善信托制度的必要组成部分。我国慈善信托缺乏登记制度的实施细则，相关部门往往以缺少法律明确的登记权限为由，不愿协助信托登记，导致

[①] 可参见华宝信托《公益信托实施相关问题及政策建议》，2013年内部报告；另参见中国信托业协会《国内公益信托制度研究》，2013年信托行业研究课题报告内部研究报告。

需要登记转移的信托财产无法有效转移,影响到信托的有效成立实施,或者损害交易安全。根据现行《信托法》,非现金性资产捐赠的产权归属并不明确。不少慈善信托不过是带有部分慈善色彩的商业信托计划,或者部分收益用于慈善的信托产品计划。

(三) 税收优惠存在空白

税收优惠"以减免税收的形式保证了捐助者的经济利益,同时还对非营利部门的活动起规范作用,保证其将各种资产用于公益事业"。[①]《信托法》虽然规定了"国家鼓励发展公益信托",但是缺乏具体的税收优惠配套制度。在税收优惠的实际操作中,现有对慈善的税收优惠政策只是针对符合条件的社会团体、基金会相关组织,没有覆盖到慈善信托,影响到慈善信托在国内设立的积极性。需指出的是,国内一些从事慈善活动的基金会具有部分慈善信托的属性,但并未发挥慈善信托的功能,仅起到了捐赠中介的作用。因此,有必要在物权、股权捐赠方面制定明确的操作流程规则,使基金会与慈善信托能够相互配合、发挥合力。

(四) 门槛过高

中国一些信托公司将"公益信托"列入其业务范围,也有些信托公司进行了冠名以公益信托的尝试。但此公益信托与《信托法》上"公益信托"对照,并不一致。主要体现在程序和实体两大方面。在程序上,往往未经有关公益事业的管理机构批准,这与《信托法》第62条第1款"公益信托设立和确定其受托人,应当经有关公益事业的管理机构(以下简称公益事业管理机构,引者注)批准",第62条第2款"未经公益事业管理机构的批准,不得以公益信托的名义进行活动"等规定,存在矛盾,使得公益信托的运行合法性存疑。在运作上,不少慈善信托仅部分用于公益,违反了《信托法》关于"公益信托的信托财产及其收益,不得用于非公益目的"的要求。比如,杭州工商信托公司于2013年推出的"杭信·阳光1号建工地产欧美金融城投资项目集合资金信托计划",以及中华宝信托—

---

① 贝奇·布查特·阿德勒:《美国慈善法指南》,NPO 信息咨询中心译,中国社会科学出版社,2002,第1页。

宝恒组合投资信托计划、"爱心信托"计划等，均将部分投资收益捐献出来。此类混合的、准公益的信托则较为多见，而《信托法》并不承认其为"公益信托"。在机制上，信托监察人机制，信托事务处理情况及财产状况的报告与公告机制也未普遍实施。另外，中国的公益信托大多是集合信托产品，民事类的公益信托形式基本不存在。这与英美等发达国家慈善信托的实施方式存在巨大差异。

《信托法》的上述缺陷，导致慈善信托的实施处于实质"无有效的法律可依"的状态，从而客观上制约了慈善的快速发展。

三 《慈善法》之后：纳入慈善法律体系仍存遗漏问题

慈善立法是否规定慈善信托，在立法过程中屡有争论，慈善信托一章，则数次上下。[1] 慈善信托的内容，在二审稿中被置于慈善财产的相关章节。鉴于种种考虑，慈善信托最终纳入了《慈善法》中，并进行了专章的明确规范。《慈善法》出台后，慈善信托的配套法规政策，已成为国务院民政部门研究、推动的重要任务。[2]

关于慈善信托的属性与法律适用，慈善信托与公益信托的构建、交叉、重叠值得关注。在法律草案文本的表述中，从"慈善信托即公益信托"到"慈善信托属于公益信托"，在一定程度上也暴露出立法者的摇摆矛盾。回归到实质内容上，需承认慈善信托与公益信托的指向具有较大程度的重叠。[3] 相应的，慈善信托具有双重性。既是现代慈善事业的基本运作模式，在运作方式上采取"信托"的方式，在法律适用和监管上，既适

---

[1] 可参见从2014年《慈善事业法（草案）》直接到2016年初《慈善法（草案）》历次提交审议稿、公开征求意见稿等多个文本中的框架设置，"慈善信托"一章从无到有，再到被删除，最终又回到法律专章规定的曲折历程。

[2] 2016年，《民政部2016年度慈善事业创新和发展理论研究部级课题指南》中，罗列的关于慈善事业发展的18个选题方向中，其中16个以慈善信托为主题，表现出民政部门对慈善信托法规政策完善的迫切愿望。《民政部2016年度慈善事业创新和发展理论研究部级课题指南》，载民政部官方网站：http://www.mca.gov.cn/article/zwgk/tzl/201604/20160400000080.shtml，访问时间：2016年9月15日。

[3] 金锦萍：《论公益信托之界定及其规范意义》，《华东政法大学学报》2015年第6期。

用《慈善法》及慈善配套法律制度，由民政部门统一监管；与此同时，慈善信托作为信托之一种，需要适用《信托法》及相关法律制度，特别是需要适用《信托法》第六章"公益信托"及延伸规范，由信托业主管部门从信托角度予以管理。两者之间，难免存在一定紧张关系。

事实上，从文本及背后理念比较可发现，两者不尽一致乃至直接冲突之处并非少见。比如，在设立方式上，《信托法》的规定、公益信托的设立应当经有关公益事业的管理机构批准，即公益信托的设立采取批准方式，而《慈善法》则明确由民政部门统一监管，对于主管机构未置一词，并规定为备案机制。[①] 再如，《慈善法》根据《信托法》第64条规定，公益信托应当设置信托监察人；信托文件应规定监察人，未规定的由公益事业管理机构指定。但《慈善法》本章第49条则规定慈善信托的委托人可根据需要确定信托监察人，不再强制要求必须设置监察人，也未规定主管部门指定监察人的机制。

在《慈善法》的里程碑意义被高举的背景之下，《慈善法》的新规定，往往被解释为法制的进步。[②] 但是，《慈善法》与《信托法》关于慈善信托规定，在外观上表现为两者的不一致，存在着法律适用上何者优先的问题。究其根源，慈善信托在双重属性定位下的本质规定为何？对此，本文认为，必须明确慈善信托的目的是慈善宗旨，应属社会法范畴的规制。因此，应当优先适用《慈善法》和慈善法的配套法规政策。

在法域归属上，《信托法》总体上属于商法即私法范畴，而《慈善法》属于社会法，慈善信托虽然也被认为是信托的一种，但它只是采取信托手段来达到慈善的目的，从而应当归入社会法范畴。如果将目的与手段相混淆，或者本末倒置，就抹杀了慈善信托的社会法属性，也损害了慈善法制的完整性。

我国《信托法》规定了民事信托、营业信托（也称商事信托）和公益信托三种类型的信托（参见《信托法》第3条），但该法整体上属于商法范畴，并未体现公益信托的内在规律与自身特色，导致公益信托制度的吸引力严重受削。这也体现在后来出台的相关行政法规和规章中，在实践中

---

① 民政部、中国银行业监督管理委员会已于2016年8月25日下发《关于做好慈善信托备案有关工作的通知》，慈善信托备案管理由此有了直接依据。

② 李立国：《努力做好慈善法实施工作》，《中国民政》2016年第9期。

亦只见营业信托这一私益信托有所发展,而公益信托几乎无法生存,这正是法律属性定位不当的结果。

从法理分析,慈善信托虽然适用信托的一些基本原理、规律,却具有鲜明的特殊性,表现出与商事信托的较大差异。在宗旨上,慈善信托以扶危济困、救灾助残扶老以及教科文卫、环境保护等慈善宗旨为目的,相应的应当最大限度地接受来自各方的慈善捐助,而营业信托等主要以投资增值为目标。相应的,慈善信托应当摆脱传统商事信托私募管理的思维模式,应当放松关于委托人数量的限制,取消关于财产委托起点的限制。又如,商事信托应当依法履行纳税义务,而慈善信托基于其慈善目的,往往可以享受到税收优惠。再如,营业信托具有较强的私密性,而慈善信托则应当进行信息披露。这些差异的存在,很自然地要求在相关法律制度中得到体现。

正是基于慈善信托的慈善本质,它在作为商法之一的《信托法》中属于特别内容,而在作为社会法之一的《慈善法》中却属于基本内容。也正基于此,虽然经过屡次争论,《慈善法》最终不仅明确提及而且以专章规定了慈善信托,并在其他章节也有所涉及。其思路是:将慈善信托纳入《慈善法》中予以全面调整,让《信托法》重点调整民事信托和营业信托,这既符合法律发展的专业分工趋势,也有利于各自功能的发挥。

从域外看,慈善信托多为慈善法律制度的组成部分;即便没有专门的慈善信托立法的发达国家,慈善信托也往往是发展慈善的重要运作模式。慈善信托产生于英国,是英国首选的慈善组织形态,也构成英国慈善制度的重要特色。[①] 早在 1601 年,英国的《慈善用益法》(*Statute of Charitable Uses*, 1601)就确定了慈善信托的法律地位。英国于 1853 年出台《慈善信托法》(*The Charitable Trusts Act*)。发展至今,2011 年的英国《慈善法》专章规定了慈善信托。我国香港地区《税务条例》(第 112 章)第 88 条明确规定,"任何属公共性质的慈善机构或慈善信托",均获豁免缴税。欧洲传统的大陆法系法国、意大利等国学术界对慈善信托也具有浓厚兴趣。欧盟成员国的学者们起草的《共同参考框架草案》(*Draft Common Frame of*

[①] Kerry O'Halloran, Myles McGregor-Lowndes, Karla W. Simon, *Charity Law & Social Policy: National and International Perspectives on the Functions of the Law Relating to Charities*, Germany: Springer, 2008: 115.

Reference），专章规定了信托法，其中对慈善信托也有所涉及。[1]

中国《慈善法》在"慈善信托属于公益信托"的范畴界定之下，必然出现的问题是，公益信托将被割裂为两个板块：慈善信托；以及不属于慈善信托的其他公益信托。前者适用慈善法律制度为主体、信托法律制度为补充；后者则无法适用《慈善法》，仍继续适用《信托法》及其配套法规政策。此时必然面临的问题是：实践中，如何予以界分？对此，本文认为，鉴于《慈善法》对慈善活动的界定，通过五项列举后兜底于"符合本法规定的其他公益活动"，[2] 慈善信托以外的其他公益信托，其范围应当非常狭窄乃至逐步消亡。

四 进一步完善慈善信托法律制度的建议

尽管《信托法》对公益信托已有一些规范，《慈善法》对慈善信托也已有专章和相对全面的规范，但是，慈善信托在实施操作中，仍面临诸多不确定因素。为使得慈善信托能够在法治的轨道上得到健康、可持续发展，需要进一步强化可操作性，并在法律制度框架内进行机制的创新和完善，以增强慈善信托的制度吸引力，使得已在境外或者拟到境外设立的慈善信托回到境内。对此，可基于《慈善法》的配套法规政策的出台完善角度，从以下方面完善慈善信托法律制度。

一是适度放宽认定标准。慈善信托的界定在目的方面可以考虑适度放宽要求，打破《信托法》关于公益信托百分百"纯粹公益"的要求，而将实践中符合一定标准、界限的剩余性信托纳入慈善信托的范畴之内。英国按照信托的目的来确定慈善信托。如果信托的目的属于英国慈善法上规定的慈善目的的范围，则该信托就是慈善信托。从域外立法经验看，英国慈善目的排他性原则也存在例外。第一种是附属的非慈善目的。委托人设立信托的主要目的是慈善，但为达到慈善目的，同时负有非慈善目的。此时如果非慈善目的附属于主要慈善目的而不具有独立性，非慈善目的的有助于

---

[1] Alexandra Braun, "Trusts in the Draft Common Frame of Reference: the 'Best Solution' for Europe?" Cambridge Law Journal, 2011 (70): 329.
[2] 《慈善法》第3条。

主要慈善目的的实现。第二种是附带产生的非慈善目的，如慈善目的在实现过程中，附带产生了非慈善效果，慈善信托依然成立。《慈善法》对于是否纯粹，并非给予明确规定，这给配套规定留下了创新空间。

二是合理设置监管分工。世界各国大都重视对慈善信托的监督管理。中国《慈善法》根据慈善信托的业务性质，以及国外归属慈善监督管理部门主管的惯例，已经明确慈善信托与慈善组织、慈善活动设置统一的监督管理部门——县级以上人民政府的民政部门。同时，由于银监部门是信托业的监督管理机构，对信托公司的建立，信托财产的运行、终止情况进行全方位监督管理。2015年之前，信托业务由中国银监会非银部的信托处主管。2015年银监会设立信托监督管理部，专司对信托业金融机构的监管职责。因此，在配套法规政策中，应考虑明确银监部门对慈善信托从信托产品管理的金融监管角度进行监督管理。慈善信托的监管，特别是关于开放捐赠的登记和信息披露等的规范，有必要在配套立法中有所体现。还应注意的是，鉴于慈善信托监督管理涉及民政部门、银监部门等机构，不宜由民政部一家单独出台规章，而宜由相关部门制定联合规章，或者由国务院出台行政法规。

三是明确受托人、监察人的资格及其权利义务。从国外的发展实践来看，慈善信托的受托人违反忠诚义务，对慈善信托财产予以滥用的信息一度非常普遍，严重损害了社会公共利益。相应的，对慈善信托受托人的权利义务设置与职责终止，以及如何避免受托人挥霍、滥用慈善信托财产的行为，是各国慈善监督管理、立法的重要任务。比如，英国《慈善法(2011)》第178条就规定了受托人丧失资格的6种情形，第179条、180条、181条又规定了相关情形及例外情况，第182—192条处理相关规则的适用等问题。信托监察人在《信托法》的公益信托中为必须设置的，《慈善法》中的慈善信托监察人则由委托人视情况决定。如设置监察人，如何选任合适的慈善信托监察人，督促信托监察人勤勉尽职？如何明确信托监察人不履行职责或者不适当履行职责时，应承担的责任？如何进一步明确信托监察人对相关报告不予认可时的法律后果，包括对慈善信托的法律后果、对受托人的法律后果，诉讼费用和诉讼结果的承担等？都有待进一步明确，因此，应未雨绸缪，将慈善受托人、监察人的权利义务作为慈善信托配套立法的重要内容。

四是完善扶持促进政策。慈善信托的目的在于扶助弱势群体、支持社会福利及公益事业,是对政府履行公共服务职能的补充。因此,国家应当对慈善信托给予全方位的法律、政策支持。主要内容包括税收优惠、政府资助、购买服务等等。考虑域外经验,遗产税等新税种的开征,也将促进慈善信托的发展。[①] 但《慈善法》的第九章"促进措施"中,全章涉及慈善信托的内容极为单薄,仅提及了提供慈善需求信息(第77条第2款)和金融政策支持(第86条)。慈善信托的设立、运行涉及企业所得税、个人所得税、营业税、契税、印花税等多个税种,相关行政事业性费用,在《慈善法》并未能全面详细规定,甚至由于种种原因尚未提及,应考虑在后续的相关税法修改、慈善信托配套法规中得到体现。

五是相关法律修订跟进。当《慈善法》对慈善信托予以全面规范后,应当考虑在后续法律制定、修改中进行呼应。首先是对《信托法》中"公益信托"相关规范的处理。今后修改《信托法》时,可考虑整体性去掉"公益信托"一章,以避免立法的交叉、冲突与重复。[②] 其次是税法的修订,将慈善信托的委托人、受托人纳入税收减免的范畴,都是值得研讨的话题。

[本文原载于《河北大学学报》(哲学社会科学版)2016年第5期]

[①] 高凤勤、李林:《OECD国家遗产税政策实践及其启示》,《河北大学学报》(哲学社会科学版)2016年第3期。

[②] 虽然"公益信托"与"慈善信托"的范畴之争,仍可能长期存续下去。但本文认为,就立法政策而言,二者并存必然弊大于利。在今后法律制定修改中,必将其中之一淘汰。

图书在版编目(CIP)数据

社会法学的时代探索 / 薛宁兰主编. -- 北京：社会科学文献出版社，2018.11
（法学所60年学术精品选萃）
ISBN 978-7-5201-3767-6

Ⅰ.①社… Ⅱ.①薛… Ⅲ.①社会法学-中国-文集 Ⅳ.①D90-052

中国版本图书馆CIP数据核字（2018）第238469号

法学所60年学术精品选萃
社会法学的时代探索

主　编 / 薛宁兰

出 版 人 / 谢寿光
项目统筹 / 芮素平
责任编辑 / 郭瑞萍　韩欣楠

出　　版 / 社会科学文献出版社·社会政法分社（010）59367156
　　　　　　地址：北京市北三环中路甲29号院华龙大厦　邮编：100029
　　　　　　网址：www.ssap.com.cn
发　　行 / 市场营销中心（010）59367081　59367083
印　　装 / 三河市尚艺印装有限公司

规　　格 / 开　本：787mm×1092mm　1/16
　　　　　　印　张：30　字　数：489千字
版　　次 / 2018年11月第1版　2018年11月第1次印刷
书　　号 / ISBN 978-7-5201-3767-6
定　　价 / 119.00元

本书如有印装质量问题，请与读者服务中心（010-59367028）联系

▲ 版权所有 翻印必究